Das Internet der Dinge in der Produktion

Die Zugangsinformationen zum eBook inside finden Sie
am Ende des Buchs.

Alexander Sinsel

Das Internet der Dinge in der Produktion

Smart Manufacturing für Anwender und Lösungsanbieter

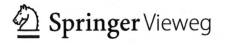 Springer Vieweg

Alexander Sinsel
Weingarten, Deutschland

ISBN 978-3-662-59760-6   ISBN 978-3-662-59761-3 (eBook)
https://doi.org/10.1007/978-3-662-59761-3

Die Deutsche Nationalbibliothek verzeichnet diese Publikation in der Deutschen Nationalbibliografie; detaillierte bibliografische Daten sind im Internet über http://dnb.d-nb.de abrufbar.

Springer Vieweg

Springer Vieweg ist ein Imprint der eingetragenen Gesellschaft Springer-Verlag GmbH, DE und ist ein Teil von Springer Nature.
Die Anschrift der Gesellschaft ist: Heidelberger Platz 3, 14197 Berlin, Germany

Vorwort

Wenn ich in 12 Worten konkretisieren sollte, was das Internet der Dinge bedeutet, wäre meine Antwort, „dass Anwendungsentwickler auf Gerätesteuerungen so zugreifen können wie auf ihren Facebook Account". Dieser Darstellung zufolge hat das Internet der Dinge gar nichts mit OPC-UA und Industrie 4.0 zu tun. Das stimmt! Trotzdem hält es gerade in großem Maße Einzug in die produzierenden Betriebe.

Diese positive Entwicklung steht in Zusammenhang mit einem schon länger zu beobachtenden Trend, dass sich das Praktikable und Nutzbringende seine eigenen De-facto-Standards schafft, vorbei an Normungsgremien, theoretischen Konzepten und kostenpflichtigen Einheitsblättern.

Wozu braucht man eigentlich RAMI 4.0? Auf diese Frage gibt das vorliegende Kompendium keine Antworten, weil auch ich keine wüsste. Stattdessen handelt es von dem, was praktikabel und für produzierende Unternehmen nutzbringend ist. Denn wo wirtschaftlicher und ressourcenschonender produziert wird, da profitieren die Verbraucher – also wir alle.

Danksagung Ich bedanke mich bei all jenen, die mit ihren Konzepten, Anregungen und Verbesserungsvorschlägen zu Bridge API große Beiträge geleistet oder die Referenzimplementierung bereitgestellt haben. Danke an Michael Bendit, David Albrecht, Nadine Uebele, Benjamin Bruhn, Jiten Gandhi und Alexander Schließmann. Besonderer Dank gilt meinen Eltern für ihre stete und bedingungslose Unterstützung bei jedem meiner Vorhaben, seien sie noch so verwegen.

Im Juni 2019   Alexander Sinsel

Inhaltsverzeichnis

Einleitung und Motivation

Mit der industriellen Revolution begann eine Entwicklung, die dadurch gekennzeichnet ist, dass eine zunehmend breitere Bevölkerungsschicht Anteil an einem wachsenden Wohlstand erwarb. Aller Kritik an der ungleichen Einkommens- und Vermögensverteilung zum Trotz können die untersten Einkommensschichten in den entwickelten Volkswirtschaften heute ein komfortableres Leben führen als die vermögendsten Bürger des vorindustrialisierten 17. Jahrhunderts. Dass die Vermögensverteilung nicht zwangsläufig mit der Verteilung des Wohlstandes gleichzusetzen ist, belegen viele Gegenbeispiele. Menschen kommen heute in den Genuss einer nie dagewesenen Mobilität, erhalten Zugang zur Gesundheitsversorgung, zu einem großen Informations- und Unterhaltungsangebot, ohne über Eigentumsrechte an Verkehrsinfrastruktur, medizinischen Geräten oder Medienkonzernen zu verfügen.

All dieser Wohlstand ist der hohen Effizienz industrieller Produktion zu verdanken, denn die Güter und Dienstleistungen, die von jedem alltäglich in Anspruch genommen werden, wären ohne den Einsatz industrieller Erzeugnisse für kaum einen Menschen erschwinglich. Industrie- und Konsumgüter werden heute in viel kürzerer Zeit produziert als in der Vergangenheit. In je kürzeren Zeiträumen sich der Herstellungsprozess vollzieht, umso geringer sind die Herstellkosten und umso günstiger können die erzeugten Produkte auf dem Markt angeboten werden. Die im Laufe der Zeit kontinuierlich gestiegene Produktivität der verschiedenen Industriezweige ist zum einen der modernen Automatisierungstechnik und zum anderen der effizienten Organisation hochgradig arbeitsteiliger Herstellungsprozesse zu verdanken. Durch das hohe Maß an Spezialisierung und die damit einhergehende feingranulare Aufgliederung des Wertschöpfungsprozesses in einzelne Arbeitsschritte sind in der industriellen Produktion jedoch auch viele Abläufe deutlich komplexer als im klassischen Handwerk.

Die organisationsübergreifende Herstellung marktfähiger Produkte erstreckt sich gewöhnlich über größere Lieferketten oder Liefernetzwerke, die im Rahmen der Logistik so koordiniert werden müssen, dass das benötigte Material und die benötigten Werkzeuge in der richtigen Qualität zum richtigen Zeitpunkt am richtigen Ort angelangen. Wenn die für einen Arbeitsvorgang erforderlichen Maschinen, Komponenten, Werkzeuge oder Informationen zum geplanten Zeitpunkt nicht vollständig und einsatzbereit zur Verfügung stehen, verzögert sich der Produktionsfortschritt. Jede Verzögerung auf Grund solcher

Verfügbarkeitsverluste verursacht Kosten, die sich letzten Endes in höheren Preisen für Abnehmer niederschlagen.

Darüber hinaus verursachen *Leistungsverluste* weitere Kosten. Wenn eine Produktionsanlage – etwa infolge einer vernachlässigten Instandhaltung oder in Ermanglung eines besser geeigneten Werkzeuges – nur mit der halben Geschwindigkeit produziert, entsteht dadurch alle zwei Stunden ein Leistungsverlust von einer Stunde. Nicht zuletzt führen auch *Qualitätsverluste* zu höheren Kosten. So mag zwar bei voller Geschwindigkeit produziert werden; wenn es sich indes bei der Hälfte der ausgebrachten Menge um Ausschuss handelt, dann kann auch nur die Hälfte der dazu aufgewandten Produktionszeit als wertschöpfend und damit als nutzbringend ausgewiesen werden.

Maschinenstundensatz und Personalstundensatz liefern einen Anhaltspunkt dafür, welche Kosten eine Verzögerung von einer Stunde verursacht. In den kapitalintensiven Wirtschaftszweigen der industriellen Produktion sind die Maschinenstundensätze bisweilen deutlich höher als die Personalstundensätze. Umso bedeutsamer ist es, vor allem teure Produktionsanlagen effektiv im Sinne der Wertschöpfung einzusetzen. Die Gesamtanlageneffektivität (engl. *Overall Equipment Effectiveness*, OEE) ist ein gängiger Maßstab dafür. Die Kennzahl ermittelt sich, indem Verfügbarkeitsverluste, Leistungsverluste und Qualitätsverluste von der geplanten Betriebszeit einer Produktionsanlage abgezogen werden und die Differenz wiederum in das Verhältnis zur geplanten Betriebszeit gesetzt wird. Die OEE Kennzahl besagt demnach, zu wie viel Prozent der geplanten Betriebszeit eine Produktionsanlage wertschöpfend eingesetzt wurde.

Eine Beispielrechnung möge die Kostendimension einer geringen Gesamtanlageneffektivität illustrieren. Die geplante Betriebszeit einer Produktionsanlage im Dreischichtbetrieb (3 Schichten am Tag zu je 8 Stunden) beträgt pro Tag 24 Stunden. Wenn der Betrieb der Anlage an 6 Tagen in der Woche zu je 24 Stunden geplant ist und Feiertage abgezogen werden, sind dies im Jahr rund 7300 Stunden. Mit einer OEE von 50 Prozent wären nur 3650 Stunden davon wertschöpfend genutzt und die gleiche Stundenzahl vergeudet. Im Falle eines Maschinenstundensatzes von 100 Euro bei voller Auslastung kann diese Verschwendung mit 365.000 Euro beziffert werden. Diese vereinfachte Rechnung ist nicht ganz exakt, da zwischen variablen und fixen Kosten unterschieden werden muss. Gleichwohl liefert sie eine Vorstellung von der Größenordnung, wobei es zu Bedenken gilt, dass in einem Produktionsbetrieb gewöhnlich eine Vielzahl von Anlagen und Maschinen vorhanden ist. Sonach können die Effektivitätsverluste insgesamt für ein einzelnes Werk schon im Bereich mehrerer Millionen Euro jährlich liegen.

Die Gesamtanlageneffektivität ist nicht der einzige Indikator für die Wirtschaftlichkeit eines Produktionsbetriebs aus der Kostenperspektive. Ein Aspekt, der darin gar keine Berücksichtigung findet, sind vermeidbare Kapitalbindungskosten und Lagerhaltungskosten, die aus Wartezeiten zwischen den einzelnen Arbeitsvorgängen eines Herstellungsprozesses resultieren. In diesen Zeiten wird zwar kein Arbeitsplatz belegt und es findet auch keine Wertschöpfung statt. Jedoch fallen Lagerkosten, Kosten für Transporte in Zwischenlager und unnötige Kapitalbindungskosten an. Letztere resultieren daraus, dass sich der *Cash to Cash Cycle* erhöht, d. h., es verlängert sich der Zeitraum zwischen den Auszahlungen für die Ausgangskomponenten und den Einzahlungen, die sich aus dem Erlös der fertigen Produkte ergeben.

Die für einen Herstellungsprozess aufgewandte *Durchlaufzeit* ist die Zeit vom Beginn des ersten Arbeitsvorgangs bis zum Abschluss des letzten Arbeitsvorgangs. Die Gesamtprozesseffizienz (engl. *Overall Process Efficiency*, OPE) ist das Verhältnis der Mindestdurchlaufzeit zur tatsächlichen Durchlaufzeit. Bei einem sequentiellen Fertigungsprozess spiegelt die OPE den wertschöpfenden Anteil an der gesamten Durchlaufzeit. Freilich wirken sich Effektivitätsverluste der Anlagen auch auf die OPE negativ aus. Wenn die Durchlaufzeiten aber zum überwiegenden Teil aus Wartezeiten zwischen den einzelnen Arbeitsvorgängen bestehen, haben diese in Hinblick auf Effizienzverluste ein viel größeres Gewicht. Wartezeiten können durch den Zukauf weiterer Produktionsanlagen verringert werden. Zusätzliche Anlagen gehen allerdings mit einer höheren Bindung von Investitionskapital und im Allgemeinen auch mit einer geringen Auslastung der Anlagen einher, was sich wiederum negativ auf deren OEE auswirkt. Dies ist ein Beispiel für viele Zielkonflikte, die bei der Organisation der Produktion auftreten.

Im Zusammenhang mit der Smart Factory war in den vergangenen Jahren immer wieder von dem intelligenten Werkstück die Rede, welches den Anschein erweckt, als fände es den Weg durch die Fertigungsstationen selbständig. Dabei mag es sich zwar um eine beeindruckende technische Raffinesse handeln; entscheidend ist jedoch einzig, ob damit Durchlaufzeiten reduziert und Verfügbarkeits-, Leistungs- und Qualitätsverluste oder sonstige Arten der Verschwendung tatsächlich verringert werden können. Im Rahmen des Lean Managements gelang dies in den vergangenen Jahrzehnten vor allem in der Großserien- und Massenfertigung ohne den Einsatz von Informationstechnologie. Mit kürzeren Produktlebenszyklen und einer zunehmenden Produktvielfalt in geringeren Ausbringungsmengen (in kleineren *Losgrößen*) wird es jedoch schwieriger, Schwachstellen und Optimierungspotentiale mit herkömmlichen Methoden zeitnah aufzudecken. Bevor Missstände und Verschwendung wahrgenommen werden, haben sich Produkte, Prozesse und Rahmenbedingungen womöglich schon wieder maßgeblich geändert. Kleinere Losgrößen und kürzere Produktlebenszyklen führen demzufolge unter sonst gleichen Bedingungen zu höheren Kosten.

Die Digitalisierung der Produktion ist mithin weder Selbstzweck noch technische Spielerei, sondern dient dazu, unter den heutigen Bedingungen Effizienz und Wirtschaftlichkeit der Produktionsbetriebe zu gewährleisten. Der wirtschaftliche Nutzen ist letzten Endes der Maßstab für die Praxistauglichkeit entsprechender Technologien. Das Ziel der Wirtschaftlichkeit ist nie aus den Augen zu verlieren, wenn es darum geht, Anwendungssoftware, kurz *Anwendungen*, für die Smart Factory zu entwickeln. Nur dann leisten solche Anwendungen einen Beitrag dazu, den Wohlstand für eine immer weiter anwachsende Weltbevölkerung zu sichern und die Teilhabe daran auf möglichst alle Menschen auszuweiten.

Nicht zufällig ist die Diskussion um ein bedingungsloses Grundeinkommen in den entwickelten Volkswirtschaften im Zusammenhang mit der Zukunftsperspektive der Smart Factory wie selten zuvor aufgeblüht. Wie bei allen industriellen Fortschritten der Vergan-

genheit werden zwangsläufig große Teile der Weltbevölkerung über alle Gesellschafts-
schichten hinweg mittelfristig von der Digitalisierung der Produktion profitieren. Auch an
deren Gestaltung mitzuwirken, bleibt der Entscheidung jedes Einzelnen überlassen. Das
Internet der Dinge mit seinen offenen Anwendungsprogrammierschnittstellen möge, wie
auch das vorliegende Kompendium, als eine Einladung hierzu aufgefasst werden.

Smart Manufacturing

1

1.1 Wettbewerbsvorteile durch bewährte Methoden und moderne Informationstechnologie (IT)

Unter *Smart Manufacturing* wird die Maximierung der Ressourceneffektivität und Prozesseffizienz in der Produktion durch den Einsatz von Informations- und Kommunikationstechnologie verstanden. Diese begriffliche Fixierung ist insofern plausibel, als ein in der Produktion eingesetztes IT-System, dessen Einführung und Betrieb das produzierende Unternehmen mit hohen Kosten belasten, ohne dadurch die Wirtschaftlichkeit der Produktion zu steigern, nicht als „smart" ausgewiesen werden kann. Produzierende Unternehmen investieren in die Digitalisierung der Produktion nicht um ihrer selbst willen, sondern betrachten sie als ein Instrument, um nachhaltige und messbare Kostensenkungen zu erzielen.

Zuweilen wird mit der Digitalisierung nicht nur eine höhere Effizienz bei bestehenden Geschäftsprozessen, sondern auch die Erschließung neuer Dienstleistungen und Geschäftsmodelle verfolgt. Wie aus dem Begriff „Manufacturing" hervorgeht, ist beim Smart Manufacturing der Blick hingegen auf die Produktion selbst gerichtet, wobei diese niemals unabhängig von der Produktionslogistik betrachtet werden kann.

Um den Einfluss der Produktion auf die Wettbewerbsfähigkeit produzierender Unternehmen genauer zu beleuchten, ist es zweckmäßig, zwei Arten von Wettbewerbsvorteilen zu unterscheiden: Ein *Effektivitätsvorteil* äußert sich darin, dass das eigene Leistungsangebot im Vergleich zu denen der Mitbewerber aus Sicht der Nachfrager einen größeren Nutzen stiftet. Ein *Effizienzvorteil* zeichnet sich dadurch aus, dass das eigene Leistungsangebot zu einem günstigeren Preis auf dem Markt angeboten werden kann.

Effektivitätsvorteile können nur im Nachhinein am ökonomischen Erfolg gemessen werden, der im Spannungsfeld von Kunden, Wettbewerbern und Umfeld des jeweils relevanten Marktes entschieden wird (vgl. [FR10]). Um etwa eine Umsatzsteigerung durch

© Springer-Verlag GmbH Deutschland, ein Teil von Springer Nature 2020
A. Sinsel, *Das Internet der Dinge in der Produktion*,
https://doi.org/10.1007/978-3-662-59761-3_1

den Einsatz bestimmter Methoden und Technologien in der Produktion zu quantifizieren, müssten all diese externen Faktoren berücksichtigt werden. Unklar bleibt dabei schon die Frage, wie die Maßnahmen in der Produktion innerhalb dieser Vielzahl von Einflussfaktoren überhaupt zu gewichten sind und ob nicht die externen Faktoren überwiegenden Einfluss haben.

Weil Effektivitätsvorteile auf Grund allgemein hoher Ansprüche an Produkt- und Lieferqualität erst durch Innovationen erzielt werden können, sind die Leistungspotentiale produzierender Unternehmen diesbezüglich vorwiegend in den Bereichen Produktmanagement, Marketing und Entwicklung zu finden. Erst bei der Umsetzung entsprechender Erfolgspotentiale in konkrete Marktleistungen hat die Produktion einen Einfluss darauf, dass diese termingerecht und zu wettbewerbsfähigen Preisen hergestellt werden. Deshalb gilt es in diesem Bereich vornehmlich, *Kostenpotentiale* zu erkennen, um diese als Effizienzvorteile auszuschöpfen (vgl. [Sin+17]).

Ausgehend davon, dass in Käufermärkten der zu erzielende Umsatz maßgeblich durch die Nachfrage und nicht durch die Produktionskapazität limitiert ist, können Kostenpotentiale bei *fest angesetztem Umsatzziel* analysiert und monetär bewertet werden. Diesem methodischen Ansatz entsprechend, der in Abschn. 5.1 expliziert wird, bergen Anlagevermögen, Umlaufvermögen und die Selbstkosten des Umsatzes die wesentlichen Optimierungspotentiale in der Produktion. Abb. 1.1 illustriert die produktionsinternen Stellschrauben zur Steigerung der Wirtschaftlichkeit in Anlehnung an das Du-Pont-Schema.

Die Abbildung zeigt verschiedene Ausprägungen von Verschwendung und deren Einfluss auf das Anlagevermögen, Umlaufvermögen und die einzelnen Kostenarten. Wie durch Aufdecken und konsequentes Beseitigen jeder Art von Verschwendung erhebliche Wettbewerbsvorteile erzielt werden können, demonstrierte der japanische Automobilhersteller Toyota im vergangenen Jahrhundert in überzeugender Weise (vgl. [Ohn88]). Das *Toyota Produktionssystem* wurde schließlich zum Vorbild für die gesamte Automobilindustrie und darüber hinaus.

Die Ausstattung der Produktion mit „modernster Informationstechnologie" oder korrekter mit dem, was im Produktionsumfeld darunter verstanden wird, muss nicht zwingend zu einer Steigerung der Wirtschaftlichkeit führen. In der Vergangenheit hatte die Digitalisierung in der Produktion zuweilen den gegenteiligen Effekt. So wurden etwa an das Computer Integrated Manufacturing (CIM) in den 1980er-Jahren noch höchste Erwartungen geknüpft. Ziel war es, sämtliche operativen IT-Systeme eines Produktionsbetriebs miteinander digital zu vernetzen, um zu einer durchgängigen Automatisierung aller Prozesse zu gelangen. Das Unterfangen scheiterte unter anderem daran, dass mit dem damaligen Stand der Netzwerktechnologie die *organisatorische Interoperabilität*, d. h., das zweckmäßige Zusammenspiel aller beteiligten IT-Systeme nicht zu gewährleisten war. In den 1990er-Jahren traten *Lean Production* bzw. *Lean Management* anstelle des Computer Integrated Manufacturing. Unter Bezugnahme auf das Toyota Produktionssystem liegt beim Lean Management der Fokus auf der effizienten Gestaltung der gesamten Wertschöpfungskette, um auf diese Weise eine Wertschöpfung ohne Verschwendung zu

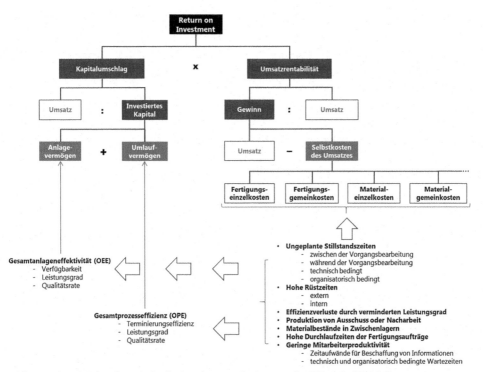

Abb. 1.1 Produktionsinterne Stellschrauben zur Steigerung der Wirtschaftlichkeit

erreichen. In der speziellen Ausprägung des *Shop Floor Managements* werden dazu im Rahmen eines kontinuierlichen Verbesserungsprozesses Kennzahlensysteme aufgebaut, der Ist- und Sollzustand regelmäßig ermittelt und für alle Prozessbeteiligten visualisiert.

Smart Manufacturing stellt die bewährten Erfolgsmethoden des Lean Managements nicht in Frage, sondern verfolgt das Ziel, die Effektivität des Lean Managements durch eine aussagekräftige Informationsgrundlage sowie den Einsatz von Analyse- und Prognosetechniken zu steigern. Insbesondere soll im Gegensatz zum Computer Integrated Manufacturing das Fertigungspersonal nicht durch eine umfassende Automatisierung ersetzt, sondern als entscheidende Ressource für innovative Konzepte und kontinuierliche Prozessverbesserungen betrachtet werden. Die Unterbindung jeder Art von Verschwendungen, der kontinuierliche Verbesserungsprozess, das Null-Fehler-Prinzip und das visuelle Management werden beim Smart Manufacturing durch eine höhere Transparenz optimiert. In Echtzeit erfasste Daten aus der Produktion liefern zuverlässige Kennzahlen und stets aktuelle Soll-/Ist-Vergleiche für das Shop Floor Management. Die Fertigungssteuerung wird durch Analyse- und Prognosetechniken unterstützt, um auch bei kleineren Losgrößen und kürzeren Produktlebenszyklen höchste Prozesseffizienz zu gewährleisten. Einzelne Anwendungen, welche die Smart Factory hierzu bereitstellt, werden im zweiten Teil dieses Kompendiums detailliert vorgestellt, in dem die Digitalisierung der Produktion aus der Perspektive der Anwender beleuchtet wird. Ziel dabei ist es, produzierenden Unternehmen eine klare Vorstellung zu vermitteln, welche Maßnahmen zur Digitalisierung der Fabrik denn überhaupt wirtschaftlich und technologisch tragfähig sind.

Dass der Einsatz von Informationstechnologie in der Produktion mittlerweile signifikante Produktivitätssteigerungen ermöglicht, ist im Wesentlichen dem Internet der Dinge bzw. dessen Einzug in die Produktion zu verdanken. Auf der Grundlage herkömmlicher Internettechnologien haben sich in den vergangenen Jahren Standards für die digitale Abbildung von Dingen der realen Welt etabliert. Diese Standards stellen die wesentliche Voraussetzung für jene organisatorische Interoperabilität von Menschen, Informationssystemen und den angeschlossenen Produktionsanlagen dar, an welcher das Computer Integrated Manufacturing seinerzeit scheiterte.

1.2   Das Internet der Dinge im Allgemeinen

Für das, was unter dem Internet der Dinge genau zu verstehen ist, gibt es keine allseits akzeptierte offizielle Definition. Sinngemäß wird es oft wie folgt beschrieben: „Mit dem Internet der Dinge wird die digitale Vernetzung beliebiger Gegenstände des Alltags auf der Basis standardisierter Internettechnologien bezeichnet. Ziel dabei ist, dass die vernetzten Gegenstände in einer für den Menschen nützlichen Weise miteinander Daten austauschen und interagieren können." So oder ähnlich lauten viele Begriffserläuterungen, die in ein bis zwei Sätzen das Internet der Dinge zu beschreiben versuchen.

Derartige Darstellungen verleiten zu dem Missverständnis, allein die digitale Vernetzung bewirke ein intelligentes Verhalten der Gegenstände, was sich bezogen auf die Produktion in einer Begriffswahl wie „intelligente Fabrik" oder „intelligentes Werkstück" äußert. Dass dies von vielen Verantwortlichen in der Produktion, die zumeist über einen ingenieurwissenschaftlichen Bildungshintergrund verfügen, als unseriöses Wissenschaftsmarketing oder technizistische Utopie aufgefasst wird, kann nicht verwundern.

Beschreibungen wie die oben angeführte sind deshalb irreführend, weil darin die alles integrierende Plattform und die darauf ausgeführten Anwendungen unterschlagen werden, ohne die eine digitale Vernetzung in der Praxis effektlos wäre. Eine *Plattform* bildet und gestaltet die Grundlage, auf der Anwendungsprogramme entworfen und ausgeführt werden können. In den vergangenen Jahren wurde eine kaum überschaubare Anzahl von Plattformen für das Internet der Dinge entwickelt. Zu den prominentesten darunter zählen unter anderem die Microsoft Azure IoT Suite, Amazon Web Services (AWS) IoT, die IBM Watson IoT-Platform, Google Cloud IoT, Oracle IoT, SAP IoT und die Samsung Artik IoT-Platform. Jede dieser Plattformen bildet zusammen mit den auf ihr operierenden Anwendungen ein sogenanntes Ökosystem, in dem Plattformbetreiber bzw. Plattformanbieter und Drittanbieter komplementäre Anwendungen bereitstellen, um so das Leistungsangebot für die Plattformnutzer zu maximieren.

Die Notwendigkeit einer Plattform, welche die Funktion eines Betriebssystems erfüllt, kann beispielhaft anhand eines Vergleichs mit dem Personal Computer veranschaulicht werden: Allein durch die Anbindung eines Scanners und eines Druckers an einen Personal Computer entsteht dem Anwender kein Nutzen, wenn das Betriebssystem fehlt und somit auch keine Anwendungen gestartet werden können, die das Einlesen, Bearbeiten und Ausdrucken von Dokumenten erlauben.

Dass die digitale Vernetzung von Gegenständen des Alltags überhaupt möglich ist, liegt an den darin eingebauten elektronischen Komponenten. Zunehmend mehr Geräte sind heute mit einem eingebetteten Computersystem und einem Kommunikationsprozessor zur Verbindung mit einem Computernetzwerk ausgestattet. Viele dieser Geräte verfügen zudem über Sensoren und können Informationen aus der realen Welt in digitale Daten umwandeln. Solche Geräte werden als *Smart Devices* bezeichnet. Nur Gegenstände, bei denen es sich selbst um ein Smart Device handelt oder bei denen ein solches Bestandteil oder Ausstattung ist, können unmittelbar durch die Anbindung an eine dafür geeignete Plattform digital abgebildet und miteinander vernetzt werden. Alle übrigen Dinge müssen auf indirektem Wege in der Plattform abgebildet werden, etwa durch manuelle Datenpflege.

Vor diesem Hintergrund kommt eine technisch plausiblere Begriffserklärung vorläufig mit den folgenden drei Sätzen aus:

> Unter dem Internet der Dinge (engl. *Internet of Things*, kurz IoT) wird die Anbindung von Smart Devices an eine sogenannte *IoT-Plattform* verstanden. Die IoT-Plattform fungiert dabei vergleichbar mit einem Betriebssystem, welches der Anwendungsprogrammierung ermöglicht, auf der Basis standardisierter Internettechnologien aus den angebundenen Geräten Daten auszulesen und gegebenenfalls auch Steuersignale an diese Geräte zu senden. Ziel dabei ist, dass die angebundenen Geräte durch *innovative Anwendungen* dem Menschen einen größeren Nutzen bringen, als sie es an sich vermögen.

In dieser Darstellung wird zwar das zugrunde liegende technische Konzept verständlich, gleichwohl bleibt offen, welche konkreten Geräte eigentlich angebunden werden sollen und worin sich der dadurch erzielte Nutzen äußert. Es liegt in der Natur der Sache, dass die Innovationen, die in den kommenden Jahren und Jahrzehnten durch das Internet der Dinge hervorgebracht werden, heute nicht vorhergesagt werden können. Sehr deutlich wird indes, dass der durch die Vernetzung von Geräten beabsichtigte Nutzen *innovativer Anwendungen* bedarf.

Eine optimistische Einschätzung besagt, dass das Internet der Dinge viele Möglichkeiten birgt, die aus heutiger Sicht noch unvorstellbar sind; dass es Grundlage zahlreicher zukünftiger Innovationen sein wird und unser aller Leben weitaus mehr verändern könnte als die Verbreitung des Internets, wie wir es heute kennen (vgl. [Ash88]). Bekanntlich schreitet die Entwicklung im Bereich der Digitalisierung rasant voran. Bisher ist aber festzustellen, dass tiefgreifende Veränderung des menschlichen Alltags noch auf sich warten lassen und darum vom heutigen Standpunkt aus keine seriösen Vorhersagen über Chancen und noch weniger über die Risiken des Internets der Dinge getroffen werden können (vgl. [Col81]).

Im World Wide Web sind zahlreiche Anwendungsszenarien für Smart Devices im häuslichen Bereich unter dem Begriff „Smart Home" zu finden, von denen manche als Gadget, d. h. als reine Spielerei belächelt werden mögen, andere auch ein wenig mehr Bequemlichkeit, höhere Sicherheit oder einen geringeren häuslichen Energieverbrauch versprechen. Viele dieser Anwendungen sind dem allgemeineren Themenkomplex der Gebäudeautomation zuzuordnen, andere wurden bereits in den 1990er Jahren – damals unter dem Begriff Ubiquitous Computing – diskutiert (vgl. [Wei91]).

Als repräsentatives Beispiel sei der smarte Kühlschrank genannt, dessen Inneres mit Kameras, Temperatursensoren sowie einem Schließsensor für das Kühl- und Gefrierfach ausgestattet ist. Der Datenaustausch zwischen Kühlschrank und Smartphone ermöglicht es, den Besitzer außerhalb des Hauses zu alarmieren, wenn das Gefrierfach nicht richtig geschlossen ist, und beim Einkauf in einem Lebensmittelmarkt einen Blick in den Kühlschrank zu werfen. Dadurch kann der Anwender sehen, welche Lebensmittel zur Neige gehen und nachgekauft werden sollten. Schon in den 1990er Jahren wurden darauf basierend neue Dienstleistungen ersonnen, etwa eine Auswertung der individuellen Nahrungsgewohnheiten und Vorlieben des Nutzers, um automatisiert zum passenden Zeitpunkt entsprechende Bestellungen bei einem Lieferservice für Lebensmittel auszulösen.

Grundsätzlich sind Nutzen und Risiken solcher Geräte in der Sphäre des Privaten gründlich gegeneinander abzuwägen. Denn sobald Geräte mit dem Internet verbunden sind, gibt es keine absolute Sicherheit, dass die von den Geräten erfassten oder im Gerät gespeicherten Daten nicht in falsche Hände geraten. Wenn beispielsweise die Krankenversicherung zukünftig aus vermeintlich unerklärlichen Gründen jegliche Zusatzleistung verweigert, könnte der Inhalt des Kühlschranks eine Erklärung dafür liefern.

Alltägliche Gebrauchsgegenstände mit Sensoren und Algorithmen auszustatten, um den Komfort für den Nutzer zu steigern, ist an sich weder eine Neuheit noch dem Internet der Dinge zuzuordnen. In einem herkömmlichen Kraftfahrzeug befinden sich längst schon mehrere Hundert Sensoren und eingebettete Computersysteme, die innerhalb des Fahrzeugs miteinander Daten austauschen. Die erfassten Daten geben Aufschluss über den internen Zustand des Automobils, insbesondere über dessen Wartungszustand, aber ebenso über dessen Aufenthaltsort und dessen Umgebung. Auch der Sachverhalt, dass sich eingebaute Navigationsgeräte mit dem Internet verbinden, um Straßenkarten zu aktualisieren, ist keineswegs eine Errungenschaft, die dem Internet der Dinge zuzurechnen wäre.

Das Internet der Dinge stellt vielmehr auf die Vernetzung der einzelnen Gegenstände und deren digitale Abbildung in einer IoT-Plattform ab. Für die Anbindung von Automobilen an eine IoT-Plattform ist die Bezeichnung *Connected Cars* gängig. Die flächendeckende Vernetzung von Automobilen und der Verkehrsinfrastruktur über eine IoT-Plattform eröffnet beispielsweise neue Möglichkeiten der Umgehung von Staus auf Grundlage vorausschauender Stauprognosen und der automatisierten Parkplatzsuche. Ebenso sind im World Wide Web Ideen in Hinblick auf Sharing-Angebote, Mitfahrservices und neue Serviceleistungen für Fahrzeughalter zu finden. Im Fokus letzterer stehen die Ad-hoc-Übertragung von Software-Updates über die IoT-Plattform sowie präventive Wartungsmöglichkeiten für vernetzte Fahrzeuge, Straßen und Transitsysteme.[1] Vergleichbare Konzepte existieren auch für den öffentlichem Personennahverkehr und den Frachttransport, die unter den Begriffen *Connected Transportation* und *Connected Logistics* zusammengefasst werden.

Die in der IoT-Plattform abgebildeten Gegenstände müssen nicht notwendigerweise selbst an die Plattform angebunden sein. Eine Alternative besteht darin, geeignete Ortungs-, Erkennungs- oder Erfassungssysteme mit der Plattform zu verbinden, die ihrerseits Informationen über die eigentlich abzubildenden Gegenstände an die Plattform übermitteln. Ein Beispiel dafür ist die Sendungsverfolgung von Post- oder Paketlieferungen (engl. *Track and Trace*), bei welcher die Paketdienste den Barcode einer Sendung an verschiedenen Knotenpunkten scannen, welche die Sendung nacheinander passiert. Ort und Erfassungszeitpunkt werden an eine zentrale Plattform übermittelt und dort hinterlegt. Pakete und deren Aufenthaltsort können auf diese Weise digital in der Plattform abgebildet werden, ohne selbst mit der Plattform verbunden zu sein. Dem Adressat wird damit die Möglichkeit eingeräumt, sich per Internet jederzeit über die letzte Station einer Sendung zu informieren.

Abb. 1.2 skizziert exemplarisch, wie ein Paket (Parcel) als konkretes Beispiel für eine abstrakte Sendung (Shipment) in einer IoT-Plattform digital abgebildet werden kann. Das Paket ist durch eine im Barcode hinterlegte Identifikationsnummer (identifier) gekennzeichnet und kann einen oder mehrere in der Plattform aufgezeichnete Ortungspunkte (recorded Locations) haben. Die Ortungspunkte sind im vorliegenden Beispiel durch einen Namen, ihre geographischen Koordinaten (geo coordinates) und den Zeitpunkt der Lokalisierung (timestamp) bestimmt. Mittels der Zeitreihe der Ortungspunkte ist die Lieferung der Pakete rückverfolgbar. Ein Anwendungsentwickler könnte mit diesen Daten den zeitlichen Verlauf des Liefervorgangs auf einer digitalen Karte visualisieren.

1.3   Das industrielle Internet der Dinge

In den vergangenen Jahren richtete sich die Aufmerksamkeit führender IoT-Plattformanbieter verstärkt auf die Anbindung von Industrieanlagen. Dahinter steht das Bestreben, die mit der Digitalisierung des industriellen Sektors aufkommenden Plattformmärkte für

---

[1]Aus den hierzu gesammelten Daten lassen sich ebenso Rückschlüsse auf das Fahrverhalten und die Fahrmentalität des Fahrers ziehen. Gewohnheitsdrängler oder Schnellfahrer sollten sich bewusst machen, dass diese Informationen in den Händen der zuständigen Behörden auch zum kurzfristigen oder dauerhaften Entzug der Fahrerlaubnis führen könnten. Mit dem Einzug des Internets der Dinge in die Sphäre des Privaten erfährt diese eine weitgehende Auflösung und die vielzitierte Aussage von Eric Emerson Schmidt, dem ehemaligen Executive Chairman von Google, gewinnt zunehmend an Brisanz: "If you have something that you don't want anyone to know, maybe you shouldn't be doing it in the first place." (frei übersetzt: „Bevor man den aussichtslosen Versuch unternimmt, etwas der Öffentlichkeit gegenüber zu verbergen, sollte man es lieber gleich lassen.")

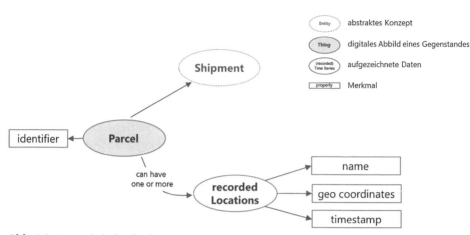

Abb. 1.2 Exemplarische Struktur des digitalen Abbildes eines Paketes in einer speziell für die Sendungsverfolgung vorgesehenen IoT-Plattform

das eigene Produktportfolio zu erschließen. Durch die Anbindung von Industrieanlagen an die eigene IoT-Plattform wird deren digitales Abbild allen Anwendungen innerhalb des eigenen Ökosystems zur Verfügung gestellt. Je flächendeckender dies gelingt, umso größer und attraktiver ist der sich hierdurch eröffnende Markt für potentielle Drittanbieter. Die daraus resultierende Sogwirkung auf Lösungsanbieter vergrößert wiederum das Leistungsangebot des jeweiligen Ökosystems, was einer weiteren Markterschließung noch größeren Vorschub leistet und konkurrierende Plattformen womöglich gar verdrängt. Auf Grund dieser Marktpotentiale sind insbesondere die von der aktuellen Digitalisierungswelle noch weitgehend unberührten Marktsegmente der industriellen Produktion für IoT-Plattformanbieter und Plattformbetreiber besonders attraktiv. Derweil haben auch klassische Industrie- und Technologiekonzerne – wie General Electric (GE), Siemens oder Bosch – damit begonnen, eigene IoT-Plattformen zu entwickeln, wobei deren Fokus ebenso mehr oder minder auf den Einsatz in einem industriellen Umfeld gerichtet ist.[2]

Weil das digitale Abbild der Dinge in all diesen Plattformen, gleich welchen Anbieters, sehr abstrakt konzipiert ist, sind zwischen den verschiedenen Plattformen aus Sicht der Anwendungsentwicklung keine nennenswerten Unterschiede zu erkennen. Die meisten IoT-Plattformen bilden die angebundenen Geräte und Industrieanlagen als Ding (engl.

---

[2]Eine einheitliche Begrifflichkeit hat sich derzeit noch nicht durchgesetzt; so werden insbesondere die Bezeichnungen Plattform und Betriebssystem im vorliegenden Kontext synonym verwendet. Auch der Bezug zum industriellen Umfeld wird von verschiedenen Anbietern als mehr oder weniger nennenswert erachtet. Siemens bezeichnet seine Plattform *MindSphere* beispielsweise als Betriebssystem für das Internet of Things. General Electric vermarktet seine Plattform *Predix* als Betriebssystem für das Industrial Internet, wohingegen Bosch seine Lösung als *IoT Suite* bezeichnet und auch im Bereich der Gebäudeautomation einen Anwendungsschwerpunkt verfolgt. Vgl. [Sie, GE, Bos].

Thing), d. h. als eine vollkommen abstrakte und generische Entität ab. Vereinzelt wird der Bezug zum industriellen Anwendungskontext dadurch hergestellt, dass die digital abgebildeten Entitäten als Kapitalanlage (engl. *Asset*) bezeichnet werden (vgl. [Sie]). Ein Ding kann zunächst alles sein und durch die Angabe spezifischer Merkmale und Eigenschaften, sogenannter *Properties*, je nach Anwendungskontext beliebig konkretisiert werden. Zu diesen Properties zählen zum einen unveränderliche identitätsbestimmende Merkmale des konkreten Gegenstandes (Attribute), welche diesen beispielsweise als Windkraftwerk, Industrieroboter, fahrerloses Transportsystem oder Werkzeugmaschine zu identifizieren gestatten. Zum anderen zählen veränderliche Statusinformationen, wie der Betriebszustand oder die Produktionsleistung, zu diesen Eigenschaften. Ferner kann jedem Ding eine Anzahl sensorisch erfasster Messgrößen zugeordnet werden, deren zeitlicher Verlauf in den Plattformen als Zeitreihe (Time Series) abgebildet wird. Abb. 1.3 illustriert die allen marktführenden IoT-Plattformen gemeinsame Abstraktion der angebundenen Geräte. Zuweilen besteht die Möglichkeit, jedes Ding einer Art von Dingen (Thing Type) zuzuordnen, was in der Abbildung transparent angedeutet ist (vgl. [IBMb]).

Im industriellen Umfeld betreffen die meistdiskutierten Anwendungen den Themenkomplex der Fernmessung (Telemetrie), d. h. die Übertragung der sensorischen Messwerte geographisch verteilter Industrieanlagen zu einer zentralen IoT-Plattform. Die Anwendungsszenarien beschränken sich dabei keineswegs auf herkömmliche Methoden der Fernüberwachung und Ferndiagnose von Geräten oder Anlagen. Überwiegend besteht die Zielsetzung darin, große Mengen telemetrischer Daten (Big Data) in der Plattform zu sammeln und diese miteinander in Bezug zu setzen, um daraus Schlussfolgerungen zu ziehen oder Prognosen abzuleiten. Zweck solcher Prognosen ist in den meisten Fällen

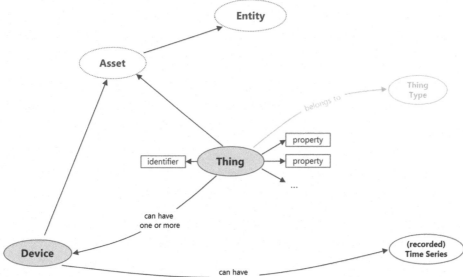

Abb. 1.3 Die digitalen Abbilder der Dinge sind in allen marktführenden IoT-Plattformen generisch konzipiert

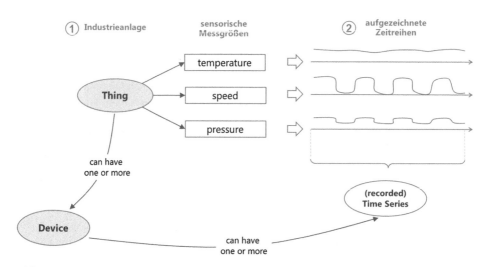

Abb. 1.4 Digitales Abbild von Industrieanlagen einschließlich der Zeitreihen sensorischer Messgrößen

eine *vorausschauende Instandhaltung* (*Predictive Maintenance*) der Anlagen. Wie in Abb. 1.4 veranschaulicht, werden dazu die *Zeitreihen* sensorisch erfasster Daten zunächst in der Plattform aufgezeichnet. Anschließend können Anwendungen die aufgezeichneten Zeitreihen mit Methoden des maschinellen Lernens auf wiederkehrende Muster analysieren, welche Voraussagen über drohende Störungen und Ausfälle erlauben.

Die vorausschauende Instandhaltung ist eine Alternative sowohl zur *reaktiven Instandhaltung* als auch zur periodisch vorbeugenden Instandhaltung in *regelmäßigen Wartungsintervallen*. Die reaktive Instandhaltung, welche treffender als Instandsetzung bezeichnet werden sollte, ist dadurch charakterisiert, dass sie erst durch eine Betriebsstörung oder einen technisch bedingten Ausfall ausgelöst wird. Ausfälle implizieren in der Regel nicht nur Kosten für den Anbieter oder Betreiber, sondern vielfach auch Unannehmlichkeiten für die Nutzer. Dies wird deutlich, wenn ein Automobil auf abgelegener Straße infolge eines technischen Defektes zum Stehen kommt oder ein Fahrstuhl während der Personenbeförderung im Aufzugschacht stecken bleibt.

Durch eine vorbeugende Instandhaltung sollen Ausfälle rechtzeitig verhindert werden. Erfolgt diese in regelmäßigen kurzen Zeitintervallen, wird die Ausfallhäufigkeit zwar deutlich verringert, jedoch zu übermäßig hohen Kosten. In vielen Fällen erweist sich bei einer periodisch vorbeugenden Instandhaltung, dass im betreffenden Moment keinerlei Maßnahmen erforderlich sind oder es werden Verschleißteile vorzeitig ausgetauscht. Eine vorausschauende Instandhaltung wird dagegen nur zu einem Zeitpunkt vorgenommen, da tatsächlich Maßnahmen angezeigt sind.

Ein Beispiel hierfür ist die auf der Microsoft Azure IoT Suite basierende Wartungslösung MAX, welche ThyssenKrupp seit 2015 für die Wartung der hauseigenen Aufzugsysteme vertreibt. MAX liest fortlaufend Daten aus den Sensoren der vernetzten

Aufzüge aus, um anhand dieser die verbleibende Lebensdauer wichtiger Systeme und Komponenten zu ermitteln. Durch präventive Maßnahmen zum erforderlichen Zeitpunkt steigert MAX die Betriebsbereitschaft, d. h. die Gesamtverfügbarkeit der Aufzüge. Zudem erhalten Servicetechniker vor Ort Anleitungen zur Problemlösung, die ihnen auf Smartphones oder Tablets übertragen werden. Dadurch verkürzen sich Wartungsarbeiten und die daraus resultierenden Betriebsunterbrechungen (vgl. [TH15]).

Auch in der industriellen Produktion soll die Verfügbarkeit und Leistungsfähigkeit von Maschinen und Produktionsanlagen durch das Erfassen und die Analyse großer Mengen von Daten erhöht werden. Die dazu eingesetzten Verfahren aus dem Bereich des maschinellen Lernens sind dieselben. Grundsätzlich geht es darum, unter Einsatz bestimmter Algorithmen und Technologien Muster in den aufgezeichneten Messdaten zu erkennen, daraus Prognosemodelle zu entwickeln, um drohende Ausfälle im Vorfeld zu prognostizieren und zum rechten Zeitpunkt präventive Maßnahmen einzuleiten.

Neben telemetrischen Daten werden auch Statusinformationen der Anlagen und Maschinen aufgezeichnet. Sie liefern die Datengrundlage für eine umfassende Transparenz der Produktionsprozesse und eine systematische Leistungsanalyse. Zeitreihen mit den aufgezeichneten Betriebszuständen dienen als Datengrundlage, die Verfügbarkeit einzelner oder mehrerer Anlangen und Maschinen innerhalb beliebiger Zeiträume exakt zu ermitteln. Anwendungen aus dem Bereich der Business Intelligence (BI) illustrieren unter anderem den zeitlichen Verlauf der Verfügbarkeit in Form von Tabellen und Diagrammen. Dadurch sind Auswertungen der zur Prozessoptimierung getroffenen Maßnahmen möglich, die beispielsweise zu erkennen geben, ob nach Einführung einer vorausschauenden Instandhaltung die Verfügbarkeit der Anlagen und Maschinen tatsächlich signifikant gestiegen ist.

Treten trotz solcher vorausschauenden Maßnahmen doch einmal ungeplante Stillstände auf, erlauben automatisierte Alarmierungen des Fertigungspersonals eine unverzügliche Reaktion. Je nachdem, ob es sich um einen technisch oder organisatorisch bedingten Stillstand handelt, werden die Mitarbeiter der Instandhaltung oder der Produktionslogistik ohne Zeitverzug darüber unterrichtet. Die zu diesem Zweck entwickelten Anwendungen lösen einen entsprechenden Alarm auf mobilen Endgeräten aus und informieren das Fertigungspersonal über die Ursache des Stillstandes und die zu dessen Behebung erforderlichen Maßnahmen.

Das Anlegen einer Entität mit all ihren Attributen in der IoT-Plattform wird als deren *Instanziierung* bezeichnet. Auf Grund ihrer generischen Konzeption lassen sich in allen marktführenden IoT-Plattformen die digitalen Abbilder beliebiger Gegenstände instanziieren. Insbesondere können auch digitale Abbilder der erzeugten Produkte in einer IoT-Plattform instanziiert werden. Dies gestattet zumindest theoretisch eine Produktrückverfolgung über die gesamte Lieferkette hinweg (*Supply Chain Traceability*) in gleicher Weise wie bei der Sendungsverfolgung von Paketen.

Anstelle einer optischen Identifikation mittels Barcodes, Data Matrix Codes oder QR Codes kommen bei der Produktrückverfolgung häufig RFID Transponder zum Einsatz. RFID (Radio-Frequency Identification) basiert auf der Übertragung elektromagnetischer Wellen von einem sogenannten Transponder zu einer Erfassungseinheit. Gegenüber einer optischen Identifikation bietet dies den Vorteil, dass die gleichzeitige Erfassung vieler Transponder ohne Sichtkontakt möglich ist. Es reicht aus, wenn sich ein zu identifizieren-des Objekt innerhalb des Leseabstands der Erfassungseinheit befindet. Der Transponder kann deshalb auch im Inneren eines Produktes eingebaut werden.

Bei der Produktrückverfolgung werden nicht nur die Produktionsorte, d. h. die zur Verrichtung der einzelnen Arbeitsschritte innerhalb der Wertschöpfungskette belegten Maschinen oder Handarbeitsplätze dokumentiert, sondern auch weitere Informationen über den Herstellungsprozess selbst aufgezeichnet. In diesem Zusammenhang ist bisweilen von der *digitalen Produkthistorie* die Rede. Darin sind unter anderem die Serien- oder Chargennummern der eingesetzten Ausgangskomponenten und die während der Arbeits-vorgänge an den Anlagen und Maschinen aufgezeichneten Prozessparameter hinterlegt.

Es ist ersichtlich, dass die generische Konzeption der IoT-Plattformen prinzipiell auch in der industriellen Produktion eine Reihe neuer Anwendungen ermöglicht und sich die einzelnen IoT-Plattformen diesbezüglich kaum unterscheiden. Das wesentliche Differen-zierungsmerkmal besteht vielmehr in den Geräten und Anlagen, welche die verschiedenen Plattformen anzubinden in der Lage sind. Denn die grundlegende Anforderung an das Internet der Dinge ist, dass Geräte, deren digitale Abbilder in der Plattform instanziiert sind, auch tatsächlich mit der Plattform Daten austauschen können.

1.4   Anbindung von Maschinen und Produktionsanlagen

Von dem Betriebssystem auf einem Personal Computer wird erwartet, dass jedes Gerät, das mit dem Computer physikalisch verbunden werden kann, in seinem vollen Funktionsum-fang unterstützt wird. Technisch bedeutet dies, dass das Betriebssystem die Anweisungen eines Anwendungsprogramms in die gerätespezifischen Steuerungssignale übersetzen muss. Damit diese überhaupt die Gerätesteuerung erreichen, muss das Betriebssystem fer-ner auch das zum Datenaustausch mit dem Gerät erforderliche Kommunikationsprotokoll implementieren.

Das Betriebssystem abstrahiert von den heterogenen Steuerungen und Kommuni-kationsprotokollen der verschiedenen Geräte, indem es Zugriffsmethoden zur Anwen-dungsprogrammierung bereitstellt, die für jedes Gerät, unabhängig von Hersteller und Geräteversion, identisch sind. Dasselbe leistet auch eine IoT-Plattform. Sie stellt eine An-wendungsprogrammierschnittstelle (engl. *Application Programming Interface*, API) zur Verfügung, über die Anwendungen mit allen an die Plattform angebundenen Geräten, seien sie noch so verschiedenartig, in einheitlicher Weise kommunizieren können. Anwendungs-entwickler müssen daher nur die API, nicht aber die verschiedenen Gerätesteuerungen beherrschen, um Anwendungen für eine IoT-Plattform zu entwickeln.

Zur Anbindung von Geräten stellen IoT-Plattformen verschiedene Geräteschnittstellen als sogenannte *IoT Hubs*, *Konnektoren* oder *Machine Gateways* bereit. Wo es für Geräte ei-ne Standardisierung der Kommunikationsprotokolle bis hoch zur Anwendungsebene gibt, ist deren Anbindung an eine IoT-Plattform vergleichsweise einfach. Dies ist im Bereich der Gebäudeautomation der Fall, wo das als ISO 16484-5 standardisierte BACnet (Building

Automation and Control Networks) mittlerweile von den meisten Geräteherstellern mehr oder weniger unterstützt wird. Anders verhält es sich mit den Anlagen und Maschinen, die gegenwärtig in den Produktionsbetrieben vorzufinden sind. Diese können bis zu über 30 Jahre alt sein und sind dann mit überhaupt keiner Kommunikationstechnologie, geschweige denn mit den sich zukünftig abzeichnenden Standards ausgestattet.

Eine IoT-Plattform für den Einsatz in der Produktion sollte in der Lage sein, Betriebszustände, produzierte Mengen und Prozessparameter aus den verschiedenartigsten Maschinensteuerungen älterer und neuerer Fabrikate auszulesen. Die Plattform sendet meistens jedoch keine Steuerungssignale unmittelbar an die Maschinen, weil die Maschinenbedienung dem Fertigungspersonal vorbehalten bleibt.[3] Gleichwohl erhält das Fertigungspersonal von der IoT-Plattform Anweisungen, welches Produkt wann und in welcher Menge zu produzieren ist. Die Plattform liefert auch die dazu benötigten Einstellparameter oder Steuerprogramme, greift aber nur in den seltensten Fällen automatisiert schreibend in die Steuerungen ein. Der Maschinenbediener bleibt letzter Entscheider.

Die Anbindung von Maschinen und Produktionsanlagen an eine IoT-Plattform setzt voraus, dass diese zumindest mit einem Kommunikationsprozessor ausgestattet sind. Mittlerweile ist diese Ausstattung häufig gegeben und wenn nicht, können die betreffenden Maschinen mit einem Ethernet-Feldbus-Koppler nachgerüstet werden. Die eigentliche Schwierigkeit ergibt sich daraus, dass in den Produktionsbetrieben eine Vielzahl von Maschinen unterschiedlicher Baujahre mit unterschiedlichsten Steuerungen im Einsatz ist. Zwar gibt es schon seit einigen Jahren Bemühungen, die verschiedenen herstellerspezifischen durch standardisierte Steuerungsprotokolle zu ersetzen. Doch selbst wenn dies gelänge, würde es noch Jahrzehnte dauern, bis die neue Generation von Maschinen die alte vollständig aus den Produktionsbetrieben verdrängt haben wird.

Als Kandidaten für einen zukünftigen Standard zur Maschinenanbindung sind vorwiegend OPC-UA und speziell für den lesenden Zugriff auf Prozessdaten aus CNC-Maschinen auch MTConnect im Gespräch (vgl. [OPC] und [MTC]). Keines der beiden Kommunikationsprotokolle ist heute flächendeckend in den Industriebetrieben verbreitet. Vor allem aber werden beide Protokolle bisher von den wenigsten IoT-Plattformanbietern und Plattformbetreibern unterstützt. Im Unterschied dazu ermöglicht jede gewöhnliche IoT-Plattform die Anbindung von Geräten über MQ Telemetry Transport (MQTT), das 2014 in der Version 3.1.1 als ein Standard der Organization for the Advancement of Structured Information Standards (OASIS) aufgenommen wurde (vgl. [OAS14]).[4] In Anbetracht der Tatsache, dass OASIS von den führenden Softwarekonzernen unterstützt wird, kann MQTT als ein Industriestandard für die Geräteanbindung im Internet der Dinge betrachtet werden (vgl. [OAS]). Im Jahre 2016 wurde MQTT schließlich mit der Bezeichnung ISO/IEC 20922:2016 als ISO Standard aufgenommen (vgl. [ISO16]).

MQTT ist ein sogenanntes Publish/Subscribe-Nachrichtenprotokoll, bei dem ein *Nachrichtenbroker* die Kommunikation organisiert. Jede Nachricht bezieht sich auf ein be-

---

[3]Eine Ausnahme stellen flexible Fertigungssysteme dar.

[4]Die ursprüngliche Protokollbezeichnung lautete Message Queuing Telemetry Transport.

stimmtes Thema (Topic), das zuvor definiert werden muss. Der Broker übermittelt die von einem Sender (Publisher) zu einem bestimmten Topic veröffentlichten Nachrichten an alle Teilnehmer, die sich für den Empfang von Nachrichten zu dem betreffenden Topic registriert haben (Subscriber). Ursprünglich wurde MQTT zur Übertragung von telemetrischen Daten zwischen Geräten mit geringer Prozessorleistung entwickelt, die gegebenenfalls an periphere Netzwerke mit niedrigem Datendurchsatz und hohen Latenzzeiten angebunden sind. Das Übertragungsprotokoll ist dementsprechend schlank, d. h., die zu übertragenden Nutzdaten werden als Sequenz von Bytes codiert und nur um vergleichsweise wenige Protokolldaten ergänzt. Anwendungen müssen dazu in der Lage sein, in den übertragenen Bytesequenzen einzelne semantisch bewertbare Informationseinheiten und Datenstrukturen zu identifizieren, um diese zur weiteren Datenverarbeitung aus den übertragenen Nutzdaten zu extrahieren.

Nichtsdestoweniger wird MQTT als Anwendungsprotokoll in fast jeder Programmiersprache durch eine Anwendungsprogrammierschnittstelle unterstützt. Dabei wird das Nachrichtenprotokoll keineswegs ausschließlich zur permanenten Übertragung sensorischer Messwerte verwendet, sondern häufig auch dazu, die Nachrichtenempfänger über sporadisch auftretende Ereignisse zu unterrichten. Dass MQTT als Kommunikationsprotokoll für das Internet der Dinge große Akzeptanz findet, ist nicht zuletzt auch in dem schlichten Aufbau des Protokolls und seiner API begründet. MQTT unterscheidet sich dadurch erheblich von der komplizierten Architektur, die OPC-UA zugrunde liegt. Die Kommunikation über OPC-UA kann durchaus auf der Übertragung per MQTT basieren, bietet aber eine eigene Anwendungsprogrammierschnittstelle, in der sich die komplizierten Konzepte von OPC-UA widerspiegeln. Es ist äußerst fragwürdig, ob die verschiedenartigen Steuerungsprotokolle der Maschinen in den Produktionsbetrieben zukünftig branchenübergreifend und ausschließlich auf der Basis von OPC-UA vereinheitlicht werden.[5]

Trotz der heterogenen Maschinen- und Anlagensteuerungen ist die Maschinendatenerfassung in vielen Produktionsbetrieben bereits seit einigen Jahrzehnten gängige Praxis. Die erfassten Daten gestatten unter anderem eine exakte Ermittlung von Leistungskennzahlen, wie etwa der OEE. Üblich ist eine kombinierte Maschinen- und Betriebsdatenerfassung. Letztere ermittelt, welche Arbeitsplätze und Mitarbeiter wie lange zur Abwicklung eines konkreten Fertigungsauftrags eingesetzt oder belegt waren. Diese Information dient in erster Linie der Kostenträgerrechnung. Das Konzept des *Arbeitsplatzes* spielt dabei eine zentrale Rolle. Einzelne Arbeitsvorgänge eines Fertigungsauftrags werden auf verschiedenen Arbeitsplätzen mit unterschiedlichen Kostensätzen durchgeführt. Ein Arbeitsplatz kann sowohl eine bestimmte Maschine oder Produktionsanlage als auch ein Handarbeitsplatz, beispielsweise ein Montagearbeitsplatz, sein. Zwar ist

---

[5]In diesem Zusammenhang ist auch zu beachten, dass die serviceorientierte Architektur (SOA) von OPC-UA im Gegensatz zu der ressourcenorientierten Architektur (ROA) des World Wide Web und des Internets der Dinge steht (vgl. Abschn. 3.7).

für die digitale Abbildung letzterer keine Maschinenanbindung erforderlich. Unter dem Aspekt der Betriebsdatenerfassung hat die Unterscheidung zwischen Maschinen und Handarbeitsplätzen indes keine Bewandtnis.

Nicht allein das Rechnungswesen, sondern auch die Produktionslogistik benötigt Informationen der Betriebsdatenerfassung. Rückmeldungen, dass ein Fertigungsauftrag abgeschlossen ist, geben Auskunft darüber, welche Materialien eingesetzt und welche Produkte fertiggestellt wurden. Aus diesen Gründen wurden schon in der Vergangenheit über herstellerspezifische Schnittstellen Anwendungsprogramme für das Rechnungswesen und die Produktionslogistik zeitverzögert mit einigen wenigen auftragsbezogenen Daten aus der Produktion versorgt.

Ein reibungsloser betrieblicher Ablauf und die schnelle Reaktion auf ungeplante Ereignisse verlangen jedoch, dass alle am Gesamtprozess mitwirkenden Mitarbeiter und IT-Systeme zeitnah die für sie jeweils relevanten Informationen erhalten. Vor der Einführung von IoT-Plattformen bestand das Problem, dass der Zugriff auf die in der Produktion eingesetzten Datenerfassungssysteme mit den üblichen Methoden der Anwendungsprogrammierung überhaupt nicht oder nur sehr schwer möglich war. Entweder hatten diese Systeme überhaupt keine API oder aber eine herstellerspezifische API, die kein Anwendungsentwickler außer den Mitarbeitern des Systemanbieters beherrschte.

Beim sogenannten *Manufacturing Execution System*, kurz MES, waren die Zugriffsbarrieren auf die erfassten Daten integraler Bestandteil der Vermarktungsstrategie. Das MES entwickelte sich in den frühen 1990er-Jahren aus dem Gedanken heraus, die Maschinen- und Betriebsdatenerfassung um herstellereigene Anwendungen zu erweitern und alles zusammen zu einem monolithischen und weitestgehend abgeschlossenen System zu verschmelzen. Das brachte dem System zuweilen den Beinamen Monolithic Encapsulated System, kurz ebenfalls MES.

1.5   HTTP und JSON als De-facto-Standards für das Internet der Dinge

Damit beliebige Anwendungen Zugang zu den in der Produktion erfassten Daten erhalten, müssen diese Daten über eine API zur Verfügung gestellt werden, die den Standards moderner Softwareentwicklung entspricht. Als Standard für das World Wide Web (WWW) fungiert das *Hypertext Transfer Protocol*, kurz HTTP, welches jedem schon einmal begegnet ist, der in der Adressleiste des Browsers eine Webseite aufgerufen hat. Abb. 1.5 demonstriert dies am Beispiel des Aufrufs von https://www.google.com/ durch die Hervorhebung des Protokollbezeichners. Bei einer verschlüsselten Kommunikation wird diesem noch der Buchstabe s angehängt, der für *secure* steht.

HTTP ist ein Anfrage/Antwort-Protokoll, das auf Grund seiner einfachen Handhabung leicht zu verstehen ist. Beim Aufruf einer Webseite richtet der Browser eine Anfrage (engl. *Request*) an einen Webserver, auf welche dieser mit einer Antwort (engl. *Response*) reagiert. Anhand der angegebenen Adresse können der Webserver sowie die angefragte

Abb. 1.5 HTTP ist das von allen Browsern unterstützte Protokoll des World Wide Web

Ressource im Internet identifiziert und die entsprechende Webseite in der Antwort des Webservers an den Browser übertragen werden. Im angeführten Beispiel ist die übertragene Webseite die Startseite von Google.

Jede Webseite repräsentiert eine eindeutig adressierbare *Ressource* im World Wide Web. Die Adressierung von Ressourcen erfolgt über einen *Uniform Resource Locator* (URL), der beim Aufruf einer Webseite gewöhnlich wie folgt zusammen setzt ist: http[s]://Domain:Port/Pfad.

Die geschweiften Klammern symbolisieren Platzhalter für die Domain, den Port und den Pfad eines URL. Die Domain adressiert den Rechner im Internet, auf dem sich der Webserver befindet, der Port den Webserver selbst.[6] Der Pfad ist optional und besteht aus einer durch Schrägstriche getrennten Liste von Verzeichnisnamen, die in der Regel mit dem Dateinamen der Webseite endet.[7]

Die Verbreitung und das einfache Konzept von HTTP legen nahe, das durch das World Wide Web etablierte Kommunikationsprotokoll auch für das Internet der Dinge zu nutzen. Dabei sind die Ressourcen lediglich keine Webseiten, sondern die digitalen Abbilder der Dinge, insbesondere der angeschlossenen Geräte. Anwendungsprogramme können diese Ressourcen auf dieselbe Weise wie eine Webseite, d. h. unter Verwendung von HTTP-Methoden aufrufen. Die API ist außerordentlich einfach, weil HTTP nur wenige Anfragemethoden kennt, von denen zumeist ausschließlich folgende vier Methoden zum Einsatz gelangen:

- GET zum Anfordern einer Ressource
- PUT zum Ändern einer Ressource
- DELETE zum Löschen einer Ressource
- POST unter anderem zum Erzeugen einer Ressource

Ganz offensichtlich wird beim Aufruf einer Webseite aus der Adressleiste des Browsers heraus die GET-Methode verwendet. Alle Methoden sind in der HTTP-Spezifikation definiert (vgl. [RFC14]).

---

[6]Wird kein Port angegeben, leitet ein Webserver die Anfrage per Konvention auf den Port 443 für https bzw. auf den Port 80 für http. Der Aufruf von https://www.google.de:443 führt daher zu derselben Webseite wie der Aufruf in Abb. 1.5.

[7]Wird kein Pfad angegeben, leitet der Webserver die Anfrage automatisch auf eine als Einstiegspunkt vorgesehene Webseite.

Durch die strikte Vorgabe einheitlicher Anfragemethoden wird eine uniforme Schnittstelle für jedwede Ressource definiert. Ein Anwendungsentwickler muss für den Zugriff
auf die digitalen Abbilder der Dinge nur die Adressen der entsprechenden Ressourcen
und die jeweils vorgesehenen Anfragemethoden kennen. Bei den marktführenden IoT-
Plattformen, die jede Entität als Ding mit einer Identifikationsnummer (ID) abbilden, sind
dies die folgenden Anfragen:

- GET . . . /things zum Anfordern einer Liste aller Entitäten
- GET . . . /things/{id} zum Anfordern einer bestimmten Entität
- PUT . . . /things/{id} zum Ändern der Eigenschaften einer bestimmten Entität
- DELETE . . . /things/{id} zum Löschen einer bestimmten Entität
- POST . . . /things zur Instanziierung einer neuen Entität in der Plattform

In Abb. 1.6 ist die Dokumentation einer Anwendungsprogrammierschnittstelle zum Verwalten von Dingen dargestellt, wie sie beispielsweise in der *Bosch IoT Suite* anzutreffen ist
(vgl. [Bos]). Die API ist prototypisch für die abstrakte Abbildung von Dingen in generisch
konzipierten IoT-Plattformen.

Aus der Dokumentation geht hervor, unter welcher Adresse und mit welchen Methoden
auf die jeweiligen Ressourcen zugegriffen werden kann. Die Adressen der Ressourcen
sind nicht vollständig angeführt, sondern nur der hintere Teil des URL, welcher als
relativer Pfad bezeichnet wird. Der vordere Adressteil – bestehend aus Domain, Port und
Basispfad – ändert sich, je nachdem, auf welchem Server die API installiert ist. Weil eine
IoT-Plattform aber theoretisch auf jedem beliebigen Server eingerichtet werden kann, wäre
die Angabe eines vollständigen URL in der Dokumentation einer API völlig willkürlich.

Die geschweiften Klammern symbolisieren sogenannte *Pfadvariablen*, die beim Aufruf
der Schnittstellen durch die Identifikationsnummer (thingId) einer konkreten Entität

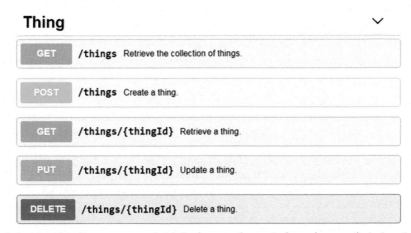

Abb. 1.6 Abstrakte Ressourcen und Methoden zu deren Anfrage in generisch konzipierten
IoT-Plattformen

zu ersetzen sind. Auf jede in der Plattform instanziierte Entität kann unter Angabe
ihrer Identifikationsnummer lesend, ändernd und löschend zugegriffen werden. Dazu
dienen die unteren drei Methoden. Die obere Methode gibt eine Liste aller Entitäten
zurück. Besondere Aufmerksamkeit verdient die zweite Methode. Sie erlaubt das Anlegen
neuer Entitäten mit beliebigen Properties. Dies bedeutet, dass jede Anwendung eigene
Ressourcen zur Abbildung aller nur denkbaren oder auch undenkbaren Dinge instanziieren
kann.

Die Ähnlichkeit der Anwendungsprogrammierschnittstellen aller generisch konzipierten IoT-Plattformen demonstriert ein Vergleich mit der Watson IoT-Platform von IBM in
Abb. 1.7. Als einziger Unterschied zur Bosch IoT Suite sieht diese eine Kategorisierung
der instanziierten Dinge nach Typen vor. Abgebildet sind dieselben fünf Methoden für
den unterschiedlichen Zugriff auf die in der Plattform instanziierten digitalen Abbilder
der Dinge, die auch in der Bosch IoT Suite zur Verfügung stehen. Als Pfadvariable ist in
diesem Fall nicht nur die Identifikationsnummer der konkreten Entität (thingId), sondern
auch die des jeweiligen Typs (thingTypeId) zu spezifizieren.

Wie in Abb. 1.4 illustriert, verfügen die im industriellen Umfeld eingesetzten IoT-
Plattformen über separate Ressourcen mit dem digitalen Abbild der von den einzelnen
Geräten aufgezeichneten Zeitreihen telemetrischer Daten. Eine typische Dokumentation
der Geräte mit den dazugehörenden Zeitreihen ist in Abb. 1.8 dargestellt. In Predix von
GE wird anstelle von Zeitreihen die Bezeichnung *Datenpunkte* (datapoints) verwendet.
MindSphere von Siemens bietet die Möglichkeit, jeder Entität (entity) eine oder mehrere
Mengen aufgezeichneter Messgrößen (property set) zuzuweisen. Eine Besonderheit in
MindSphere besteht darin, dass für den Zugriff auf Zeitreihen in der API auch Methoden
zum Ändern und Löschen vorgesehen sind.[8]

HTTP gewährleistet den standardisierten Austausch von Informationen zwischen der
IoT-Plattform und deren Anwendungen, trifft aber keine Festlegung, wie Daten repräsentiert und formatiert werden. Es ist geradezu charakteristisch für HTTP, dass jede Ressource
in beliebigen *Repräsentationen* angefragt und übertragen werden kann.

Damit Anwendungsprogramme innerhalb der übertragenen Datensequenz einzelne
Informationseinheiten und Datenstrukturen identifizieren und zur weiteren Datenverarbeitung extrahieren können, bedarf es eines standardisierten Repräsentationsformats. Der

---

[8]Damit werden Funktionen der Datenerfassung und Datenpflege in die Anwendungsebene gelegt,
wodurch die strikte Trennung zwischen der Plattform als Erfassungssystem und den darauf
operierenden Anwendungen ein wenig zerfließt. Andere IoT-Plattformen, wie beispielsweise Predix
von GE, gestatten in der API nur den lesenden Zugriff auf die von der Plattform erfassten Daten.
Das Aufzeichnen von Zeitreihen ist dort nur über ausgewiesene Geräteschnittstellen möglich. Zwar
verfügen fast alle IoT-Plattformen auch über eine Geräteschnittstelle auf Basis von HTTP. Eine
solche Geräteschnittstelle, welche auch als IoT Hub oder Machine Gateway bezeichnet wird, hat
allerdings nicht die Funktion einer Anwendungsprogrammierschnittstelle. Jene dient der Anbindung
von Hardware, diese der Entwicklung von Anwendungssoftware.

Categorized Entity   ⌄

Abb. 1.7 Nach Typen kategorisierte Ressourcen und Methoden zu deren Anfrage

Device   ⌄

Abb. 1.8 Zugriff auf Geräte und die Zeitreihen aufgezeichneter Sensordaten

Standard für Webseiten ist die Hypertext Markup Language, kurz HTML, welche neben den Nutzdaten auch Informationen zu deren Darstellung im Browser beinhaltet. Letztere spielen in einer Anwendungsprogrammierschnittstelle keine Rolle.

Als Repräsentationsformat für die Ressourcen im Internet der Dinge hat sich mittlerweile die *JavaScript Object Notation*, kurz JSON, als De-facto-Standard gegenüber der weniger leserlichen Extensible Markup Language (XML) durchgesetzt. Das Repräsentationsformat JSON selbst sowie alle auf JSON basierenden komplexeren Repräsentationsformate sind sowohl maschinell als auch für den Menschen lesbar.

Auf der Dokumentationsseite der Watson IoT-Platform wird die Repräsentation von Dingen am Beispiel einer konkreten Instanz *Küche* vom Typ Raum erläutert (vgl. [IBMa]). Es handelt es sich um eine *Küche* mit drei angeschlossenen Geräten; einem Temperatursensor, einem Feuchtigkeitssensor und einer Lampe. Abb. 1.9 demonstriert die leserliche Repräsentation dieser fiktiven Ressource in JSON. Es ist ersichtlich, dass die Ressource *Küche* im Wesentlichen Angaben zur Identifikation der drei angebundenen Geräte beinhaltet. Die zum Abrufen der Ressource zu tätigende Anfrage würde GET . . . /things/types/roomType/things/kitchen lauten.

Abb. 1.9 Auf JSON
basierende Repräsentation
einer Küche in der
Dokumentation zur API der
IBM Watson IoT-Platform

```
{
    "typeId": "roomType",
    "thingId": "kitchen",
    "name": "Kitchen",
    "description": "The Kitchen",
    "aggregatedObjects": {
        "temperatureSensor": {
            "type": "device",
            "typeId": "TemperatureSensor",
            "id": "myTempSensor123"
        },
        "humiditySensor": {
            "type": "device",
            "typeId": "HumiditySensor",
            "id": "myHumSensor456"
        },
        "lightBulb": {
            "type": "device",
            "typeId": "LightBulb",
            "id": "myLightBulb789"
        }
    },
    "created": "2019-03-26T09:48:33Z",
    "createdBy": "creator@example.io",
    "updated": "2019-03-27T10:48:44Z",
    "updatedBy": "editor@example.io",
    "metadata": {
        ...
    }
}
```

1.6   Offene Anwendungsprogrammierschnittstellen (Open API)

Dem Internet der Dinge liegt der Gedanke zugrunde, dass mit den erforderlichen Programmierkenntnissen jeder in der Lage sein sollte, Anwendungen für eine IoT-Plattform zu entwickeln. Dadurch können nicht nur die Plattformanbieter, sondern beliebige Unternehmen ihre Leistungsangebote und somit ein weitaus größeres Angebotsspektrum den Nutzern der IoT-Plattformen darbieten. Zu diesem Zweck muss die API für jeden zugänglich im World Wide Web dokumentiert sein.[9] Ist dies der Fall, spricht man von einer offenen Anwendungsprogrammierschnittstelle (Open API). Eine Open API schließt insbesondere die Angabe personenbezogener Daten oder ähnliche Barrieren als Voraussetzung für den Zugriff auf deren Dokumentation aus. Sie kann über Suchmaschinen im World Wide Web aufgefunden und von Experten öffentlich diskutiert werden. Die

---

[9]Beispiele für offene Anwendungsprogrammierschnittstellen der großen IoT-Anbieter finden sich unter [Mic] zur Microsoft Azure IoT Suite, unter [Ama] zu Amazon Web Services IoT, unter [Goo] zu Google Cloud IoT, unter [IBMb] zu IBM Watson IoT, unter [Sam] zur Samsung Artik IoT-Platform, unter [SAP] zu SAP IoT oder unter [Ora] zu Oracle IoT.

Open API ist das wesentliche Charakteristikum jeder IoT-Plattform, weil allein sie eine zuverlässige Auskunft darüber erteilt, welche Anwendungen mit einer jeweiligen IoT-Plattform möglich sind.

Die Vorteile offener Anwendungsprogrammierschnittstellen verdeutlicht die Erfolgsgeschichte des Smartphones. Nachdem die ersten Mobiltelefone mit einem eingebetteten Mikroprozessor auf den Markt kamen, wurden diese mit wenigen einfachen Anwendungen ausgestattet, wie beispielsweise einem integrierten Taschenrechner, allenfalls noch einem mehr oder weniger benutzerfreundlichen Terminkalender. Solange nur der Hersteller selbst in der Lage war, Anwendungen für das Mobiltelefon zu entwickeln, blieben deren Anzahl und Funktionsumfang sehr überschaubar. Dies änderte sich, als das Smartphone den Markt der Mobiltelefone und damit auch die Welt der mobilen Anwendungen revolutionierte.

Smartphones besitzen ein Betriebssystem mit offener Anwendungsprogrammierschnittstelle. Die Schnittstelle abstrahiert von den technischen Details der Hardwaresteuerung durch die Bereitstellung von Programmbibliotheken mit anwendungsorientierten Zugriffsmethoden. Damit ist es jedem Anwendungsentwickler möglich, auf die Daten und Hardwarekomponenten des Smartphones zuzugreifen und eigene Anwendungen (Apps) für ein Smartphone zu schreiben. Vor der Markteinführung jener mobilen Betriebssysteme war das durch die Vielzahl von Entwicklern hervorgebrachte Angebot an Apps kaum vorstellbar. Mittlerweile gibt es fast für jeden Lebensbereich eine App, die dem Nutzer Unterstützung oder Unterhaltung bietet. Auch in zahlreichen Unternehmen gehören Apps inzwischen zum Arbeitsalltag.

Viele Apps nutzen ihrerseits wiederum Dienste, die im Internet gleichfalls über offene Anwendungsprogrammierschnittstellen zur Verfügung gestellt werden. Als Beispiele seien Dienste zur Handschrift- oder Spracherkennung, Übersetzungsdienste, Dienste zum Abrufen von meteorologischen Daten, Geoinformationen oder Informationen aus sozialen Netzwerken angeführt.

Auf der Webseite der *Open API Initiative* (OAI) finden sich die weltweit größten Softwarekonzerne (vgl. [OAI]). Die Unternehmen haben erkannt, dass der Nutzen ihrer eigenen Anwendungen steigt, wenn diese mit anderen Anwendungen – auch denen der Mitbewerber – kommunizieren, d. h. uneingeschränkt Daten austauschen können. Die Open API Initiative wurde Ende 2015 als Arbeitsgruppe unter dem Dach der Linux Foundation gegründet. Ihr Ziel ist die Durchsetzung und weitere Entwicklung eines herstellerneutralen Beschreibungsformates für Programmierschnittstellen (engl. *Interface Definition Language*, kurz IDL), welches als *Swagger-Spezifikation* bekannt wurde, heute jedoch den offiziellen Namen *OpenAPI-Spezifikation* hat. Das Beschreibungsformat ist für HTTP APIs ausgelegt, die oftmals aus Unwissenheit auch als REST APIs bezeichnet werden.[10] Swagger bietet als Open Source Tools eine browserbasierte Benutzeroberfläche

---

[10]Die uniformen Schnittstellen einer HTTP API sind ein wesentliches Merkmal des dem World Wide Web zugrunde liegenden Architekturstils, der als Representational State Transfer, kurz REST, bezeichnet wird (vgl. [Fie00]). Um von einer REST API sprechen zu können, müssen jedoch noch weitere grundlegende Kriterien erfüllt sein. Hierzu zählt insbesondere, dass die Ressourcen

zur Visualisierung der OpenAPI-Spezifikation und für Testaufrufe (*Swagger UI*), einen Codegenerator (*Swagger Codegen*) sowie den *Swagger Editor* zum Verfassen von API-Spezifikationen.[11]

Dass der von den großen US-Softwarekonzernen eingeleitete Trend zur Offenheit längst auch Industriekonzerne erreicht hat, demonstrieren IoT-Plattformen wie *Predix* von GE, *MindSphere* von Siemens oder die *Bosch IoT Suite*. Die APIs all dieser IoT-Plattformen sind ohne Zugangsbeschränkungen im World Wide Web dokumentiert.[12]

Für die Dokumentation einer OpenAPI-Spezifikation stehen alternativ zur Swagger UI mit *Swagger2Markup* und *ReDoc* zwei weitere Open Source Tools zur Verfügung.[13] Die ebenfalls browserbasierten Dokumentationen sind übersichtlicher strukturiert, allerdings besteht keine Möglichkeit, in der Benutzeroberfläche Anfragen auszulösen. Ein Beispiel liefert die Open API der IoT-Plattform Cognite, welche unter anderem in der Öl- und Gasindustrie zum Einsatz kommt und mit der ReDoc Oberfläche im World Wide Web dokumentiert ist (vgl. [Cog]).

1.7   Interoperabilität

Interoperabilität zweier oder mehrerer informationsverarbeitender Systeme ist dann gegeben, wenn diese in *zweckdienlicher Weise* untereinander Informationen austauschen können.[14] Je uneingeschränkter ein solcher Informationsaustausch möglich ist und je geringer die zu dessen Implementierung erforderlichen Aufwände sind, umso größer ist die Interoperabilität der beteiligten Systeme.

Auf Grund ihrer uniformen Schnittstelle sind die verschiedenen IoT-Plattformen in hohem Maße interoperabel. Das heißt insbesondere, dass alle Plattformen untereinander Daten austauschen und Anwendungen, welche für eine Plattform entwickelt wurden, mit vergleichsweise geringem Aufwand auf eine andere Plattform übertragen (portiert)

---

sich wechselseitig (per Hyperlink) referenzieren (Hypermedialität). Ist dies nicht der Fall, sollte korrekterweise allenfalls von einer REST-like API die Rede sein. Vgl. Abschn. 7.1.

[11] Vgl. https://editor.swagger.io/ und [Sof]. Zugegriffen am 01.03.2019.

[12] Die offenen Anwendungsprogrammierschnittstellen der genannten Anbieter finden sich unter [GE, Sie] und [Bos].

[13] Download unter https://github.com/Rebilly/ReDoc für ReDoc und https://github.com/Swagger2 Markup/swagger2markup für Swagger2Markup (zugegriffen am 01.03.2019).

[14] Die Informationstheorie fasst jeden biologischen Prozess und jedes organische System als ein informationsverarbeitendes System auf. In diesem Sinne sind auch die Mitarbeiter eines Produktionsbetriebs eingeschlossen. Die Entropie eines Gesamtsystems interagierender Prozesse sinkt mit zunehmender Interoperabilität der Systemkonstituenten. Umgekehrt lassen sich jedoch vermittels der Entropie keine Schlussfolgerungen über die Interoperabilität der Systemkonstituenten ziehen, da die Zweckdienlichkeit keine objektiv quantifizierbare Größe, sondern subjektiv festgelegt ist. Von einem betriebswirtschaftlichen Standpunkt aus betrachtet verhält es sich dagegen anders. In diesem Kontext kann bezugnehmend auf die unternehmerischen Ziele die *Zweckdienlichkeit* innerbetrieblicher Prozesse bemessen werden.

Tab. 1.1 Vier Ebenen der Interoperabilität

Ebene der Interoperabilität	Beschreibt die Fähigkeit …
Organisatorische Interoperabilität	… interagierende Prozesse effektiv und effizient zu organisieren
Semantische Interoperabilität	… einzelne Informationseinheiten semantisch korrekt zu interpretieren
Syntaktische Interoperabilität	… einzelne (semantisch bewertbare) Informationseinheiten und Datenstrukturen zu identifizieren und zur weiteren Datenverarbeitung aus den übertragenen Nutzdaten zu extrahieren
Strukturelle Interoperabilität (physikalische Konnektivität)	… Nutzdaten von einem zum anderen System zu übertragen

werden können. Die bloße Möglichkeit des wechselseitigen Datenaustauschs an sich ist allerdings noch kein Garant dafür, dass die einzelnen Plattformen und deren Anwendungen zielführend miteinander zu interagieren in der Lage sind.

Organisatorische Interoperabilität ist die Voraussetzung dafür, Maschinen, Produktionsanlagen und IT-Systeme im Sinne einer maximalen Ressourceneffektivität und Prozesseffizienz zu vernetzen. Dass diese Zielsetzung schrittweise zu erreichen ist, verdeutlichen die vier aufeinander aufbauenden Ebenen der Interoperabilität, die in Tab. 1.1 dargelegt sind.[15]

Die Interoperabilität verschiedener IoT-Plattformen und Anwendungen, die durch die gemeinsame Verwendung von HTTP erzielt wird, ist einstweilen nur struktureller Art. Sie kommt darin zum Ausdruck, dass noch so verschiedenartige Plattformen und Anwendungen Nutzdaten miteinander austauschen können. Dieser Sachverhalt entspricht einer Vernetzung auf Anwendungsebene im TCP/IP-Referenzmodell.

Beim Datenaustausch über ein Netzwerk werden Datenstrukturen vom Sender serialisiert, d. h. auf eine sequentielle Darstellungsform abgebildet, die als digital codierte Zeichensequenz über das Netzwerk versendet werden kann. Damit der Empfänger die ursprüngliche Struktur der serialisierten Daten zu rekonstruieren vermag, müssen sich Sender und Empfänger auf ein einheitliches Format für die serielle Codierung strukturierter Daten verständigen. Im Internet der Dinge gelingt diese Verständigung dadurch, dass JSON mittlerweile von allen Plattformanbietern als De-facto-Standard wahrgenommen wird. Demnach kann die *syntaktische Interoperabilität* im Internet der Dinge als ein gegebenes Merkmal der tatsächlichen Verhältnisse betrachtet werden.

Vollkommen anders verhält es sich auf der semantischen Ebene. Um zu einem gemeinsamen Bedeutungsverständnis zu gelangen, bedarf es gemeinverbindlicher begrifflicher Konzepte mit standardisierten Bezeichnern. Indem die marktführenden IoT-Plattformen

---

[15]In [VW08] wird die unterste Ebene als technische Interoperabilität bezeichnet. Technische Anforderungen existieren allerdings auf allen vier Ebenen.

mit ihren generischen Entitäten stattdessen gezielt von jeglicher Bedeutung abstrahieren, erlauben sie eine willkürliche Konzeptualisierung von Entitäten mit beliebigen Eigenschaften. Infolgedessen ist noch nicht einmal die *semantische Interoperabilität* der auf ein und derselben IoT-Plattform operierenden Anwendungen gewährleistet. Was von dem einen als zwei Gebäude mit jeweils 15 Sensoren konzipiert wird, ist für den anderen ein einziges Gebäude vom Typ Doppelhaus mit insgesamt 30 Sensoren. Einen Raum, wie im Beispiel von Abb. 1.9, als Küche zu identifizieren, wird im Doppelhaus mit zwei Küchen scheitern.

Damit verschiedene Anwendungen überhaupt miteinander interagieren können, muss eine aus technischer Sicht generische IoT-Plattform letzten Endes doch eine Semantik vorschreiben, die für die Anwendungsentwicklung verbindlich ist. Richtlinien für die Softwareentwicklung sind eine Möglichkeit, die semantische Interoperabilität der Anwendungen sicherzustellen. Ein alternativer Ansatz besteht darin, eine spezifische Semantik unmittelbar durch das Ressourcendesign vorzugeben, indem anstelle der abstrakten Ressourcen Thing und Asset ausschließlich konkrete Ressourcen in der Anwendungsprogrammierschnittstelle bereitgestellt werden. Zweckmäßigerweise sollte der Plattformanbieter dazu keine eigene Semantik entwickeln, sondern auf die im jeweiligen Anwendungskontext etablierten Fachbegriffe zurückgreifen. Durch diese Vorgehensweise ist sichergestellt, dass die unter den Anwendungen ausgetauschten Konzepte und Begriffe keiner Übersetzung bedürfen, um auch von dem menschlichen Entwickler oder Anwender unmissverständlich interpretiert zu werden.

Für den Bereich der Produktion erweist es sich als zielführend, die im Rahmen der Betriebs- und Maschinendatenerfassung etablierten Konzepte unmittelbar in den Ressourcen der API abzubilden. Das sind zunächst die Arbeitsplätze, d. h. die Maschinen und Handarbeitsplätze, an denen einzelne Arbeitsvorgänge eines Fertigungsauftrags verrichtet werden. Ein Arbeitsplatz (engl. *Workplace*) kann ein oder mehrere an die Plattform angeschlossene Geräte (engl. *Device*) haben. Bei Maschinenarbeitsplätzen sind dies unter anderem deren speicherprogrammierbare Steuerungen. Unter Hinzunahme der an den Arbeitsplätzen eingesetzten Werkzeuge (engl. *Tools*) und der Mitarbeiter in der Produktion (engl. *Staff Member*) folgt daraus das in Abb. 1.10 illustrierte Ressourcendesign.

Darin werden keine abstrakten Ressourcen instanziiert, sondern nur Arbeitsplätze, Werkzeuge, Mitarbeiter und Geräte, die jeweils über eine Menge fest vorgegebener Eigenschaften verfügen. Dazu gehören an erster Stelle die zur Identifikation der jeweiligen Ressource nötigen Angaben aus fachlicher Sicht. Für einen Arbeitsplatz ist dies die Arbeitsplatznummer, für einen Mitarbeiter sind dies Vorname, Nachname und Personalnummer. Das Werkzeug hat keine Nummer, sondern ist in den meisten Werkzeugverwaltungssystemen nur durch die Angabe mehrerer Eigenschaften eindeutig identifizierbar. Weil es in aller Regel sehr schwierig und vom jeweiligen Systemkontext abhängig ist, die Ressourcen in der Produktion anhand fachlicher Merkmale eindeutig zu identifizieren, erhalten Ressourcen zusätzlich eine universell eindeutige technische ID (engl. *Universally Unique Identifier*, kurz UUID). Eine UUID hat unter anderem den Vorteil, dass Anwendungsentwickler nicht wissen müssen, welche Properties spezifiziert werden müssen, um sicher zu

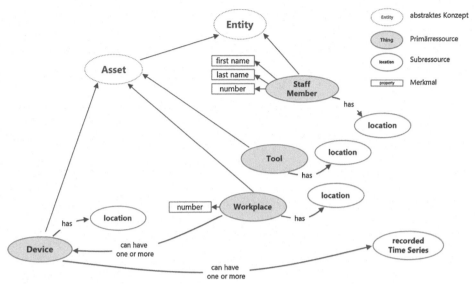

Abb. 1.10 Gegenständliche Dinge in der Produktion

sein, dass durch deren Angabe tatsächlich nur eine einzige Ressource adressiert wird. Das Beispiel, in dem eine Entität durch die Bezeichnung „Küche" identifiziert werden soll, wird wegen der bereits geschilderten Mehrdeutigkeit in der Praxis selten auftreten.

Ein Vergleich zwischen dem generischen (vgl. Abb. 1.3) und dem speziell für die industrielle Produktion konzipierten Ressourcendesign in Abb. 1.10 deckt einige Gemeinsamkeiten auf. Wie bei allen zuvor skizzierten IoT-Plattformen werden auch hier die von einem Gerät aufgezeichneten Zeitreihen sensorischer Messwerte nicht als Eigenschaften des Gerätes, sondern als eine eigenständige Ressource in der API abgebildet. Der Vorteil besteht darin, dass die spezifischen Eigenschaften eines Gerätes angefragt werden können, ohne in der Antwort zugleich sämtliche aufgezeichneten telemetrischen Daten übermittelt zu bekommen. Die aufgezeichneten Zeitreihen, die zu einem Gerät gehören, werden als eine *Subressource* des Gerätes, die Geräte selbst als *Primärressource* bezeichnet. Subressourcen beinhalten weitere Informationen zur jeweiligen Primärressource und können auch nur bezugnehmend auf die UUID der Primärressource adressiert werden. In gleicher Weise werden Angaben zum Standort oder Aufenthaltsort der Primärressourcen in einer Subressource *Location* separat zur Verfügung gestellt. Folgende Anfragen erlauben den Zugriff auf gerätebezogene Informationen, wobei die geschweiften Klammern eine Pfadvariable symbolisieren, welche durch die UUID des jeweiligen Gerätes zu ersetzen ist:

- GET /devices zum Anfordern einer Liste aller Geräte
- GET /devices/{id} zum Anfordern eines bestimmten Gerätes
- GET /devices/{id}/recordedTimeSeries zum Anfordern der aufgezeichneten Zeitreihen
- GET /devices/{id}/location zum Anfordern des Ortes eines bestimmten Gerätes

Zwischen Arbeitsplätzen und Geräten besteht ein besonderer Zusammenhang. Ein Arbeitsplatz kann eine Liste mit einem oder mehreren Geräten als Subressource haben, obgleich die Geräte selbst eine Primärressource sind. Der Unterschied zur Liste der Primärressourcen besteht darin, dass die einem Arbeitsplätze zugeordneten Geräte nur eine Teilmenge aller Geräte bilden. Die Anfrage zum Anfordern der Geräteliste eines einzelnen Arbeitsplatzes lautet

- GET /workplaces/{id}/devices: Liste der dem Arbeitsplatz zugeordneten Geräte

Eine weitere Gemeinsamkeit zwischen dem generischen und dem speziell für die industrielle Produktion konzipierten Ressourcendesign besteht darin, dass beide die Ressourcen der Produktion als Ressourcen in der API abbilden. Welche Ressourcen dies sind, ist bei dem generischen Entwurf offen, in Abb. 1.10 dagegen unmittelbar ersichtlich. Augenfällig ist, dass die verwendeten und produzierten Materialien fehlen, seien es Rohstoffe, Werkstücke, Betriebsmittel, Bauteile, Baugruppen, Zwischenerzeugnisse oder Fertigprodukte. Diese werden heute gewöhnlich in umfassenden IT-Systemen für das Enterprise Resource Planning (ERP) verwaltet. Ein ERP-System führt nicht nur die Materialbestände in Lagern, sondern ist auch für die Materialbedarfsplanung zuständig. Dabei ermittelt das ERP-System, wann die Ausgangsmaterialien in der Produktion zur Verfügung stehen müssen, und löst alle notwendigen Bestellungen bei Lieferanten aus. Es ist zu beachten, dass an der Materialbedarfsplanung verschiedene Geschäftsprozesse beteiligt sind und diese nur im Gesamtzusammenhang des Enterprise Resource Planning effizient und wohlkoordiniert durchgeführt werden können.

Demzufolge besteht kein Anlass, die im ERP-System verwalteten Materialbestände in der IoT-Plattform zu duplizieren. Stattdessen sollte das ERP-System von der IoT-Plattform regelmäßig über die in der Produktion ausgebrachten Mengen informiert werden, damit jenes die geführten Materialbestände zeitnah aktualisieren kann. Interoperabilität bezieht sich unter diesem Aspekt auch auf alle in einem produzierenden Unternehmen vorhandenen IT-Systeme.

Der Datenaustausch zwischen der IoT-Plattform und den übrigen IT-Systemen vollzieht sich dabei meistens in wechselseitiger Richtung. Systeme für das Produktlebenszyklusmanagement, kurz PLM (engl. *Product Lifecycle Management*), verwalten alle produktbezogenen Dokumente. Darunter fallen auch Fertigungsdokumente, wie beispielsweise Steuerungsprogramme für CNC-Maschinen, Einstellparameter, Montageanleitungen oder Aufbauskizzen.[16] NC-Programme, die an der Maschine optimiert wurden, sind anschließend wieder im PLM-System zu hinterlegen. Für den wechselseitigen Austausch von

---

[16]CNC steht für Computerized Numerical Control (CNC), was mit „computergestützte numerische Steuerung" übersetzt werden kann, wenngleich der deutsche Begriff keine Verwendung findet. Es handelt sich dabei um ein computergestütztes Verfahren zur Steuerung von Werkzeugmaschinen, die in diesem Kontext als „CNC-Maschinen" und deren Steuerungsprogramme als „NC-Programme" bezeichnet werden.

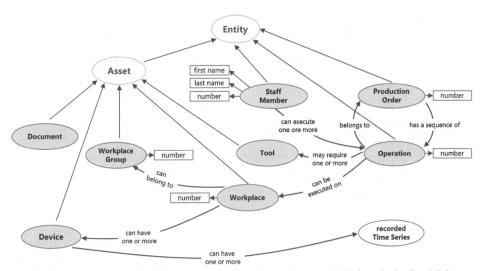

Abb. 1.11 Grobe Skizze eines Ressourcenentwurfs für das Internet der Dinge in der Produktion

Dokumenten (engl. *Documents*) zwischen der Plattform und dem PLM-System muss die API eine entsprechende Ressource bereitstellen, auf die lesend und schreibend zugegriffen werden kann (vgl. Abb. 1.11).

Auch der Datenaustausch mit dem ERP-System ist ein wechselseitiger, denn eine nachfrage- und bedarfsorientierte Produktion kann nur durch das ERP-System gesteuert werden. Dies verlangt, dass zum einen alle vereinbarten Liefertermine eingehalten werden und zum anderen nicht mehr produziert wird, als tatsächlich benötigt wird. Schließlich ist jede Überproduktion als Verschwendung zu betrachten, da durch sie Lager- und Kapitalbindungskosten steigen. Angestoßen durch eingehende Kundenaufträge oder geplante Mindestbestände im Warenausgangslager ermittelt die Produktionsplanung im ERP-System, welche Produkte in welcher Menge bis zu welchem Termin von der Produktion bereitzustellen sind. Es bedarf demnach einer Möglichkeit, alle Abläufe in der Fertigung nach Maßgabe der Produktionsplanung im ERP-System zu steuern.

Vor dem Hintergrund dieser Problemstellung erschließt sich bei genauerer Betrachtung, dass allein durch die Abbildung gegenständlicher Dinge aus der Produktion, wie in Abb. 1.10 illustriert, keine steuernde Funktion auszuüben ist. Mit anderen Worten impliziert dies, dass es keineswegs ausreicht, nur die physikalisch existenten *Dinge der realen Welt*, wie es oft heißt, in der IoT-Plattform abzubilden.[17]

---

[17]Insbesondere ist die Zweckdienlichkeit als ein konstitutives Merkmal organisatorischer Interoperabilität mit den Dingen der physikalisch realen Welt inkompatibel. Denn allein die Annahme eines Zweckes oder Sinnes steht im Widerspruch zu der vom Prinzip der Ursächlichkeit geleiteten naturwissenschaftlichen Auffassung der Welt.

Seitdem der Mensch die Sprache erlangt hat, gab es darin stets auch vom Menschen erdachte Konzepte, d. h. Dinge, die ihre Wirkung nur entfalten, solange sie als real angenommen und akzeptiert werden. Auch wenn sich die vom Menschen erdachten Dinge im Laufe der Zeit geändert haben, so ist ihnen doch eines gemeinsam: Sie erfüllen die Funktion, das individuelle Verhalten des Einzelnen und dadurch das menschliche Zusammenleben in der einen oder anderen Weise zu steuern.[18]

In der industriellen Produktion ist der *Fertigungsauftrag* das Steuerungsinstrument für eine nachfrage- und bedarfsorientierte Produktion. Ein Fertigungsauftrag (engl. *Production Order*) legt fest, dass ein Produkt in einer bestimmten Menge innerhalb eines vorgegebenen Zeitraumes hergestellt werden soll. Weil zur Abwicklung eines Fertigungsauftrags ein oder mehrere Arbeitsvorgänge (engl. *Operation*) durchzuführen sind, müssen auch diese als Primärressourcen in der API abgebildet werden (vgl. Abb. 1.11).

Ein wesentlicher Unterschied zwischen imaginären und physikalisch existenten Entitäten ist, dass letztere in Zeit und Raum lokalisiert werden können. Als imaginäre Entitäten sind weder Fertigungsaufträge noch Arbeitsvorgänge durch einen Standort oder Aufenthaltsort räumlich lokalisiert. Sie werden aus fachlicher Sicht unter anderem durch Auftragsnummer und Vorgangsnummer identifiziert. In der Praxis sind oft noch weitere Angaben erforderlich, wie etwa eine Splitnummer oder eine Vorgangsfolgennummer, um einen Arbeitsvorgang überhaupt nur in einem bestimmten ERP-Kontext eindeutig zu identifizieren. In einem größeren ERP-Kontext, der beispielsweise mehrere Werke einbezieht, kann trotz all dieser Angaben die Eindeutigkeit schon wieder verloren gehen. Um Anwendungsentwickler nicht mit all dieser fachlichen Komplexität zu konfrontieren, ist es unabdingbar, jede Primärressource durch eine UUID identifizieren zu können.

Unter Berücksichtigung, dass Arbeitsplätze mit gleicher Funktion oder die Arbeitsplätze einer Fertigungslinie gewöhnlich in *Arbeitsplatzgruppen* (engl. *Workplace Group*) zusammengefasst werden, ergibt sich schließlich das in Abb. 1.11 skizzierte Ressourcendesign.

1.8 FORCE Bridge API

Das im vorangegangenen Abschnitt dargelegte Ressourcendesign wurde 2016 von FORCAM in der eigenen IoT-Plattform implementiert und mit dem Namen Bridge API zum integralen Bestandteil der Maschinen- und Betriebsdatenerfassung (vgl. Abb. 1.12). Alle bis dahin angebundenen Maschinen und Produktionsanlagen sollten durch die kostenlose Bereitstellung der API Teil des Internets der Dinge werden. Auf der Hannover Messe 2019

---

[18]Die wenigsten Menschen machen sich dies bewusst: Die Begriffe, welche die gesellschaftlichen Diskurse entscheidend bestimmen, beziehen sich auf Konzepte, deren ontologische Beschaffenheit dem Imaginären zugeordnet werden muss. Überspitzt formuliert ließe sich konstatieren, dass willkürlich konstruierte, plastische Konzepte eine Gesellschaft maßgeblicher beherrschen, als es natürliche Gegebenheiten und physikalische Realität je vermögen.

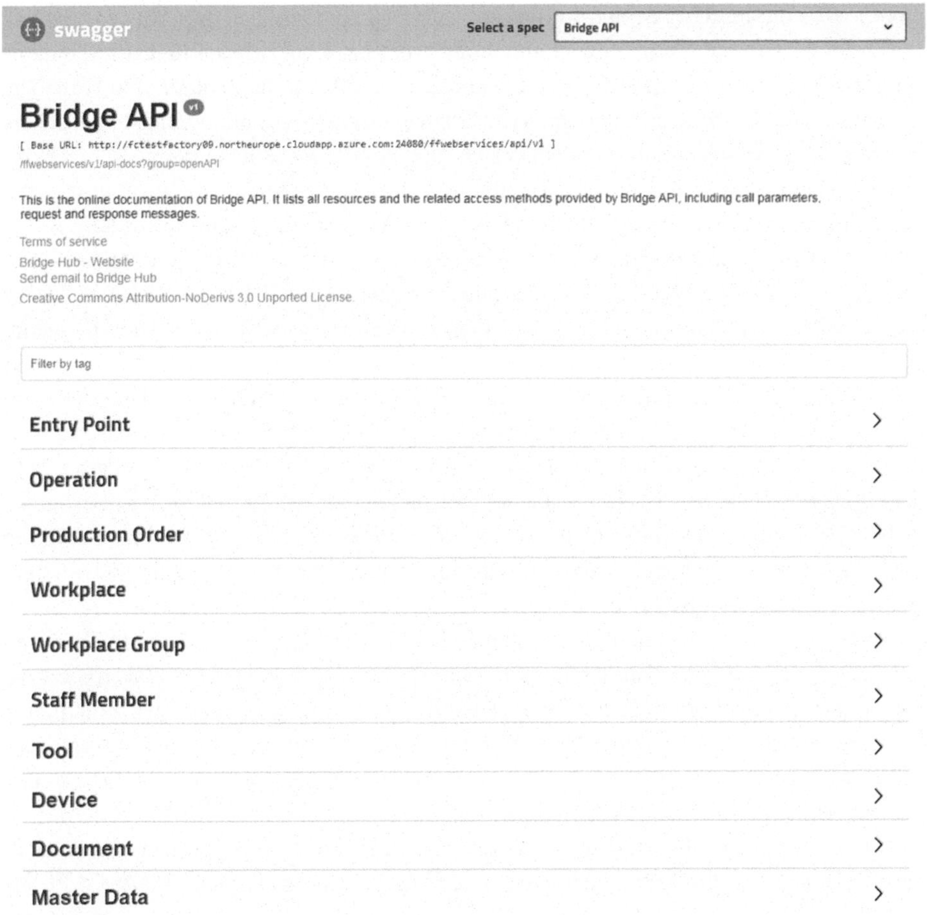

Abb. 1.12 Bridge API in der Version 1

gab der Plattformanbieter bekannt, dass mittlerweile über 100.000 Maschinen weltweit allein an deren Referenzimplementierung angebunden seien (vgl. [For19]).

Der Name *Bridge* (dt. Brücke) ist in diesem Zusammenhang durchaus als Konzept zu verstehen, geht es doch darum, die Kluft zwischen den Eigenheiten heterogener Maschinensteuerungen und den IT-Standards moderner Anwendungsentwicklung zu überbrücken. Wie bereits erwähnt, werden sich die Standardisierungsbemühungen auf der Ebene der Maschinensteuerungen infolge der hohen Lebensdauer von Maschinen und Produktionsanlagen in der betrieblichen Praxis auf absehbare Zeit nicht durchsetzen können.

Bridge API liegt der Gedanke zugrunde, stattdessen durch das Aufgreifen bestehender Internetstandards, Offenheit und Teilhabe aller Interessensgruppen zu einer Standardisierung auf der Anwendungsebene zu gelangen. Um diesem Anliegen Rechnung zu tragen, wurde 2016 die FORCE Bridge Community als Fachgemeinschaft von Anwendern und Lösungsanbietern zur Weiterentwicklung und Förderung eines offenen Industriestandards für Smart Manufacturing ins Leben gerufen (vgl. [Comc]). Für das gemeinsame Vorhaben, möglichst alle Belange einer computergestützten Produktionsoptimierung abzudecken, wurde das ursprüngliche Ressourcendesign um einige zusätzliche Subressourcen erweitert. Daraus resultierte im Herbst 2018 die Freigabe der zweiten Version, diesmal einhergehend mit deren Veröffentlichung als Open API für Smart Manufacturing.

Die Veröffentlichung erfolgte unter der Creative Commons Attribution-NoDerivs 3.0 License, kurz CC BY-ND 3.0, mit dem neuen Namen FORCE Bridge API. Die Lizenz erlaubt jedem IoT-Plattformanbieter und Plattformbetreiber, FORCE Bridge API uneingeschränkt zu nutzen, jedoch mit dem Vorbehalt, keine Modifikationen auf Kosten der Interoperabilität vorzunehmen (vgl. [Comb]). Die Swagger-Spezifikation ist auf der Website der FORCE Bridge Community in der Swagger UI oder als ReDoc einsehbar und wird dort auch zum Download bereitgestellt.[19] Offiziell musste Bridge API zu Beginn 2018 auf Grund von Namenskonflikten mit einer gleichnamigen API für Finanzdienstleistungen in FORCE Bridge API umbenannt werden. Weil im Kontext von Smart Manufacturing eine Verwechslung ausgeschlossen ist, wird im Weiteren die ursprüngliche und weniger sperrige Bezeichnung beibehalten.

Bridge API erzwingt eine offene Systemarchitektur, welche durch die strikte Trennung von Erfassungssystemen und den darauf operierenden Anwendungen charakterisiert ist. Eine Bridge-kompatible Plattform muss dazu die in Tab. 1.2 beschriebenen Funktionen implementieren. Die API gibt weder die technischen Details der Maschinen- und Anlagensteuerungen noch die betriebs- und verfahrensspezifischen Besonderheiten der Erfassungs- und Verbuchungslogik nach außen zu erkennen.

Obgleich nahezu alle Prozesse in der Produktion mehr oder weniger miteinander verwoben und wechselseitig voneinander abhängig sind, ermöglicht Bridge API die Entwicklung von Anwendungen ohne Kenntnis jener komplexen Zusammenhänge. So liefert die API beispielsweise den Ressourcenbedarf der Fertigungsaufträge, ohne den Anwendungsentwickler mit der fachlichen Komplexität der Ermittlung dieser Bedarfe zu konfrontieren. Dagegen bleibt bei den generisch konzipierten IoT-Plattformen unklar, ob Fertigungsaufträge und deren Bedarfe überhaupt in der API abgebildet werden und welche Anwendung dafür zuständig ist. Wie der Tab. 1.2 zu entnehmen ist, obliegt es einer Bridge-kompatiblen Plattform, die Fertigungsaufträge aus dem ERP-System abzurufen und in der API zur Verfügung zu stellen. Weil die Verwaltung der Fertigungsaufträge allein in der Verantwortung des ERP-Systems liegt, erlaubt Bridge API auch keinen schreibenden Zugriff auf die betreffenden Ressourcen. Anwendungsentwickler können sich darauf verlassen, stets die unverfälschten Originaldaten der Fertigungsaufträge aus dem ERP-System zu erhalten.

---

[19]Download unter [Coma]. Eine fehlerfreie Version findet sich im Begleitmaterial zu diesem Buch (https://www.springer.com/de/book/9783662597606). Siehe auch Anhang B!

Tab. 1.2 Funktionen einer Bridge-kompatiblen IoT-Plattform

Funktionen der IoT-Plattform	Erläuterung
Maschinenanbindung	Die zur Datenerfassung erforderliche Anbindung von Maschinen und Anlagen an die Plattform
ERP-Anbindung	Abrufen von Stammdaten und Fertigungsaufträgen aus dem ERP-System und auftragsbezogene Rückmeldungen an das ERP-System
Maschinendatenerfassung	Erfassung von Betriebszuständen und ausgebrachten Mengen
Betriebsdatenerfassung	Erfassung des Produktionsfortschritts und weiterer auftragsbezogener Daten
Prozessdatenerfassung	Erfassung von Prozessparametern in den Produktionsanlagen und Maschinen
Energiedatenerfassung	Erfassung des Energieverbrauchs der Produktionsanlagen und Maschinen (Teil der Prozessdatenerfassung)
Erfassung von Personalrückmeldungen	Erfassung der Tätigkeiten des Fertigungspersonals, beispielsweise zur Ermittlung des Personalaufwands
Track and Trace	Erfassung der für eine Produktrückverfolgung benötigten Daten und deren Weitergabe an das Product Lifecycle Management System
Distributed Numerical Control (DNC)	Übernahme von NC-Programmen aus dem Product Lifecycle Management System und Einspielen der Programme in die Maschinensteuerung per Knopfdruck am Shop Floor Terminal
Meldungen über Ereignisse	Anwendungen und Drittsysteme werden über das Eintreten verschiedener Ereignisse per MQTT oder per HTTP Callback unterrichtet

Das Ressourcendesign der API stellt zudem sicher, dass keine Anwendung Informationen über die Existenz, Funktionsweise oder den Zustand irgendeiner anderen Anwendung benötigt. Einzelne Anwendungen arbeiten vollkommen unabhängig von den übrigen Anwendungen, sodass insbesondere bei der Anwendungsentwicklung keine wechselseitigen Abhängigkeiten zu berücksichtigen sind. Die zeitliche Synchronisation der verschiedenen Anwendungen organisiert die IoT-Plattform durch das Versenden von Meldungen über Ereignisse.

Bridge API kennt elementare Ereignisse und komplexe Ereignisse mit verdichtetem Informationsgehalt. Letztere informieren Anwendungen darüber, dass die von ihnen bereitgestellten Informationen aktualisiert werden sollten. Anwendungen können sich auf beliebige Ereignisse registrieren. Es genügt in der Regel jedoch eine einzige verdichtete Ereignismeldung, wodurch Anwendungsentwickler die oft sehr komplizierten fachlichen Hintergründe, die zu der jeweiligen Meldung geführt haben, nicht kennen müssen.

Wenn beispielsweise die vorausschauende Instandhaltung eine drohende Störung identifiziert und infolgedessen eine vorbeugende Instandhaltungsmaßnahme eingeplant wird, muss auch die Auftragsfeinplanung überarbeitet werden. Der zuständige Planungsalgorithmus wird unmittelbar über eine Ereignismeldung darüber unterrichtet. Die vielfältigen Umstände, die eine Überarbeitung der Auftragsfeinplanung erforderlich machen, sind für

den Entwickler des Planungsalgorithmus nicht von Interesse, lediglich das Ereignis, dass –
aus welchen Gründen auch immer – das aktuell vorliegende Planungsergebnis überholt ist.

Bridge API ist grundsätzlich anwendungsoffen konzipiert, um nicht nur heutige,
sondern auch zukünftige Spitzentechnologien im Bereich des Smart Manufacturing zu
unterstützen. Die Schnittstelle erlaubt sowohl die Ausführung jener Anwendungen, die
früher Bestandteil eines MES waren, als auch die Entwicklung neuartiger Technologien
und innovativer Produkte. Tab. 1.3 gibt einen auszugsweisen Überblick marktgängiger
Anwendungen.

Auf der Grundlage zweier zentraler Steuerungsinstanzen gewährleistet Bridge API
die organisatorische Interoperabilität aller am Produktionsprozess direkt oder indirekt
beteiligten Anwendungen, IT-Systeme und Mitarbeiter in der Smart Factory. Dabei handelt
es sich zum einen um das Ergebnis der Auftragsfeinplanung, zum anderen um die
Prognose der voraussichtlichen Auftragsabwicklung. Planungsergebnis und Prognoseergebnis unterscheiden sich, wenn durch ungeplante Stillstände oder andere Verzögerungen
eine Abweichung von der ursprünglichen Auftragsfeinplanung unvermeidbar ist. Anhand
des Prognoseergebnisses können insbesondere alle internen logistischen Prozesse auf
die jeweilige Situation reagieren, weil bekannt ist, wann nach aktuellem Wissensstand
Materialien und Werkzeuge entgegen der ursprünglichen Auftragsfeinplanung tatsächlich
an einem bestimmten Arbeitsplatz benötigt werden.

Ferner eröffnet Bridge API Anwendern den Zugang zu modernsten Technologien aus
dem Bereich des maschinellen Lernens, welche mittels einer Analyse der aufgezeichneten
historischen Daten eine realistische Datengrundlage für die Auftragsfeinplanung bereitstellen. Der beste Planungs- und Steuerungsalgorithmus ist schließlich nur so gut, wie
die ihm zugrunde liegende Datenbasis. Weitere Anwendungen liefern Prognosen für eine
vorausschauende Instandhaltung oder auch für eine proaktive Qualitätssicherung. Letztere
erlaubt es, Muster und Unregelmäßigkeiten in den Prozessparametern zu identifizieren,
um im Vorfeld vor drohenden Qualitätsverlusten zu warnen, sodass mangelhafte Produkte
und Ausschuss erst gar nicht entstehen können.

Weil die Weiterentwicklung entsprechender Methoden der künstlichen Intelligenz
vielfach an Hochschulen und in Forschungseinrichtungen ihren Ausgangspunkt nimmt,
steht auch ein Brückenschlag zwischen Hochschullehre und industrieller Anwendung im
Fokus der FORCE Bridge Community. Seit 2018 stellt sie Universitäten, Hochschulen
und Forschungseinrichtungen eine virtuelle Fabrik mit Bridge API in der Microsoft
Azure Cloud zur Verfügung.[20] Das kostenlose Angebot ermöglicht es Universitäten und
Hochschulen, auch ohne physische Maschinen eine virtuelle Fabrik zu simulieren und
alle Daten über Bridge API auf vielfältige Art und Weise zu nutzen.[21] Insbesondere
kann in Lehrveranstaltungen rund um den Globus das Internet der Dinge an einem seiner
prominentesten Beispiele veranschaulicht werden: der Smart Factory.

---

[20]Anmeldung unter http://education.forcebridge.io. Zugegriffen am 14.12.2019.
[21]Details zur virtuellen Fabrik werden in Kap. 4 beschrieben.

Tab. 1.3 Beispielanwendungen auf einer Bridge-kompatiblen IoT-Plattform

Anwendungen der Smart Factory	Funktionsbeschreibung
Visualisierungen	Online-Visualisierung der Maschinen, Handarbeitsplätze und ihrer Betriebszustände sowie des Produktionsfortschritts
Leistungsanalyse	Berichte, Dashboards,Leistungskennzahlen (KeyPerformance Indicators)
Energiedatenmanagement	Graphische Aufbereitung und Auswertung des aufgezeichneten Energieverbrauchs
Alarmierung	Beliebig konfigurierbare Benachrichtigungen über Ereignisse oder Ablaufstörungen auf mobilen Apps oder per SMS oder per E-Mail. Alarmierung bei akutem Handlungsbedarf
Graphische Plantafeln	Graphische Plantafeln für die Feinplanung der Fertigungsaufträge und die Personaleinsatzplanung
Proaktive Fertigungssteuerung	Kontinuierliche Prognosen in Hinblick auf Abweichungen der tatsächlichen Auftragsabwicklung von der ursprünglichen Auftragsfeinplanung unter Berücksichtigung aller aktuell vorliegenden Informationen. Bei drohenden Terminverletzungen wird der Planer frühzeitig alarmiert
Dynamic Scheduling	Dynamische Auftragsfeinplanung, die kontinuierlich das optimale Planungsszenario unter Berücksichtigung aller aktuell vorliegenden Informationen ermittelt, mit der prognostizierten Auftragsabwicklung vergleicht und gegebenenfalls Optimierungsvorschläge unterbreitet
Personaleinsatzplanung	Personaleinsatzplanung unter Berücksichtigung der jeweiligen Auftragsfeinplanung
Anwendungen zur Verbesserung der Planungsstabilität	Anwendungen aus dem Bereich des maschinellen Lernens, die auf Basis einer Analyse der aufgezeichneten historischen Daten eine realistische Datengrundlage für die Auftragsfeinplanung liefern. Unterstützung einer zeitgerechten Bereitstellung von Material und Werkzeug (Just in Time)
Vorausschauende Wartung	Anwendungen aus dem Bereich des maschinellen Lernens, die Vorhersagen über drohende Fehlfunktionen durch Analyse der aufgezeichneten Prozessdaten liefern
Proaktive Qualitätssicherung	Anwendungen aus dem Bereich des maschinellen Lernens, die vor drohenden Qualitätsverlusten warnen, indem sie die erfassten Prozessdaten analysieren. Fehler können auf diese Weise erkannt werden, schon bevor Qualitätsverluste überhaupt auftreten oder Ausschuss produziert wird
Produktionsdatenmanagement	Verwaltung von Fertigungsmappen mit NC-Programmen und deren Synchronisation mit dem Product Lifecycle Management System. Bereitstellen der im jeweiligen situativen Kontext erforderlichen Informationen für das Fertigungspersonal

Literatur

[Ama] Amazon. *AWS IoT – Swagger Specification*. Letzter Zugriff: 01.03.2019. URL: https://docs. aws.amazon.com/iot/latest/apireference/Welcome.html

[Ash88] Kevin Ashton. *That «Internet of things» thing*. Letzter Zugriff: 01.03.2019. 1988. URL: http://www.rfidjournal.com/articles/view?4986

[Bos] Bosch. *Bosch IoT Suite – Swagger Specification*. Letzter Zugriff: 01.03.2019. URL: https:// www.bosch-iot-suite.com/resources/

[Cog] Cognite. *Cognite IoT – Swagger Specification*. Letzter Zugriff: 01.03.2019. URL: https://doc. cognitedata.com/api/0.5/

[Col81] David Collingridge. *The social control of technology*. Palgrave Macmillan, 1981

[Comb] FORCE Bridge Community. *Terms of Use*. Letzter Zugriff: 14.12.2018. URL: https://api. forcebridge.io/terms/

[Comc] FORCE Bridge Community. *Website*. Letzter Zugriff: 14.12.2018. URL: https://forcebridge. io/

[Coma] FORCE Bridge Community. *Swagger Specification and Download*. Letzter Zugriff: 14.12.2019. URL: https://docs.forcebridge.io/api/

[Fie00] R. T. Fielding. "Architectural Styles and the Design of Networkbased Software Architectures." Diss. 2000. URL: https://www.ics.uci.edu/~fielding/pubs/dissertation/fielding_dissertation. pdf

[For19] Forcam. *Information from the exhibitor at the Hanover Fair 2019*. Letzter Zugriff: 01.05.2019. Apr. 2019. URL: https://www.hannovermesse.de/product/force-bridge/122297/ F469986

[FR10] Jörg Freiling und Martin Reckenfelderbäumer. *Markt und Unternehmung - Eine marktorientierte Einführung in die Betriebswirtschaftslehre, Wiesbaden*. 3. Springer, 2010

[GE] GE. *GE Predix – Swagger Specification*. Letzter Zugriff: 01.03.2019. URL: https://www.predix. io/api

[Goo] Google. *Google Cloud IoT – Swagger Specification*. Letzter Zugriff: 01.03.2019. URL: https:// cloud.google.com/docs/

[IBMb] IBM. *Watson IoT – Swagger Specification*. Letzter Zugriff: 01.03.2019. URL: https:// console.bluemix.net/docs/services/IoT/reference/api.html#api_overview

[IBMa] IBM. *IBM Watson IoT Platform HTTP REST API*. Letzter Zugriff: 01.03.2019. URL: https:// docs.internetofthings.ibmcloud.com/apis/swagger/v0002/state-mgmt.html#/

[ISO16] International Organization for Standardization ISO. *ISO/IEC 20922:2016*. 2016

[Mic] Microsoft. *Microsoft Azure IoT Suite – Swagger Specification*. Letzter Zugriff: 01.03.2019. URL: https://msdn.microsoft.com/en-us/library/azure/mt548492.aspx

[MTC] MTConnect. Website of MTConnect. Letzter Zugriff: 01.03.2019. URL: https://www. mtconnect.org

[Ohn88] Taiichi Ohno. *Toyota Production System: Beyond Large-Scale Production*. crc Press, 1988

[OAI] The OpenAPI Initiative OAI. *Website*. Letzter Zugriff: 01.03.2019. URL: https://www. openapis.org/

[OAS14] OASIS. *MQTT 3.1.1*. Letzter Zugriff: 01.03.2019. 2014. URL: https://www.oasis-open.org/ news/announcements/mqtt-version-3-1-1-becomes-an-oasis-standard

[OAS] OASIS. *Members*. Letzter Zugriff: 01.03.2019. URL: https://www.oasis-open.org/member-roster

[Ora] Oracle. *Oracle IoT – Swagger Specification*. Letzter Zugriff: 01.03.2019. URL: https://docs. oracle.com/en/cloud/paas/iot-cloud/iotrq/toc.htm

[OPC] OPC Foundation. Unified Architecture. Letzter Zugriff: 01.03.2019. URL: https:// opcfoundation.org/about/opc-technologies/opc-ua/

[RFC14] Internet Society (ISOC) RFC. *RFC 7231 (HTTP 1.1)*. Letzter Zugriff: 01.03.2019. 2014. URL: https://tools.ietf.org/html/rfc7231

[Sam] Samsung. *Artik IoT Platform – Swagger Specification*. Letzter Zugriff: 01.03.2019. URL: https://developer.artik.cloud/documentation/api-reference/

[SAP] SAP. *SAP IoT – Swagger Specification*. Letzter Zugriff: 01.03.2019. URL: https://help.sap.com/viewer/350cb3262cb8496b9f5e9e8b039b52db/1.70.0.0/en-US

[Sof] SmartBear Software. *Swagger Tools*. Letzter Zugriff: 01.03.2019. URL: https://swagger.io/tools/

[Sie] Siemens. *Siemens MindSphere – Swagger Specification*. Letzter Zugriff: 01.03.2019. URL: https://developer.mindsphere.io/apis/index.html

[Sin+17] Alexander Sinsel u. a. "Wirtschaftlichkeitsbewertung der Smart Factory. Ein Ansatz zur Bewertung der Digitalisierung in der Produktion". In: *ZWF Zeitschrift für wirtschaftlichen Fabrikbetrieb* 112 (Sep. 2017), S. 602–606. ISSN: 0947–0085

[TH15] thyssenkrupp Elevator AG. *MAX – The game-changing predictive maintenance service for elevators*. Letzter Zugriff: 01.03.2019. 2015. URL: https://max.thyssenkrupp-elevator.com/assets/pdf/TK-Elevator-MAX-Brochure_EN.pdf

[VW08] Hans van der Veer und Anthony Wiles. Achieving Technical Interoperability – the ETSI Approach. Apr. 2008. Letzter Zugriff: 01.03.2019. URL: https://www.etsi.org/images/files/ETSIWhitePapers/IOP%20whitepaper%20Edition%203%20final.pdf

[Wei91] Mark Weiser. "The Computer for the 21st Century." In: *Scientific American* 265.3 (1991), S. 94–104

Teil I

Eine fachliche Einführung

Grundlagen der Produktionsoptimierung

2.1 Die Ressourcen Arbeitsplatz, Personal und Material

Die Ressourcen Arbeitsplatz, Personal und Material bestimmen den Handlungsrahmen der Produktionsplanung, welche heute gewöhnlich im Gesamtzusammenhang des Enterprise Resource Planning (ERP) erfolgt. Arbeitsplätze mögen komplexe Produktionsanlagen, Maschinen oder auch Handarbeitsplätze sein. Während letztere oft hinreichend vorhanden sind, stellen hochwertige Produktionsanlagen und Maschinen mit vergleichsweise hohen Maschinenstundensätzen sehr häufig knappe Engpassressourcen dar.

In den Maschinenstundensatz fließen im Wesentlichen folgende Fertigungsgemeinkosten ein:

- kalkulatorische Abschreibungen (fix)
- kalkulatorische Zinsen (fix)
- Instandhaltungskosten/Reparaturkosten (fix/variabel)
- Raumkosten (fix)
- Energiekosten (überwiegend variabel)

Abgesehen von den Energiekosten und Reparaturkosten handelt es sich hierbei vorwiegend um fixe Kosten. Der Fixkostenanteil liegt oft bei weitem höher als die variablen Kosten, wodurch eine Anlage oder Maschine im Stillstand den Betrieb de facto kaum weniger kostet als während der Produktion. Die Kosten für Maschinenstillstände werden in der Kostenträgerrechnung wiederum auf die produzierten Güter aufgeschlagen, denn eine niedrige Anzahl von Laufstunden erhöht unter anderem die folgenden Beträge:

$$Abschreibungen\ pro\ Stunde = \frac{Wiederbeschaffungswert}{Nutzungsdauer\ in\ Jahren \cdot Laufstunden\ pro\ Jahr}$$

© Springer-Verlag GmbH Deutschland, ein Teil von Springer Nature 2020
A. Sinsel, *Das Internet der Dinge in der Produktion*,
https://doi.org/10.1007/978-3-662-59761-3_2

$$Zinsen\ pro\ Stunde = \frac{\frac{Anschaffungswert}{2} \cdot Zinssatz\ pro\ Jahr}{Laufstunden\ pro\ Jahr}$$

Je seltener eine Anlage oder Maschine in Produktion ist, umso höher werden demnach die fixen Anteile des Maschinenstundensatzes und damit die Kosten für die darauf hergestellten Produkte.

Das Personal sind die beschäftigten Arbeitnehmer eines Unternehmens. In der Produktion sind das zum einen Arbeitskräfte, die unmittelbar mit der Herstellung eines Produktes befasst sind. Diese erhalten Fertigungslöhne, welche als Einzelkosten einem Produkt direkt zugerechnet werden können. Zum anderen bedarf es in der Produktion auch solcher Arbeitskräfte, die unterstützende Tätigkeiten verrichten. Darunter fallen beispielsweise die Instandhaltung von Betriebsmitteln, die Bereitstellung von Material und Werkzeugen und zumeist auch das Einrichten von Maschinen. Die dafür zuständigen Mitarbeiter erhalten sogenannte Hilfs- oder Gemeinkostenlöhne. Die höhere Produktivität in den entwickelten Industrieländern ermöglicht dort ein im internationalen Vergleich sehr hohes Lohnniveau. Ausschlaggebend für die kontinuierlich steigende Produktivität sind unter anderem die zunehmende Automatisierung und Digitalisierung der Produktion und eine verbesserte Effizienz der Prozesse, was wiederum eine höhere Qualifikation von den Mitarbeitern und Führungskräften verlangt. Hochqualifizierte Arbeitnehmer sind heute vielerorts als Engpassressourcen zu betrachten.

Als Material werden in einem ERP-System alle übrigen Ressourcen zusammengefasst. Darunter fallen zum einen Rohstoffe, Bauteile, Baugruppen, Zwischenerzeugnisse und Endprodukte, aber auch Werkzeuge, Hilfsstoffe und Betriebsstoffe. Dass die in das Produkt einfließenden Ausgangsmaterialien von den weiterverarbeiteten Erzeugnissen im Materialstamm nicht genauer unterschieden werden können, wird ersichtlich, wenn man sich vor Augen hält, dass das Erzeugnis des einen Arbeitsvorgangs häufig als Ausgangsmaterial eines der darauf folgenden Arbeitsvorgänge verwendet und weiterverarbeitet wird. Ebenso ist es zweckmäßig, auch Werkzeuge als Material zu betrachten. Wenn der Betrieb die benötigten Werkzeuge selbst herstellt, sind auch diese das Erzeugnis eines oder mehrerer Arbeitsvorgänge.

Erst im Zusammenhang mit einem konkreten Arbeitsvorgang, kurz *Vorgang*, ist eine Klassifikation in Ausgangsmaterial, Werkzeug und Erzeugnis möglich. In Bezug auf einen Vorgang ist mit Material stets das Erzeugnis des Vorgangs gemeint. Die dazu verwendeten Ausgangsmaterialien werden als *Komponenten* bezeichnet. Von den Komponenten eines Vorgangs werden die *Fertigungshilfsmittel* unterschieden. Sie werden gegebenenfalls verbraucht oder verschlissen, fließen aber im Gegensatz zu den Komponenten nicht in das Erzeugnis selbst ein. Fertigungshilfsmittel sind die für einen Vorgang eingesetzten Werkzeuge, erforderliche Dokumente (NC-Programme, Aufbauskizzen, Montageanleitungen ...) sowie Hilfs- und Betriebsstoffe.

Das Enderzeugnis eines *Fertigungsauftrags*, der aus einem oder mehreren Vorgängen bestehen mag, wird ebenfalls als Material oder als das *Produkt* bezeichnet. Das Produkt eines Fertigungsauftrags kann sowohl ein Fertigprodukt sein als auch ein unfertiges Erzeugnis (Zwischenprodukt oder Halbfabrikat). Solche Zwischenprodukte stellen in einem Auftragsnetz wiederum die Ausgangsmaterialien des Vorgangs eines weiteren Fertigungsauftrages dar.

Die mit der Ressource Material einhergehenden Kapitalbindungskosten resultieren meist überwiegend aus Umlaufbeständen (engl. *work in progress*, WIP). Der Umlaufbestand ist proportional zur Menge der pro Zeit gefertigten Produkte und der dazu aufgewandten Durchlaufzeit:

$$Umlaufbestand = Durchlaufzeit \cdot Durchsatz$$

Mit den Durchlaufzeiten der Fertigungsaufträge erhöhen sich demnach die Umlaufbestände und die damit verbundenen Kapitalbindungskosten. In vergleichbarer Weise wie eine geringe Gesamtanlageneffektivität eine verschwendete Kapitalbindung im Anlagevermögen anzeigt, deutet eine geringe Gesamtprozesseffizienz auf eine unwirtschaftliche Kapitalbindung im Umlaufvermögen hin. Übermäßig lange Durchlaufzeiten führen darüber hinaus zu unnötigen Transport- und Lagerkosten. Zusätzliche Transportaufwände fallen dadurch an, dass eine Lagerung am Arbeitsplatz in der Produktion im Vergleich zur Auslagerung in der Regel noch höhere Kosten verursachen würde. Zu den Lagerkosten zählen neben den Kosten für die gelagerten Bestände auch Personalkosten, Kosten für die Lagerräume, Kosten für die eingesetzten Transportmittel und die Materialkosten der Lagerverwaltung selbst.

2.2   Arbeitsplatzbezogene Leistungskennzahlen der Produktion

Abb. 2.1 illustriert in der unteren Zeile beispielhaft die *Betriebszustände* eines Arbeitsplatzes und stellt diese den *geplanten Betriebszeiten* in der darüber liegenden Zeile gegenüber. Geplante Schichtpausen sind grau dargestellt. Sie gehören – neben geplanten Instandhaltungsmaßnahmen (geplante IH) und Freischichten – nicht zur geplanten Betriebszeit. Der Betriebszustand Produktion ist in der Abbildung grün, die übrigen Betriebszustände sind in anderen Farben dargestellt. Das sind die Instandsetzung der Kühlmittelpumpe, die freie Kapazität innerhalb der Arbeitsschicht, das Umrüsten des Arbeitsplatzes, das fehlende Material und die Instandsetzung der Elektrik. Sie alle sind als ungeplante Stillstände zu klassifizieren und führen damit zu Verfügbarkeitsverlusten des Arbeitsplatzes.

Verfügbarkeitsverluste spiegeln sich in der Leistungskennzahl der *Verfügbarkeit* dadurch wider, dass sie deren maximal möglichen Wert von 1 auf einen geringeren Wert absenken. Die Definition der Verfügbarkeit eines Arbeitsplatzes lautet:

$$Verfügbarkeit = \frac{Produktionszeit}{geplante\ Betriebszeit} \tag{2.1}$$

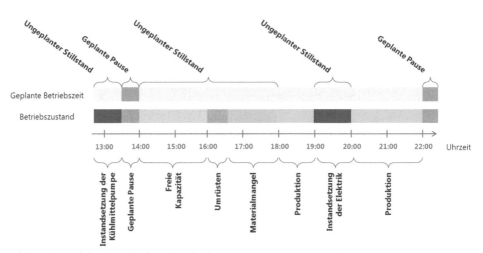

Abb. 2.1 Betriebszustände eines Arbeitsplatzes

Anstelle der Verfügbarkeit ist in manchen Betrieben auch vom Nutzungsgrad die Rede, wobei dieselbe Kennzahl gemeint ist. Eine *genormte Leistungskennzahl* hat einen Wertebereich zwischen 0 und 1 oder als Prozentwert angegeben zwischen 0 % und 100 %. Den Maximalwert von 1 erreicht eine solche Leistungskennzahl im verlustfreien Fall; ein Wert größer 1 ist nur in Ausnahmefällen möglich. Auf Grund der Normung können Leistungskennzahlen wie die Verfügbarkeit eines oder auch mehrerer Arbeitsplätze in unterschiedlich großen Zeiträumen miteinander verglichen werden.

Die Verfügbarkeit eines Arbeitsplatzes ist eine verdichtete Leistungskennzahl, die auf elementare Leistungskennzahlen heruntergebrochen werden kann. Dies erschließt sich bei einer genaueren Betrachtung des vorliegenden Beispielszenarios anhand von Abb. 2.2. Die Arbeitsplatzbelegung in der obersten Zeile gibt zu erkennen, dass der Arbeitsplatz um 16:00 Uhr erstmals mit einem Vorgang belegt wird. Die erste halbe Stunde wird der Arbeitsplatz für diesen Vorgang gerüstet (gelbbraun). Von 16:30 bis 22:00 Uhr dauert die Bearbeitungszeit des Vorgangs (blau). Daraufhin folgt eine Schichtpause (grau).

Unter Bezugnahme auf die geplante Betriebszeit und die Arbeitsplatzbelegung ermittelt sich der *Belegungsgrad*, welcher in der zweiten Zeile von Abb. 2.2 illustriert ist. Er ist der Quotient aus der gesamten Belegungszeit (grün) und der geplanten Betriebszeit des Arbeitsplatzes (grün und rot):

$$Belegungsgrad = \frac{Belegungszeit}{geplante\ Betriebszeit} \tag{2.2}$$

Das grüne Zeitintervall von 16:00 bis 22:00 Uhr steigert den Belegungsgrad, die roten Zeitintervalle vermindern diesen. Die grau dargestellten Zeitbereiche gehören nicht zur geplanten Betriebszeit und haben daher keine Bewandtnis in Hinsicht auf den Belegungsgrad.

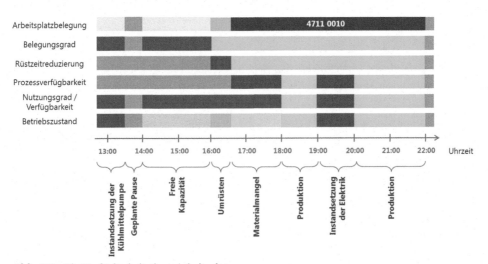

Abb. 2.2 Die Verfügbarkeit eines Arbeitsplatzes

Um die dem Rüsten zuzurechnenden Verfügbarkeitsverluste zu bewerten, muss zwischen externen und internen *Rüstzeiten* unterschieden werden. *Externe Rüstzeiten* sind jene, bei denen eine Maschine, während sie für einen Vorgang gerüstet wird, einen anderen Vorgang bearbeitet. Demgegenüber findet während *interner Rüstzeiten* keine Bearbeitung statt. Interne Rüstzeiten verursachen nicht nur Personalkosten, sondern auch Betriebsmittelkosten, denn sie verringern die Zeit, die ein Arbeitsplatz für die Bearbeitung eines Vorgangs zur Verfügung steht. Die Rüstzeitreduzierung bezieht sich im Kontext eines Arbeitsplatzes ausschließlich auf interne Rüstzeiten und ist in der dritten Zeile von Abb. 2.2 veranschaulicht. Sie ist der Quotient aus der Bearbeitungszeit (grün) und der gesamten Belegungszeit (grün und rot):

$$Rüstzeitreduzierung = \frac{Bearbeitungszeit}{Belegungszeit} \tag{2.3}$$

Bei einer hundertprozentigen *Rüstzeitreduzierung* existieren keine internen Rüstzeiten. Die gesamte Zeit, die der Arbeitsplatz belegt ist, wird dann für die Bearbeitung eines Vorgangs verwendet.

In der dritten Zeile von oben bewirkt das rot dargestellte Zeitintervall von 16:00 bis 16:30 Uhr eine Verringerung dieser Leistungskennzahl, wohingegen das grau dargestellte Zeitintervall davor auf die Rüstzeitreduzierung keinen Einfluss hat, weil der Arbeitsplatz in dieser Zeit nicht belegt ist.

Die *Prozessverfügbarkeit* gibt Auskunft über die Verfügbarkeit des Arbeitsplatzes während des Bearbeitungsprozesses und ist in der vierten Zeile von Abb. 2.2 illustriert. Sie ist der Quotient aus der Produktionszeit (grün) und der kumulierten Bearbeitungszeit aller Vorgänge auf dem Arbeitsplatz (grün und rot):

$$Prozessverfügbarkeit = \frac{Produktionszeit}{Bearbeitungszeit} \qquad (2.4)$$

Störungsbedingte Unterbrechungen, wie der Materialmangel von 16:30 bis 18:00 Uhr und die Instandsetzung der Elektrik von 19:00 bis 20:00 Uhr verringern die Prozessverfügbarkeit.

In Abb. 2.2 wird in der vorletzten Zeile die gesamte Verfügbarkeit des Arbeitsplatzes veranschaulicht, welche das Produkt aus Belegungsgrad, Rüstzeitreduzierung und Prozessverfügbarkeit ist. Denn durch Kürzen folgt

$$\frac{Belegungszeit}{geplante\,Betriebszeit} \cdot \frac{Bearbeitungszeit}{Belegungszeit} \cdot \frac{Produktionszeit}{Bearbeitungszeit} =$$

$$\frac{Produktionszeit}{geplante\,Betriebszeit} = Verfügbarkeit$$

Aus Abb. 2.2 wird ersichtlich, dass die Verlustzeiten (rot) in den Zeilen 2 bis 4 zur Ermittlung der Verfügbarkeit in Zeile 5 summiert werden. Die Multiplikation der betreffenden Kennzahlen entspricht folglich einer Addition der sich in jenen Kennzahlen ausdrückenden Verlustzeiten.

In Abb. 2.3 ist ein Report der Arbeitsplatzverfügbarkeit dargestellt, welcher für einen oder mehrere Arbeitsplätze und beliebige Vergangenheitszeiträume aufgerufen werden kann. Der Report zeigt im unteren Teil die Betriebszustände der selektierten Arbeitsplätze

Abb. 2.3 Report der Arbeitsplatzverfügbarkeit

innerhalb des gewählten Zeitraumes als Zeitstrahldiagramm. Im oberen Teil des Reports finden sich die zuvor erläuterten Kennzahlen und die ihnen zugrunde liegenden Zeiten. Es ist augenfällig, dass die Zeiten nur im Verhältnis zu den ausgewählten Zeiträumen und der Anzahl der selektierten Arbeitsplätze eine Aussagekraft besitzen. Demgegenüber abstrahieren genormte Kennzahlen von der Größe des Betrachtungszeitraumes und der Anzahl der zur Auswertung herangezogenen Arbeitsplätze.

Befindet sich eine Anlage für eine bestimmte Zeit im Betriebszustand Produktion, sagt dies lediglich aus, dass im betreffenden Zeitraum überhaupt etwas produziert wird. Wie effizient die Anlage unterdessen arbeitet, bringt erst der *Leistungsgrad* zum Ausdruck. Dem Leistungsgrad liegt die zur Herstellung einer Mengeneinheit erforderliche Zeit, d. h. die *Sollzeit pro Einheit*, zugrunde. Das ist die Produktionszeit, die bei optimaler Leistung benötigt wird, um eine Mengeneinheit des zu produzierenden Materials auszubringen. Der Leistungsgrad setzt diese ins Verhältnis zur Produktionszeit.

Durch Multiplikation der Sollzeit pro Einheit mit der insgesamt ausgebrachten Menge ergibt sich die Zeit, deren es bei Einhaltung des Vorgabewertes zum Erzeugen der gesamten Ausbringungsmenge bedarf. Deren Verhältnis zur tatsächlich aufgewandten Produktionszeit ist der Leistungsgrad:

$$Leistungsgrad = \frac{Sollzeit\,pro\,Einheit \cdot Gesamtmenge}{Produktionszeit} = \frac{Sollzeit\,pro\,Einheit}{Zeit\,pro\,Einheit}$$

Dabei ist die

$$Zeit\,pro\,Einheit = \frac{Produktionszeit}{Gesamtmenge}.$$

Bei der Ermittlung der Zeit pro Einheit wird von eventuellen Verfügbarkeitsverlusten abstrahiert, indem statt der insgesamt verstrichenen Zeit nur die Produktionszeit Berücksichtigung findet. Demzufolge haben Verfügbarkeitsverluste durch Maschinenstillstände keinen Einfluss auf den Leistungsgrad. Die Gesamtmenge ist die Summe aus Gutmenge, Ausschussmenge und Nacharbeitsmenge. Weil somit auch die Ausschussmenge und Nacharbeitsmenge zur Erhöhung des Leistungsgrades beitragen, bewirken Qualitätsverluste ebenfalls keine Minderung des Leistungsgrades.

Die Sollzeit pro Einheit wird im Rahmen der Arbeitsablaufplanung als ein materialspezifischer Vorgabewert festgelegt. Ist der Vorgabewert moderat oder zu gering bemessen, kann es vorkommen, dass die Sollzeit pro Einheit bei der Produktion unterschritten wird. Dann nimmt der Leistungsgrad Werte größer als 1 an. Da die Sollzeit pro Einheit mit dem zu produzierenden Material und somit von Vorgang zu Vorgang variieren kann, ermittelt sich der Leistungsgrad einer Anlage oder Maschine im Allgemeinen als Summe über alle auf einem Arbeitsplatz durchgeführten Vorgänge:

$$Leistungsgrad = \frac{\sum_{Vorgänge^*}(Sollzeit\,pro\,Einheit \cdot Gesamtmenge)}{\sum_{Vorgänge^*}(Produktionszeit)} \tag{2.5}$$

Dabei gilt es zu beachten, dass Gesamtmenge und Produktionszeit, die ein einzelner Vorgang zum Leistungsgrad eines Arbeitsplatzes beiträgt, nicht zwingend mit der Gesamtmenge und Produktionszeit des Vorgangs selbst übereinstimmen müssen (vgl. Abschn. A.4). Es mag vorkommen, dass ein Vorgang auf einem Arbeitsplatz begonnen, vor seiner Beendigung jedoch unterbrochen und schließlich auf einem anderen Arbeitsplatz zu Ende geführt wurde (vgl. Abb. 3.3). Gesamtmenge und Produktionszeit beziehen sich nur auf den Zeitraum, in dem der jeweilige Vorgang den betreffenden Arbeitsplatz belegt hat. Das Sternchen deutet an, dass im Zähler und im Nenner jeweils nur über diese Zeitbereiche summiert wird.

Der Leistungsgrad ist eine Effizienzkennzahl, welche die Effektivität der Anlage insofern voraussetzt, als überhaupt etwas produziert werden muss, um die Kennzahl zu erheben. Gleichwohl können Leistungsverluste letzten Endes fast immer auf eine mangelnde Verfügbarkeit zurückgeführt werden. Denn Leistungsverluste treten nicht ohne jeglichen Grund auf – sei es, dass ein geeigneteres Werkzeug oder besser qualifizierte Mitarbeiter zum Zeitpunkt der Produktion nicht zur Verfügung standen.

Ferner können die im Leistungsgrad abgebildeten Effizienzverluste auch als Quasi-Effektivitätsverluste betrachtet werden: Im Ergebnis ist es dasselbe, ob über die gesamte Bearbeitungszeit hinweg mit halber Leistung oder nur die Hälfte der Zeit mit voller Leistung produziert wurde. Aus diesem Grunde ist der Leistungsgrad in der Definition der Gesamtanlageneffektivität enthalten.

Wird auf einer Anlage oder Maschine Ausschuss produziert, bedeutet dies einen weiteren Effektivitätsverlust. Denn die Zeit, die darauf verwendet wird, Ausschuss zu produzieren, hat keinen wertschöpfenden Effekt. Dies kommt in der *Qualitätsrate* zum Ausdruck. Für einen einzelnen Vorgang kann die Qualitätsrate rein mengenbasiert ermittelt werden:

$$Qualitätsrate_{(mengenbasiert)} = \frac{Gutmenge}{Gesamtmenge} \tag{2.6}$$

Analog zum Leistungsgrad ermittelt sich die Qualitätsrate einer Anlage oder Maschine im Allgemeinen ebenfalls unter Berücksichtigung der unterschiedlichen Sollzeiten pro Einheit als Summe über alle Vorgänge:

$$Qualitätsrate_{(zeitbasiert)} = \frac{\sum_{Vorgänge^*}(Sollzeit\,pro\,Einheit \cdot Gutmenge)}{\sum_{Vorgänge^*}(Sollzeit\,pro\,Einheit \cdot Gesamtmenge)} \tag{2.7}$$

Der Effektivitätsverlust einer Anlage ist bei einem Ausschussteil, welches bereits nach einer Stunde ausgebracht wurde, nur halb so groß wie bei einem Ausschussteil, das die Anlage für 2 Stunden in Anspruch genommen hat. Auch hier sind nur die Gutmengen und Gesamtmengen zu verrechnen, welche bei der Vorgangsdurchführung auf denjenigen Arbeitsplätzen ausgebracht wurden, für welche die Qualitätsrate ermittelt werden soll (vgl. Abschn. A.4).

Die Gesamtanlageneffektivität ist das Produkt aus Verfügbarkeit, Leistungsgrad und Qualitätsrate:

$$OEE = \text{Verfügbarkeit} \cdot \text{Leistungsgrad} \cdot \text{Qualitätsrate} \qquad (2.8)$$

Zähler des Leistungsgrades und Nenner der Qualitätsrate lassen sich kürzen:

$$OEE = \frac{\text{Produktionszeit}}{\text{geplante Betriebszeit}} \cdot \frac{\sum_{\text{Vorgänge}*}(\text{Sollzeit pro Einheit} \cdot \text{Gutmenge})}{\sum_{\text{Vorgänge}*}(\text{Produktionszeit})} \qquad (2.9)$$

Unter der Voraussetzung, dass es keine *Produktion ohne Auftrag* gibt, kann die Gleichung weiter verkürzt werden. Da in der Summe des Nenners von den Produktionszeiten der Vorgänge nur deren Beitrag zu den jeweils betrachteten Arbeitsplätzen verrechnet wird, ist jene mit der Produktionszeit dieser Arbeitsplätze identisch:

$$OEE = \frac{\sum_{\text{Vorgänge}*}(\text{Sollzeit pro Einheit} \cdot \text{Gutmenge})}{\text{geplante Betriebszeit}} \qquad (2.10)$$

Der Zähler der OEE resultiert aus der Subtraktion der verschiedenartigen Verlustzeiten von der geplanten Betriebszeit. Abb. 2.4 veranschaulicht diesen Zusammenhang. Offenbar gibt die OEE den zeitlichen Anteil verlustfreier Wertschöpfung an der geplanten Betriebszeit eines oder mehrerer Arbeitsplätze innerhalb eines bestimmten Betrachtungszeitraumes wieder.

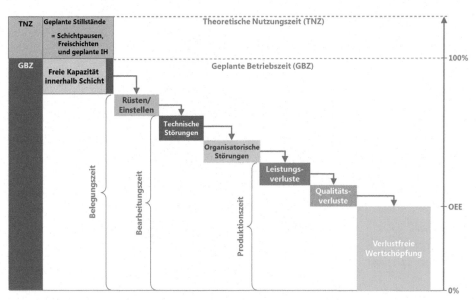

Abb. 2.4 Veranschaulichung der Gesamtanlageneffektivität

2.3 Maschinen- und Betriebsdatenerfassung

Die Datengrundlage für die im vorangegangenen Abschnitt erläuterten Kennzahlen stellt die Maschinendatenerfassung (MDE) bereit. In deren Aufgabenbereich fällt es, die Betriebszustände und Mengensignale der Maschinen auszulesen und zu persistieren. Die wenigsten der in einem Produktionsbetrieb heute eingesetzten Maschinen liefern detaillierte Betriebszustände inklusive der Stillstandsgründe. Vielfach können nur die beiden Zustände *unbegründeter Stillstand* und *Produktion* ausgelesen werden, gegebenenfalls noch Rüsten. Die Gründe und Details der einzelnen Stillstände sind dann im Nachhinein vom Fertigungspersonal in der Zustandshistorie am *Shop Floor Terminal* zu spezifizieren, woraus der detaillierte Betriebszustand folgt (vgl. Abb. 2.5).

Je nach Detaillierungsgrad steht eine Liste mit vorkonfigurierten Stillstandsgründen oder ein Störgrundbaum mit mehreren Hierarchieebenen zur Auswahl. Wenn das Fertigungspersonal zusätzlich eine Bemerkung hinterlegt, wird diese im Schichtbuch dokumentiert und im Ticketsystem automatisch ein Ticket angelegt. Das Ticketsystem dient der Protokollierung von Anforderungen, Aufgaben und Maßnahmen im Rahmen des Shop Floor Managements.

Es gibt drei grundlegend verschiedene Mengensignale. Bei Pressen oder Spritzgießmaschinen werden Hübe bzw. Maschinenzyklen ausgelesen. Durch die Multiplikation der Hübe mit der Anzahl der pro Hub erzeugten Teile (Kavität, Teile pro Maschinenzyklus) ergibt sich die ausgebrachte Menge. Die meisten Maschinen verfügen über einen internen

Startzeitpunkt	Dauer	Kürzel	Betriebszustand	Bemerkung
09.12.2018 21:00:00	00:00:20	000	Produktion	
09.12.2018 00:00:00	21:00:00	999	Stillstand unbegründet	
08.12.2018 22:00:00	02:00:00	020	Rüsten	
08.12.2018 00:00:00	22:00:00	992	Freie Kapazität innerhalb Schicht	
07.12.2018 22:00:00	02:00:00	000	Produktion	
07.12.2018 21:00:07	00:59:52	020	Rüsten	
07.12.2018 21:00:00	00:00:07	992	Freie Kapazität innerhalb Schicht	
07.12.2018 20:58:47	00:01:12	000	Produktion	
07.12.2018 20:58:27	00:00:20	999	Stillstand unbegründet	
07.12.2018 20:57:07	00:01:20	020	Rüsten	
07.12.2018 20:56:47	00:00:20	992	Freie Kapazität innerhalb Schicht	
07.12.2018 20:56:07	00:00:40	000	Produktion	
07.12.2018 20:56:00	00:00:06	999	Stillstand unbegründet	
07.12.2018 20:56:00	00:00:00	020	Rüsten	
07.12.2018 20:55:40	00:00:20	992	Freie Kapazität innerhalb Schicht	

Abb. 2.5 In der Zustandshistorie präzisiert das Fertigungspersonal unbegründete Stillstände (Stillstandsbegründung)

Zähler, der mit der ausgebrachten Menge erhöht wird. Bei diesen Maschinen werden die Zählerinkremente erfasst. Eine Ausnahme stellen Handarbeitsplätze und bestimmte Montagesysteme mit integrierter Prüfvorrichtung dar, bei denen bereits als Gutmenge, Ausschuss oder Nacharbeit klassifizierte Mengen ausgelesen werden.

Die erfassten Mengen werden im Shop Floor Terminal angezeigt und in den erstgenannten Fällen vom Fertigungspersonal klassifiziert (vgl. Abb. 2.6). Automatisch klassifizierte Mengen müssen lediglich bestätigt werden. Für Ausschuss und Nacharbeit ist zudem ein Ausschuss- oder Nacharbeitsgrund anzugeben. Das Fertigungspersonal hat auch hier die Möglichkeit, eine zusätzliche Bemerkung zu hinterlegen, zu der ebenfalls ein Ticket angelegt wird.

Ausschuss- und Nacharbeitsgründe liefern neben den Stillstandsgründen die Datenbasis für die Leistungsanalyse, mit der das Ziel verfolgt wird, Verlustquellen zu identifizieren, um adäquate Maßnahmen zu deren Beseitigung zu treffen. Im Ticketsystem werden jedem Ticket Maßnahmen zugewiesen und die Zuständigkeit sowie der Fortschritt der Maßnahmen dokumentiert und kontrolliert.

Gegenstand der Betriebsdatenerfassung (BDE) ist es, die aufgezeichneten Maschinendaten auf die einzelnen Vorgänge und damit auf die entsprechenden Fertigungsaufträge zu projizieren (vgl. Abb. 2.7). In der im Shop Floor Terminal zur Betriebsdatenerfassung bereitgestellten Benutzeroberfläche findet sich eine Liste der am jeweiligen Arbeitsplatz durchzuführenden Vorgänge, die nach deren geplantem Starttermin geordnet ist (vgl. Abb. 2.8). Die Liste dieser Vorgänge wird als *Arbeitsvorrat* bezeichnet. Darunter werden Details zu dem im Arbeitsvorrat ausgewählten Vorgang angezeigt. Zu jedem Vorgang ist unter anderem angegeben, welches Material in welcher Menge produziert werden soll und welche Komponenten und Fertigungshilfsmittel dazu vorgesehen sind. Mit den Knöpfen *Rüsten* oder *Vorgang starten* wird der im Arbeitsvorrat selektierte Vorgang angemeldet.

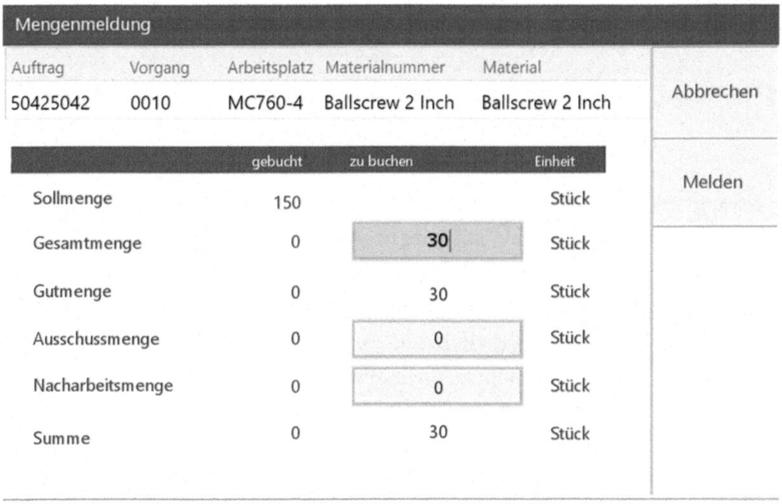

Abb. 2.6 Mengenmeldung im Shop Floor Terminal

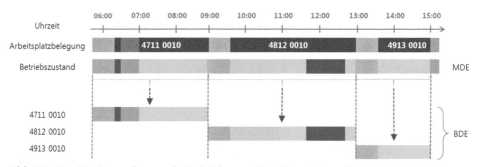

Abb. 2.7 Betriebsdatenerfassung als Projektion von Maschinendaten auf Vorgänge

	Auftrag	Vorgang	Material	Sollmenge	Gutmenge	Ausschussme	Nacharbeitsmer	Stückzeit	Planstart	Phase
▶	570	0030	FAN300	24	20	0	0	60	25.02.19 15:59:	Bearbeitung
	571	0030	FAN300	24	0	0	0	60	26.02.19 15:59:	Freigegebe
	572	0030	FAN300	24	0	0	0	60	27.02.19 15:59:	Freigegebe
	576	0030	FAN300	24	0	0	0	60	28.02.19 15:59:	Freigegebe
	573	0030	FAN300	24	0	0	0	60	01.03.19 15:59:	Freigegebe
	574	0030	FAN300	24	0	0	0	60	02.03.19 15:59:	Freigegebe
	575	0030	FAN300	24	0	0	0	60	03.03.19 15:59:	Freigegebe
	577	0030	FAN300	24	0	0	0	60	04.03.19 15:59:	Freigegebe

Gesamtmenge   Sollmenge   Restmenge   ▶ **Stillstand unbegründet**

20   24   4

Menge   Auftrag / Vorgang   Beschreibung
                                         00000570 / 0030   FAN300
                              83 %

Dauer   Planstart   Planende
19:12:37   **80** % 25.02.19 15:59:17   26.02.19 16:00:17

Material / Beschreibung   Soll-Rüstzeit   Rüstzeit
                                         00:01   01:48
FAN 300
                                         Sollzeit pro Einheit   Zeit pro Einheit
Cooling Fan   60:00   58:43

                                         Fertigungshilfsmittel
                                         WRM-565875875
                                         NC-8988366

BDE Terminal — Zurück · Rüsten · Vorgang starten · Vorgang unterbrechen · Vorgang beenden · Mengen klassifizieren · Zustandshistorie · Reporting

Abb. 2.8 Im Shop Floor Terminal werden Vorgänge an- und abgemeldet

Weitere Knöpfe erlauben, den Vorgang zu unterbrechen oder zu beenden. Innerhalb des Zeitraumes, in dem ein Vorgang auf einem Arbeitsplatz angemeldet ist, werden alle erfassten Maschinendaten zur späteren Auswertung und Verrechnung auf den betreffenden Vorgang gebucht und in verdichteter Form an das ERP-System zurückgemeldet.

Darüber hinaus besteht die Möglichkeit, Prozessdaten (Temperatur, Spindeldrehzahl etc.) der Anlagen und Maschinen zu erfassen und diese ebenfalls auf die einzelnen Vorgänge abzubilden. Wenn eine Produktrückverfolgung (*Track and Trace*) gewünscht ist, muss die Abbildung der Prozessdaten auf die ausgebrachten Chargen oder gar auf Einzelteile erfolgen. Zusätzlich werden dabei die in das Produkt eingeflossenen

Komponenten erfasst. Indem diese Daten für alle Vorgänge, d. h. über den gesamten Wertschöpfungsprozess hinweg, aufgezeichnet werden, kann für jede Charge bzw. jedes Einzelteil die gesamte Produkthistorie detailgenau zurückverfolgt werden.

2.4 Fertigungsaufträge und Fertigungsablaufarten

In einer freien Marktwirtschaft ist die Produktion zeitlich und mengenmäßig eng an die konkrete Bedarfssituation des Marktes gekoppelt. Selbst bei der Massenfertigung, wo nicht vorhersehbar ist, wann die Nachfrage nach dem erzeugten Produkt je abbrechen könnte, ist die abzusetzende Menge allgemeinen Nachfrageschwankungen unterworfen. Bei einem breiteren Erzeugnissortiment erlangt die Frage, für welche Produkte die vorhandenen Ressourcen am zweckmäßigsten eingesetzt werden, entscheidende wirtschaftliche Bedeutung. Unter Berücksichtigung der Absatzplanung hat die Produktionsplanung und -steuerung zu koordinieren, was wann und in welcher Menge produziert werden soll. Das zentrale Steuerungsinstrument in diesem Zusammenhang sind Fertigungsaufträge.

Ein Fertigungsauftrag besteht aus einem oder mehreren Vorgängen, die zum Teil parallel, zum Teil jedoch nur sequentiell ausgeführt werden können, weil ein Nachfolgevorgang das von seinen Vorgängern produzierte Material als Ausgangsmaterial benötigt. Fertigungsaufträge werden (in der Regel indirekt über einen sogenannten Planauftrag) aus Arbeitsplänen generiert. Auslöser dazu ist der Bedarf einer bestimmten Menge eines Produktes zu einem vorgegebenen Liefertermin.

Im ERP-System wird zuvor eine Materialbedarfsplanung (engl. *Material Requirement Planning*, MRP) vorgenommen, aus der sich letzten Endes die Ecktermine der Fertigungsaufträge ergeben, die festlegen, in welchem Zeitraum der Fertigungsauftrag abzuwickeln ist (vgl. Abb. 2.9). Bei dem Eckstarttermin handelt es sich um den frühesten Zeitpunkt, an dem ein Fertigungsauftrag begonnen werden kann, weil vor diesem Zeitpunkt die notwendigen Materialien nicht zur Verfügung stehen. Der Eckendtermin ist der Zeitpunkt, zu dem ein Fertigungsauftrag spätestens beendet sein muss, um den Liefertermin einhalten zu können.

Welche Vorgänge in welcher Reihenfolge zur Herstellung eines Produktes zu verrichten sind, wird im *Arbeitsplan* festgelegt. Die *Arbeitsvorbereitung*, die für die Gestaltung der Produktion zuständig ist, erstellt für jedes Produkt einen eigenen Arbeitsplan. In Einzelfällen existieren für ein Produkt auch mehrere Arbeitspläne, die unterschiedlichen Fertigungsversionen entsprechen.

Der Arbeitsplan definiert für die einzelnen Vorgänge jeweils die benötigten Komponenten und Fertigungshilfsmittel, das zu erzeugende Material sowie eine Reihe von Zeitvorgaben. Das ist zum einen die bereits im Zusammenhang mit dem Leistungsgrad erläuterte Sollzeit pro Einheit. Zum anderen handelt es sich um Zeitvorgaben für die einzelnen Vorgangssegmente. Abb. 2.10 stellt die Segmente eines Vorgangs entsprechend ihrer zeitlichen Abfolge dar.

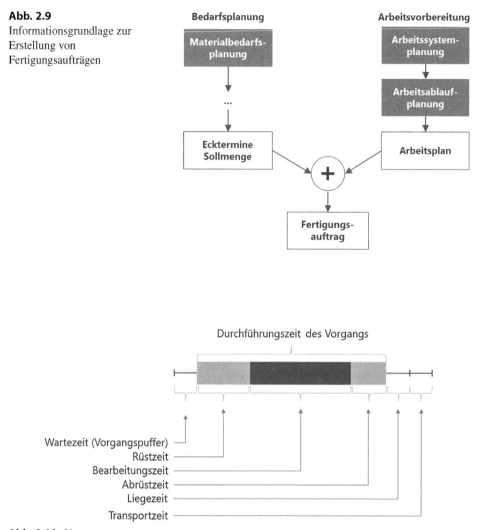

Abb. 2.9
Informationsgrundlage zur
Erstellung von
Fertigungsaufträgen

Abb. 2.10 Vorgangssegmente

Rüstzeit, Bearbeitungszeit und Abrüstzeit bilden zusammen die *Durchführungszeit* eines Vorgangs. Weil ein Vorgang nur innerhalb dieser Zeit einen Arbeitsplatz belegt, ist die Durchführungszeit eines Vorgangs nie kleiner als die Belegungszeit des Arbeitsplatzes durch diesen Vorgang. Die übrigen Vorgangssegmente werden als Übergangszeiten bezeichnet. Das sind die Warte-, Liege- und Transportzeiten. Sie haben im Gegensatz zu anderen Vorgabezeiten keineswegs den Charakter eines Richtwertes für die Auftragsabwicklung. *Wartezeiten* dienen ausschließlich als Pufferzeiten, um Verzögerungen bei der Auftragsabwicklung in der Produktion abzufangen.

Verzögerungen, die nicht während der Durchführungszeit, sondern zwischen dem Ende eines Vorgangs und dem Beginn seines Nachfolgevorgangs auftreten, werden als Wartezeiten bezeichnet. Weil in diesen Zeiten das von dem Vorgängervorgang produzierte Material bis zur weiteren Verarbeitung in einem Zwischenlager verweilt, verursachen Wartezeiten unter anderem Lager- und Kapitalbindungskosten. Sie zu vermeiden ist Aufgabe der Auftragsfeinplanung.

Rüstzeiten fallen an, um einen Arbeitsplatz für einen bestimmten Vorgang einzurichten, etwa bei der Bestückung einer Maschine mit den notwendigen Werkzeugen oder dem Aufspannen von Werkstücken. Zu den Rüstzeiten vor der Bearbeitung eines Vorgangs kommen die Abrüstzeiten, die sich am Ende eines Vorgangs ergeben können, um den Arbeitsplatz wieder in den ungerüsteten Zustand zurückzuversetzen. Die jeweiligen Vorgabewerte gelten ausschließlich für interne Rüstzeiten. Durch verschiedene technische Maßnahmen, wie etwa einen automatisierten Werkstück- und Werkzeugwechsel, gelingt es, interne Rüstzeiten zu verkürzen. Eine zusätzliche Rüstzeitreduzierung kann im Rahmen der Auftragsfeinplanung durch eine günstige Auftragsreihenfolge auf den Arbeitsplätzen erzielt werden, indem beispielsweise Vorgänge, die dasselbe Werkzeug benötigen, unmittelbar hintereinander ausgeführt werden.

Wenn das hergestellte Material vor der Weiterverarbeitung oder Verpackung zuerst noch abkühlen, aushärten oder trocknen muss, werden die dafür erforderlichen Zeiten bisweilen als *Liegezeiten* vorgegeben. Korrekterweise sollten diese Prozessschritte in einem separaten Vorgang abgebildet werden, weil zum einen damit einhergehend eine Wertschöpfung stattfindet und zum anderen dafür mindestens Raum- und Energiekosten zu verrechnen sind. *Transportzeiten* definieren die benötigte Zeit, um das produzierte Material zum nachfolgenden Arbeitsplatz zu befördern. Eine Methode zur Verringerung der Transportzeiten ist die räumliche Zusammenfassung der am Fertigungsprozess beteiligten Arbeitsplätze im Rahmen der Arbeitssystemplanung.

Während der Bearbeitungszeit findet die eigentliche Wertschöpfung statt. Die Dauer der Bearbeitungszeit ist im Arbeitsplan bis auf wenige Ausnahmen zumeist nur implizit durch die Angabe einer Sollzeit pro Einheit spezifiziert. Für alle anderen Vorgangssegmente finden sich im Arbeitsplan, sofern sie vorgesehen sind, explizite Zeitangaben. Diese Vorgabewerte sind das Ergebnis der Arbeitsablaufplanung. Um sie von den tatsächlichen Zeitaufwänden zu unterscheiden, die im Verlaufe der Auftragsabwicklung anfallen, werden sie als Sollwerte (Sollrüstzeit, Sollbearbeitungszeit …) bezeichnet.

Abb. 2.9 illustriert, wie bei der Generierung eines Fertigungsauftrags die Informationen aus der Materialbedarfsplanung und dem Arbeitsplan zusammenfließen. Erst zu diesem Zeitpunkt stehen Ecktermine und die zu produzierende Menge, die sogenannte Sollmenge, fest, die im Kontext einer Serienfertigung auch als Losgröße bezeichnet wird.[1] Weil die

---

[1]Bei der Einzelfertigung, wo die Sollmenge per definitionem 1 beträgt, findet die Bezeichnung Losgröße gewöhnlich keine Verwendung. Allerdings wurde „Losgröße 1" zu einem Schlagwort im Diskurs um das Zukunftsprojekt Industrie 4.0.

Bearbeitungszeit der einzelnen Vorgänge bis auf wenige Ausnahmen von der Sollmenge abhängt, kann auch die Sollbearbeitungszeit erst bei der Generierung eines Fertigungsauftrags ermittelt werden. Typischerweise ergibt sich die Sollbearbeitungszeit unmittelbar anhand der Sollmenge eines Vorgangs durch Multiplikation mit der Sollzeit pro Einheit des Arbeitsplans:

$$Sollbearbeitungszeit = Sollzeit\ pro\ Einheit \cdot Sollmenge \qquad (2.11)$$

Ist anstelle der Sollzeit pro Einheit eine *Sollzeit pro Hub* angegeben, muss diese noch durch die pro Hub produzierten Mengeneinheiten (Hubfaktor, Kavität des Werkzeugs) dividiert werden:

$$Sollzeit\ pro\ Einheit = \frac{Sollzeit\ pro\ Hub}{Mengeneinheiten\ pro\ Hub}$$

Intuitiv liegt die Vermutung nahe, dass die Sollbearbeitungszeit nur im Falle einer verlustfreien Wertschöpfung, d. h. mit einer Prozessverfügbarkeit, einem Leistungsgrad und einer Qualitätsrate von jeweils 100 Prozent, einzuhalten ist. Demnach sollte das Verhältnis der Sollbearbeitungszeit zur tatsächlichen Bearbeitungszeit gleich dem Produkt dieser drei Kennzahlen sein:

$$\frac{Sollbearbeitungszeit}{Bearbeitungszeit} = Prozessverfügbarkeit \cdot Leistungsgrad \cdot Qualitätsrate \qquad (2.12)$$

Um dies zu verifizieren, sind die Kennzahlen zunächst durch ihre Definition zu ersetzen:

$$\frac{Sollbearbeitungszeit}{Bearbeitungszeit} = \frac{Produktionszeit}{Bearbeitungszeit}$$
$$\cdot \frac{Sollzeit\ pro\ Einheit \cdot Gesamtmenge}{Produktionszeit}$$
$$\cdot \frac{Gutmenge}{Gesamtmenge}$$

Durch Kürzen ergibt sich

$$\frac{Sollbearbeitungszeit}{Bearbeitungszeit} = \frac{Sollzeit\ pro\ Einheit \cdot Gutmenge}{Bearbeitungszeit}$$

Die beiden Zähler entsprechen der Gl. (2.11), sobald die während der Bearbeitung erzeugte Gutmenge den als Sollmenge vorgegebenen Wert erreicht hat, was im Allgemeinen bedeutet, dass der Vorgang beendet werden kann. Sollen laufende Vorgänge, Über- oder Unterlieferung mit in Betracht gezogen werden, gilt die verallgemeinerte Gleichung:

$$\frac{Sollbearbeitungszeit}{Bearbeitungszeit} \cdot \frac{Gutmenge}{Sollmenge}$$

$$= Prozessverf\ddot{u}gbarkeit \cdot Leistungsgrad \cdot Qualit\ddot{a}tsrate$$

Sie besagt, dass, wenn die Bearbeitungszeit die Sollbearbeitungszeit beispielsweise um das Doppelte überschritten hat, jedoch auch die doppelte Sollmenge als Gutmenge ausgebracht wurde, noch immer eine verlustfreie Bearbeitung vorliegt – zumindest was die Effektivitätsverluste des Arbeitsplatzes betrifft, denn Überproduktion ist grundsätzlich eine Art der Verschwendung.[2]

Es mag auf den ersten Blick widersprüchlich erscheinen, dass die Vorgabewerte für die Bearbeitungszeit einerseits einer verlustfreien Wertschöpfung entsprechen, andererseits mit den Übergangszeiten großzügige Puffer eingerichtet werden. Der Grund dafür liegt in der Terminplanung, die nicht von einer idealen Auftragsabwicklung, sondern von den vorliegenden Gegebenheiten ausgehen muss, um nicht von vornherein als Makulatur betrachtet zu werden. Die grundlegendste Anforderung an eine Terminplanung ist, dass sie überhaupt realisierbar ist, was durch die Übergangszeiten gewährleistet werden soll. Diese sind daher keineswegs als Zielwerte zu betrachten, sondern dienen vornehmlich als Pufferzeiten bei der Durchlaufterminierung.

Zweck der *Durchlaufterminierung* ist es, auf Basis der Ecktermine des Fertigungsauftrags die Termine der einzelnen Vorgänge zu bestimmen. Bei der *Vorwärtsterminierung* werden die frühesten Anfangszeitpunkte (FAZ) und frühesten Endzeitpunkte (FEZ) eines jeden Vorgangs ermittelt. Bei der *Rückwärtsterminierung* werden umgekehrt die spätesten Anfangszeitpunkte (SAZ) und spätesten Endzeitpunkte (SEZ) der Vorgänge bestimmt. Je nach Präferenz werden diese oder jene Termine als die terminierten Start- und Endtermine der Vorgänge gesetzt.

Die Durchlaufterminierung ist in Abb. 2.11 für eine strikt sequentielle Vorgangsfolge illustriert. In einer solchen hat jeder Vorgang höchstens einen Vorgänger und höchstens einen Nachfolger. Zudem gibt es keine zeitlichen Überlappungen von Vorgängen. Unter diesen Voraussetzungen erfolgt die Durchlaufterminierung durch Aneinanderreihung der einzelnen Vorgänge; einmal vorwärts, beginnend beim Eckstarttermin, und einmal rückwärts, beginnend beim Eckendtermin des Fertigungsauftrags. Start- und Endtermin der Vorgangssegmente, die in eine betriebsfreie Zeit hineinlaufen, werden entsprechend versetzt. Im Beispiel aus Abb. 2.11 betrifft dies bei der Vorwärtsterminierung das Abrüstsegment des ersten Vorgangs, dessen Ende um die Dauer der grau illustrierten Schichtpause in die Zukunft verschoben wird. Bei der Rückwärtsterminierung betrifft dies

---

[2]Überproduktion ist eine der sieben Verschwendungen (Muda), die von Taiichi Ohno, dem Chefingenieur von Toyota, als Teil des Toyota Produktionssystems (TPS) herausgearbeitet wurden. Die sieben Verschwendungen sind Transport, Bestände, Bewegung, Warten, Überproduktion, falsche Technologie bzw. Prozesse sowie Ausschuss bzw. Nacharbeit.

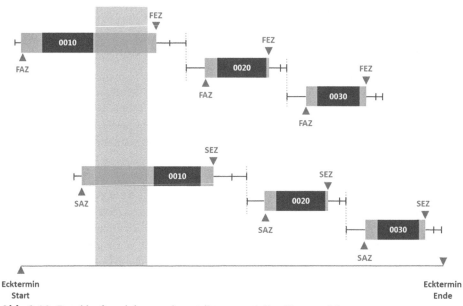

Abb. 2.11 Durchlaufterminierung einer strikt sequentiellen Vorgangsfolge

das Rüstsegment des ersten Vorgangs, dessen Beginn um die Dauer der Schichtpause in die Vergangenheit verschoben wird.

Der Durchlaufterminierung wird dabei das Schichtmodell des Arbeitsplatzes oder der Kapazitätsgruppe zugrunde gelegt, je nachdem ob der einzelne Vorgang im Arbeitsplan einem konkreten Arbeitsplatz oder einer Kapazitätsgruppe zugeordnet ist. Eine *Kapazitätsgruppe* ist eine Zusammenstellung von Arbeitsplätzen mit gleicher Funktion (z. B. Fräsmaschinen, Bohrmaschinen, Pressen, Spritzgießmaschinen).

Wenn zwei oder mehrere Vorgänge gänzlich unabhängig voneinander durchgeführt werden können, dann werden diese im Arbeitsplan verschiedenen, zueinander parallelen Vorgangsfolgen zugeordnet. Jede parallele Vorgangsfolge hat eine Bezugsfolge, in der es einen Absprungvorgang und einen Rücksprungvorgang gibt. Der Absprungvorgang ist derjenige Vorgang in der Bezugsfolge, vor dem der Absprung erfolgt, der Rücksprungvorgang ist derjenige Vorgang in der Bezugsfolge, nach dem der Rücksprung eintritt. Die Vorgänge der abzweigenden Vorgangsfolge laufen parallel zu Absprungvorgang, Rücksprungvorgang und allen dazwischen liegenden Vorgängen der Bezugsfolge. Ausgangspunkt aller Vorgangsfolgen ist die sogenannte Stammfolge.

Parallele Folgen führen dazu, dass ein Vorgang sowohl mehrere Vorgänger als auch mehrere Nachfolger haben kann. Abb. 2.12 illustriert die Durchlaufterminierung für parallele Vorgangsfolgen am Beispiel der Vorwärtsterminierung.

Parallelisierung ist auch innerhalb derselben Vorgangsfolge durch zeitliche Überlappung einzelner Vorgänge möglich. Falls im Arbeitsplan für einen Vorgang eine *Mindestweitergabemenge* hinterlegt ist, kann der Nachfolgevorgang bereits dann mit

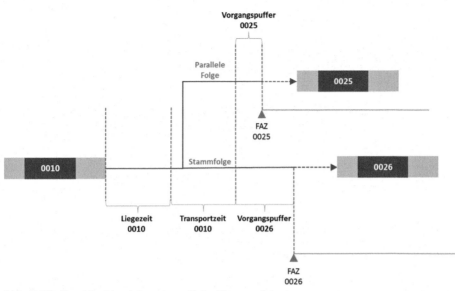

Abb. 2.12 Durchlaufterminierung paralleler Vorgangsfolgen

der Bearbeitung beginnen, wenn der betreffende Vorgang die Mindestweitergabemenge produziert hat. Die dazu vorgegebene Zeit setzt sich folgendermaßen zusammen

$$Mindestvorlaufzeit = Sollzeit\,pro\,Einheit \cdot Mindestweitergabemenge$$

Abb. 2.13 veranschaulicht die Berücksichtigung der Mindestweitergabemenge bei der Durchlaufterminierung wieder am Beispiel der Vorwärtsterminierung. Dabei legt die Mindestvorlaufzeit den Abstand zwischen Beginn der Bearbeitungsphase des Vorgängers und dem frühesten Beginn der Bearbeitungsphase des Nachfolgevorgangs fest.

Überlappende Vorgänge einer Vorgangsfolge sind getaktet, wenn die Sollbearbeitungszeit bei allen Vorgängen identisch ist, wodurch ein synchroner Materialfluss gewährleistet wird. Arbeitspläne mit sehr geringen Mindestweitergabemengen beschreiben eine Fließbandfertigung, wenn die Vorgangsfolgen getaktet sind. Die Fließbandfertigung ist der Prototyp einer Fließfertigung.

Bei der *Fließfertigung* bestimmt ein spezifischer Produktionsprozess die Anordnung der Arbeitsplätze. Hierzu werden Arbeitsplätze unterschiedlicher Kapazitätsgruppen in der Reihenfolge ihrer Beanspruchung zu einer *Fertigungslinie* angeordnet (vgl. Abb. 2.14, links). Dadurch ist das Produktionssystem sehr speziell für die Anforderung eines oder mehrerer ähnlich herzustellender Produkte, nicht jedoch für ein breitgefächertes Erzeugnissortiment ausgelegt. Auf einem Fließband oder einer Transferstraße durchlaufen die Werkstücke die einzelnen Bearbeitungsvorgänge automatisiert und durchgehend synchronisiert. Bei einer Fertigungslinie, die nicht getaktet ist, werden infolge des asynchronen Materialflusses Puffer zwischen den einzelnen Stationen der Linie zur Zwischenlagerung

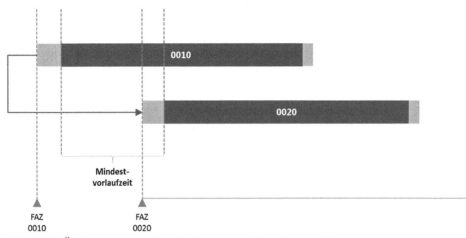

Abb. 2.13 Überlappende Vorgänge in einer sequentiellen Vorgangsfolge

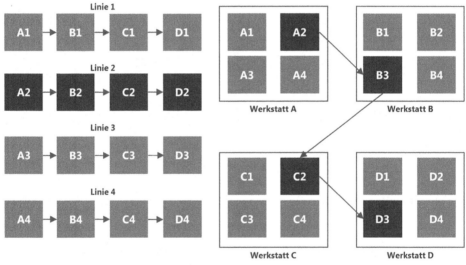

Abb. 2.14 Fließ- (links) und Werkstattfertigung (rechts) mit vier Kapazitätsgruppen A, B, C, D

notwendig. Läuft ein Puffer voll, muss die vorgelagerte Anlage die Produktion anhalten; läuft ein Puffer leer, kann die nachfolgende Anlage nicht mehr mit der Produktion fortfahren. Beide Situationen verursachen Verfügbarkeitsverluste, jene an der vorgelagerten, diese an der nachfolgenden Station.

Demgegenüber werden bei der *Werkstattfertigung* die Arbeitsplätze einer Kapazitätsgruppe, d. h. Arbeitsplätze mit gleicher Funktion, räumlich in innerbetrieblichen Werkstätten zusammengefasst (vgl. Abb. 2.14, rechts). Die Werkstattfertigung ist für ein breites Erzeugnisspektrum ausgelegt, da je nach Anforderung des Produktes der Materialfluss durch die verschiedenen Werkstätten beliebig variiert werden kann. Eine Synchronisation ist dabei allerdings nur schwer zu realisieren, wodurch in aller Regel mehr oder weniger große

Wartezeiten entstehen. Umlaufbestände in den Puffern vor den einzelnen Werkstätten sind die unmittelbare Konsequenz. Die einer Werkstattfertigung entsprechenden Arbeitspläne haben, wenn überhaupt, sehr große Mindestweitergabemengen, weil sich der Transport zwischen den Werkstätten erst ab einer gewissen Menge rentiert. Parallelisierung kann bei einer prototypischen Werkstattfertigung ausschließlich durch parallele Vorgangsfolgen realisiert werden. Eine sehr häufig auftretende Zwischenform beider Fertigungsablaufarten ist die Werkstattfertigung mit Fließinseln (Gruppenfertigung).

Der Arbeitsplan bestimmt mit der Fertigungsablaufart auch den Grad der Parallelisierung von Produktionsprozessen. Parallelisierung verringert nicht die Bearbeitungszeit in Summe, verkürzt jedoch den Zeitraum der Bearbeitung. Die Bearbeitungszeit eines Fertigungsauftrags ist die Summe der Bearbeitungszeiten seiner Vorgänge:

$$Bearbeitungszeit = \sum_{Vorgänge} (Bearbeitungszeit).$$

Dasselbe gilt für die Rüstzeit und somit auch für die Durchführungszeit eines Fertigungsauftrags. Der Zeitraum vom Beginn des ersten Vorgangs bis zum Abschluss des letzten Vorgangs eines Fertigungsauftrags wird als dessen *Durchlaufzeit* bezeichnet. Die Durchlaufzeit verkürzt sich gegenüber der Durchführungszeit mit zunehmender Parallelisierung.

Die Sollbearbeitungszeit eines Fertigungsauftrags ist der kumulierte Zeitaufwand, der es im Falle einer verlustfreien Wertschöpfung zur Durchführung des Fertigungsauftrags erforderlich wäre. Die *Mindestdurchlaufzeit* ist der Zeitraum, den eine verlustfreie Wertschöpfung bei maximaler Parallelisierung noch immer in Anspruch nehmen würde. Werden alle Zeitdauern, in denen keine Wertschöpfung erfolgt, d. h. alle Übergangszeiten und Rüstzeiten auf 0 gesetzt, dann ist das Ergebnis der Durchlaufterminierung die Mindestdurchlaufzeit eines Fertigungsauftrags. Abb. 2.15 illustriert dies in Anlehnung an das Beispiel aus Abb. 2.12.

Die Mindestdurchlaufzeit ist bei einer streng sequentiellen Vorgangsfolge die Summe der Sollbearbeitungszeiten der Vorgänge und damit die Sollbearbeitungszeit des Fertigungsauftrags selbst. Mit zunehmender Parallelisierung verringert sie sich gegenüber der Sollbearbeitungszeit des Fertigungsauftrags. Um zu einer Quantifizierung des Parallelisierungsgrades zu gelangen, wird diese Beziehung wie folgt formalisiert:

$$Parallelisierungsgrad = \frac{Sollbearbeitungszeit}{Mindestdurchlaufzeit} \tag{2.13}$$

$$= \frac{\sum_{Vorgänge}(Sollzeit\,pro\,Einheit \cdot Sollmenge)}{Mindestdurchlaufzeit} \tag{2.14}$$

Daraus ergibt sich für Fertigungsaufträge mit einer streng sequentiellen Vorgangsfolge ein Parallelisierungsgrad von 1. Jede Überlappung oder parallele Folge erhöht den Parallelisierungsgrad. Für zwei parallele Folgen mit je einem Vorgang ist der Parallelisierungsgrad bei gleicher Sollbearbeitungszeit beider Vorgänge 2, für 3 solcher Folgen 3

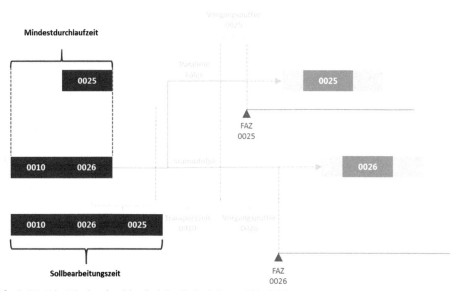

Abb. 2.15 Die Mindestdurchlaufzeit im Beispiel von Abb. 2.12

usw. In dem in Abb. 2.15 illustrierten Beispiel hat der Parallelisierungsgrad einen Wert von 1,5. Für eine getaktete Vorgangsfolge mit n überlappenden Vorgängen und einer verschwindend geringen Weitergabemenge beträgt der Parallelisierungsgrad nahezu n. Eine Fließbandfertigung mit n Stationen hat demgemäß einen Parallelisierungsgrad knapp unterhalb von n.

Der Betriebstechniker mag geneigt sein, den Parallelisierungsgrad als eine Leistungskennzahl der Arbeitssystemplanung heranzuziehen. Schließlich steht dieser in einer positiven Korrelation zur Produktivität. Dagegen sprechen jedoch zwei gewichtige Argumente: Grundsätzlich ist die Aussagekraft einer nicht genormten Kennzahl gering, weil der Zielwert unbekannt ist. Schwerer wiegen jedoch die wirtschaftlichen Erwägungen, die gegen eine derartige Kennzahl ins Feld geführt werden können. Vorweg sind die Investitions- und Betriebskosten wesentlich höher als im Falle der Werkstattfertigung. Ferner geht die bei der Fließfertigung erzielte Verkürzung der Durchlaufzeiten auf Kosten der Flexibilität des Produktionsprozesses. Jede Produktvariation, die einen Umbau des Fertigungssystems erfordert, ist mit sehr hohen Aufwänden verbunden. Aus diesen Gründen rentiert sich die Fließfertigung mit den heute üblichen technischen Mitteln nur, wenn ein Produkt über einen längeren Zeitraum hinweg in sehr großer Menge hergestellt wird.[3] Diese Voraussetzung ist lediglich in der Massen- oder Großserienfertigung gegeben

---

[3]Wandlungsfähige Produktions- und Logistiksysteme mit sich selbst konfigurierenden, modularen Fertigungsstraßen, kooperierenden fahrerlosen Transportsystemen und kooperierenden autonomen und mobilen Robotern sind heute noch immer eine Besonderheit und zudem sehr kostenintensiv in der Anschaffung. Sie finden sich gewöhnlich in Teilbereichen mit vergleichsweise geringer Fertigungstiefe, wie etwa im Bereich der CNC-Fertigung, wo flexible Fertigungssysteme den

Tab. 2.1 Die für verschiedene Fertigungsarten typischen Fertigungsablaufarten

Fertigungsart nach Menge	Fertigungsablaufart
Einzelteilfertigung	Werkstattfertigung
Kleinserienfertigung/ Losfertigung	Werkstattfertigung und Gruppenfertigung
Großserien- und Massenfertigung	Fließfertigung

ist. Ein weiterer Nachteil gegenüber der Werkstattfertigung besteht darin, dass durch den Ausfall einer Station die gesamte Linie zum Stillstand kommt. Bei einer Produktion für den anonymen Markt ist der daraus resultierende Schaden für das produzierende Unternehmen unter normalen Umständen geringer, als wenn kurzfristige Liefertermine einzuhalten sind, hinter denen vertragliche Zusagen gegenüber dem Kunden stehen.

In einer bedarfsorientierten Produktion, wo vorgegebene Mengen und Termine eine hohe Relevanz haben und die Produktion darum durch Fertigungsaufträge gesteuert wird, stellt die Werkstattfertigung auf Grund ihrer weitaus höheren Flexibilität die vorherrschende Organisationsform dar. Das trifft insbesondere im Bereich der Kleinserienfertigung und bei der Einzelteilfertigung zu (vgl. Tab. 2.1). Kleinserien- und Einzelteilfertigung sind dadurch charakterisiert, dass eine bestimmte Menge eines Produktes bis zu einem vorgegebenen Termin hergestellt werden soll. Der Kleinserienfertigung liegt gewöhnlich ein größeres Erzeugnissortiment als der Großserienfertigung zugrunde. Die Losgrößen, das heißt die Menge der in Serie gefertigten Produkte, sind bei der Kleinserienfertigung dafür jedoch geringer. Die Losgrößen sind die Sollmengen der Fertigungsaufträge. Durch Verringern der Losgrößen werden die Durchführungszeiten der Fertigungsaufträge kürzer. Auf der einen Seite führt dies zu geringeren Beständen im Ausgangslager der Fertigprodukte, auf der anderen Seite zu höheren Rüstaufwänden, da ein häufigeres Umrüsten erforderlich wird, was sich in der Kennzahl der Rüstzeitreduzierung niederschlägt. Der Extremfall ist die Einzelteilfertigung, bei der jedes Produkt kundenindividuell hergestellt und zum vereinbarten Termin ausgeliefert werden muss. Die Sollmenge der Fertigungsaufträge beträgt bei der Einzelteilfertigung per definitionem stets 1.

2.5 Prozessbezogene Leistungskennzahlen der Produktion

Die Minimierung von Durchlaufzeiten ist eine zentrale Zielgröße bei der Auftragsabwicklung. Sie spiegelt sich in der Gesamtprozesseffizienz wider, die das Verhältnis der Mindestdurchlaufzeit zur tatsächlichen Durchlaufzeit eines oder mehrerer Fertigungsaufträge beschreibt. Deren formale Definition lautet:

Transport der Werkstückpaletten variierbar von einer Maschine zur jeweils nächsten automatisiert organisieren.

$$OPE = \frac{\sum_{Aufträge}(Mindestdurchlaufzeit)}{\sum_{Aufträge}(Durchlaufzeit)} \tag{2.15}$$

Die OPE setzt den Zeitaufwand, der für eine verlustfreie und effizient terminierte Wertschöpfung benötigt werden würde, ins Verhältnis zu dem tatsächlich benötigten Zeitaufwand. In diesem Zusammenhang bekommen zwei Arten von Verschwendung Relevanz, die in den arbeitsplatzbezogenen Kennzahlen keine Berücksichtigung finden, weil sie nicht während der Durchführungszeiten der Vorgänge auf den Arbeitsplätzen, sondern dazwischen auftreten. Das sind zum einen Wartezeiten zwischen der Durchführung einzelner Vorgänge. Zum anderen handelt es sich um die sequentielle Abwicklung parallel durchführbarer Vorgänge.

In Hinblick auf alle Übergangszeiten ist zu konstatieren, dass die Auftragsabwicklung dann am effizientesten ist, wenn ein Fertigungsauftrag die Produktion ganz ohne Übergangszeiten durchläuft. Für Aufträge mit einer strikt sequentiellen Vorgangsfolge erscheint somit die folgende vorläufige Definition plausibel:

$$Terminierungseffizienz = \frac{Durchführungszeit}{Durchlaufzeit}$$

Die Kennzahl nimmt den Maximalwert von 1 genau dann an, wenn es bei der Auftragsabwicklung keine Übergangszeiten gibt. Mit zunehmender Dauer der Übergangszeiten sinkt der Wert der Kennzahl. Bei dem in Abb. 2.16 dargestellten Szenario hat der Auftrag 4711 eine Durchführungszeit von 12 Stunden und eine Durchlaufzeit von 24 Stunden. Für die Terminierungseffizienz folgt gemäß der vorläufigen Definition demnach ein Wert von 0,5. Die Übergangszeiten des Auftrags 4711 betragen insgesamt 10 Stunden, zusätzlich verlängert sich die Durchlaufzeit dadurch, dass der Vorgang 0020 in eine zweistündige Schichtpause hineinläuft.

In der vorläufigen Definition findet der Parallelisierungsgrad eines Auftrags keine Berücksichtigung. Angenommen, die ersten beiden Vorgänge des Auftrags 4711 gehörten zu dessen Stammfolge, der letzte Vorgang dagegen zu einer parallelen Vorgangsfolge. Dann wäre bei einer effizienteren, d. h. parallelen Durchführung der Vorgänge, wie in Abb. 2.17 illustriert, eine Durchlaufzeit von nur 6 Stunden zu erreichen. Demzufolge sollte der Auftrag 4711 bei einer Durchführung, wie sie in Abb. 2.16 dargestellt ist, mit einer Durchlaufzeit von 24 Stunden lediglich eine Terminierungseffizienz von 0,25 erlangen. Die sequentielle Abwicklung parallel durchführbarer Vorgänge hat ebenso wie Wartezeiten zwischen den Vorgängen eine negative Auswirkung auf die Durchlaufzeit eines Fertigungsauftrags. Um diesen Aspekt in der Terminierungseffizienz zu berücksichtigen, gilt im Allgemeinen:

$$Terminierungseffizienz = \frac{Durchführungszeit}{Durchlaufzeit} \cdot \frac{1}{Parallelisierungsgrad} \tag{2.16}$$

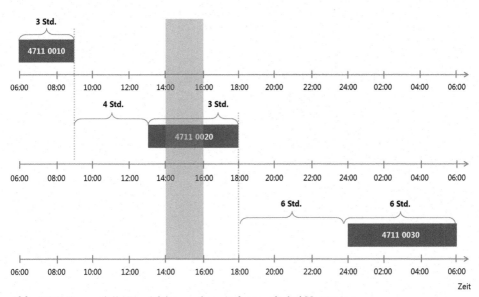

Abb. 2.16 Sequentielle Durchführung eines Auftrags mit drei Vorgängen

Mit dieser Definition wird in der Terminierungseffizienz dem von der Arbeitsvorbereitung vorgegebenen Parallelisierungsgrad Rechnung getragen. Unter der zuletzt getroffenen Annahme, dass der Auftrag 4711 wie in Abb. 2.17 aus zwei parallelen Vorgangsfolgen besteht, hat dessen Parallelisierungsgrad folgenden Wert:

$$Parallelisierungsgrad = \frac{Sollbearbeitungszeit}{Durchlaufzeit} = \frac{12}{6} = 2$$

Demzufolge beträgt die Terminierungseffizienz in dem in Abb. 2.16 illustrierten Szenario erwartungsgemäß 0,25 und nimmt bei einer parallelen Durchführung wie in Abb. 2.17 den maximalen Wert von 1 an.

Das Einsetzen des Parallelisierungsgrades in die allgemeine Definition der Terminierungseffizienz ergibt:

$$Terminierungseffizienz = \frac{Durchführungszeit}{Durchlaufzeit} \cdot \frac{Mindestdurchlaufzeit}{Sollbearbeitungszeit} \qquad (2.17)$$

Wenn von einer verlustfreien Durchführung aller Vorgänge auf den jeweiligen Arbeitsplätzen ausgegangen wird, wäre die Durchführungszeit des Fertigungsauftrags identisch mit dessen Sollbearbeitungszeit. Für diesen Sonderfall ergibt sich durch Kürzen:

$$Terminierungseffizienz = \frac{Durchführungszeit}{Durchlaufzeit} = OPE$$

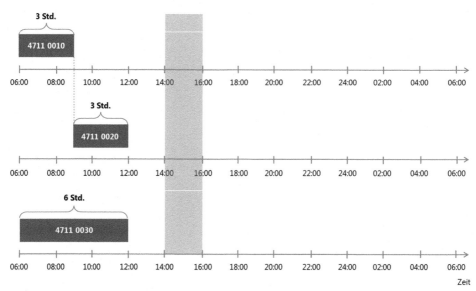

Abb. 2.17 Parallele Durchführung eines Auftrags mit drei Vorgängen

Obgleich die Terminierungseffizienz in der Praxis einen maßgeblichen Einfluss auf die OPE hat, dürfen Effektivitätsverluste während der Durchführung der Vorgänge auf den jeweiligen Arbeitsplätzen nicht ignoriert werden. Verfügbarkeitsverluste verzögern die Durchführung der Vorgänge und können infolgedessen unter Umständen auch die Durchlaufzeit des Fertigungsauftrags erhöhen. Der Prozessgrad berücksichtigt diese Verzögerungen und ist folgendermaßen definiert:

$$Prozessgrad = Terminierungseff. \cdot Rüstzeitreduzierung \cdot Prozessverfügbarkeit \qquad (2.18)$$

Hier treten zwei im Zusammenhang mit der Verfügbarkeit eines Arbeitsplatzes bereits eingeführte Kennzahlen auf, wobei für die auftragsbezogene Rüstzeitreduzierung statt der Belegungszeit des Arbeitsplatzes die Durchführungszeit des Fertigungsauftrags im Nenner einzusetzen ist:

$$Rüstzeitreduzierung = \frac{Bearbeitungszeit}{Durchführungszeit} \qquad (2.19)$$

$$Prozessverfügbarkeit = \frac{Produktionszeit}{Bearbeitungszeit} \qquad (2.20)$$

Bearbeitungszeit und Produktionszeit beziehen sich im vorliegenden Kontext auf verschiedene Arbeitsplätze jeweils während der Zeitabschnitte, in denen diese durch die Vorgänge des betrachteten Fertigungsauftrags belegt werden. Die Bearbeitungszeit lässt sich aus dem Produkt beider Kennzahlen kürzen:

$$Rüstzeitreduzierung \cdot Prozessverfügbarkeit = \frac{Produktionszeit}{Durchführungszeit}$$

Daraus folgt:

$$Prozessgrad = Terminierungseff. \cdot Rüstzeitreduzierung \cdot Prozessverfügbarkeit$$

$$= \frac{Durchführungszeit}{Durchlaufzeit} \cdot \frac{1}{Parallelisierungsgrad} \cdot \frac{Produktionszeit}{Durchführungszeit}$$

$$= \frac{Produktionszeit}{Durchlaufzeit} \cdot \frac{1}{Parallelisierungsgrad}$$

Terminierungseffizienz und Prozessgrad unterscheiden sich lediglich dadurch, dass im Zähler jener Kennzahl die Durchführungszeit, im Zähler dieser Kennzahl die Produktionszeit des gesamten Fertigungsauftrags steht.

Unter Berücksichtigung von Leistungs- und Qualitätsverlusten, die während der Produktionszeit auftreten können, ergibt sich intuitiv:

$$OPE = Prozessgrad \cdot Leistungsgrad \cdot Qualitätsrate$$

$$= \frac{Produktionszeit}{Durchlaufzeit} \cdot \frac{1}{Parallelisierungsgrad} \cdot Leistungsgrad \cdot Qualitätsrate$$

$$= \frac{Produktionszeit}{Durchlaufzeit} \cdot \frac{Mindestdurchlaufzeit}{Sollbearbeitungszeit} \cdot Leistungsgrad \cdot Qualitätsrate$$

Um dies zu verifizieren, müssen die letzten beiden Faktoren umformuliert werden. Für den Leistungsgrad und die Qualitätsrate gelten die zuvor eingeführten Definitionen

$$Leistungsgrad = \frac{\sum_{Vorgänge}(Sollzeit\,pro\,Einheit \cdot Gesamtmenge)}{\sum_{Vorgänge}(Produktionszeit)}$$

$$Qualitätsrate = \frac{\sum_{Vorgänge}(Sollzeit\,pro\,Einheit \cdot Gutmenge)}{\sum_{Vorgänge}(Sollzeit\,pro\,Einheit \cdot Gesamtmenge)},$$

wobei in einem auftragsbezogenen Kontext nicht über alle Vorgänge, die auf einem bestimmten Arbeitsplatz bearbeitet wurden, sondern über alle Vorgänge eines Fertigungsauftrags summiert wird. Das Produkt aus Leistungsgrad und Qualitätsrate nimmt durch Kürzen eine schlichte Form an:

$$Leistungsgrad \cdot Qualitätsrate = \frac{\sum_{Vorgänge}(Sollzeit\,pro\,Einheit \cdot Gutmenge)}{\sum_{Vorgänge}(Produktionszeit)}$$

Die Summe im Nenner kann durch die Produktionszeit des gesamten Fertigungs-auftrags ersetzt werden. Die Gutmenge in der Summe des Zählers kann durch die Sollmenge der einzelnen Vorgänge des Fertigungsauftrags ersetzt werden, denn sobald diese erreicht wurde (d. h. *Gutmenge = Sollmenge*), ist ein Vorgang beendet. Der gesamte Fertigungsauftrag ist beendet, wenn all seine Vorgänge beendet sind. Da genau dies nach Ablauf der Durchlaufzeit der Fall ist und die OPE vorher nicht bestimmt werden kann, gilt:

$$
Leistungsgrad \cdot Qualitätsrate = \frac{\sum_{Vorgänge}(Sollzeit\,pro\,Einheit \cdot Sollmenge)}{Produktionszeit}
$$

$$
= \frac{Sollbearbeitungszeit}{Produktionszeit}
$$

Im zweiten Schritt wurde die Summe im Zähler durch die Sollbearbeitungszeit des Fertigungsauftrags ersetzt. Durch Einsetzen dieses Faktors in die intuitiv aufgestellte Gleichung für die OPE als Produkt aus Prozessgrad, Leistungsgrad und Qualitätsrate folgt schließlich deren Richtigkeit:

$$
OPE = \frac{Produktionszeit}{Durchlaufzeit} \cdot \frac{Mindestdurchlaufzeit}{Sollbearbeitungszeit} \cdot \frac{Sollbearbeitungszeit}{Produktionszeit}
$$

$$
= \frac{Mindestdurchlaufzeit}{Durchlaufzeit}
$$

Abb. 2.18 stellt einen Report zur Auftragsanalyse am Beispiel eines Fertigungsauftrags mit drei Vorgängen dar. Der Report illustriert im oberen Teil die Betriebszustände wäh-rend der Durchführungszeiten der einzelnen Vorgänge des Fertigungsauftrags. Darunter findet sich eine Angabe der prozessbezogenen Kennzahlen und der ihnen zugrunde liegenden Zeiten. Die Kennzahlen können für einen einzelnen Fertigungsauftrag, für alle Fertigungsaufträge zur Erzeugung eines bestimmten Produktes oder auch für alle Fertigungsaufträge schlechthin innerhalb eines vorgegebenen Betrachtungszeitraumes erhoben werden.

Eine weitere prozessbezogene Kennzahl, die nicht für einen einzelnen Fertigungs-auftrag, sondern für eine Menge von Aufträgen innerhalb eines beliebigen Zeitbereichs erhoben werden kann, ist die Liefertreue. Für sie gilt:

$$
Liefertreue = \frac{Rechtzeitig\,beendete\,Aufträge}{Beendete\,Aufträge} \tag{2.21}
$$

Ihr Maximalwert beträgt 1, wenn alle im gewählten Zeitraum beendeten Aufträge vor ihrem Eckendtermin beendet wurden. Die Liefertreue kann produktspezifisch oder für alle Fertigungsaufträge ermittelt werden.

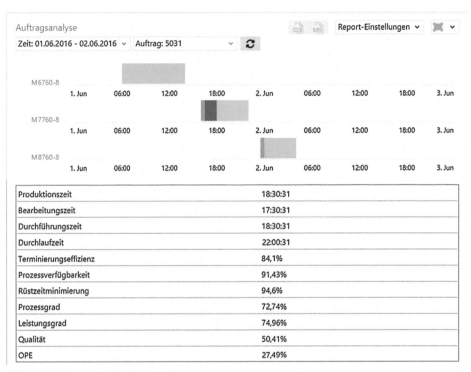

Abb. 2.18 Report zur Auftragsanalyse

2.6   Fertigungsplanung und -steuerung

Die im ERP-System anhand der Bedarfssituation erzeugten und für die Produktion freigegebenen Fertigungsaufträge stellen ein wichtiges Instrument der Produktionsplanung und -steuerung dar. Sie erfüllen allerdings nur die Anforderungen einer Grobplanung. Erst mit der Feinplanung der Fertigungsaufträge wird termingenau ermittelt, welche Vorgänge zu welcher Zeit mit welchen Ressourcen tatsächlich durchgeführt werden können.

Denn aus der Durchlaufterminierung geht noch kein realisierbares Planungsszenario hervor. Der Grund dafür liegt darin, dass zwar die Materialverfügbarkeit berücksichtigt wird, nicht jedoch die Verfügbarkeit des Arbeitsplatzes oder des benötigten Personals. Die Festlegung der terminierten Start- und Endtermine erfolgt, ohne zu prüfen, ob die Arbeitsplätze der Kapazitätsgruppe innerhalb des jeweiligen Zeitbereichs nicht bereits mit anderen Vorgängen belegt sind. Die Durchlaufterminierung ist demnach eine Planung gegen unbegrenzte Kapazität.

Im Gegensatz dazu handelt es sich bei der *Auftragsfeinplanung* um eine finite Kapazitätsplanung, die gewährleistet, dass jeder Arbeitsplatz zu jedem Zeitpunkt mit maximal einem Vorgang belegt ist, sofern dessen Kapazität für nur einen Vorgang ausreicht. Das

Ergebnis der Auftragsfeinplanung ist ein realisierbares Planungsszenario, in dem jeder Vorgang einem konkreten Arbeitsplatz zugeteilt ist, worin ein weiterer Unterschied zur Grobplanung im ERP-System besteht. Die im ERP-System gepflegten Arbeitsplätze müssen nicht mit den tatsächlich in der Produktion vorhandenen Arbeitsplätzen identisch sein. Oft wird im ERP-System eine ganze Kapazitätsgruppe als ein Arbeitsplatz abgebildet. Vorgänge, die im ERP-System einer solchen Kapazitätsgruppe zugeteilt sind, werden erst im Zuge der Auftragsfeinplanung auf einen konkreten Arbeitsplatz innerhalb jener Kapazitätsgruppe eingelastet.

In Abb. 2.19 ist die Belegung der Arbeitsplätze in der Plantafel zu sehen. Die rote Linie markiert den gegenwärtigen Zeitpunkt. Der untere Teilbereich stellt die zu diesem Zeitpunkt gültige Feinplanung dar. In der ersten Spalte von links sind die Kapazitätsgruppen, in der zweiten Spalte von links deren einzelne Arbeitsplätze angegeben. Rechts davon folgen die im betrachteten Zeitbereich auf den betreffenden Arbeitsplätzen eingeplanten Vorgänge. Sie werden als Vorgangsbalken dargestellt, die zum *geplanten Starttermin* beginnen und beim *geplanten Endtermin* enden. In der Regel ist jeder Arbeitsplatz zu jedem Zeitpunkt mit maximal einem Vorgang belegt.[4]

Im oberen Teilbereich werden die noch nicht eingeplanten Vorgänge des *Auftrags-vorrats* bei ihrem terminierten Starttermin beginnend angezeigt. Sie können innerhalb ihrer *Terminschiene*, d. h. zwischen frühestem Starttermin und spätestem Endtermin auf jeden freien Arbeitsplatz der ihnen zugeordneten Kapazitätsgruppe im unteren Teil

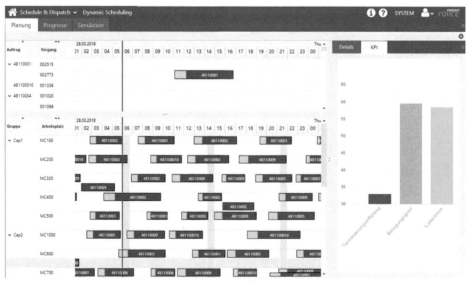

Abb. 2.19 Die Belegung der Arbeitsplätze in der Plantafel

---

[4]Selbst bei einer Kuppelproduktion wird in der Plantafel nur der das Hauptprodukt fertigende Vorgang geplant.

verschoben und auf diese Weise eingeplant werden. Dabei wird ein Vorgang einem konkreten Arbeitsplatz zugeordnet und der Zeitraum bestimmt, innerhalb dessen ein Vorgang diesen Arbeitsplatz planmäßig belegen wird. Dieser Zeitraum erstreckt sich vom geplanten Starttermin bis zum geplanten Endtermin. Falls die Planung unter Bezugnahme auf die Vorgabezeiten des Arbeitsplans vorgenommen wird, ermittelt sich der geplante Endtermin wie folgt:

$$Planende = Planstart + Sollrüstzeit + Sollbearbeitungszeit + Sollabrüstzeit$$

Wenn die Rüst- oder Bearbeitungsphase des Vorgangs in eine Schichtpause oder eine Freischicht hineinläuft, verschiebt sich das Planende um die kumulierte Dauer jener arbeitsfreien Zeiten.

Die vom ERP-System zur Produktion freigegebenen Fertigungsaufträge legen Rahmen-bedingungen für die Feinplanung fest, aus denen sich verschiedene Planungsrestriktionen ableiten.

Das sind zunächst die Terminschienen, innerhalb deren die Vorgänge eingeplant werden sollten (vgl. Abb. 2.20). Ein Vorgang darf nicht vor seinem frühesten Starttermin eingeplant werden, weil vor diesem Zeitpunkt die benötigten Materialien noch nicht vollständig zur Verfügung stehen und eine entsprechende Planung darum in der Produktion nicht umzusetzen ist. Ein Vorgang sollte zudem wenn möglich vor seinem spätesten Endtermin eingeplant werden, da anderenfalls der gesamte Fertigungsauftrag nicht mehr termingerecht beendet werden kann.

Weitere Planungsrestriktionen folgen aus den Anordnungsbeziehungen zwischen den einzelnen Vorgängen eines Fertigungsauftrags. Sofern keine Überlappung vorgesehen ist, darf ein Vorgang frühestens nach Ende der Transport- und Liegezeiten all seiner Vorgänger eingeplant werden. Im Falle einer Überlappung mit einem oder mehreren Vorgängern darf ein Vorgang frühestens so eingeplant werden, dass die Mindestweitergabemengen aller Vorgänger zum geplanten Bearbeitungsbeginn zur Verfügung stehen. Abb. 2.21 veranschaulicht diese Einschränkungen an einem Beispiel. In diesem wurde der Vorgang

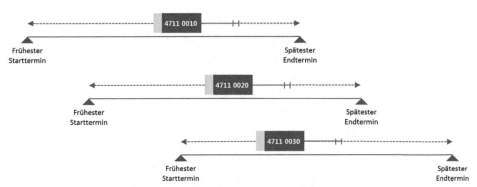

Abb. 2.20 Die Terminschienen dreier Vorgänge eines Fertigungsauftrags

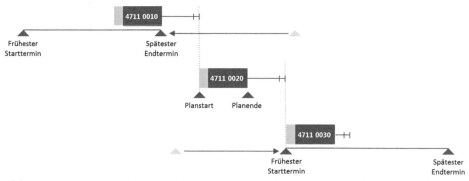

Abb. 2.21 Planungsrestriktionen infolge der Anordnungsbeziehungen zwischen den Vorgängen

0020 bereits eingeplant. Für seinen Vorgänger 0010 verschiebt sich dadurch der späteste Endtermin auf einen früheren Zeitpunkt. Für seinen Nachfolger 0030 verschiebt sich dagegen der früheste Starttermin auf einen späteren Zeitpunkt. Liegezeiten und Transportzeiten sind dabei zu berücksichtigen, Wartezeiten hingegen nicht, da sie nur als Puffer bei der Durchlaufterminierung, nicht jedoch als Vorgabe für die Feinplanung fungieren.

Durch die Einhaltung des frühesten Starttermins und der Anordnungsbeziehungen ist sichergestellt, dass die erforderlichen Materialien zum geplanten Starttermin am Arbeitsplatz bereitgestellt werden können.

Neben diesen Planungsrestriktionen, die es grundsätzlich zu beachten gilt, können besondere Rahmenbedingungen weitere Planungsrestriktionen implizieren. Wenn qualifiziertes Personal in einem Produktionsbetrieb eine Engpassressource darstellt, dann ist bei der Auftragsfeinplanung sicherzustellen, dass innerhalb des geplanten Durchführungszeitraumes Mitarbeiter mit den benötigten Qualifikationen verfügbar sind. Während der Bearbeitungsphase werden im Allgemeinen andere Qualifikationen benötigt als während der Rüstphase. Typischerweise handelt es sich bei dem oft höher qualifizierten Rüstpersonal um die knappere Ressource. Wenn die Personalverfügbarkeit bereits bei der Auftragsfeinplanung berücksichtigt wird, kann bei einer anschließenden Personaleinsatzplanung der Personalbedarf stets vollständig gedeckt werden (vgl. Abb. 2.25).

Nach der Feinplanung der Vorgänge muss dafür gesorgt werden, dass alle benötigten Fertigungshilfsmittel zum Starttermin am entsprechenden Arbeitsplatz zur Verfügung stehen. Falls bestimmte Werkzeuge jedoch knapp sind, ist es für eine realisierbare Planung notwendig, auch deren Verfügbarkeit schon bei der Auftragsfeinplanung zu prüfen.

Für Fertigungslinien gilt die Restriktion, dass, wenn ein Vorgang auf eine Station innerhalb einer Fertigungslinie eingeplant ist, keiner der übrigen Vorgänge des Fertigungsauftrags auf eine andere Fertigungslinie geplant werden darf. Eine weitere Restriktion folgt im Falle einer Kuppelproduktion. Dabei werden innerhalb des Produktionsprozesses zwei oder mehrere Produkte ausgebracht, die zu verschiedenen Fertigungsaufträgen gehören. Kuppelproduktion ist charakteristisch für die chemische Industrie, tritt aber auch in der

Tab. 2.2 Praxisübliche Rahmenbedingungen für realisierbare Planungsszenarien

Rahmenbedingungen	Planungsrestriktionen
Arbeitsplatzkapazität	Es dürfen nicht mehr Vorgänge gleichzeitig auf einem Arbeitsplatz geplant sein, als es die Arbeitsplatzkapazität zulässt. Im Normalfall ist dies zu jedem Zeitpunkt höchstens ein Vorgang
Frühester Starttermin	Vorgänge dürfen nicht vor ihrem frühesten Starttermin eingeplant werden
Anordnungsbeziehungen	Ein Vorgang darf frühestens nach Ende der Transport- und Liegezeit all seiner Vorgänger eingeplant werden. Sofern keine Überlappung vorgesehen ist, beginnen diese Übergangszeiten mit dem geplanten Ende des Vorgängers. Anderenfalls beginnen sie nach Ablauf der Mindestvorlaufzeit des Vorgängers
Personalkapazität	Innerhalb des geplanten Durchführungszeitraumes müssen Mitarbeiter mit den benötigten Qualifikationen verfügbar sein
Fertigungshilfsmittel	Innerhalb des geplanten Durchführungszeitraumes müssen die benötigten Fertigungshilfsmittel verfügbar sein
Fertigungslinien	Wenn ein Vorgang auf eine Station innerhalb einer Fertigungslinie eingeplant ist, müssen alle anderen Vorgänge des Fertigungsauftrags auf dieselbe Fertigungslinie geplant werden
Kuppelproduktion	Zwei oder mehrere Vorgänge verschiedener Fertigungsaufträge, die demselben Vorgangsblock angehören, müssen zeitgleich auf denselben Arbeitsplatz eingeplant werden

diskreten Fertigung auf. Beispielsweise kann es angemessen sein, um beim Stanzen den Verschnitt zu minimieren, mit jedem Stanzvorgang auf der verbleibenden Fläche des Werkstoffs weitere Teile für einen oder mehrere andere Fertigungsaufträge mit auszustanzen. Zu diesem Zweck werden die einzelnen Stanzvorgänge der verschiedenen Fertigungsaufträge in einem Vorgangsblock zusammengefasst. Die Vorgänge eines Vorgangsblocks müssen stets zeitgleich auf denselben Arbeitsplatz geplant werden. Tab. 2.2 gibt einen Überblick über die in der Praxis am häufigsten auftretenden Rahmenbedingungen und die daraus folgenden Planungsrestriktionen.

Vielfach ergeben sich Planungsrestriktionen auch daraus, dass die Maschinen oder Anlagen einer Kapazitätsgruppe nicht identisch sind. Bestimmte Sachmerkmale des zu produzierenden Materials können der Grund dafür sein, dass ein Vorgang nicht auf allen Maschinen oder Anlagen der Kapazitätsgruppe verrichtet werden kann. Beispielsweise mag der Arbeitsraum einer Drehmaschine für die Dimension eines Werkstücks zu klein sein. Der betreffende Vorgang darf in dieser Situation innerhalb der Kapazitätsgruppe der Drehmaschinen nicht auf jeden beliebigen Arbeitsplatz eingeplant werden.

Bisweilen wird die Auftragsfeinplanung nicht durch manuelles Einlasten einzelner Vorgänge, sondern durch einen Planungsalgorithmus automatisiert vorgenommen. Auf die Fertigungsplanung spezialisierte Algorithmen sind darauf ausgerichtet, unter Berücksichtigung aller Planungsrestriktionen die Terminierungseffizienz und Liefertreue der

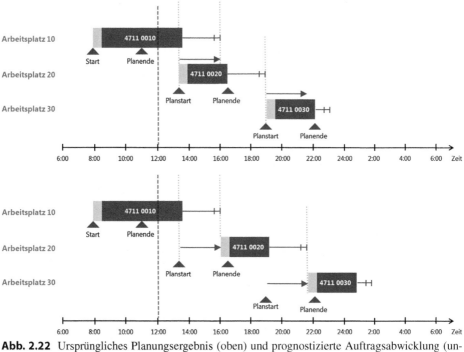

Abb. 2.22 Ursprüngliches Planungsergebnis (oben) und prognostizierte Auftragsabwicklung (unten)

Fertigungsaufträge sowie den Belegungsgrad der Arbeitsplätze zu maximieren.[5] Jedes Planungsergebnis kann unter Zuhilfenahme dieser Kennzahlen bewertet und mit anderen Planungsszenarien verglichen werden (vgl. Abb. 2.19, rechts).

Um die Kennzahlenwerte eines Planungsergebnisses bei der Auftragsabwicklung in der Produktion auch tatsächlich zu erzielen, sind Planungsstabilität und Planungssicherheit von größter Bedeutung. Die Einhaltung aller Planungsrestriktionen allein ermöglicht allenfalls, bei der anschließenden Auftragsabwicklung in der Produktion, die Vorgänge tatsächlich auf den geplanten Arbeitsplätzen in der geplanten Reihenfolge durchzuführen. Eine termingerechte Auftragsabwicklung ist damit jedoch keineswegs garantiert.

Durch Verzögerungen bei der Auftragsabwicklung verschieben sich die tatsächlichen Starttermine gegenüber den auf Basis von Sollwerten geplanten Terminen in die Zukunft. Abb. 2.22 illustriert eine solche Situation um 12 Uhr. Der Vorgang 0010 hat zu diesem Zeitpunkt bereits das Plan-ende überschritten, jedoch liegt die produzierte Gutmenge noch unterhalb der Sollmenge. Angesichts der noch zu produzierenden Menge ist nicht damit

---

[5]Dabei kann ein Planungsszenario zur Maximierung der einen Kennzahl unter Umständen in Bezug auf eine der beiden anderen Kennzahlen ein vergleichsweise schlechtes Ergebnis liefern. Aus diesem Grunde ist stets ein Kompromiss zu finden bzw. eine Priorisierung vorzunehmen.

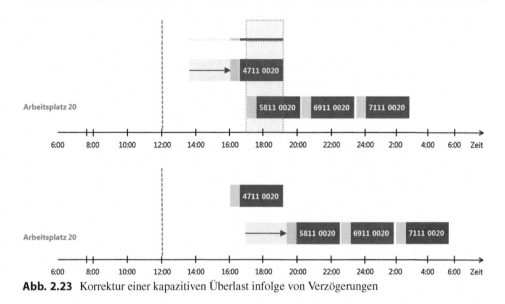

Abb. 2.23 Korrektur einer kapazitiven Überlast infolge von Verzögerungen

zu rechnen, dass der Vorgang vor 13 Uhr beendet wird. Das im oberen Teil der Abbildung dargestellte Planungsergebnis ist nicht mehr realisierbar, weil darin die Anordnungsbeziehungen zwischen den Vorgängen des Fertigungsauftrags verletzt werden. Im unteren Teil ist das auf Grundlage der um 12 Uhr vorliegenden Informationen prognostizierte Szenario dargestellt. Die prognostizierten Starttermine der Nachfolgevorgänge haben sich um über zwei Stunden gegenüber den geplanten Startterminen verschoben.

Ferner ist zu beachten, dass die auf den von der Planungskorrektur betroffenen Arbeitsplätzen nachfolgend geplanten Vorgänge anderer Aufträge sich ebenfalls in die Zukunft verschieben. Abb. 2.23 illustriert eine mögliche Konsequenz daraus. Die Korrektur des für 4711 0020 prognostizierten Starttermins führt auf dessen Arbeitsplatz zwischen 17 und 19 Uhr zu einer kapazitiven Überlast, d. h. zu einer nicht realisierbaren Planung. Dies erzwingt die Verschiebung der auf dem Arbeitsplatz nachfolgend geplanten Vorgänge als eine weitere Korrektur. Dabei hat der rot markierte Vorgang 7111 0020 seinen spätesten Endtermin überschritten. Die Verschiebung der Vorgänge auf dem Arbeitsplatz verlangt wiederum, dass deren Nachfolger innerhalb der Vorgangsfolgen ihrer Fertigungsaufträge verschoben werden müssen usw. Bei einer ungünstigen Konstellation verursacht die Verzögerung eines einzigen Vorgangs die vollständige Verschiebung des gesamten Planungsergebnisses. Im Allgemeinen sind die Folgen einer solch umfassenden Terminkorrektur Wartezeiten zwischen den Vorgängen, Belegungslücken auf den Arbeitsplätzen und Verspätungen. Terminierungseffizienz, Belegungsgrad und Liefertreue verschlechtern sich in der prognostizierten Auftragsabwicklung allesamt gegenüber dem ursprünglichen Planungsergebnis.

Ab einer gewissen Verzögerung wird der Planungsalgorithmus ein nach Maßgabe der genannten Kennzahlen besseres Planungsszenario mit neuen Arbeitsplatzzuordnungen und neuen Belegungsreihenfolgen auf den einzelnen Arbeitsplätzen ermitteln. In dieser Situation ist im Rahmen der *Fertigungssteuerung* zu entscheiden, ob der neue Planungsvorschlag übernommen oder verworfen werden soll.

Planungskorrekturen müssen frühzeitig vorgenommen werden, damit der Produktion und der Produktionslogistik genügend Zeit bleibt, darauf zu reagieren. In den wenigsten Produktionsbetrieben können an dem Planungsergebnis für die kommende Schicht noch Korrekturen vorgenommen werden. Die Ursachen dafür liegen zum einen in der beschränkten Flexibilität der Logistik, welche stets eine gewisse Vorlaufzeit benötigt, um alle erforderlichen Komponenten und Fertigungshilfsmittel spätestens zu Beginn eines Vorgangs am Arbeitsplatz bereitzustellen. Zum anderen darf die Personaleinsatzplanung nicht kurzfristig umgestoßen werden. Aus diesen Gründen gibt es immer einen in unmittelbarer Zukunft liegenden Zeitbereich (*Fixierungshorizont* oder *Frozen Zone*), innerhalb dessen eine Plankorrektur nicht in Frage kommt, wodurch der Handlungsspielraum der Fertigungssteuerung im engeren Zeithorizont erheblich eingeschränkt ist.

Das betrifft in besonderem Maße die Personaleinsatzplanung, da Mitarbeiter nicht einen Tag zuvor kurzerhand auf eine andere Schicht eingeplant werden können. Die Auswirkungen von Verzögerungen sind deshalb besonders kritisch, wenn die Personalverfügbarkeit infolge von Knappheit eine Rahmenbedingung bei der Auftragsfeinplanung darstellt. Wie in Abb. 2.24 veranschaulicht, führen Verzögerungen früher oder später dazu, dass der Personalbedarf eines Vorgangs nicht mehr gedeckt ist. In dem illustrierten Beispiel verschiebt sich ein Vorgang von der Spätschicht in die Nachtschicht, in welcher der Mitarbeiter, der über die benötigte Qualifikation verfügt, nicht mehr anwesend ist. Eine analoge Situation kann auch bezüglich eines nur einmal vorhandenen Fertigungshilfsmittels eintreten, das in der Nachtschicht bereits einem anderen Vorgang zugeteilt wurde. Wenn es sich dabei, wie in Abb. 2.24, um die Nachtschicht des aktuellen Tages handelt, sind Verfügbarkeitsverluste unausweichlich.

In Produktionsbetrieben, die nur über sehr begrenzte Möglichkeiten verfügen, flexibel auf Verzögerungen zu reagieren, fallen die dadurch verursachten Verfügbarkeitsverluste stärker ins Gewicht. Demzufolge hat die Feinplanung auch Auswirkungen auf die Prozessverfügbarkeit, obgleich eine Zuordnung dieser Kennzahl zu einem gegebenen Planungsszenario nicht möglich ist. Maßgeblich ist nicht das konkrete Planungsszenario selbst, sondern die Planungsstabilität, die erst im Nachhinein anhand der Abweichung zwischen Plandaten und Ist-Daten gemessen werden kann. Je weniger flexibel ein Produktionsbetrieb auf Planabweichungen zu reagieren vermag, umso entscheidender ist ein frühzeitiges Erkennen solcher Abweichungen.

Sofern alle Anwendungen mit aktuellen Daten aus der Produktion versorgt werden, ist es möglich, die prognostizierte Auftragsabwicklung in Echtzeit zu aktualisieren und die Produktionslogistik daran auszurichten. Falls aber die der Planung zugrunde liegenden Daten unzuverlässig sind, wird auch jede Vorhersage, die auf diesen Daten gründet, keine Planungsstabilität gewährleisten. Die Folge sind permanente Terminkorrekturen.

Um in Aussicht zu stellen, dass die geplanten Termine zumindest näherungsweise eingehalten werden können, darf die Planung nicht auf den Vorgabezeiten der Arbeitspläne basieren. Damit wird schließlich implizit vorausgesetzt, dass Prozessverfügbarkeit,

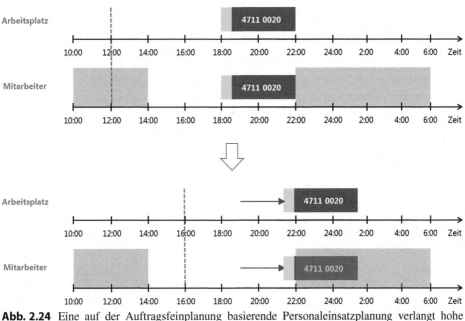

Abb. 2.24 Eine auf der Auftragsfeinplanung basierende Personaleinsatzplanung verlangt hohe Planungsstabilität

Leistungsgrad und Qualitätsrate stets 100 Prozent betrügen. Weitaus zielführender ist es, Planung und Prognose auf Erfahrungswerte der Vergangenheit zu stützen. Das bedeutet insbesondere, Verzögerungen als eine planungsrelevante Gegebenheit zu erachten.

Die Verzögerung eines Vorgangs während der Bearbeitungsphase resultiert aus Verfügbarkeits-, Leistungs- und Qualitätsverlusten. Gemäß Gl. (2.12) gilt:

$$Sollbearbeitungszeit = Bearbeitungszeit$$
$$\cdot \; (Prozessverfügbarkeit \cdot Leistungsgrad \cdot Qualitätsrate)$$

Dieser Sachverhalt legt die folgende Definition nahe:

$$Verzögerungsfaktor = \frac{1}{Prozessverfügbarkeit \cdot Leistungsgrad \cdot Qualitätsrate} \qquad (2.22)$$

Denn dann ist

$$Bearbeitungszeit = Sollbearbeitungszeit \cdot Verzögerungsfaktor.$$

Moderne Methoden des maschinellen Lernens bieten die Möglichkeit, auf Basis der in der Vergangenheit aufgezeichneten Betriebs- und Maschinendaten zuverlässige Vorhersagen für die einzelnen Kennzahlen und somit auch für den Verzögerungsfaktor zu treffen. Der prognostizierte Verzögerungsfaktor hängt im Allgemeinen vom Arbeitsplatz, von einzelnen Sachmerkmalen des zu produzierenden Materials, den dazu verwendeten Komponenten und Fertigungshilfsmitteln oder auch von der Qualifikation der eingesetzten Mitarbeiter ab.

Der Verzögerungsfaktor findet bei der Auftragsfeinplanung und Prognose der Auftragsabwicklung gleichermaßen Anwendung, wodurch auch zuverlässigere Aussagen über das voraussichtliche Ende aktuell laufender Vorgänge möglich werden. Der Endtermin der Bearbeitungsphase eines laufenden Vorgangs kann mithilfe der in der Produktion rückgemeldeten Gutmenge vorhergesagt werden. Zur Ermittlung der Restbearbeitungszeit bietet sich an, das Produkt aus der noch zu produzierenden Menge,

$$Restmenge = Sollmenge - Gutmenge,$$

mit der Sollzeit pro Einheit in Betracht zu ziehen. Durch die Multiplikation mit dem Verzögerungsfaktor folgt eine vergleichsweise realistische Prognose:

$$Restbearbeitungszeit = Restmenge \cdot Sollzeit\, pro\, Einheit \cdot Verzögerungsfaktor.$$

Um die verbleibende Durchführungszeit zu erhalten, müssen gegebenenfalls noch eine Zwischenrüstzeit und eine Abrüstzeit hinzuaddiert werden:

$$Restdurchführungszeit = Restbearbeitungsz. + Zwischenrüstz. + Abrüstz.$$

Der prognostizierte Endtermin des Vorgangs ergibt sich, indem die ermittelte Restdurchführungszeit zum Zeitpunkt der letzten Mengenmeldung hinzuaddiert wird und iterativ alle dazwischen liegenden Zeitbereiche außerhalb der geplanten Betriebszeit ebenfalls hinzuaddiert werden. Schließlich muss die zwischen dem Zeitpunkt der letzten Mengenmeldung und dem prognostizierten Endtermin liegende geplante Betriebszeit mit der Restdurchführungszeit übereinstimmen.

Auch zur Vorhersage von Rüstzeiten eignen sich Methoden des maschinellen Lernens, welche die aufgezeichneten Rüstzeiten aus der Vergangenheit auswerten, um daraus eine sogenannte *Rüstmatrix* zu generieren (vgl. Tab. 2.3). Die Vorgabezeiten des Arbeitsplans suggerieren, dass die Rüstzeit unabhängig von der Vorgangsreihenfolge auf einem Arbeitsplatz sei. Dies ist aber nicht die Regel. So mag das Rüsten unter Umständen vollständig entfallen, etwa wenn zwei aufeinander folgende Vorgänge dasselbe Material produzieren. Rüstzeiten können sich auch dadurch verkürzen, dass zwei aufeinander folgende Vorgänge zwar verschiedene Materialien, diese aber mit demselben Werkzeug produzieren, sodass kein Werkzeugwechsel nötig ist. Als potentielle Einflussfaktoren auf die Dauer des Umrüstens sind der Arbeitsplatz selbst, Sachmerkmale der produzierten Materialien sowie die verwendeten Komponenten und Fertigungshilfsmittel in Erwägung zu ziehen. Da letztere für das zu produzierende Material im Arbeitsplan vorgegeben sind, genügt es, die ermittelten Rüstzeiten in der Rüstmatrix pro Materialwechsel und Arbeitsplatz zu hinterlegen (vgl. Tab. 2.3).

Tab. 2.3 Struktur einer Rüstmatrix

Arbeitsplatz	Material des Vorgängers	Material des Nachfolgers	Rüstzeit
WP01	Mat15	Mat15	00:02:00
WP01	Mat15	Mat16	00:30:00
WP01, WP02	Mat48	Mat10	00:10:00
WP03, WP04	Mat10	Mat48	00:11:00
WP03, WP04	Mat48	Mat10	00:08:00
WP05, WP07, WP08	Mat09	Mat08	00:05:00
…	…	…	…

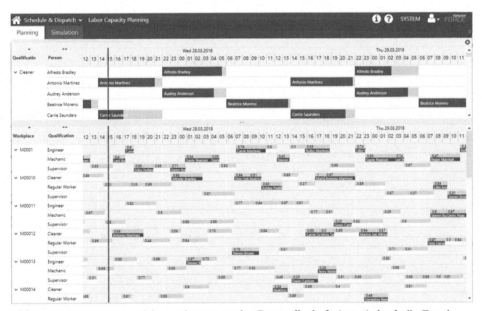

Abb. 2.25 Bei der Personaleinsatzplanung werden Personalbedarfe (unten) durch die Zuordnung konkreter Mitarbeiter (oben) gedeckt

Die höhere Planungsstabilität, die dadurch gewonnen wird, dass die Auftragsfeinplanung mithilfe von Vorhersagewerten statt mit Sollwerten vorgenommen wird, ermöglicht eine auftragsbasierte Personaleinsatzplanung. Dabei werden die Personalbedarfe nicht pro Arbeitsplatz und pro Schicht fest vorgegeben, sondern anhand der eingeplanten Vorgänge ermittelt. Abhängig davon, welche Vorgänge innerhalb einer Schicht geplant sind, lassen sich die benötigten Qualifikationen und die benötigte Personalkapazität pro Schicht individuell bestimmen. Als Ergebnis der Personaleinsatzplanung werden diese Personalbedarfe durch die Zuordnung konkreter Mitarbeiter gedeckt, die in der jeweiligen Schicht verfügbar sind (vgl. Abb. 2.25). Wenn bereits bei der Auftragsfeinplanung die Personalverfügbarkeit als eine Rahmenbedingung berücksichtigt wurde, ist sichergestellt, dass alle Personalbedarfe stets vollständig gedeckt werden können.

Vom Maschinensignal zur Kennzahl

Leistungskennzahlen haben eine hohe Gebrauchstauglichkeit, wenn sie mit steigendem Wert einen besseren Zustand beschreiben, auf Werte zwischen 0 und 100 Prozent genormt sind und in einem systematischen Zusammenhang stehen, sodass sich aus ihnen monetäre Aussagen leicht ableiten lassen (vgl. Abschn. 5.1). Bei einer Software würde man in diesem Zusammenhang von Anwenderfreundlichkeit oder Usability sprechen. Ferner sollten Leistungskennzahlen zur Beurteilung der Ressourceneffektivität und Prozesseffizienz in einem Produktionsbetrieb von technischen Details abstrahieren, damit beispielsweise eine Gesamtanlageneffektivität von 80 Prozent stets dieselbe Bedeutung hat, unabhängig davon, ob es sich um eine Stanzpresse oder ein Bearbeitungszentrum mit automatischem Palettenwechsler handelt. Schließlich kann verlangt werden, dass Leistungskennzahlen entsprechend den betriebsspezifischen Rahmenbedingungen einfach zu konfigurieren sind.

Dabei darf jedoch keineswegs die Rolle des Fertigungspersonals vergessen werden, das durch vollständige und zutreffende Meldungen einen wesentlichen Beitrag zur Erfassung der notwendigen Datengrundlage leisten muss. Das Fertigungspersonal hat darum einen berechtigten Anspruch auf Praktikabilität und Annehmbarkeit der Prozessveränderungen, die mit Unterstützung der Digitalisierung durchgesetzt werden sollen. Das heißt insbesondere, dass der Meldeaufwand in der Produktion so gering wie möglich sein muss.

All diesen Anforderungen gerecht zu werden, impliziert zwangsläufig eine komplexere Verarbeitungslogik innerhalb des Erfassungssystems, mit der sich zwar nicht der Anwender, dafür jedoch ein Lösungsanbieter auseinanderzusetzen hat.[1]

---

[1]Hinsichtlich einer Zusammenstellung der formalen Definitionen aller in der Verarbeitungslogik auftretenden Mengen, Zeiten und Kennzahlen sei auf Anhang A verwiesen.

© Springer-Verlag GmbH Deutschland, ein Teil von Springer Nature 2020
A. Sinsel, *Das Internet der Dinge in der Produktion*,
https://doi.org/10.1007/978-3-662-59761-3_3

3.1   Datenerfassung bei der Auftragsabwicklung in der Produktion

In Abb. 3.1 ist dargestellt, wie ein Fertigungsauftrag nach seiner Freigabe die Produktion durchläuft. In der ersten Variante werden die Vorgänge der freigegebenen Fertigungs-aufträge nach ihrem terminierten Start geordnet am Shop Floor Terminal der jeweiligen Arbeitsplätze im Arbeitsvorrat angezeigt (vgl. Abb. 2.8). Vorgänge, die auf eine Kapazi-tätsgruppe geplant sind, erscheinen an allen Arbeitsplätzen dieser Kapazitätsgruppe, bis sie an einem konkreten Arbeitsplatz erstmals angemeldet werden. Die Anmeldung eines Vor-gangs erfolgt implizit, wenn ein Vorgang im Arbeitsvorrat ausgewählt und per Knopfdruck in die Phase *Rüsten* oder *Bearbeitung* überführt wird. Das Fertigungspersonal meldet die einzelnen Vorgänge des Arbeitsvorrats entsprechend ihrem *terminierten Starttermin* der Reihe nach an und führt sie durch.

In der zweiten Variante werden die freigegebenen Fertigungsaufträge zunächst fein-geplant, woraufhin jeder Vorgang stets einem konkreten Arbeitsplatz innerhalb seiner Kapazitätsgruppe zugeordnet ist. Im Arbeitsvorrat des Shop Floor Terminals erscheinen die einzelnen Vorgänge eines Arbeitsplatzes in diesem Fall entsprechend ihrem *geplanten Starttermin* der Reihe nach geordnet und werden vom Fertigungspersonal in dieser Reihenfolge angemeldet und durchgeführt.

Sofern die geplanten bzw. terminierten Starttermine nicht vor dem frühesten Startzeit-punkt der Vorgänge liegen, ist durch die Materialbedarfsplanung im ERP-System gewähr-leistet, dass zu Bearbeitungsbeginn alle Ausgangsmaterialien durch die Produktionslogis-tik bereitgestellt werden können. Zur Bearbeitung von Vorgängen auf CNC-Maschinen

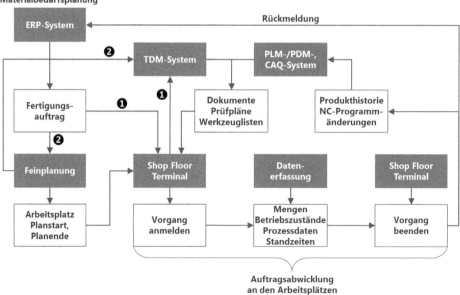

Abb. 3.1 Auftragsfreigabe, -feinplanung, -abwicklung und -rückmeldung

müssen die aus einzelnen Komponenten zusammengesetzten Komplettwerkzeuge kommissioniert und einsatzbereit im Werkzeugmagazin der Maschine vorhanden sein. Bei der Einplanung der Vorgänge auf eine CNC-Maschine werden entsprechende *Kommissionieraufträge* in dem für die Werkzeugverwaltung (engl. *Tool Data Management*, TDM) zuständigen System angelegt. Ein Kommissionierauftrag veranlasst die Werkzeuglogistik dazu, die Komplettwerkzeuge aus den einzelnen Komponenten zusammenzubauen, sie voreinzustellen und im Werkzeugmagazin der entsprechenden Maschine bereitzuhalten. Erfolgt keine Auftragsfeinplanung, muss das Fertigungspersonal selbst die Kommissionieraufträge für die nicht bereits im Werkzeugmagazin vorhandenen Werkzeuge am Shop Floor Terminal anlegen. Dort kann auch der Status der Kommissionieraufträge eingesehen werden.

Es ist mittlerweile üblich, dass alle für das Fertigungspersonal zur Durchführung eines Vorgangs notwendigen Dokumente, seien es Anweisungen für die Mitarbeiter oder Instruktionen für die Maschinen, papierlos in einer sogenannten digitalen Fertigungsmappe vorliegen. Die Inhalte der Fertigungsmappe, d. h. die einzelnen Dokumente, werden von Drittsystemen – heute meistens von einem für das Produktdatenmanagement (PDM) oder Product Lifecycle Management (PLM) zuständigen System – übermittelt. Hierzu gehören unter anderem Fertigungszeichnungen, Produktbilder, Arbeitsanweisungen, Einrichtblätter, Montagezeichnungen, Montagepläne, Verpackungsvorschriften oder Prüfpläne. Diese Dokumente können am Shop Floor Terminal eingesehen werden. Bei der Fertigung mit CNC-Maschinen befinden sich darunter auch die benötigten NC-Programme, die am Shop Floor Terminal per Knopfdruck in die Maschinensteuerung eingespielt werden können. Jeder Dateitransfer und alle Optimierungen an NC-Programmen werden dokumentiert, überholte Programmversionen automatisch archiviert und sämtliche Änderungen dem PLM-System übermittelt. Das PLM- oder Werkzeugverwaltungssystem stellt zudem die *Werkzeugliste* bereit. Darin sind alle Komplettwerkzeuge aufgeführt, die zur Bearbeitung eines jeweiligen Vorgangs erforderlich sind.

Die im Verlaufe der Durchführung eines Vorgangs ausgebrachte Menge wird zunächst als *unbestätigte Menge* in einem temporären Zwischenspeicher hochgezählt und in regelmäßigen Abständen von dem Fertigungspersonal am Shop Floor Terminal als Gutmenge, Ausschuss- oder Nacharbeitsmenge klassifiziert. Erst die *klassifizierte Menge* wird zusammen mit dem Zeitstempel der Mengenmeldung gespeichert. Zu Ausschussmengen und Nacharbeitsmengen sind Gründe oder Details anzugeben. Ferner sollte das Fertigungspersonal alle während der Bearbeitungszeit auftretenden Stillstände begründen.

Erfolgt eine Prozessdatenerfassung, werden in kleinen Zeitintervallen die Prozessparameter aus der Maschinensteuerung gelesen und mit einem Zeitstempel versehen gespeichert. Sie dienen in erster Linie der Produktrückverfolgung und dem Qualitätsmanagement oder lediglich der Erfassung des Energieverbrauchs. Sensorische Messwerte werden auch zum Zwecke einer vorausschauenden Instandhaltung erfasst und ausgewertet. Für eine Produktrückverfolgung sind während der Bearbeitungsphase die Seriennummern der verwendeten Komponenten oder die Chargennummern der Komponentenboxen einzulesen. Eventuell müssen nach Vorgabe eines *Prüfplans* auch Einzelprüfungen des erzeugten Materials während der Fertigung vorgenommen werden. Prüfparameter, die nicht automatisiert aus der Messmaschine bzw. dem Prüfgerät ausgelesen werden können, sind manuell im Shop Floor Terminal einzugeben.

CNC-Maschinen mit Standzeitüberwachung kontrollieren die vorgegebene Nutzungsdauer, die sogenannte *Standzeit*, jedes einzelnen Werkzeugs im Werkzeugmagazin, indem sie die kumulierten Einsatzzeiten der Werkzeuge von deren maximaler Standzeit abziehen, um auf diese Weise die *verbleibende Standzeit* der Werkzeuge zu ermitteln. Meist gibt es eine *Warngrenze* schon vor Ablauf der Standzeit. Spätestens mit Ablauf der Standzeit wird das Werkzeug gesperrt und, falls im Werkzeugmagazin vorhanden, gegen ein Ersatzwerkzeug (Schwesterwerkzeug) ausgetauscht. Die verschlissene Schneide kann entweder nachgeschliffen oder muss nachbestellt werden. Bei einem Komplettwerkzeug für CNC-Maschinen bezieht sich die Standzeit nur auf die Schneide, weil dessen übrige Komponenten keine Verschleißteile darstellen.

Schon während der Durchführung der einzelnen Vorgänge werden Rückmeldungen über aufgewandte Zeiten und produzierte Mengen an das ERP-System übermittelt. Wenn schließlich die Sollmenge eines Vorgangs als Gutmenge vorliegt, meldet das Fertigungspersonal den Vorgang ab. Sind alle Vorgänge eines Fertigungsauftrags *beendet*, kann der Fertigungsauftrag *abgeschlossen* werden. Dies geschieht mit einer abschließenden Rückmeldung an das ERP-System. Im Falle einer Produktrückverfolgung wird die aufgezeichnete Produkthistorie möglicherweise an ein PDM- oder PLM-System übermittelt. Die Daten können dem Kunden zur Verfügung gestellt oder auch zur computergestützten Qualitätssicherung (engl. *Computer-aided Quality Assurance*, CAQ) verwendet werden.

3.2 Vorgangsphasen und projizierte Phasen

Jeder Vorgang durchläuft bei der Auftragsabwicklung verschiedene *Phasen*, deren Übergänge zum einen Teil implizit oder automatisiert, zum anderen Teil durch explizite Meldungen des Fertigungspersonals am Shop Floor Terminal ausgelöst werden. Tab. 3.1 gibt einen Überblick der verschiedenen Vorgangsphasen.

Die meisten Phasen haben hinsichtlich der Ermittlung von Leistungskennzahlen keine Bewandtnis, wohl aber die Rüstphase und die Bearbeitungsphase, denn aus deren kumulierter Dauer ergibt sich die *Durchführungszeit eines Vorgangs*:

$$Durchführungszeit = Dauer der Rüstphase + Dauer der Bearbeitungsphase \qquad (3.1)$$

Die Dauern der Rüstphase und der Bearbeitungsphase eines Vorgangs werden gewöhnlich durch die Meldungen des Fertigungspersonals am Shop Floor Terminal bestimmt. Das manuelle Melden der Rüstphase ist bei einem Handarbeitsplatz immer nötig, aber auch bei Maschinen, welche selbst kein gesondertes Signal während des Rüstens ausgeben. Beispielsweise kann die Steuerung einer Spritzgießmaschine nicht erkennen, ab wann der Maschineneinrichter die richtigen Einstellwerte gefunden hat oder wann nach einem

Tab. 3.1 Vorgangsphasen

Phase	Beschreibung
Freigegeben	Der zugehörige Fertigungsauftrag wurde vom ERP-System freigegeben, der Vorgang bisher aber weder begonnen noch feingeplant
Eingeplant	Der zugehörige Fertigungsauftrag wurde vom ERP-System freigegeben, der Vorgang feingeplant, bisher aber noch nicht begonnen
Rüsten	Der Vorgang wurde an einem Arbeitsplatz angemeldet und der Arbeitsplatz wird für die Bearbeitung des Vorgangs gerüstet oder nach dessen Bearbeitung in den ungerüsteten Zustand versetzt
Bearbeitung	Der Vorgang wird bearbeitet
Unterbrochen	Der Vorgang wurde vom Fertigungspersonal oder durch eine betriebsfreie Zeit unterbrochen
Warten vor Bearbeitung	Besondere Vorgangsphase, beispielsweise bei Bearbeitungszentren mit Palettenwechsler, siehe Text!
Warten nach Bearbeitung	Besondere Vorgangsphase, beispielsweise bei Bearbeitungszentren mit Palettenwechsler, siehe Text!
Beendet	Der Vorgang wurde beendet
Abgeschlossen	Der Vorgang wurde beendet und eine abschließende Rückmeldung an das ERP-System gesendet

Farbwechsel erstmals wieder ein Gutteil ausgeworfen wird. Umgekehrt soll vom Fertigungspersonal nicht bei jedem Zwischenrüsten während der Bearbeitungsphase verlangt werden, dies am Shop Floor Terminal zu melden, wenn die Maschine einen entsprechenden Betriebszustand auszugeben in der Lage ist. Aus diesem Grunde kann die Rüstzeit eines Vorgangs länger als die Dauer der gemeldeten Rüstphase sein, wenn beispielsweise Zwischenrüsten während der Bearbeitungsphase als Rüstzeit verrechnet wird.

Anwender verlangen in Bezug auf die Ermittlung der Leistungskennzahlen, frei konfigurieren zu können, welche Betriebszustände der Rüstzeit, der geplanten Betriebszeit und der Produktionszeit zugerechnet werden sollen. Diese einzelnen Zeiten ergeben sich dementsprechend aus der kumulierten Dauer der Betriebszustände, die in der Konfiguration des Erfassungssystems der jeweiligen Zeit zugeordnet sind. Infolgedessen dürfen gewohnte Annahmen, wie etwa, dass die Rüstzeit die Dauer der Rüstphase sei oder Schichtpausen zur betriebsfreien Zeit gehören, bei der Ermittlung von Leistungskennzahlen nicht getroffen werden. Die geplante Betriebszeit, die der Berechnung der Verfügbarkeit zugrunde gelegt wird, kann sehr wohl von der ursprünglich durch den Schichtplan und die Planung der Instandhaltung festgelegten Betriebszeit abweichen. Der Sonderfall, dass innerhalb einer geplanten Schichtpause produziert wird, ist ein typisches Beispiel hierfür. Sollen diese Produktionszeiten innerhalb der Schichtpause zu einer Steigerung der Verfügbarkeit führen, müssen sie als Produktionszeit und geplante Betriebszeit verrechnet werden.

In Hinblick auf die Durchführungszeit eines Vorgangs spielt die Konfiguration und Berechnung der Rüstzeit keine Rolle, weil der Berechnung der Durchführungszeit die Dauer der Rüstphase zugrunde liegt und diese unabhängig von der Rüstzeit ermittelt wird. Darüber hinaus wird jeder Betriebszustand, welcher von der Bearbeitungszeit abgezogen wird, notwendigerweise der Rüstzeit zugeschlagen, wodurch die Summe beider Zeiten stets dieselbe bleibt. Demzufolge ist die Durchführungszeit immer auch die Summe der Rüstzeit und der Bearbeitungszeit eines Vorgangs.[2]

Im Gegensatz zur Rüstzeit hat die Konfiguration der geplanten Betriebszeit einen maßgeblichen Einfluss auf die Berechnung der Durchführungszeit eines Vorgangs. Denn für alle vorgangsbezogenen Dauern gilt: Zeiträume außerhalb der geplanten Betriebszeit werden grundsätzlich nicht verrechnet. Läuft ein Vorgang während der Rüst- oder Bearbeitungsphase in eine betriebsfreie Zeit hinein, verzögert sich zwar das Ende der jeweiligen Phase um die Dauer der betriebsfreien Zeit, diese wird aber nicht zur Dauer der betreffenden Phase hinzugerechnet. Demnach verlängert sich auch nicht die Durchführungszeit eines Vorgangs innerhalb einer betriebsfreien Zeit.

Die Berechnung der Durchführungszeit eines Vorgangs anhand der gemeldeten Vorgangsphasen und der geplanten Betriebszeit ist in Abb. 3.2 illustriert. Durch das Betätigen der Knöpfe *Rüsten* oder *Vorgang starten*, wird der im Arbeitsvorrat selektierte Vorgang am Arbeitsplatz angemeldet. Im ersten Fall wird er dabei in die Rüstphase, im zweiten Fall in die Bearbeitungsphase überführt. Um 2:00 Uhr startet das Fertigungspersonal das Rüsten des Vorgangs 4711 0010 und gibt dies durch eine Meldung am Shop Floor Terminal bekannt. Nach einer einstündigen Rüstphase wird der Vorgang um 3 Uhr durch eine weitere Meldung des Fertigungspersonals in eine Bearbeitungsphase überführt. Zwischen

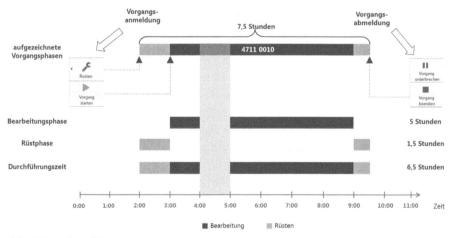

Abb. 3.2 Aufgezeichnete Vorgangsphasen und Durchführungszeit eines Vorgangs

---

[2]Dies wird durch die Definition der Bearbeitungszeit eines Vorgangs gemäß (3.16) sichergestellt.

4:00 und 5:00 Uhr wird die Bearbeitungsphase durch eine betriebsfreie Zeit unterbrochen. Der Vorgang wechselt für eine Stunde in die Phase *Unterbrochen*. Um 9:00 Uhr beginnt eine abschließende Rüstphase, bevor der Vorgang um 9:30 Uhr abgemeldet wird. Die Abmeldung eines Vorgangs wird durch das Betätigen der Knöpfe *Vorgang unterbrechen* oder *Vorgang beenden* ausgelöst. Im ersten Fall wechselt der Vorgang in die Phase *Unterbrochen* und kann zur weiteren Bearbeitung später an demselben oder an einem anderen Arbeitsplatz erneut angemeldet werden. Im zweiten Fall wechselt der Vorgang in die Phase *Beendet* und kann ab diesem Moment an keinem Arbeitsplatz noch einmal angemeldet werden.

Aus den Meldungen am Shop Floor Terminal resultieren die aufgezeichneten Vorgangsphasen, die in Abb. 3.2 oben dargestellt sind. In der Regel sind die impliziten Unterbrechungen der einzelnen Phasen durch betriebsfreie Zeiten darin nicht aufgeführt. Diese werden auch nicht vom Fertigungspersonal gemeldet.[3] Unterhalb davon sind die Bearbeitungsphase mit einer Dauer von 5 Stunden und die Rüstphase mit einer Dauer von eineinhalb Stunden abgebildet. Die betriebsfreie Zeit zwischen 4:00 und 5:00 Uhr tritt in keiner der beiden Phasen auf. Als Summe der Dauern beider Phasen ergibt sich schließlich die Durchführungszeit des Vorgangs 4711 0010 zu 6,5 Stunden. Infolge der einstündigen betriebsfreien Zeit ist diese um eine Stunde kürzer als der Zeitraum der Anmeldung.

Zwischen der Durchführungszeit der Vorgänge und der Belegungszeit der Arbeitsplätze besteht ein enger Zusammenhang, da ein Arbeitsplatz nur während der Durchführung eines Vorgangs belegt ist. Es ist intuitiv naheliegend, die Belegungszeit eines Arbeitsplatzes als die Summe der Durchführungszeiten aller auf ihm abgewickelten Vorgänge zu berechnen. Diese Vorgehensweise wird jedoch in vielen Situationen zu einem fehlerhaften Ergebnis führen.

Eine solche Situation liegt vor, wenn ein Vorgang auf einem Arbeitsplatz unterbrochen wird, um auf einem anderen Arbeitsplatz fortgeführt zu werden. In Abb. 3.3 ist die Belegungszeit beider Arbeitsplätze geringer als die Durchführungszeit des auf jedem der beiden Arbeitsplätze nur zeitweilig angemeldeten Vorgangs.

Die Durchführungszeit ist eine *vorgangsbezogene* Dauer, wohingegen die Belegungszeit eine *arbeitsplatzbezogene* Dauer ist. Um einen Arbeitsplatzbezug der Vorgangsphasen herzustellen, müssen diese für die Dauer ihrer Arbeitsplatzbelegung auf den jeweiligen Arbeitsplatz *projiziert* werden. Das in Abb. 3.3 illustrierte Szenario zeigt eine kumulierte

---

[3]Es gilt zu beachten, dass die infolge betriebsfreier Zeiten entstehenden Unterbrechungen der Rüst- und Bearbeitungsphasen in den aufgezeichneten Vorgangsphasen gewöhnlich nicht explizit ausgewiesen sind. Der Grund dafür liegt darin, dass zum Zeitpunkt der Erfassung nicht feststeht, ob es sich um eine geplante Betriebszeit oder um eine betriebsfreie Zeit handelt. Ein unbegründeter Stillstand innerhalb der ursprünglich geplanten Betriebszeit kann, wie in den nachfolgenden Abschnitten erläutert, nach Angabe des Stillstandsgrundes in die betriebsfreie Zeit fallen. Um die Durchführungszeit eines Vorgangs anhand der aufgezeichneten Vorgangsphasen zu berechnen, müssen innerhalb der aufgezeichneten Rüst- und Bearbeitungsphasen liegende betriebsfreie Zeiten zunächst herausgerechnet werden.

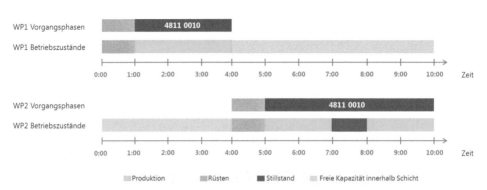

Abb. 3.3 Wechsel des Arbeitsplatzes während der Vorgangsbearbeitung

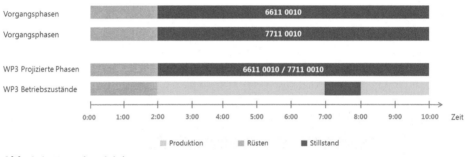

Abb. 3.4 Kuppelproduktion

Dauer der Rüstphase von 2 *Stunden* und eine kumulierte Dauer der Bearbeitungsphase von 8 *Stunden*. Dagegen beträgt die Dauer der *auf die Arbeitsplätze projizierten
Rüstphasen* auf beiden Arbeitsplätzen lediglich eine Stunde, die Dauer der *projizierten Bearbeitungsphase* auf dem ersten Arbeitsplatz 3 *Stunden* und auf dem zweiten Arbeitsplatz
5 *Stunden*. Im vorliegenden Beispiel teilt sich die Durchführungszeit des Vorgangs 4811
0010 auf die Belegungszeiten beider an dessen Durchführung beteiligten Arbeitsplätze
anteilig auf. Die kumulierte Dauer aller auf einen Arbeitsplatz projizierten Rüst- und
Bearbeitungsphasen entspricht der Belegungszeit des Arbeitsplatzes. Diese errechnet sich
daher als Summe über die Dauern aller auf den jeweiligen Arbeitsplatz projizierten Rüst-
und Bearbeitungsphasen:

$$Belegungszeit = \sum_{projizierte\ Phasen} Dauer \qquad (3.2)$$

Im Beispiel aus Abb. 3.3 ist die kumulierte Dauer der projizierten Vorgangsphasen
identisch mit der kumulierten Dauer der an einem Arbeitsplatz gemeldeten Vorgangsphasen. Bei einer Kuppelproduktion trifft dies nicht zu. Dort werden mehrere Vorgänge
unterschiedlicher Fertigungsaufträge gleichzeitig an einem Arbeitsplatz durchgeführt
(vgl. Abb. 3.4).

Simultan zur Fertigung des Hauptproduktes erfolgt die Herstellung einer oder mehrerer Kuppelprodukte, die aber zu keiner Erhöhung der Belegungszeit des Arbeitsplatzes beitragen, weil der Arbeitsplatz in diesem Zeitraum durch den Hauptvorgang ohnehin schon belegt ist. Wenn n die Anzahl der Vorgänge ist, die ein Kuppelprodukt herstellen, dann gilt:

$$Belegungszeit = \sum_{Vorgänge} \frac{Dauer\ der\ Rüstphasen + Dauer\ der\ Bearbeitungsphasen}{n+1}$$

(3.3)

Liegt eine Kuppelproduktion vor, darf nur die kumulierte Phasendauer eines einzigen Vorgangs als Belegungszeit verrechnet werden. Der Vorgang kann beliebig gewählt werden, da sich ohnehin alle Vorgänge in derselben Phase befinden. Denn das Fertigungspersonal selektiert zur Meldung der Vorgangsphasen nur den das Hauptprodukt fertigenden Vorgang im Shop Floor Terminal. Damit einhergehend wird für alle Kuppelvorgänge automatisiert dieselbe Phase verbucht. Auf diese Weise ist sichergestellt, dass sich alle an der Kuppelproduktion beteiligten Vorgänge stets zeitgleich in derselben Phase befinden. Die auf den Arbeitsplatz projizierte Vorgangsphase ist darum sowohl mit der Phase des Hauptvorgangs als auch mit den Phasen aller Kuppelvorgänge identisch und demnach eindeutig bestimmt.

Eine Besonderheit stellen zwei maschinenspezifische Vorgangsphasen dar, welche typischerweise bei CNC-Maschinen mit automatisiertem Palettenwechsel auftreten können, die das Einspannen der Werkstücke auf Paletten außerhalb des Bearbeitungsraumes und ohne Unterbrechung der Produktion erlauben. Dabei werden mehrere Vorgänge gleichzeitig auf einer Maschine durchgeführt, wobei jedoch stets nur ein Vorgang bearbeitet werden kann. Die Parallelität der Durchführung besteht darin, dass zeitgleich mit der Bearbeitung eines Vorgangs ein oder mehrere andere Vorgänge gerüstet werden können (vgl. Abb. 3.5).

Nach dem Rüsten eines Vorgangs geht dieser so lange in die Phase *Warten vor Bearbeitung*, bis die Bearbeitung der Vorgänger auf der Maschine abgeschlossen ist und dessen Bearbeitung beginnen kann. Tritt in der Phase *Warten vor Bearbeitung* eine störungsbedingte Unterbrechung auf, verlängert sich die Phase entsprechend der Unterbrechungsdauer. Nach Beendigung der Bearbeitungsphase bleibt der Vorgang so lange in der Phase *Warten nach Bearbeitung*, bis die Palette den Arbeitsraum verlassen hat und das Personal Zeit findet, das Werkstück zu entspannen.

Im Gegensatz zur Kuppelproduktion haben die parallel auf dem Bearbeitungszentrum angemeldeten Vorgänge in Abb. 3.5 zu gleichen Zeitpunkten unterschiedliche Phasen. Um die Belegungszeit des Bearbeitungszentrums wie in (3.2) beschrieben berechnen zu können, müssen die projizierten Phasen zu jedem Zeitpunkt eindeutig bestimmt sein. Zweckmäßigerweise sollte dabei die Wahl der auf den Arbeitsplatz zu projizierenden Vorgangsphase so getroffen werden, dass externe Rüstzeiten niemals auf den Arbeitsplatz projiziert werden. Die dementsprechende Projektionsvorschrift ist in Tab. 3.2 dargelegt.

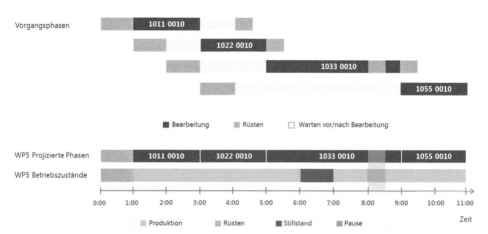

Abb. 3.5 Bearbeitungszentrum mit Palettenwechsler

Tab. 3.2 Auf den Arbeitsplatz projizierte Phase zur Ermittlung der Belegungszeit

Projizierte Phase	Vorgangsphasen der angemeldeten Vorgänge
Bearbeitung	Mindestens einer oder mehrere angemeldete Vorgänge sind in einer Bearbeitungsphase
Rüsten	kein angemeldeter Vorgang ist in einer Bearbeitungsphase, aber mindestens einer oder mehrere angemeldete Vorgänge sind in einer Rüstphase
Keine	Entweder ist kein Vorgang angemeldet oder kein angemeldeter Vorgang in einer Rüst- oder in einer Bearbeitungsphase (beispielsweise innerhalb einer Schichtpause)

Zur externen Rüstzeit eines Vorgangs zählen alle Zeitbereiche innerhalb dessen Rüstphase, in dem die Maschine, auf welcher der Vorgang angemeldet ist, gleichzeitig einen anderen Vorgang bearbeitet. Alle Zeitbereiche innerhalb der Rüstphase eines Vorgangs, in denen gleichzeitig ein anderer Vorgang in Bearbeitung ist, werden somit zu dessen externer Rüstzeit hinzugerechnet. Demnach ist die *externe Rüstzeit* eines Vorgangs die über den Zeitraum seiner Rüstphase kumulierte Dauer der auf den Arbeitsplatz projizierten Bearbeitungsphasen.

Externe Rüstzeiten können bei einem Bearbeitungszentrum mit Palettenwechsler niemals allein auf Basis der erfassten Maschinendaten ermittelt werden. Abb. 3.6 illustriert den Erfassungsprozess exemplarisch anhand einer detaillierteren Betrachtung des Vorgangs 1033 0010 aus dem vorangegangenen Beispielszenario.

Um 2 Uhr meldet das Fertigungspersonal das Rüsten des Vorgangs am Shop Floor Terminal. Wenn der Vorgang direkt in der Bearbeitungsphase angemeldet worden wäre, hätte die externe Rüstzeit von 2:00 bis 3:00 Uhr nicht erfasst werden können und das gesamte Zeitintervall zwischen 2:00 und 5:00 Uhr wäre als *Warten vor Bearbeitung* verbucht worden. Die Maschinensteuerung kann keine Information darüber haben, dass irgendwo außerhalb die Werkstücke für einen bestimmten Vorgang auf eine Palette

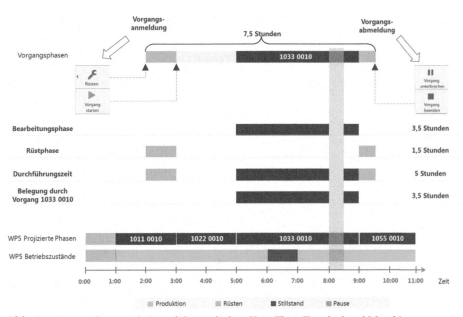

Abb. 3.6 Datenerfassung als Interaktion zwischen Shop Floor Terminal und Maschine

eingespannt werden. Beginn und Ende der externen Rüstzeiten erfordern daher fast immer eine manuelle Meldung, um als externe Rüstzeiten erfasst zu werden. Nur wenn das externe Rüsten vollautomatisch, beispielsweise durch einen Industrieroboter, realisiert ist, kann die dazu benötigte Zeit gegebenenfalls durch ein Steuerungssignal erfasst werden.

Um 3:00 Uhr überführt das Fertigungspersonal den Vorgang durch eine weitere Meldung am Shop Floor Terminal in die Bearbeitungsphase. Dabei werden auch die aktuell freigegebene Version des NC-Programms und gegebenenfalls weitere Daten wie Werkzeugkorrekturwerte aus der Fertigungsmappe des Vorgangs zum Einspielen in die Maschinensteuerung selektiert.

Um 5:00 Uhr beginnt die Maschine mit der Bearbeitung des Vorgangs, was sie selbst zu signalisieren imstande ist. Um 6:00 Uhr folgt ein Werkzeugwechsel innerhalb der Bearbeitungsphase, den die Maschine ebenfalls selbst signalisieren kann, sodass dafür keine Rüstphase am Shop Floor Terminal gemeldet werden muss. Beim automatischen Werkzeugwechsel treten Komplikationen auf, die zu einem Stillstand führen, der bis 7:00 Uhr behoben werden kann. Von da an wird bis 8:00 Uhr erneut produziert, woraufhin eine halbstündige Schichtpause folgt. Um 9:00 Uhr ist die Bearbeitung des Vorgangs beendet. Die Werkstücke können daraufhin außerhalb der Maschine zur weiteren Bearbeitung auf einem anderen Arbeitsplatz von der Palette entfernt werden. Um 9:30 Uhr meldet das Fertigungspersonal den Vorgang schließlich ab.

Wie in Abb. 3.6 illustriert ist, verlängert die Phase *Warten vor Bearbeitung* keine der vorgangsbezogenen Dauern. Dasselbe gilt für die Phase *Warten nach Bearbeitung* und genauso für betriebsfreie Zeiten. Da sich weder die Dauer der Rüst- noch die

Tab. 3.3 Einfluss der Vorgangsphasen auf Belegungs- und Rüstzeit des Arbeitsplatzes sowie auf die Durchführungszeit (Vorgänge/Aufträge) und die Durchlaufzeit der Aufträge

Phase	Belegungszeit	Rüstzeit (Arbeitsplatz)	Durch-führungszeit	Durchlaufzeit (Auftrag)
Warten vor/nach Bearbeitung	–	–	–	verlängernd
Externe Rüstphase	–	–	verlängernd	verlängernd
Interne Rüstphase	verlängernd	verlängernd	verlängernd	verlängernd
Unterbrechung wegen betriebsfreier Zeit	–	–	–	verlängernd

der Bearbeitungsphase innerhalb dieser Zeiten verlängern, kann sich auch nicht die Durchführungszeit des Vorgangs verlängern, welche nach (3.1) die Summe der Dauern beider Phasen ist. Die Phasen *Warten vor Bearbeitung* und *Warten nach Bearbeitung* haben wie auch die externen Rüstzeiten ebenfalls keinen Einfluss auf die Belegungszeit oder die Rüstzeit eines Arbeitsplatzes. Sie alle verlängern lediglich die Durchlaufzeit des jeweiligen Fertigungsauftrags (vgl. Tab. 3.3).

Da während der externen Rüstzeiten aller Vorgänge auf den Arbeitsplatz eine Bearbeitungsphase projiziert wird, können in diesen Zeiträumen nur dann interne Rüstzeiten anfallen, wenn sich der Arbeitsplatz in einem Betriebszustand befindet, der als Rüstzeit konfiguriert wurde. Eine solche Situation tritt in Abb. 3.5 kurzzeitig während des automatischen Werkzeugwechsels um 6 Uhr auf, weil dieser entsprechend der Systemkonfiguration als Rüstzeit verrechnet werden soll. Abgesehen davon, fällt auf dem Arbeitsplatz WP5 nur während der Rüstphase des Vorgangs 1011 0010 eine Rüstzeit von einer Stunde an. Diese ist darin begründet, dass in demselben Zeitraum kein Vorgang auf der Maschine bearbeitet wird. Bei einer strikt sequentiellen Durchführung der Vorgänge auf dem Arbeitsplatz, d. h., wenn jeder Vorgang erst nach dem Abrüsten seines Vorgängers beginnen würde, gäbe es ausschließlich interne Rüstzeiten. Offenbar kann die von einem Bearbeitungszentrum mit Palettenwechsler geleistete technische Voraussetzung, extern und somit ohne Verfügbarkeitsverluste zu rüsten, nur durch eine adäquate Terminierung der Vorgänge auf dem Arbeitsplatz im Sinne einer verbesserten Rüstzeitreduzierung ausgenutzt werden.

Durch die Umwandlung interner Rüstzeiten in externe Rüstzeiten verbessert sich die arbeitsplatzbezogene Rüstzeitreduzierung nach (2.3), wohingegen die vorgangs- bzw. auftragsbezogene Rüstzeitreduzierung gemäß (2.19) unverändert bleibt. Definiert man die Zeit, in welcher die Vorgangsphase mit der auf den jeweiligen Arbeitsplatz projizierten Phase identisch ist, als die Belegungszeit des Arbeitsplatzes *durch den Vorgang*, dann ist diese die Differenz zwischen Durchführungszeit und externer Rüstzeit:

$$Belegungszeit = Durchführungszeit\text{-}externe\ Rüstzeit$$

Die vorgangs- bzw. auftragsbezogene Rüstzeitreduzierung setzt sich demzufolge aus zwei Komponenten zusammen:

$$Rüstzeitreduzierung = \frac{Bearbeitungszeit}{Durchführungszeit}$$

$$= externe\ Rüstzeitreduzierung \cdot interne\ Rüstzeitreduzierung$$

$$(3.4)$$

mit den beiden Komponenten:

$$externe\ Rüstzeitreduzierung = \frac{Belegungszeit}{Durchführungszeit} \qquad (3.5)$$

$$interne\ Rüstzeitreduzierung = \frac{Bearbeitungszeit}{Belegungszeit} \qquad (3.6)$$

Die arbeitsplatzbezogene Rüstzeitreduzierung besteht dagegen nur aus der internen Komponente, d. h., sie ist mit dieser identisch.

3.3   Betriebszustände eines Arbeitsplatzes

In (3.1) wurde die Ermittlung der *Durchführungszeit* eines Vorgangs anhand der im Shop Floor Terminal gemeldeten Phasen und in (3.2) die der *Belegungszeit* eines Arbeitsplatzes auf Grundlage der darauf *projizierten Phasen* definiert. Im Gegensatz dazu ergeben sich *Rüstzeit*, *Produktionszeit* und die *geplante Betriebszeit*, wie in Abb. 2.2 exemplarisch illustriert, aus der Dauer bestimmter Betriebszustände eines Arbeitsplatzes. Die Kenntnis der Betriebszustände ist demnach eine Voraussetzung zur exakten Bestimmung der in Abschn. 2.2 eingeführten Leistungskennzahlen.

Der Betriebszustand ist eine verdichtete Zustandsbeschreibung des Arbeitsplatzes, in der unterschiedliche Informationen miteinander verknüpft werden. Abb. 3.7 illustriert das Zusammenführen der verschiedenen Datenquellen zum Betriebszustand eines Arbeitsplatzes in Abhängigkeit vom Informationsgehalt der Maschinensignale.

Es gibt Maschinen, die lediglich ein binäres Zustandssignal für Produktion und Stillstand ausgeben. Andere Maschinen geben im Falle eines Stillstandes einen sogenannten *Störcode* aus, der einem detaillierten Betriebszustand mit Angabe von Stillstandsgründen entspricht. Meistens muss dieser aber durch das Fertigungspersonal am Shop Floor Terminal präzisiert werden. In der Zustandshistorie des Arbeitsplatzes finden sich dann Zeitabschnitte, die als *unbegründete Stillstände* ausgewiesen sind und denen das Fertigungspersonal durch Auswahl aus einer vorkonfigurierten Liste von Stillstandsgründen einen detaillierten Betriebszustand zuteilt (vgl. Abb. 2.5).

In einigen Produktionsbetrieben existieren auch heute noch Maschinen, aus deren Steuerung noch nicht einmal ein binäres Zustandssignal abgegriffen werden kann, aus dem hervorgeht, ob die Maschine in Produktion oder im Stillstand ist. Ein Beispiel hierfür sind ältere Pressen, denen nur ein Hubsignal zu entnehmen ist. Ein binäres Zustandssignal kann

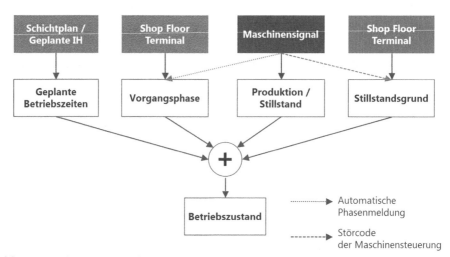

Abb. 3.7 Ermittlung des Betriebszustandes eines Arbeitsplatzes

demzufolge nur aus den Hubsignalen unter Rückgriff auf die *Sollzeit pro Hub* abgeleitet werden. Im jeweils angemeldeten Vorgang ist die Sollzeit pro Hub hinterlegt, die mit den tatsächlich abgegriffenen Hubsignalen verglichen werden muss. Wenn nach Ablauf der Sollzeit pro Hub zuzüglich einer konfigurierbaren Karenzzeit seit dem letzten Hub kein weiteres Signal eingetroffen ist, wird der Maschinenzustand so lange auf Stillstand gesetzt, bis ein erneutes Hubsignal eintrifft.

Bei Handarbeitsplätzen entfällt das Maschinensignal in jeder Form, sodass auch Produktion und Stillstand – letzterer gewöhnlich gleich unter Angabe eines Stillstandsgrundes – ausschließlich durch manuelle Meldungen am Shop Floor Terminal erfasst werden können.

Das gegenteilige Beispiel sind informationstechnologisch umfangreich ausgestattete *flexible Fertigungszellen*, bei denen nicht nur der Werkstück- und Werkzeugwechsel, sondern auch die gesamte Vorgangsabwicklung vollautomatisch abläuft. Diese sind in der Lage, die Vorgänge im Arbeitsvorrat automatisch in der Reihenfolge ihres geplanten Starttermins an- und abzumelden und bei Stillständen einen detaillierten Stillstandsgrund in Form eines Störcodes auszugeben. In einem *flexiblen Fertigungssystem* ist darüber hinaus auch der Transport der Werkstücke auf den Paletten von einem Arbeitsplatz zum nächsten vollautomatisch organisiert. Die Werkstücke werden einmal vor dem Eintritt in das Fertigungssystem auf Paletten eingespannt und durchlaufen daraufhin nacheinander verschiedene Stationen des Fertigungssystems in beliebig variierbarer Reihenfolge.

Die Datengrundlage zur Ermittlung des Betriebszustandes eines Arbeitsplatzes kann demnach je nach Automatisierungsgrad vollautomatisch oder halbautomatisch, d. h. unterstützt durch manuelle Meldungen am Shop Floor Terminal erhoben werden. In jedem Fall ist die Kenntnis der geplanten Betriebszeit, der Vorgangsphasen, der Zustandssignale der Maschine und der Stillstandsgründe die Voraussetzung zur Ermittlung eines aussagekräftigen Betriebszustandes. Nach welchen Regeln sich dieser aus jenen vier

Tab. 3.4 Grundkonfiguration der Betriebszustände eines Arbeitsplatzes

Ressourcenplanung	Projizierte Vorgangsphase	Maschinensignal (Statussignal)	Betriebszustand
Geplante Betriebszeit	Rüsten	beliebig	„Rüsten"
Geplante Betriebszeit	Bearbeitung	Stillstand	„unbegründeter Stillstand" oder *Stillstandsgrund*
Geplante Betriebszeit	Bearbeitung	Produktion	„Produktion"
Geplante Betriebszeit	Bearbeitung	Rüsten	„Rüsten"
Geplante Betriebszeit	keine	Stillstand	„freie Kapazität innerhalb der Schicht" oder *Stillstandsgrund*
Pause	beliebig	Stillstand	„Pause"
Pause	Bearbeitung	Produktion	„Produktion in Pause"
Pause	Rüsten	Produktion	„Pause"
Geplante Betriebszeit	keine	Produktion	„Produktion ohne Auftrag"
Freischicht	beliebig	Stillstand	„freie Kapazität außerhalb der Schicht"

Informationen ableitet, kann prinzipiell im Erfassungssystem konfiguriert werden, wobei Abweichungen von der in Tab. 3.4 dargelegten Standardkonfiguration außerordentlich unüblich sind.

Weil der Betriebszustand ein arbeitsplatzbezogener Zustand ist, müssen auch zu dessen Ermittlung, wie im Falle des Belegungsgrades, die auf den Arbeitsplatz projizierten Vorgangsphasen betrachtet werden. Sie werden entsprechend der in Tab. 3.2 dargelegten Projektionsvorschrift aus den Vorgangsphasen abgeleitet.

In der zweiten Zeile von Tab. 3.4 ist zu erkennen, dass bei Stillständen während einer Bearbeitungsphase der detaillierte Betriebszustand mit dem Stillstandsgrund identisch ist. In der Praxis werden bei der Konfiguration der Betriebszustände keine Änderungen an der in Tab. 3.4 dargestellten Grundkonfiguration der Betriebszustände vorgenommen, sondern ausschließlich die Stillstandsgründe für die einzelnen Arbeitsplätze individuell konfiguriert. Aus der Grundkonfiguration der Betriebszustände und den definierten Stillstandsgründen folgen schließlich die Betriebszustände eines Arbeitsplatzes. Zwar wäre zur Ermittlung der Leistungskennzahlen bereits die Grundkonfiguration ohne jegliche Stillstandsgründe hinreichend. Für das Shop Floor Management ist es jedoch von höchster Relevanz, die detaillierten Betriebszustände inklusive einzelner Stillstandsgründe zu kennen, um Verbesserungsmaßnahmen nach der Dauer und Häufigkeit der jeweiligen Stillstandsgründe zu priorisieren.

Zeitabschnitte, in denen ein Arbeitsplatz mit keinem Vorgang belegt ist, werden durch die Betriebszustände *freie Kapazität außerhalb der Schicht* und *freie Kapazität innerhalb der Schicht* ausgewiesen. Ist ein Arbeitsplatz während der geplanten Betriebszeit nicht belegt, dann ist der Betriebszustand per Voreinstellung *freie Kapazität innerhalb der Schicht*, sollte aber weiter präzisiert werden, wenn der Stillstand nicht im Mangel an Aufträgen begründet ist, sondern planerische, logistische oder technische Ursachen hat.

Wie der vierten Zeile von Tab. 3.4 zu entnehmen ist, kann der Arbeitsplatz auch innerhalb der Bearbeitungsphase im Betriebszustand *Rüsten* sein, falls die Maschine ein entsprechendes Signal zu senden imstande ist. Eine weitere Möglichkeit, den zur Erfassung des Phasenwechsels erforderlichen manuellen Meldeaufwand zu verringern, geht implizit aus der zweiten Zeile hervor. Auch bei einem binären Zustandssignal, das nur zwischen Produktion und Stillstand unterscheidet, ist es möglich, auf Phasenmeldungen zu verzichten und für die beim Rüsten während der Bearbeitungsphase auftretenden Stillstände einen Stillstandsgrund *Rüsten, Werkzeugwechsel* oder *Zwischenrüsten* zu definieren. Dieser Grund kann entweder nachträglich in der Zustandshistorie des Shop Floor Terminals manuell angegeben oder direkt als Störcode der Maschinensteuerung entnommen werden. Im zweiten Fall muss das Fertigungspersonal die einzelnen Vorgänge nur noch an- und abmelden, ohne eine Vorgangsphase zu spezifizieren. In beiden Fällen aber verlängert sich die Dauer des Betriebszustandes *Rüsten* gegenüber der Dauer der Rüstphase.

Je nach Detaillierungsgrad können durch die Definition einer mehr oder weniger großen Anzahl von Stillstandsgründen bis zu mehrere Hundert Betriebszustände für einen Arbeitsplatz konfiguriert sein. Um eine verdichtete Sichtweise darauf zu gewinnen, ist es üblich, sogenannte *Betriebszustandsklassen* zu definieren. Dabei wird jeder Betriebszustand genau einer Betriebszustandsklasse zugeordnet, deren Anzahl gewöhnlich weniger als ein Dutzend beträgt.

3.4   Zeitbasen zur Konfiguration von Leitungskennzahlen

Fast alle arbeitsplatzbezogenen Leistungskennzahlen errechnen sich als Quotienten zweier Zeitdauern, welche in Form von *Zeitbasen* im Erfassungssystem konfiguriert werden. Diese Zeitdauern entsprechen der kumulierten Dauer aller Betriebszustände, die der jeweiligen Zeitbasis zugeordnet sind. Mit der Konfiguration der Zeitbasen legen Anwender explizit fest, wie *geplante Betriebszeit, Rüstzeit* und *Produktionszeit* für die Berechnung von Leistungskennzahlen zu bestimmen sind. Implizit wird dadurch auch die Ermittlung der *Bearbeitungszeit, Durchführungszeit* und *Belegungszeit* konfiguriert. In Tab. 3.5 ist eine übliche Konfiguration der Zeitbasen dargestellt. Allein durch die Festlegung dieser Zeitbasen – bezüglich deren in Produktionsbetrieben eine klare, oft auch individuelle Vorstellung herrscht, wie sie zu definieren sind – gewährleistet die Erfassungslogik stets eine konsistente Berechnung aller übrigen Zeitdauern und der darauf basierenden Leistungskennzahlen.[4]

---

[4]Anstelle von Zeitbasen werden im deutschsprachigen Raum in manchen Erfassungssystemen die vom Verband für Arbeitsgestaltung, Betriebsorganisation und Unternehmensentwicklung (REFA) geprägte Bezeichnung *Betriebsmittelzeiten* sowie die Bezeichnungen *Zeitkonten* oder *Betriebsmittelkonten* verwendet.

Tab. 3.5 Übliche Konfiguration der Zeitbasen

Zeitbasis	Betriebszustände
GBZ (geplante Betriebszeit)	Alle Betriebszustände außer *freie Kapazität außerhalb der Schicht*, *Schichtpause* und als *geplante Instandhaltung* konfigurierte Stillstände (vgl. nachfolgende Zeile). Bisweilen auch *Produktion in Pause* oder spezielle Stillstandsgründe, die zu keinem Verfügbarkeitsverlust führen sollen (z. B. ungeplante Betriebsversammlung)
GIH (geplante Instandhaltung)	Ein oder mehrere Betriebszustände, welche bei der Planung der Instandhaltung generiert werden (z. B. *geplante Wartung der Elektrik*, *geplante Wartung der Mechanik*)
UIH (ungeplante Instandhaltung)	Alle durch ungeplante Instandhaltungstätigkeiten (Reparatur, Instandsetzung) bedingten Stillstände, um diese von der geplanten Instandhaltung zu unterscheiden (z. B. *Reparatur der Elektrik*, *Reparatur der Mechanik*)
RÜSTEN	Der Betriebszustand *Rüsten*, sowie gegebenenfalls weitere Betriebszustände (z. B. *Zwischenrüsten*, *Werkstückwechsel oder Werkzeugwechsel*)
PRODUKTION	*Produktion*, bisweilen auch *Produktion in Pause*
TS (technische Störungen)	Alle technisch bedingten Stillstände, um diese von den organisatorisch/logistisch bedingten Stillständen zu unterscheiden (z. B. *Ausfall der Kühlmittelpumpe, Störung der Elektrik, Störung der Hydraulik*) Auf keinen Fall zählen hierzu organisatorisch bedingte Stillstände wie *fehlendes Personal, fehlendes Material oder fehlendes Werkzeug*

Im Unterschied zu den Betriebszustandsklassen, welche disjunkte Mengen von Betriebszuständen sind, kann ein Betriebszustand durchaus mehreren Zeitbasen zugeordnet werden. Beispielsweise wird der Betriebszustand Produktion sowohl der Zeitbasis *GBZ* (geplante Betriebszeit) als auch der Zeitbasis *PRODUKTION* zugeordnet. Je nachdem, ob Produktion in der Schichtpause die Verfügbarkeit verbessern soll oder nicht, wird auch der Betriebszustand *Produktion in Pause* ebenfalls beiden Zeitbasen zugeordnet. Dies hat zur Folge, dass die geplante Betriebszeit, welche im Nachhinein auf Grundlage der Zeitbasis bestimmt wird, größer sein kann, als sie ursprünglich im Rahmen der Schichtplanung und Instandhaltungsplanung festgesetzt wurde.

Die geplante Betriebszeit, die zur Ermittlung von Leistungskennzahlen eines oder mehrerer Arbeitsplätze verwendet wird, ist die Summe der Dauern aller Betriebszustände, die der Zeitbasis *GBZ* (geplante Betriebszeit) zugeordnet sind. Die Summierung erfolgt innerhalb eines bestimmten Betrachtungszeitraumes über einen oder mehrere Arbeitsplätze:

$$Geplante\ Betriebszeit = \sum_{Betriebszustand\ \in\ GBZ} Dauer \qquad (3.7)$$

Dementsprechend ist die Produktionszeit, die zur Ermittlung von Leistungskennzahlen verwendet wird, die Summe der Dauern aller Betriebszustände, die der Zeitbasis *PRODUKTION* zugeordnet sind:

$$Produktionszeit = \sum_{Betriebszustand \, \in \, PRODUKTION} Dauer \tag{3.8}$$

Die Summierung erfolgt bei der arbeitsplatzbezogenen Produktionszeit innerhalb eines bestimmten Betrachtungszeitraumes über einen oder mehrere Arbeitsplätze. Zur Berechnung der vorgangsbezogenen Produktionszeit wird über die Dauern aller während der Bearbeitungsphase und der *internen* Rüstphase eines Vorgangs auf einem Arbeitsplatz auftretenden Betriebszustände summiert (vgl. Abb. 2.7).

Um eine Verfügbarkeit von über 100 Prozent auszuschließen, sollten schon bei der Konfiguration der Zeitbasis dem Anwender nur die Betriebszustände zur Auswahl stehen, die auch in der geplanten Betriebszeit enthalten sind, d. h., es muss gelten:

$$PRODUKTION \subseteq GBZ \tag{3.9}$$

Die Rüstzeit, die zur Ermittlung von arbeitsplatzbezogenen Leistungskennzahlen verwendet wird, ist die Summe der Dauern aller Betriebszustände, die der Zeitbasis *RÜSTEN* zugeordnet sind. Die Summierung erfolgt innerhalb eines bestimmten Betrachtungszeitraumes über einen oder mehrere Arbeitsplätze:

$$Rüstzeit = \sum_{Betriebszustand \, \in \, RÜSTEN} Dauer \tag{3.10}$$

Auch hier sollte gelten:

$$RÜSTEN \subseteq GBZ \tag{3.11}$$

Schließlich ergibt sich implizit aus der Konfiguration der Zeitbasis *RÜSTEN* auch die Bearbeitungszeit eines oder mehrerer Arbeitsplätze innerhalb eines bestimmten Betrachtungszeitraumes:

$$Bearbeitungszeit = Belegungszeit - Rüstzeit \tag{3.12}$$

$$= Belegungszeit - \sum_{Betriebszustand \, \in \, RÜSTEN} Dauer$$

Durch die Einschränkung (3.11) ist gewährleistet, dass die Bearbeitungszeit stets positiv ist, weil auch die Belegungszeit, wie in Abschn. 3.2 erläutert, nur innerhalb der geplanten Betriebszeit liegen kann. Ferner folgt daraus unmittelbar, dass die Belegungszeit die Summe der Rüstzeit und der Bearbeitungszeit eines Arbeitsplatzes ist.

Als *interne Rüstzeiten* eines Vorgangs kommen nur Zeiträume in Betracht, in denen die Vorgangsphase mit der auf den jeweiligen Arbeitsplatz projizierten Phase identisch ist. Diese Zeiten können als die Belegungszeit eines Arbeitsplatzes *durch den Vorgang* interpretiert werden. Die interne Rüstzeit eines Vorgangs ist die Summe der Dauern aller auf einem Arbeitsplatz während dessen Belegungszeit *durch den Vorgang* auftretenden Betriebszustände, die der Zeitbasis *RÜSTEN* zugeordnet sind:

$$interne\ Rüstzeit = \sum_{Betriebszustand\ \in\ RÜSTEN} Dauer \qquad (3.13)$$

Als *externe Rüstzeiten* eines Vorgangs zählen alle Zeiträume, in denen die Vorgangsphase eine Rüstphase und die auf den Arbeitsplatz projizierte Phase eine Bearbeitungsphase ist. Die externe Rüstzeit eines Vorgangs ist darum die *über den Zeitraum seiner Rüstphase* kumulierte Dauer der auf den Arbeitsplatz projizierten Bearbeitungsphasen (vgl. Abschn. 3.2):

$$externe\ Rüstzeit = \sum_{projizierte\ Bearbeitungsphasen} Dauer \qquad (3.14)$$

Die Rüstzeit eines Vorgangs, die zur Ermittlung von vorgangs- und auftragsbezogenen Leistungskennzahlen verwendet wird, ist die Summe aus seiner internen und seiner externen Rüstzeit:

$$Rüstzeit = interne\ Rüstzeit + externe\ Rüstzeit \qquad (3.15)$$

Die Rüstzeit eines Fertigungsauftrags ist die Summe der Rüstzeiten seiner Vorgänge. Analog zur Bearbeitungszeit der Arbeitsplätze ergibt sich die Bearbeitungszeit eines oder mehrerer Vorgänge, wenn anstelle der Belegungszeit die Durchführungszeit eines Vorgangs oder die kumulierte Durchführungszeit mehrerer Vorgänge verrechnet wird:

$$Bearbeitungszeit = Durchführungszeit - Rüstzeit \qquad (3.16)$$

$$= Durchführungszeit - \sum_{Betriebszustand\ \in\ RÜSTEN} Dauer$$

Die Summierung der Betriebszustände erfolgt entsprechend über einen oder mehrere Vorgänge im Zeitraum ihrer Durchführung.

Durch die Einschränkung (3.11) ist sichergestellt, dass die Bearbeitungszeit stets positiv ist, weil auch die Durchführungszeit, wie in Abschn. 3.2 erläutert, nur innerhalb der geplanten Betriebszeit liegen kann. Wenn ferner für die Betriebszustände die in Tab. 3.4 dargelegte Standardkonfiguration vorliegt, ist wegen der ersten Zeile in der Tabelle auch gewährleistet, dass die gesamte Rüstphase eines Vorgangs und demzufolge auch die auf den Arbeitsplatz projizierte Phase als Rüstzeit verrechnet wird. In diesem Fall ist die Rüstzeit die Summe der Dauer der Rüstphase und der Rüstzeiten während der Bearbeitungsphase (Werkzeugwechsel, Zwischenrüsten, ...), d. h., dass die Rüstzeit eines Vorgangs bei einer Standardkonfiguration der Betriebszustände wie in Tab. 3.4 stets nur größer oder gleich der Dauer der gemeldeten Rüstphase sein kann:

$$Rüstzeit \geq Dauer\ der\ Rüstphase$$

Da Zeiträume außerhalb der geplanten Betriebszeit, wie in Abschn. 3.2 geschildert, grundsätzlich nicht der Rüst- und Bearbeitungsphase zugerechnet werden, ist deren Dauer gleichermaßen von der Konfiguration der Zeitbasis der geplanten Betriebszustände abhängig. Betriebsfreie Zeiten sind dem Erfassungssystem zum Zeitpunkt ihres Beginns und ihres Endes allerdings nicht immer bekannt. In Einzelfällen werden sie erst im Nachhinein bei der Stillstandsbegründung in der Zustandshistorie des Shop Floor Terminals als solche deklariert. Denn mit der der Spezifikation unbegründeter Stillstände in der Zustandshistorie wird der Betriebszustand und damit einhergehend eventuell auch deren Zugehörigkeit zu einer Zeitbasis geändert. Dabei ist es möglich, dass ein innerhalb der geplanten Betriebszeit aufgetretener Stillstand implizit als betriebsfreie Zeit deklariert wird oder umgekehrt ein ursprünglich als Schichtpause geplanter Zeitraum der geplanten Betriebszeit zugeteilt wird. Die infolge betriebsfreier Zeiten entstehenden Unterbrechungen der Rüst- und Bearbeitungsphasen werden in den aufgezeichneten Vorgangsphasen gewöhnlich nicht explizit ausgewiesen, weil sie zum Zeitpunkt der Erfassung noch nicht sicher feststehen. Infolgedessen müssen die innerhalb der aufgezeichneten Rüst- und Bearbeitungsphasen liegenden betriebsfreien Zeiten zur Ermittlung ihrer Dauer zunächst herausgerechnet werden.

Die Dauer der Rüstphase eines Vorgangs ist demnach die kumulierte Dauer aller der geplanten Betriebszeit zugeordneten Betriebszustände eines oder mehrerer Arbeitsplätze, *während sich ein Vorgang auf diesen Arbeitsplätze in der aufgezeichneten Phase Rüsten* befindet:

$$Dauer\ der\ Rüstphase = \sum_{Betriebszustand\ \in\ GBZ} Dauer \qquad (3.17)$$

Die Dauer der Bearbeitungsphase eines Vorgangs ist die kumulierte Dauer aller der geplanten Betriebszeit zugeordneten Betriebszustände eines oder mehrerer Arbeitsplätze, *während sich ein Vorgang auf diesen Arbeitsplätzen in der aufgezeichneten Phase Bearbeitung* befindet.

Die übrigen Zeitbasen werden zur Ermittlung von Kennzahlen verwendet, welche in erster Linie die Instandhaltung betreffen. Technische Störungen haben ihre Ursache in technischen Funktionsstörungen einer Maschine oder Anlage, die von organisatorisch bedingten Stillständen zu unterscheiden sind. Die Zeitbasis wird zur Berechnung der *technischen Verfügbarkeit* herangezogen. Diese dient zum einen als Grundlage für Vertragsverhandlungen zwischen Anwendern und Maschinen- bzw. Anlagenlieferanten, zum anderen zur Beurteilung der geplanten Instandhaltung, deren Aufgabe es ist, eine hohe technische Verfügbarkeit der Maschinen und Anlagen zu gewährleisten. Die Kennzahl ist wie folgt definiert:

$$Technische\ Verfügbarkeit = \frac{geplante\ Betriebszeit - \sum_{Betriebszustand\,\in\,TS} Dauer}{geplante\ Betriebszeit} \qquad (3.18)$$

Eine geringe technische Verfügbarkeit weist in der Regel auf unzureichende Instandhaltungsmaßnahmen hin. Der folgende Quotient gibt den zeitlichen Anteil geplanter Instandhaltung an den zeitlichen Aufwänden aller Instandhaltungsmaßnahmen wieder:

$$\frac{\sum_{Betriebszustand\,\in\,GIH} Dauer}{\sum_{Betriebszustand\,\in\,UIH} Dauer + \sum_{Betriebszustand\,\in\,GIH} Dauer}$$

Zur Beurteilung der aus den geplanten Instandhaltungsmaßnahmen resultierenden Verlustzeiten, in denen ein Arbeitsplatz der Produktion nicht zur Verfügung steht, eignet sich der Anteil der nach der Instandhaltungsplanung verbleibenden Betriebszeit an der auf Basis der Schichtplanung vorgesehenen Betriebszeit:

$$\frac{geplante\ Betriebszeit}{geplante\ Betriebszeit + \sum_{Betriebszustand\,\in\,GIH} Dauer}$$

3.5   Datengrundlage zur Ermittlung von Leistungsgrad und Qualitätsrate

Wie im vorangegangenen Abschnitt dargelegt wurde, kann die Verfügbarkeit eines Arbeitsplatzes ohne die Kenntnis vorgangsbezogener Informationen ermittelt werden. Für den Leistungsgrad und die zeitbasierte Qualitätsrate gilt dies nicht, weil darin die *Sollzeit pro Einheit* verrechnet wird. Sie ist in der Kleinserienfertigung (Losfertigung) und der Einzelteilfertigung am Vorgang hinterlegt. Bei einer Massenfertigung, wo die *Produktion ohne Auftrag* stattfindet, muss die Sollzeit pro Einheit für jedes Material in einer Konfigurationsdatei abgelegt und das zu produzierende Material zu Bearbeitungsbeginn am Shop Floor Terminal selektiert werden, um anschließend den Leistungsgrad bestimmen zu können.

Die während der Produktionszeit ausgebrachte Menge wird durch eines von drei verschiedenen Maschinensignalen erfasst. Meistens handelt es sich dabei entweder um ein Zählerinkrement oder ein Hubsignal. Letzteres ist mit der ebenfalls am Vorgang hinterlegten Anzahl der *Teile pro Hub* oder *Einheiten pro Maschinenzyklus* zu multiplizieren, um die Menge des ausgebrachten Materials in der am Vorgang hinterlegten Mengeneinheit zu ermitteln. Nur in seltenen Fällen ist eine Anlage dazu in der Lage, selbständig die Qualität des ausgebrachten Materials zu klassifizieren. Zur Bestimmung der Qualitätsrate muss die maschinell erfasste Menge darum seitens des Fertigungspersonals am Shop Floor Terminal als Gutmenge, Ausschussmenge oder Nacharbeitsmenge klassifiziert werden (vgl. Abb. 2.6). Bei einer Kuppelproduktion sind die klassifizierten Mengen für jeden einzelnen Vorgang anzugeben. Die Klassifikation und Bestätigung der ausgebrachten Menge durch das Fertigungspersonal sollte in regelmäßigen Zeitintervallen, spätestens aber zum Ende einer Schicht erfolgen. Um einen Vorgang zu unterbrechen oder zu beenden, muss die bis dahin noch unbestätigte Menge stets klassifiziert und bestätigt werden. Die ausgebrachte Menge eines beendeten Vorgangs ist darum immer vollständig klassifiziert.

Für Ausschuss und Nacharbeit werden zudem Ausschussgründe bzw. Nacharbeitsgründe als *Qualitätsdetails* vom Fertigungspersonal aus einer vorkonfigurierten Liste am Shop Floor Terminal selektiert und auf diese Weise manuell erfasst (vgl. Abb. 3.8). Diese Qualitätsdetails sind zwar nicht zur Berechnung der Qualitätsrate erforderlich. Für das Shop Floor Management geben sie jedoch die wichtige Auskunft über die Häufigkeit verschiedener Ausschuss- und Nacharbeitsgründe, anhand deren Maßnahmen zur Verbesserung der Qualitätsrate festgelegt und priorisiert werden.

Abb. 3.9 illustriert das Zusammenführen der verschiedenen Informationen zur Berechnung des Leistungsgrades und der Qualitätsrate abhängig von den jeweils erfassten Maschinensignalen.

Bei den durch Maschinenzyklen (Hübe) und Zählerinkremente erfassten Mengen handelt es sich immer um nicht klassifizierte, unbestätigte Mengen. Auch die aus der Maschinensteuerung erfasste *klassifizierte Menge* ist eine unbestätigte Menge. Diese wird in der Mengeneinheit des jeweiligen Vorgangs ohne einen Zeitstempel erfasst und in einem temporären Zwischenspeicher hochgezählt, bis sie, falls erforderlich, vom Fertigungspersonal klassifiziert und als Gutmenge, Ausschussmenge oder Nacharbeitsmenge

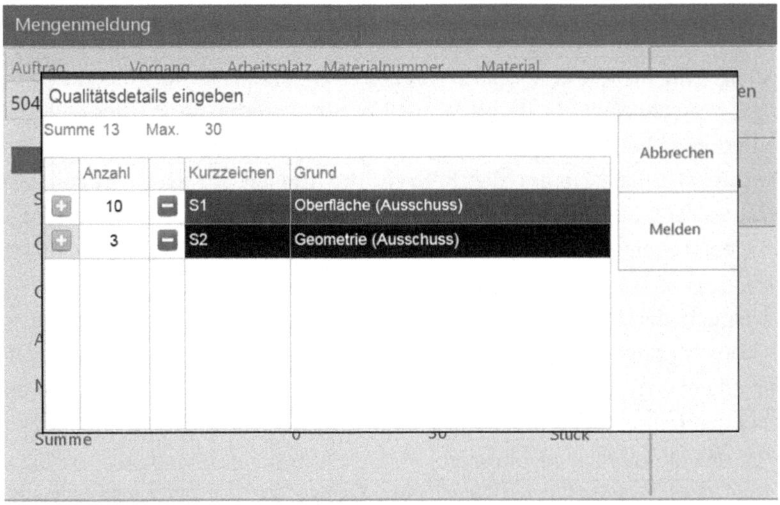

Abb. 3.8 Eingabe der Qualitätsdetails im Shop Floor Terminal

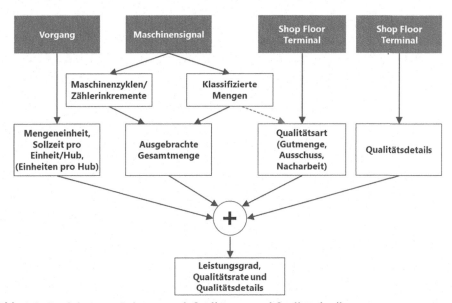

Abb. 3.9   Ermittlung von Leistungsgrad, Qualitätsrate und Qualitätsdetails

bestätigt wird. Erst die vom Fertigungspersonal *bestätigte Menge* wird mit einem Zeitstempel versehen und am jeweiligen Vorgang hinterlegt. Die bei der Klassifizierung der unbestätigten Menge als Ausschuss oder Nacharbeit am Shop Floor Terminal angegebenen Gründe werden als Qualitätsdetails ebenfalls am jeweiligen Vorgang hinterlegt. An einem Handarbeitsplatz, wo eine Erfassung der ausgebrachten Menge ausschließlich manuell am Shop Floor Terminal möglich ist, wird diese zum Zeitpunkt der Meldung direkt als klassifizierte und bestätigte Menge erfasst und zusammen mit den Qualitätsdetails verbucht. Der Zeitraum zwischen der Anmeldung eines Vorgangs an einem Arbeitsplatz und der ersten Mengenmeldung ist der Buchungszeitraum, auf den sich die erste Mengenmeldung bezieht. Bei allen weiteren Mengenmeldungen ist der Zeitraum zwischen der jeweils vorangegangenen und der aktuellen Mengenmeldung der Buchungszeitraum, auf den sich die aktuelle Mengenmeldung bezieht. Die Summe aus der verbuchten Gutmenge, Nacharbeitsmenge und Ausschussmenge ist die Gesamtmenge des innerhalb eines Buchungszeitraumes durch einen Vorgang ausgebrachten Materials. Unbestätigte Mengen sind darin nicht verrechnet.

Zur Berechnung des Leistungsgrades eines Arbeitsplatzes wird über die Gesamtmenge, zur Berechnung der Qualitätsrate auch über die Gutmenge der auf dem Arbeitsplatz innerhalb eines bestimmten Betrachtungszeitraumes durchgeführten Vorgänge summiert. Gutmenge und Gesamtmenge sind die auf den jeweiligen Vorgang verbuchte Menge innerhalb des Zeitraumes, in dem dieser den betreffenden Arbeitsplatz belegt hat, sofern dieser innerhalb des Betrachtungszeitraumes liegt. Dabei gilt der Zeitstempel der Verbuchung, der sowohl innerhalb des Zeitraumes liegen muss, in dem ein Vorgang den betreffenden Arbeitsplatz belegt hat, als auch innerhalb des Betrachtungszeitraumes.

3.6   Der IoT Hub

Zur Anbindung von Geräten besitzt jede IoT-Plattform einen IoT Hub, der neben
den üblichen Geräteschnittstellen für MQTT und HTTP je nach Anwendungskontext
eine Reihe von weiteren Kommunikationsprotokollen erlaubt. Als Voraussetzung für
den Einsatz in heutigen Produktionsbetrieben, die zumeist über einen sehr heterogenen
Maschinenpark verfügen, muss ein IoT Hub für jedes der diversen Steuerungs- und
Kommunikationsprotokolle eine eigene Schnittstelle implementieren. Die von einem IoT
Hub unterstützten Protokolle bestimmen schließlich, welche Maschinen überhaupt an die
IoT-Plattform angebunden werden können.

In Abb. 3.10 sind die Eingangsdaten dargestellt, die der IoT Hub aus den spezifischen
Signalen der Maschinensteuerungen in einer normalisierten, d. h. in einer geräteunab-
hängigen, einheitlichen Form zur Weiterverarbeitung in der Plattform aufbereitet. Wie
in den vorangegangenen Abschnitten erläutert, werden diese Eingangsdaten je nach
Automatisierungsgrad entweder vollständig aus den Maschinen- und Gerätesteuerungen
gewonnen oder zum Teil durch manuelle Meldungen am Shop Floor Terminal substituiert.

Neben zahlreichen herstellerspezifischen und standardisierten Steuerungs- und Kommunikationsprotokollen kann der IoT Hub, wie bei den marktführenden IoT-Plattformen
üblich, auch eine HTTP-Schnittstelle zur Verfügung stellen. Diese darf nicht mit der
Anwendungsprogrammierschnittstelle, d. h. mit der HTTP API verwechselt werden, da
eine solche zur Anwendungsentwicklung vorgesehen ist, die HTTP-Schnittstelle im IoT
Hub dagegen zur Anbindung von Maschinen und Produktionsanlagen, allenfalls noch
zur Anbindung eines im Produktionsbetrieb eingesetzten Drittsystems. Ein Shop Floor
Terminal dient in diesem Zusammenhang lediglich der Kompensation nicht automatisier-
ter Erfassungsfunktionalität, d. h., es ergänzt die Informationen, welche Maschinen- und

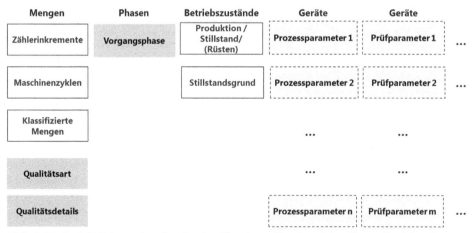

Abb. 3.10 Im IoT Hub aus den eingehenden Signalen aufbereitete Maschinen-, Betriebs-, Prozess
und Gerätedaten. Arbeitsplatzbezogene Daten sind weiß, vorgangsbezogene Daten grau und rah-
menlos dargestellt

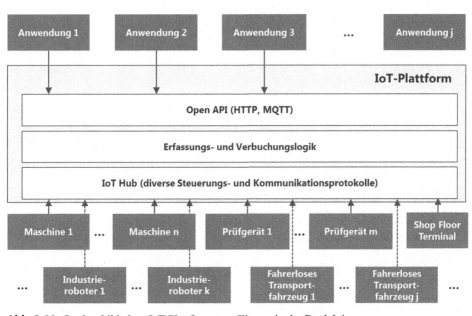

Abb. 3.11 Strukturbild einer IoT-Plattform zum Einsatz in der Produktion

Anlagensteuerungen bei einem geringeren Automatisierungsgrad nicht selbst bereitzustellen in der Lage sind. Abb. 3.11 illustriert die unterschiedliche Schnittstellenfunktion der API und des IoT Hub im Strukturbild einer IoT-Plattform für die Produktion.

Einem vertrauenswürdigen Drittsystem, das in einem Produktionsbetrieb bereits im Einsatz ist, kann der schreibende Zugriff auf den IoT Hub gestattet werden. Im Gegensatz dazu ist es nicht ratsam, beliebigen Anwendungen eine Möglichkeit einzuräumen, die erfassten Produktionsdaten in einem Produktivsystem zu manipulieren. Wenn Anwendungen dennoch der schreibende Zugriff auf das IoT Hub gewährt wird, damit diese Funktionen des Shop Floor Terminals übernehmen, sollten deren Zugriffsberechtigungen zumindest für jeden einzelnen Arbeitsplatz auf den allernotwendigsten Umfang eingeschränkt werden.

In Abb. 3.12 ist die HTTP-Schnittstelle des Bridge IoT Hub dargestellt. Die Primärressourcen *Workplace* und *Operation* treten darin auf, weil die verbuchten Mengen und Zeiten sowohl einen Arbeitsplatzbezug als auch einen Vorgangsbezug haben. Die telemetrischen Daten und Prozessparameter eines Gerätes sind der Primärressource *Device* zugeordnet.

Die HTTP-Schnittstelle verfügt über 7 verschiedene POST-Methoden zur Übermittlung von Maschinen- und Betriebsdaten. Um den Zustand einer Ressource zu ändern, wird diese per POST mit der ID des neuen Zustandes als Pfadvariable aufgerufen. Diesem Schema entsprechend wird zur Übermittlung des Betriebszustandes eines Arbeitsplatzes dieser selbst per POST-Methode aufgerufen und dabei die ID des neuen Betriebszustandes durch einen Schrägstrich getrennt als weitere Pfadvariable übergeben. In gleicher Weise kann auch die Phase eines Vorgangs aktualisiert werden:

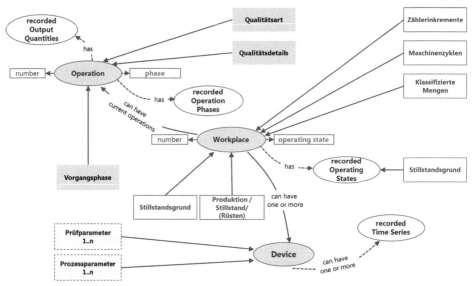

Abb. 3.12 Der Bridge IoT Hub

```
POST  .../operations/{operationId}/{operationPhaseId}
{
     "workplaceId": "string",
     "staffMemberId": "string"
}
```

Abb. 3.13 Änderung der Vorgangsphase

- POST /workplaces/{workplaceId}/{operatingStateId} zum Ändern des Betriebszustandes eines Arbeitsplatzes
- POST /operations/{operationId}/{operationPhaseId} zum Ändern der Vorgangsphase

Mit der *workplaceId* im Rumpf des Methodenaufrufs wird beim Eintritt in eine Rüst- oder Bearbeitungsphase der Arbeitsplatz konkretisiert, auf den sich die mit dem Phasenwechsel einhergehende Arbeitsplatzanmeldung richtet. Die Angabe einer staffMemberId der meldenden Person ist optional und nur für manuelle Meldungen vorgesehen, die auf dem Shop Floor Terminal eines Drittsystems getätigt wurden (vgl. Abb. 3.13).

Zählerinkremente, Maschinenzyklen (Hübe) und klassifizierte Mengen werden, wie in Abb. 3.14 dargestellt, per POST an den jeweiligen Arbeitsplatz übermittelt. Die Angabe einer den Vorgang referenzierenden *operationId* ist bei Arbeitsplätzen erforderlich, an denen mehrere Vorgänge gleichzeitig angemeldet sein können, wie etwa bei einem Bearbeitungszentrum mit Palettenwechsler. Verbucht werden die gemeldeten Mengen in diesem Fall nur auf den entsprechenden Vorgang.

In Abb. 3.15 sind zwei weitere Methoden dargestellt. Die erste dient der Klassifikation einer unbestätigten Menge durch die Bekanntgabe von Qualitätsart und Qualitätsdetails.

```
POST .../workplaces/{workplaceId}/counterIncrements
{
    "workplaceId": "string",
    "operationId": "string",
    "number": 50,
    "counterNumber": "string"
}

POST .../workplaces/{workplaceId}/machineCycles
{
    "workplaceId": "string",
    "operationId": "string",
    "number": 25
}

POST .../workplaces/{workplaceId}/quantites
{
    "workplaceId": "string",
    "operationId": "string",
    "yield": 48,
    "scrap": 1,
    "rework": 1
}
```

Abb. 3.14 Übermittlung von Zählerinkrementen, Maschinenzyklen (Hüben) und klassifizierten Mengen in der HTTP-Schnittstelle des Bridge IoT Hub

```
POST .../operations/{operationId}/qualityDetails
{
    "workplaceId": "string",
    "quantity": 5,
    "qualityTypeId": "string",
    "qualityDetailId": "string",
    "remark": "string",
    "staffMemberId": "string"
}

POST .../workplaces/{workplaceId}/recordedOperatingStates/update
{
    "startDate": "2019-04-12T07:07:56.882Z",
    "endDate": "2019-04-12T08:07:56.882Z",
    "operatingStateId": "string",
    "remark": "string"
    "staffMemberId": "string"
}
```

Abb. 3.15 Klassifikation unbestätigter Mengen und Präzisierung unbegründeter Stillstände in der HTTP-Schnittstelle des Bridge IoT Hub

Die zweite Methode erlaubt die Änderung eines aufgezeichneten Betriebszustandes, insbesondere zur Präzisierung eines unbegründeten Stillstandes.

Meldungen zur Qualitätsart und zu Qualitätsdetails dürfen sich ausschließlich auf die unbestätigten Mengen des temporären Zwischenspeichers beziehen, nicht auf die aufgezeichneten und bereits verbuchten Mengen. Im Gegensatz dazu hat die Präzisierung unbegründeter Stillstände eine Änderung der bereits aufgezeichneten Betriebszustände zur Folge. Handelt es sich dabei um eine manuelle Meldung, die auf dem Shop Floor Terminal eines Drittsystems getätigt wurde, können optional auch die *staffMemberId* und eine Bemerkung der meldenden Person übermittelt werden.

3.7 Industrie 4.0 und das Internet der Dinge im Maschinen- und Anlagenbau

Wie in Abb. 3.11 dargestellt, werden alle Geräte-, Anlagen- und Maschinensteuerungen an den IoT Hub angebunden, der für den erforderlichen Informationsaustausch deren diverse Steuerungs- und Kommunikationsprotokolle implementieren muss. Die Anforderungen an den Informationsaustausch beschränken sich dabei keineswegs auf die strukturelle Interoperabilität, d. h. die reine Konnektivität der angebundenen Anlagen und Maschinen. Der IoT Hub muss aus den spezifischen Signalen der Maschinensteuerungen die in Abb. 3.10 dargestellten Informationen zur Weiterverarbeitung in der Plattform extrahieren. In der Vergangenheit fiel die Zuständigkeit dafür, im IoT Hub die syntaktische und semantische Interoperabilität zwischen der Plattform und allen angebundenen Geräte-, Anlagen- und Maschinensteuerungen zu gewährleisten, auf den Plattformanbieter (vgl. Abschn. 1.7).

Mittlerweile kommt der Maschinen- und Anlagenbau den Plattformanbietern diesbezüglich jedoch zunehmend entgegen, weil eine dauerhafte Wettbewerbsfähigkeit in der Branche kaum noch möglich erscheint, ohne die eigene Marktleistung an der Digitalisierung der Produktion auszurichten. Kooperationen mit Plattformbetreibern und Plattformanbietern sowie eigene Angebotserweiterungen im Bereich der Digitalisierung versprechen nachhaltige Wettbewerbsvorteile. Nicht selten umfassen die geplanten Angebotserweiterungen Funktionen der IoT-Plattform einschließlich einer Reihe von eigenen Anwendungen. Dabei steht der Maschinen- und Anlagenbau heute vor der Entscheidung, sich an theoretischen Konzepten der Industrie 4.0 zu orientieren oder die mit dem Internet der Dinge geschaffenen De-facto-Standards aufzugreifen.

Seit der Hannover Messe 2011 ist der Begriff „Industrie 4.0", was den deutschsprachigen Raum betrifft, sukzessive zu einem der dominierenden Schlagwörter in der Marktkommunikation geworden. Obzwar mittlerweile fast jeder schon einmal von dem Begriff gehört hat, steht die Frage im Raum, was denn unter der vierten industriellen Revolution konkret zu verstehen sei. Im Referenzarchitekturmodell Industrie 4.0 (RAMI 4.0), worin Industrie 4.0 präzisiert wird, erscheint das Konzept zunächst abstrakt und vergleichsweise kompliziert (vgl. [BIT15] und [VG15]). Darin wird eine *serviceorientierte Architektur* (SOA) als gemeinsamer Mechanismus für die Integration aller Teilsysteme festgelegt. Das

Architekturmodell steht damit im Gegensatz zu dem Internet der Dinge, für das es zwar keine offizielle Referenzarchitektur gibt, gleichwohl wurde mit der *ressourcenorientierten Architektur* (ROA) aller gängigen IoT-Plattformen ein De-facto-Standard geschaffen.[5] Das Gestaltungsprinzip einer ressourcenorientierten Architektur ist die Definition von Ressourcen im Rahmen fest vorgegebener Zugriffsmethoden. Das Protokoll des World Wide Web – als das prominenteste Beispiel einer ressourcenorientierten Architektur – erlaubt einzig die durch HTTP spezifizierten Zugriffsmethoden zum Lesen, Erstellen, Ändern und Löschen einer Ressource. Gegensätzlich dazu basiert das Gestaltungsprinzip einer serviceorientierten Architektur auf der Definition von *Diensten*, deren spezifische Funktion jeweils einer individuellen Zugriffsmethode entspricht. Selbst wenn zur Implementierung einer serviceorientierten Architektur HTTP als Transportprotokoll verwendet wird, treten dessen Methoden in der Anwendungsprogrammierschnittstelle nicht auf. Stattdessen wird die API in eine übergeordnete Protokollebene verlagert und für jeden Dienst eine eigene Zugriffsmethode definiert.[6]

Im Referenzarchitekturmodell Industrie 4.0 wird OPC-UA als Standard für den darin definierten *Communication Layer* spezifiziert. Dieser Layer ist innerhalb der dreidimensionalen Schichtenarchitektur dazu vorgesehen, die strukturelle Interoperabilität im Rahmen des Architekturmodells zu gewährleisten. Was die Kommunikationsprotokolle betrifft, steht OPC-UA in Deutschland bisweilen fast schon als Synonym für Industrie 4.0. Dessen ungeachtet handelt es sich bei OPC-UA um alles andere als das Protokoll des Internets der Dinge. Nahezu jede IoT-Plattform unterstützt MQTT zur Anbindung von Geräten, wohingegen OPC-UA zwar im IoT Hub der speziell auf den industriellen Einsatz ausgerichteten IoT-Plattformen implementiert ist, darüber hinaus hingegen einen vergleichsweise geringen Stellenwert hat. Insbesondere in der Anwendungsentwicklung ist OPC-UA weitgehend unbekannt und als API auch auf Grund seiner unnötig komplizierten Architektur vollkommen unattraktiv.

Wo OPC-UA lediglich zur Anbindung von Maschinen und Anlagen an eine IoT-Plattform verwendet wird, bleibt es für Anwendungsentwickler unsichtbar. Diese können über die HTTP API der Plattform auf die erfassten Maschinendaten und die aufgezeichneten Zeitreihen der Prozessdaten zugreifen, ohne mit OPC-UA konfrontiert zu werden. Anders verhält es sich, wenn telemetrische Daten per Publish/Subscribe-Messaging Anwendungen in Echtzeit zur Verfügung gestellt werden sollen. Unternehmen im Bereich des Maschinen- und Anlagenbaus, welche als Produkterweiterung oder auch als festen Produktbestandteil eigene IoT-Lösungen auszuliefern erwägen, sollten die

---

[5]Auf Grund ihrer HTTP API entsprechen IoT-Plattformen einer ressourcenorientierten Architektur (vgl. beispielsweise [Mic, Ama, Goo, IBMb, Sam, SAP] oder [Ora]). RAMI 4.0 wurde unter Ausschluss der breiten Öffentlichkeit von Industrieverbänden entwickelt, das Internet der Dinge entstand dagegen aus der Eigendynamik einer offenen Beteiligung. Auch in diesem Punkt ist das Internet der Dinge mit dem World Wide Web vergleichbar, zumal es dessen Protokoll und Architekturstil aufgreift.

[6]In der übergeordneten Protokollebene wird gewöhnlich SOAP verwendet, was ursprünglich als Abkürzung für Simple Object Access Protocol stand.

Echtzeitübertragung telemetrischer Daten auf der Basis von MQTT implementieren, um die *strukturelle Interoperabilität* mit Anwendungen im Internet der Dinge sicherzustellen.[7] Zwar macht MQTT selbst keine Vorgaben, wie strukturierte Daten zur seriellen Übertragung als Bytesequenz auf der Anwendungsebene zu codieren sind, im Internet der Dinge ist JSON jedoch der unangefochtene De-facto-Standard. JSON gewährleistet die *syntaktische Interoperabilität* mit jeder IoT-Plattform und allen Anwendungen im Internet der Dinge.

Auf semantischer Ebene ist die konkrete Darstellung von Zeitreihen telemetrischer Daten in allen IoT-Plattformen ähnlich, dennoch gibt es geringfügige Unterschiede. Um auch die *semantische Interoperabilität* mit allen IoT-Plattformen sicherzustellen, muss das JSON-Format zur Übertragung von Zeitstempeln und Messwerten hinsichtlich seiner Bezeichner und Struktur konfigurierbar sein. Alternativ dazu können vorkonfigurierte Formate statisch vorgegeben werden. Abb. 3.16 zeigt eine der im Bridge IoT Hub zur Übertragung telemetrischer Daten verwendeten Strukturen. Sie ist mit der Datenstruktur identisch, die für die in der Vergangenheit aufgezeichneten Zeitreihen telemetrischer Daten in *devices/{id}/recordedTimeSeries* verwendet wird (vgl. [Coma]).

Der Zeitstempel wird, wie in allen IoT-Plattformen, mit dem in ISO 8601 definierten Zeitformat codiert, der Messwert als Fließkommazahl. Das Tag kann aus einem einzigen oder mehreren Zeichen bestehen. Es stellt den Bezug zu der dahinter stehenden Messgröße her, die ihrerseits am jeweiligen Gerät hinterlegt ist, um nicht redundant mit jedem Datensatz übertragen werden zu müssen. Abb. 3.17 zeigt das im Bridge IoT Hub verwendete Format zur Übertragung telemetrischer Daten mit mehreren zeitgleich erhobenen Datenpunkten.

Die Zuordnung von Tags zu einer bestimmten Messgröße und deren Einheit wird im Bridge IoT Hub beim Anlegen der Primärressource *device/{id}* definiert (vgl. Abb. 3.18). Maschinen- und Anlagensteuerungen, die telemetrische Daten über MQTT in der in Abb. 3.16 oder 3.17 dargestellten Weise Anwendungen zur Verfügung stellen, sind in vollem Umfang Bridge-kompatibel. Durch geringfügige Anpassungen dieser Formate kann auch die Kompatibilität mit solchen IoT-Plattformen erzielt werden, die nicht dieselben Elemente und Bezeichner wie in den beiden Übertragungsformaten aufweisen.

Viele Unternehmen im Maschinen- und Anlagenbau gehen mittlerweile darüber hinaus, Daten lediglich für die Weiterverarbeitung in einer IoT-Plattform bereitzustellen, sondern

```
{
    "timestamp": "2019-04-14T12:21:32.313Z",
    "tag": "string",
    "value": "string"
}
```

Abb. 3.16 Minimalistisches, leichtgewichtiges JSON-Format zur Übertragung telemetrischer Daten in Brigde API

---

[7]Eine auf OPC-UA basierende zusätzliche Schnittstelle ist dadurch nicht ausgeschlossen.

```
{
    "timestamp": "2019-04-14T12:21:32.313Z",
    "datapoints" [
        {
            "tag": "string",
            "value": "string"
        }
    ]
}
```

Abb. 3.17 Leichtgewichtiges JSON-Format zur Übertragung telemetrischer Daten mit mehreren zeitgleich erhobenen Datenpunkten in Brigde API

```
curl -X POST "http://$HOST:$PORT/$PATH/devices"
{
    "name": "cooling systems",
    "description": "",
    "recordedPhysicalQuantities": [
        {
            "tag": "T1",
            "name": "internal temperature",
            "physicalQuantity": "Temperature",
            "unit": "Kelvin"
        }
    ],
    "onlineTimeSeries": {
        "protocol": "MQTT",
        "method": "SUBSCRIBE",
        "href": "mqtt://third-party-system:1883/ \
            timeSeries"
    },
    "recordedTimeSeries": {
        "protocol": "HTTPS",
        "method": "GET",
        "href": "https://third-party-system:24080/ \
            recordedTimeSeries"
    },
    "workplaceId": "string"
}
```

Abb. 3.18 Zuordnung eines Gerätes zu einem Arbeitsplatz, um Drittsystemen einen Auftrags- und Arbeitsplatzbezug der aus dem Gerät ausgelesenen Daten zu gewährleisten

liefern ihren Kunden eigene Anwendungen zur Analyse und Auswertung vergangenheitsbezogener Daten aus. Sollen Zugriffsmöglichkeiten auf diese Daten nicht nur den eigenen Anwendungen gewährt werden, sondern die Kunden als Anwender selbst über ihre Daten verfügen können, bedarf es einer Open API. Die API muss die Versorgung aller Anwendungen mit den von der Maschine oder Anlage erfassten Daten ermöglichen – seien es die eigenen, seien es vom Kunden erstellte Anwendungen oder die von Drittanbietern.

Bei den erfassten Daten handelt es sich gewöhnlich um Zeitreihen aufgezeichneter Sensorwerte und Prozessparameter sowie um aufgezeichnete Betriebszustände und ausgebrachte Mengen. Die Anforderungen hinsichtlich des Zugriffs auf solche vergangenheitsbezogenen Daten seitens der Anwender sind andere als bei Echtzeitdaten. Bei vergangenheitsbezogenen Daten geht es nicht darum, ununterbrochen über aktuelle Änderungen informiert zu werden, sondern im Falle einer konkreten Anfrage, die sich auf einen bestimmten Vergangenheitszeitraum und einen oder mehrere bestimmte Arbeitsplätze bezieht, die angefragten Informationen zu erhalten. Dementsprechend müssen aufgezeichnete Daten mit Vergangenheitsbezug per Request/Response-Messaging zur Verfügung gestellt werden. Im Internet der Dinge heißt das, diese als Ressourcen in einer HTTP API abzubilden.[8] In Bridge API wird, wie in den meisten IoT-Plattformen, für die aufgezeichneten Daten dieselbe Datenstruktur wie für Online-Daten, d. h. die in Abb. 3.16 dargestellte Datenstruktur verwendet (vgl. [Coma]).

Eine große Unzulänglichkeit der generischen IoT-Plattformen im Vergleich zu einer speziell für den Einsatz in der Produktion konzipierten IoT-Plattform ist der fehlende, d. h. in der API nicht erkennbare Auftragsbezug. Die Rolle auftrags- und vorgangsbezogener Daten wurde in Hinblick auf die Berechnung von Leistungskennzahlen in den vorangegangenen Abschnitten dieses Kapitels ausführlich dargelegt. Aus der Maschinendatenerfassung allein ergibt sich keine hinreichende Datengrundlage zur Erzeugung eines umfassenden Gesamtbildes. Allein zur Bestimmung des Leistungsgrades eines Arbeitsplatzes muss die am Vorgang des Fertigungsauftrags hinterlegte Sollzeit pro Einheit verrechnet werden. Die vollständige OEE als Produkt aus Verfügbarkeit, Leistungsgrad und Qualitätsrate ist daher nur durch die Verknüpfung auftrags- und vorgangsbezogener Daten mit den Maschinendaten zu ermitteln. Dass prozessbezogene Kennzahlen, wie die OPE, in isolierter Betrachtung einzelner Arbeitsplätze erst recht nicht ermittelt werden können, bedarf keiner weiteren Erklärung.

Um in der Anwendungsprogrammierschnittstelle die von Maschinen- oder Anlagenhersteller bereitgestellten telemetrischen Daten mit dem jeweils aktuellen Auftrags- und Arbeitsplatzbezug in Echtzeit zur Verfügung zu stellen, bietet der Bridge IoT Hub die in Abb. 3.18 dargestellte POST-Methode an.

Das Gerät erscheint daraufhin in der Liste der dem Arbeitsplatz zugeordneten Geräte /workplaces/{id}/devices mit jeweils einem Verweis auf die Zeitreihen der in Echtzeit übertragenen telemetrischen Gerätedaten und die aufgezeichneten Zeitreihen der Vergangenheit. In Abb. 3.19 ist die Response der Methode GET /devices/{id} für ein solches Gerät dargestellt.

Durch den Bezug zu einem Fertigungsauftrag werden telemetrische Daten von Anlagen und Maschinen mit Informationen aus dem Arbeitsplan und der Betriebsdatenerfassung zusammengeführt. Erst daraus ergibt sich ein lückenloses Abbild des Fertigungsprozesses und der Produkthistorie. Zu den Informationen aus dem Arbeitsplan gehören unter

---

[8]Die HTTP API kann in gewisser Weise als Wesensmerkmal einer IoT-Plattform betrachtet werden, vgl. beispielsweise [Mic, Ama, Goo, IBMb, Sam, SAP] oder [Ora].

```
{
    "id": "string",
    "name": "cooling systems",
    "description": "",
    "recordedPhysicalQuantities": [
        {
            "tag": "T1",
            "name": "internal temperature",
            "physicalQuantity": "Temperature",
            "unit": "Kelvin"
        }
    ],
    "_links" : {
        "onlineTimeSeries" : {
            "protocol": "MQTT",
            "method" : "SUBSCRIBE",
            "embeddable" : false,
            "href" : "mqtt:// third-party-system:1883/timeSeries"
        },
        "recordedTimeSeries" : {
            "method" : "GET",
            "embeddable" : false,
            "href" : "https:// third-party-system:24080/ \
            recordedTimeSeries"
        }
    }
}
```

Abb. 3.19 Gerät mit Verweis auf die von einem Drittsystem erfassten Daten

anderem das produzierte Material, im ERP-System gepflegte Sachmerkmale des Materials, die Fertigungsversion und die Sollzeit pro Einheit. Bei den im Rahmen der Betriebsdatenerfassung und Produktrückverfolgung gesammelten Daten handelt es sich um die Chargen- oder Seriennummern des Ausgangsmaterials, die Qualifikation der Maschinenbediener sowie die Arbeitsplätze und Prozessparameter der vorangegangenen und nachfolgenden Arbeitsvorgänge innerhalb eines Fertigungsauftrags oder eines Auftragsnetzes. Erst das umfassende Gesamtbild des Fertigungsprozesses liefert eine vollständige und hinreichende Datengrundlage für die durchgängige Produktrückverfolgung (*Track and Trace*) und für ganzheitliche Prozessoptimierungen bis hin zu einer proaktiven Qualitätssicherung (*Predictive Quality Assurance*).

Literatur

[Ama] Amazon. AWS IoT – *Swagger Specification*. Letzter Zugriff: 01.03.2019. URL: https://docs. aws.amazon.com/iot/latest/apireference/Welcome.html

[BIT15] ZVEI BITKOM VDMA. *Umsetzungsstrategie Industrie 4.0 – Ergebnisbericht der Plattform Industrie 4.0, Herausgeberkreis*. Letzter Zugriff: 01.03.2019. Apr. 2015. URL: https:// www.its-owl.de/fileadmin/PDF/Industrie_4.0/2015-04-10_Umsetzungsstrategie_Industrie_4.0_ Plattform_Industrie_4.0.pdf

[Coma] FORCE Bridge Community. *Swagger Specification and Download*. Letzter Zugriff: 14.12.2019. URL: https://docs.forcebridge.io/api/

[Goo] Google. *Google Cloud IoT – Swagger Specification*. Letzter Zugriff: 01.03.2019. URL: https://cloud.google.com/docs/

[IBMb] IBM. *Watson IoT – Swagger Specification*. Letzter Zugriff: 01.03.2019. URL: https://console.bluemix.net/docs/services/IoT/reference/api.html#api_overview

[Mic] Microsoft. *Microsoft Azure IoT Suite – Swagger Specification*. Letzter Zugriff: 01.03.2019. URL: https://msdn.microsoft.com/en-us/library/azure/mt548492.aspx

[Ora] Oracle. *Oracle IoT – Swagger Specification*. Letzter Zugriff: 01.03.2019. URL: https://docs.oracle.com/en/cloud/paas/iot-cloud/iotrq/toc.htm

[Sam] Samsung. *Artik IoT Platform – Swagger Specification*. Letzter Zugriff: 01.03.2019. URL: https://developer.artik.cloud/documentation/api-reference/

[SAP] SAP. *SAP IoT – Swagger Specification*. Letzter Zugriff: 01.03.2019. URL: https://help.sap.com/viewer/350cb3262cb8496b9f5e9e8b039b52db/1.70.0.0/en-US

[VG15] VDI/VDE-Gesellschaft. *Statusreport – Referenzarchitekturmodell Industrie 4.0 (RAMI4.0)*. Letzter Zugriff: 01.03.2019. Apr. 2015. URL: https://www.vdi.de/fileadmin/user_upload/VDI-GMA_Statusreport_Referenzarchitekturmodell-Industrie40.pdf

Die virtuelle Fabrik

4

In den vorangegangenen Abschnitten wurden die aus der Maschinen- und Betriebsdatenerfassung gewonnenen Informationen betrachtet, die in Bridge API digital abgebildet werden. Anwendungen für die Smart Factory können auf dieses digitale Abbild der Produktion zugreifen, um beispielsweise die aktuelle Situation in den einzelnen Fertigungsbereichen zu visualisieren (vgl. Abb. 4.1).

Da Anwendungen alle Informationen ausschließlich aus der API beziehen, ist es auf Anwendungsebene nicht erkennbar, ob sich hinter der Schnittstelle ein realer Produktionsbetrieb oder eine simulierte virtuelle Fabrik verbirgt. Das in Abb. 4.1 visualisierte Abbild eines fiktiven Fertigungsbereichs ist beispielsweise vollständig simuliert. Die Detailangaben zu den Arbeitsplätzen zeigen unter anderem deren Betriebszustände, die laufenden Vorgänge und deren Fortschritt, das jeweils zu produzierende Material sowie die bisher ausgebrachten Gutmengen, Ausschuss- und Nacharbeitsmengen an.

Zu Zwecken der Lehre, aber auch als Testumgebung für Anwendungsentwickler stellt die FORCE Bridge Community mit der *Virtual Production Environment* eine virtuelle Produktionsumgebung zur Verfügung.[1] Darin wird die gesamte Auftragsabwicklung von der Auftragsgenerierung und Freigabe im ERP-System über die Anmeldung der einzelnen Vorgänge am Shop Floor Terminal bis hin zu deren Bearbeitung auf den verschiedenen Arbeitsplätzen simuliert. Die Virtual Production Environment erzeugt dazu einen in die IoT-Plattform einlaufenden Datenfluss. Bestandteil dessen sind zum einen die Informationen, welche in einer realen Produktionsumgebung vom ERP-Adapter an die Plattform übertragen werden und zum anderen alle Eingangssignale des IoT Hub, die in einer realen Produktionsumgebung von den Steuerungen der Maschinen oder von einem Shop Floor Terminal ausgehen.

---

[1] Kostenlose Anmeldung unter http://education.forcebridge.io. Zugegriffen am 01.03.2019.

© Springer-Verlag GmbH Deutschland, ein Teil von Springer Nature 2020   113
A. Sinsel, *Das Internet der Dinge in der Produktion*,
https://doi.org/10.1007/978-3-662-59761-3_4

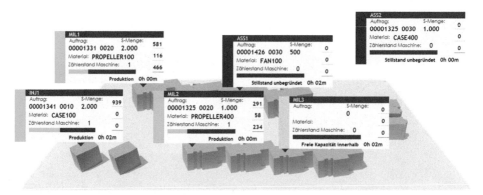

Abb. 4.1 Visualisierung der Betriebszustände und des Produktionsfortschritts in einem Fertigungs-bereich

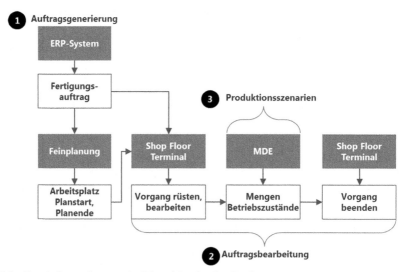

Abb. 4.2 Simulationwerkzeuge der Virtual Production Environment

Wie in Abb. 4.2 illustriert ist, stellt die Virtual Production Environment drei Kom-ponenten zur Verfügung, die unabhängig voneinander konfiguriert werden können. Die folgenden Abschnitte beschreiben jeweils die Konfiguration einer dieser Komponenten. Im letzten Abschnitt wird erläutert, wie in der virtuellen Fabrik die Schwierigkeiten beispiel-haft veranschaulicht werden können, die eine zunehmende Produktvielfalt bei geringeren Ausbringungsmengen der Fertigungsplanung und Fertigungssteuerung bereitet.

4.1 Auftragsgenerierung

Eine Versorgung der Produktion mit Fertigungsaufträgen seitens des ERP-Systems wird dadurch simuliert, dass die Virtual Production Environment in regelmäßigen Zeitintervallen freigegebene Aufträge generiert. Hierzu muss ein bereits existierender Fertigungsauftrag als Vorlage gewählt werden, dessen Vorgänge mit ihren Fertigungshilfsmitteln und Komponenten in den neu generierten Fertigungsaufträgen übernommen werden. Das herzustellende Produkt wird ebenfalls aus der Vorlage übernommen, die Sollmenge kann jedoch in der Detailansicht der Kopfdaten überschrieben werden (vgl. Abb. 4.3). Zu jeder konfigurierten Auftragsgenerierung existieren ein Name und eine Beschreibung. Es wird empfohlen, das herzustellende Produkt und gegebenenfalls die Fertigungsversion als Name zu wählen.

Abhängig von der angegebenen Sollmenge wird der Vorgabewert für die Durchführungszeit des gesamten Fertigungsauftrages automatisch ermittelt. In der Detailansicht besteht zusätzlich die Möglichkeit, Vorlaufzeit und Zeitpuffer zu definieren. Die Vorlaufzeit ist die Zeit zwischen der Freigabe eines Fertigungsauftrags und dessen Eckstarttermin. Die Pufferzeit wird zur Solldurchführungszeit hinzuaddiert, um den Zeitabstand des Eckendtermins vom Eckstarttermin zu ermitteln (vgl. Abb. 4.4). Entfällt die Pufferzeit, dann ergeben sich bei der Vorwärts- und der Rückwärtsterminierung dieselben Termine, d. h., alle frühesten und spätesten Start- bzw. Endtermine der Vorgänge wären dann identisch. Der vorgegebene Wert für die Pufferzeit beträgt 48 Stunden.

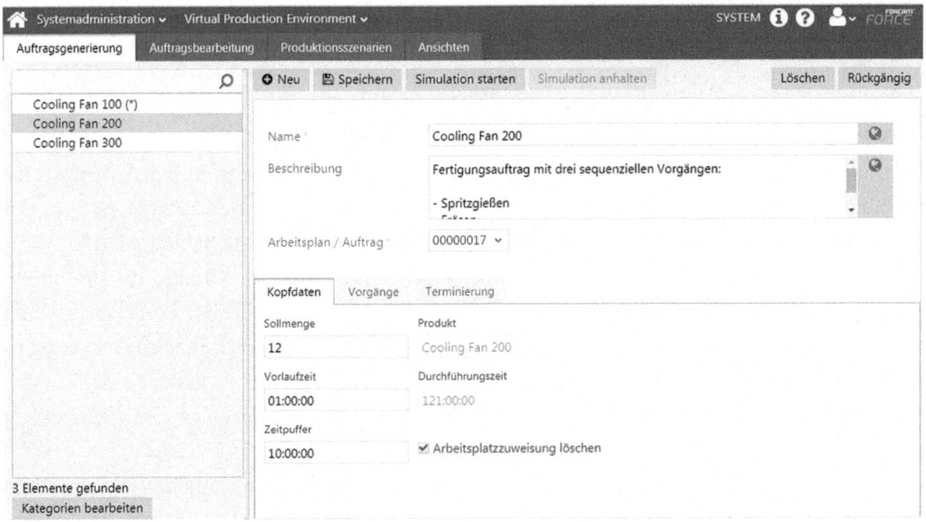

Abb. 4.3 Konfiguration der Auftragsgenerierung

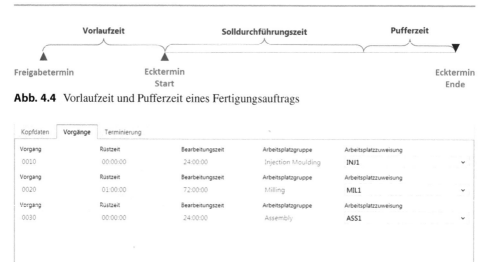

Abb. 4.4 Vorlaufzeit und Pufferzeit eines Fertigungsauftrags

Abb. 4.5 Vorgangsübersicht und Arbeitsplatzzuweisung

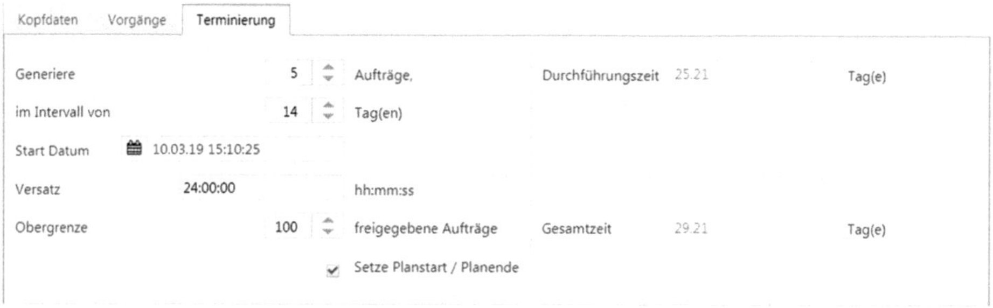

Abb. 4.6 Terminierung der Auftragsgenerierung

Standardmäßig wird die Arbeitsplatzzuweisung der Vorgänge aus dem ursprünglichen Fertigungsauftrag beibehalten, was sich stets dann empfiehlt, wenn keine Auftragsfeinplanung vorgenommen wird. Anderenfalls werden die generierten Vorgänge nur der entsprechenden Kapazitätsgruppe, jedoch keinem konkreten Arbeitsplatz zugeteilt.

Rüstzeiten und Übergangszeiten der Vorgänge werden aus der Vorlage übernommen, die Bearbeitungszeit dagegen anhand der Sollmenge errechnet. Im Reiter *Vorgänge* können diese Zeiten eingesehen werden (vgl. Abb. 4.5). Dort ist es auch möglich, einzelne Vorgänge einem anderen Arbeitsplatz innerhalb ihrer Kapazitätsgruppe zuzuordnen, sofern bei der Konfiguration der Kopfdaten die Arbeitsplatzzuweisung nicht durch die Aktivierung der entsprechenden Checkbox gelöscht wurde.

Im Reiter *Terminierung* wird festgelegt, wie viele Fertigungsaufträge in welchen Zeitintervallen generiert werden sollen (vgl. Abb. 4.6). Zudem wird der Startzeitpunkt der ersten Auftragsgenerierung bestimmt. Der Zeitpunkt ihrer Generierung ist auch der Freigabetermin der einzelnen Aufträge. Wenn beispielsweise vorgesehen ist, jeden Freitagmittag 5 Aufträge freizugeben, dann ist ein Intervall von 7 Tagen zu wählen und das Startdatum

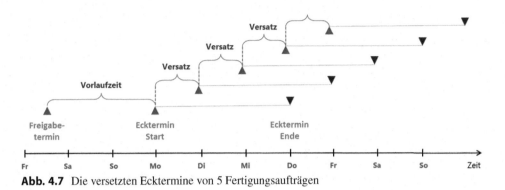

Abb. 4.7 Die versetzten Ecktermine von 5 Fertigungsaufträgen

auf einen Freitagmittag zu setzen. Sollen die einzelnen Fertigungsaufträge verschiedene Ecktermine erhalten, sodass jeder der 5 Fertigungsaufträge seinen Eckstarttermin an einem anderen Wochentag hat, ist zudem ein Versatz von 24 Stunden festzulegen (vgl. Abb. 4.7).

Durch die Obergrenze wird die Anzahl der freigegebenen und noch nicht begonnenen Aufträge, die dasselbe Material produzieren, eingeschränkt. Die Auftragsgenerierung entfällt, wenn deren Anzahl zum Zeitpunkt der geplanten Auftragsfreigabe den dort angegebenen Wert überschreitet. Die Option, den geplanten Starttermin und den geplanten Endtermin der Vorgänge bei der Auftragsgenerierung automatisch mit dem terminierten Starttermin vorzubelegen, ist zweckmäßig, falls keine Auftragsfeinplanung vorgenommen wird. In diesem Fall werden die terminierten Termine der Vorgänge als Plantermine übernommen. Letztere sind das Ergebnis einer Vorwärtsterminierung, die unmittelbar zum Zeitpunkt der Auftragsfreigabe ausgeführt wird. Rechts in der Detailansicht wird die kumulierte Durchführungszeit der pro Zeitintervall generierten Fertigungsaufträge in Tagen und die für deren Abwicklung unter Berücksichtigung des konfigurierten Versatzes mindestens benötigte Gesamtzeit angezeigt.

Bei der Auftragsgenerierung besteht ein Zielkonflikt zwischen hundertprozentiger Liefertreue und maximal möglicher Auslastung der Arbeitsplätze (Maximierung des Belegungsgrades). Werden zu wenige Fertigungsaufträge freigegeben, ist es bei der Auftragsfeinplanung grundsätzlich nicht möglich, alle Arbeitsplätze durchgehend zu belegen. Wenn dagegen zu viele Fertigungsaufträge freigegeben werden, besteht keine Chance, alle Fertigungsaufträge termingerecht zu planen.

Unter der Annahme, dass jeder Vorgang eines Fertigungsauftrags einer anderen Kapazitätsgruppe zugeordnet ist, gibt die Durchführungszeit des längsten Vorgangs einen Anhaltspunkt für den bei der Auftragsgenerierung zu konfigurierenden Versatz. Indem für den Versatz die Durchführungszeit des längsten Vorgangs innerhalb des Fertigungsauftrags festgelegt wird, können alle Aufträge der Reihe nach termingerecht beendet werden. Eine Voraussetzung dafür ist, dass im betrachteten Zeitbereich keine anderen Fertigungsaufträge generiert werden, welche die benötigten Arbeitsplätze belegen. Hat jede Kapazitätsgruppe n Arbeitsplätze, die nicht anderweitig belegt werden, genügt es bereits, für den Versatz den n-ten Teil der Durchführungszeit des längsten Vorgangs festzulegen.

Weil in einem realistischen Produktionsszenario Effektivitätsverluste auftreten, ist zur Ermittlung des Versatzes der Anteil der Sollbearbeitungszeit an der Solldurchführungszeit des längsten Vorgangs mit einem Verzögerungsfaktor zu multiplizieren, der durch das jeweilige Produktionsszenario implizit vorgegeben wird. Zusätzlich sind Schichtpausen und Freischichten anteilig bei der Bestimmung des Versatzes zu berücksichtigen. In Hinblick auf das konkrete Produkt stellt der Arbeitsplatz des Vorgangs mit der längsten Durchführungszeit einen Engpass dar. Bei einer vollen Auslastung des Engpassarbeitsplatzes werden die übrigen Arbeitsplätze in der Regel einen Belegungsgrad von weniger als 100 Prozent haben. Die einfachste Variante, einen maximalen Belegungsgrad zu simulieren, besteht darin, ausnahmslos nur Fertigungsaufträge zu generieren, deren Vorgänge gleich lange Durchführungszeiten haben.

4.2 Produktionsszenarien

Zur Simulation der Auftragsabwicklung müssen zunächst Produktions-szenarien definiert werden, die beschreiben, in welchen Zeitabständen sich der Betriebszustand eines Arbeitsplatzes ändert, Mengensignale generiert, Mengen klassifiziert und Stillstände begründet werden. Dadurch werden implizit auch die Prozessverfügbarkeit, der Leistungsgrad und die Qualitätsrate bei der Bearbeitung eines Vorgangs festgelegt, aus denen sich wiederum der Verzögerungsfaktor für die Bearbeitungszeit errechnet.

Im Reiter *Produktionsszenarien* können beliebig viele verschiedene Szenarien durch die Angabe einer Rüst-, Bearbeitungs- und Abrüstsequenz definiert werden. Diese Sequenzen von Meldungen werden in der Rüstphase bzw. in der Bearbeitungsphase bzw. vor Beendigung eines Vorgangs automatisch generiert. Die Beschreibung einer Meldesequenz erfolgt zeilenbasiert in dem jeweiligen Reiter. Jede Zeile besteht aus der Angabe eines Zeitversatzes und dem zu simulierenden Meldeereignis (vgl. Abb. 4.8).

In der ersten Zeile bezieht sich der Zeitversatz initial auf den Beginn der jeweiligen Vorgangsphase, in allen weiteren Zeilen stets auf die vorangegangene Meldung. Wurde die Bearbeitungssequenz vollständig abgespielt, bevor die Sollmenge des angemeldeten Vorgangs erreicht ist, wird diese so oft wiederholt, bis die ausgebrachte Gutmenge der Sollmenge entspricht. Im Falle einer Wiederholung bezieht sich der Zeitversatz in der ersten Zeile auf die zuletzt generierte Meldung in der letzten Zeile. Der Zeitversatz kann explizit oder als Platzhalter definiert werden. Die verschiedenen Möglichkeiten dazu sind in Tab. 4.1 aufgelistet.

Rüstsequenz und Abrüstsequenz dürfen leer sein, in der Bearbeitungssequenz muss dagegen mindestens eine Gutmenge ausgebracht und als solche klassifiziert werden, weil die Bearbeitungssequenz sonst nicht abbrechen würde. In Tab. 4.2 sind alle Meldeereignisse aufgelistet, die in einem Produktionsszenario definiert werden können.

Die im Reiter *Begründungen* konfigurierten Stillstands-, Ausschuss- und Nacharbeitsgründe werden bei den einzelnen Detailmeldungen nacheinander verwendet. Falls dort

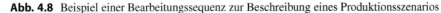

Abb. 4.8 Beispiel einer Bearbeitungssequenz zur Beschreibung eines Produktionsszenarios

Tab. 4.1 Mögliche Schreibweisen für den Zeitversatz einer Meldung

Schreibweise	Beschreibung
Sekunden	Angabe einer beliebigen Anzahl von Sekunden
Minuten:ss	Angabe einer beliebigen Anzahl von Minuten, gefolgt von einer zweistelligen Sekundenangabe durch einen Doppelpunkt getrennt. Die Sekundenangabe darf nicht größer als 59 sein
Stunden: mm:ss	Angabe einer beliebigen Anzahl von Stunden, gefolgt von den Minuten und Sekunden jeweils durch einen Doppelpunkt getrennt. Die Minuten- und Sekundenangaben dürfen beide nicht größer als 59 sein
[ttpu]	Der Platzhalter steht für *Target Time per Unit* und wird durch die Sollzeit pro Einheit des jeweils durchgeführten Vorgangs ersetzt
[tst]	Der Platzhalter steht für *Target Setup Time* und wird durch die Sollrüstzeit des jeweils durchgeführten Vorgangs ersetzt
[ttt]	Der Platzhalter steht für *Target Teardown Time* und wird durch die Sollabrüstzeit des jeweils durchgeführten Vorgangs ersetzt

keine Gründe spezifiziert sind, wird der jeweils gemeldete Grund zufällig aus der Menge aller überhaupt definierten Gründe ausgewählt.

Der Einsatz von Platzhaltern bei der Angabe des Zeitversatzes erlaubt es, Prozessverfügbarkeit, Leistungsgrad und Qualitätsrate implizit in einem Produktionsszenario festzulegen. Hierzu sei das Beispiel einer Bearbeitungssequenz aus Abb. 4.9 betrachtet. Da in der Bearbeitungsphase dieses Beispielszenarios bis zur Produktion einer Gutmenge stets die vierfache Sollzeit pro Einheit vergangen ist und davon jeweils ein Viertel Stillstandszeiten sind, beträgt die Prozessverfügbarkeit 75 %. In den Produktionszeiten, deren

Tab. 4.2 Meldeereignisse, die in einem Produktionsszenario definiert werden können

Ereignis	Beschreibung
Production	Der Arbeitsplatz wechselt in den Betriebszustand Produktion
Stoppage	Der Arbeitsplatz wechselt in den Betriebszustand eines unbegründeten Stillstandes
Yield n	Der Arbeitsplatz meldet n Hübe bzw. ein Zählerinkrement von n bzw. eine Gutmenge von n Mengeneinheiten. Im Falle von Hüben werden diese mit der Menge pro Maschinenzyklus multipliziert und das Produkt später als Gutmenge klassifiziert. Im Falle eines Zählerinkrements wird dieses später als Gutmenge klassifiziert
Scrap n	Der Arbeitsplatz meldet n Hübe bzw. ein Zählerinkrement von n bzw. eine Ausschussmenge von n Mengeneinheiten. Im Falle von Hüben werden diese mit der Menge pro Maschinenzyklus multipliziert, das Produkt später als Ausschussmenge klassifiziert und ein Ausschussgrund angegeben. Im Falle eines Zählerinkrements wird dieses später als Ausschussmenge klassifiziert und ein Ausschussgrund angegeben
Rework n	Der Arbeitsplatz meldet n Hübe bzw. ein Zählerinkrement von n bzw. eine Nacharbeitsmenge von n Mengeneinheiten. Im Falle von Hüben werden diese mit der Menge pro Maschinenzyklus multipliziert, das Produkt später als Nacharbeitsmenge klassifiziert und ein Nacharbeitsgrund angegeben. Im Falle eines Zählerinkrements wird dieses später als Nacharbeitsmenge klassifiziert und ein Nacharbeitsgrund angegeben
Details	Am Shop Floor Terminal werden Stillstandsgründe angegeben, noch nicht klassifizierte Mengen als Gutmenge, Ausschuss- oder Nacharbeitsmenge klassifiziert und bestätigt. Im Falle von Ausschuss oder Nacharbeit werden Gründe spezifiziert

Abb. 4.9 Beispielszenario mit einem Verzögerungsfaktor von 4

```
[ttpu]    stoppage
[ttpu]    production
[ttpu]    rework 1
[ttpu]    yield 1
[ttpu]    stoppage
[ttpu]    production
[ttpu]    scrap 1
[ttpu]    yield 1
00:00:00  details
```

Dauer je das Dreifache der Sollzeit pro Einheit beträgt, werden zwei Mengeneinheiten ausgebracht, woraus ein Leistungsgrad von 2/3 oder rund 66,67 % resultiert. Weil nur jede zweite gemeldete Mengeneinheit als Gutmenge klassifiziert ist, folgt eine Qualitätsrate von 50 %. Das Produkt der Kennzahlen ergibt 0,25 und der Kehrwert daraus einen Verzögerungsfaktor von 4.

Produktionsszenarien mit einem fest vorgegebenen Zeitversatz zwischen den einzelnen Meldungen wirken vor allem bei einer sich mehrfach wiederholenden Bearbeitungs-sequenz unrealistisch. Um jenen einen realistischeren Anschein zu geben, besteht die Möglichkeit, Varianzen zu definieren. Im letzten Reiter kann sowohl für den Zeitversatz

als auch für die in den Sequenzen angegebene Gutmenge, Ausschussmenge und Nacharbeitsmenge eine Varianz konfiguriert werden. Ferner wird dort festgelegt, ob Stillstands-,
Ausschuss- und Nacharbeitsgründe in der konfigurierten oder in einer zufälligen Reihenfolge zuzuweisen sind.

4.3   Auftragsbearbeitung

Die Virtual Production Environment gestattet es, die Rahmenbedingungen der Auftragsabwicklung für jeden Arbeitsplatz individuell zu konfigurieren. Im Reiter *Auftragsbe-
arbeitung* sind in der Navigationsleiste die Kapazitätsgruppen mit ihren Arbeitsplätzen
aufgelistet (vgl. Abb. 4.10). Bei der Konfiguration ist vorweg festzulegen, welche men-
genbezogenen Maschinensignale (Hübe, Zählerinkremente oder klassifizierte Mengen)
an einem Arbeitsplatz simuliert werden sollen, was die im vorangegangenen Abschnitt
geschilderten Produktionsszenarien offen lassen. Dadurch kann jedes Szenario auf jedem
beliebigen Arbeitsplatz ausgeführt werden, sei es eine Spritzgießmaschine oder Presse mit
Hubsignalen oder ein Montagearbeitsplatz.

Für den Automatisierungsgrad der simulierten Auftragsabwicklung stehen zwei Vari-
anten zur Auswahl. Bei der standardmäßig vorselektierten vollautomatischen Auftragsabwicklung werden Vorgänge automatisch angemeldet, deren Durchführung bis zum
Erreichen der Sollmenge mit einem bestimmten Produktionsszenario simuliert und die
Vorgänge daraufhin automatisch abgemeldet. Bei der halbautomatischen Auftragsabwicklung müssen die Vorgänge manuell am Shop Floor Terminal an- und abgemeldet

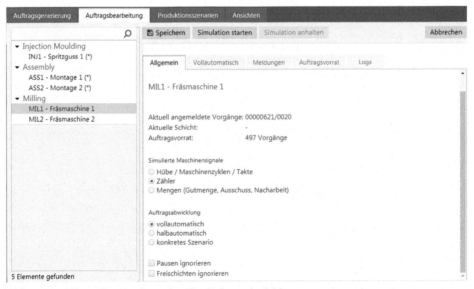

Abb. 4.10 Allgemeine Konfiguration der Auftragsabwicklung

werden. Dieweil ein Vorgang angemeldet ist, werden die Maschinenmeldungen eines Produktionsszenarios bis zum Erreichen der Sollmenge simuliert. Als dritte Option kann ein einzelner Vorgang zu einem vorgegebenen Zeitpunkt mit einem dazu bestimmten Produktionsszenario vollautomatisch simuliert werden, was gegebenenfalls für Anwendungstests nützlich sein kann.

Unabhängig vom Modus der Auftragsabwicklung besteht die Möglichkeit, Pausen oder Freischichten zu ignorieren. Diese Einstellung hat zur Folge, dass Produktionsszenarien während der Schichtpausen bzw. innerhalb von Freischichten nicht angehalten, sondern weiter simuliert werden. Anhand der Statusangaben oberhalb ist in Abb. 4.10 zu erkennen, dass zwar ein Vorgang auf der Fräsmaschine angemeldet, für diese aktuell aber keine Arbeitsschicht geplant ist. Unter Berücksichtigung des Schichtplanes wird die Simulation des Produktionsszenarios darum bis zum Beginn der nächsten Arbeitsschicht unterbrochen sein.

In der Detailansicht des zweiten Reiters von links können die spezifischen Einstellungen für den jeweils ausgewählten Modus der Auftragsabwicklung vorgenommen werden. Bei der vollautomatischen Auftragsabwicklung werden die Vorgänge eines Arbeitsplatzes der Reihe nach automatisch angemeldet. Als Kriterium für die Vorgangsreihenfolge kann zwischen dem Planstart, dem terminierten Start und dem spätesten Endzeitpunkt gewählt werden (vgl. Abb. 4.11). Der Planstart ist das standardmäßig vorselektierte Kriterium. Wenn kein Planstart existiert, wird bei dieser Einstellung auf den terminierten Start zurückgegriffen.

Unter realistischen Bedingungen wird selten ein Vorgang vor seinem geplanten Starttermin angemeldet, weil vor diesem Zeitpunkt die erforderlichen Komponenten und

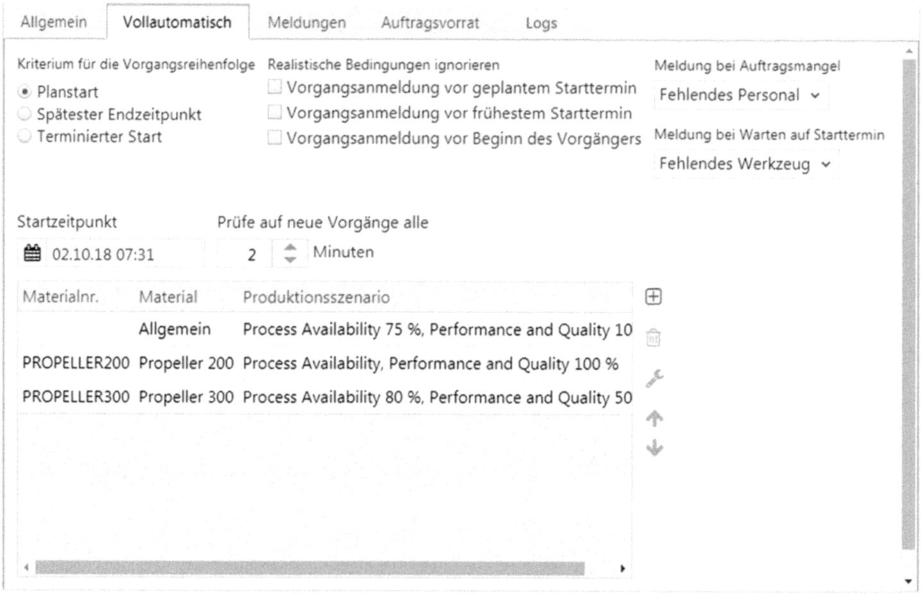

Abb. 4.11 Vollautomatische Konfiguration der Auftragsabwicklung

Fertigungshilfsmittel in aller Regel noch nicht zur Verfügung stehen. Sollen bei der voll-automatischen Auftragsabwicklung Vorgänge dennoch vor ihrem geplanten Starttermin angemeldet werden, kann dies entsprechend konfiguriert werden (vgl. Abb. 4.11). Wenn diese Option aktiviert ist, wird, sobald der Arbeitsplatz frei ist, der nächste Vorgang angemeldet, dessen frühester Starttermin erreicht ist und dessen Vorgängervorgänge so weit durchgeführt wurden, dass die Anordnungsbeziehungen eine Anmeldung zulassen.

Weitere Optionen erlauben es, auch diese beiden Restriktionen auszuschalten. Dann werden Vorgänge auch schon vor ihrem frühesten Starttermin und gegebenenfalls sogar vor Beginn ihrer Vorgänger angemeldet. Eine solche Einstellung führt zwar zu einem sehr unrealistischen Szenario, gewährleistet aber, dass stets ein Vorgang bearbeitet wird, sofern es noch Vorgänge im Arbeitsvorrat gibt.

Sobald der Arbeitsvorrat des Arbeitsplatzes leer ist, wird die rechts konfigurierte *Meldung bei Auftragsmangel* simuliert. Kann bei gefülltem Arbeitsvorrat infolge einer der zuvor erläuterten Bedingungen kein Vorgang angemeldet werden, obwohl der Arbeits-vorrat Vorgänge beinhaltet, wird die Meldung simuliert, die für *Warten auf Starttermin* konfiguriert ist. Der Arbeitsplatz geht dadurch so lange in den der jeweiligen Meldung entsprechenden Betriebszustand, bis wieder ein Vorgang des Arbeitsvorrats angemeldet werden kann.

Die Konfiguration der Virtual Production Environment ermöglicht es prinzipiell, für jeden Arbeitsplatz und für jedes zu produzierende Material ein individuelles Produktions-szenario zu spezifizieren. Zunächst ist ein allgemeines Produktionsszenario festzulegen, das bei der Durchführung aller Vorgänge simuliert wird, wenn kein materialspezifisches Produktionsszenario für das von dem jeweiligen Vorgang produzierte Material definiert wurde. Daraufhin kann für jedes beliebige Material ein spezielles Produktionsszenario festgelegt werden (vgl. Abb. 4.11).

Dieselbe Konfigurationsmöglichkeit steht auch bei einer halbautomatischen Auftrags-abwicklung zur Verfügung, welche weitestgehend ähnlich abläuft. Der einzige Unter-schied zur vollautomatischen Auftragsabwicklung besteht darin, dass die Anmeldung und jeder Phasenwechsel der Vorgänge manuell am Shop Floor Terminal angestoßen werden muss. Beim Übergang in die Rüstphase wird die Rüstsequenz des konfigurierten Produktionsszenarios so lange simuliert, bis sie entweder am Ende angelangt ist oder auf Grund einer manuellen Meldung vorzeitig in die Bearbeitungsphase verschoben wurde. Nach dem Übergang in die Bearbeitungsphase wird die Bearbeitungssequenz bis zum Erreichen der Sollmenge zyklisch wiederholt. Daraufhin ist die Simulation des Produktionsszenarios beendet, der Vorgang jedoch nicht abgemeldet. Die Abmeldung muss ebenfalls manuell am Shop Floor Terminal angestoßen werden.

Wahlweise kann auch die Begründung von Stillständen und die Klassifikation der ausgebrachten Mengen manuell am Shop Floor Terminal vorgenommen werden. Durch die Klassifikation der ausgebrachten Menge als Ausschuss oder Nacharbeit verzögert sich das Erreichen der Sollmenge; umgekehrt wird dies beschleunigt, indem die zu klassifizierende Menge bei der Mengenmeldung hoch gesetzt und vollständig als Gutmenge deklariert wird. Die entsprechenden Auswirkungen auf den Leistungsgrad und die Qualitätsrate werden in der Detailansicht des Shop Floor Terminals unmittelbar sichtbar. Darüber hinaus

Allgemein   Vollautomatisch   **Meldungen**   Auftragsvorrat   Logs

Arbeitsplatz: MIL2 ⌄   Zeit: 07.03.2019 - 10.03.2019 ⌄   Meldungstyp: Machine Counter, Machine Hits, Machine Quantity, ... ⌄   ⟳

Zeitpunkt ▾	Meldung	Arbeitsplatz	Auftrag	Vorgang	Details (Status)	Anzahl	Gutmenge	Ausschussme ☰
10.03.2019 08:05:24	Operation Phase	MIL2	00001094	0020	Rüsten	0	0	0
10.03.2019 08:05:09	Operation Phase	MIL2	00001094	0020	Unterbrochen	0	0	0
10.03.2019 08:05:09	Operation Quantity	MIL2	00001094	0020	Gutmenge	0	12	0
10.03.2019 08:04:55	Operation Phase	MIL2	00001094	0020	Bearbeitung	0	0	0
10.03.2019 08:04:53	Operation Phase	MIL2	00001094	0020	Unterbrochen	0	0	0
10.03.2019 08:04:53	Operation Quantity	MIL2	00001094	0020	Gutmenge	0	12	0
10.03.2019 08:02:16	Operation Quantity	MIL2	00001094	0020	Geometrie (Ausschuss)	0	0	1
10.03.2019 08:02:16	Operation Quantity	MIL2	00001094	0020	Oberfläche (Ausschuss)	0	0	1
10.03.2019 08:02:16	Operation Quantity	MIL2	00001094	0020	Gutmenge	0	12	0
10.03.2019 08:01:57	Operation Phase	MIL2	00001094	0020	Bearbeitung	0	0	0
08.03.2019 08:17:45	Machine State	MIL2		0	Störung Hydraulik / Pneumatik	0	0	0
08.03.2019 08:17:45	Machine State	MIL2		0	Stillstand unbegründet	0	0	0

Abb. 4.12 Übersicht der letzten Meldungen

können alle in der IoT-Plattform eintreffenden Meldungen, seien es manuell getätigte oder automatisch generierte, online im Meldeprotokoll eingesehen werden, das sich im dritten Reiter von links befindet und in Abb. 4.12 dargestellt ist.

Der didaktische Nutzen des halbautomatischen Modus beschränkt sich darauf, Maschinen- und Betriebsdatenerfassung für Studierende „erfahrbar" zu machen. Die Virtual Production Environment hat indes den primären Zweck, die bestehenden Herausforderungen bei der Planung und Steuerung der Produktion exemplarisch zu veranschaulichen, die mit steigendem Automatisierungsgrad keineswegs geringer werden.

4.4 Zunehmende Produktvielfalt bei kleineren Ausbringungsmengen

Zunehmende Produktvielfalt, kleinere Losgrößen, aber auch kürzere Produktlebenszyklen werden häufig als die großen Herausforderungen genannt, mit denen sich produzierende Unternehmen heute auseinanderzusetzen haben. Die daraus resultierenden Schwierigkeiten sind unterschiedlicher Art.

Kürzere Produktlebenszyklen an sich verursachen bei einer Massen- oder Großserienproduktion zunächst häufigere und damit in Summe höhere Umbaukosten. Gegebenenfalls stehen sie auch einem kontinuierlichen Verbesserungsprozess im Wege, indem sie sowohl Lerneffekte als auch die Nachhaltigkeit der beim Shop Floor Management getroffenen Maßnahmen verringern. Häufig wechselnde Produkte erschweren beispielsweise, bestimmte Stillstands- oder Ausschussgründe als materialspezifisch zu erkennen oder ähnlich gelagerte Korrelationen zu identifizieren. In der Vergangenheit getroffene Maßnahmen zur Beseitigung der häufigsten Stillstandsgründe sind überholt, wenn die bekämpften Fehlerursachen mit dem neuen Produktsortiment womöglich von vornherein nicht auftreten können. Erfahrungswerte hinsichtlich verschiedener Fertigungsvarianten und Rüstübergangszeiten fehlen oder sind in Kürze wieder veraltet. Wenn infolge fehlender Erfahrung keine vernünftigen Abschätzungen bezüglich geeigneter Wartungsintervalle getroffen werden können und technische Störungen der Anlagen als häufige und lang andauernde Stillstandsgründe auftreten, stellen computergestützte Verfahren zur vorausschauenden Instandhaltung eine mögliche Problemlösung in Aussicht. Stellen dagegen organisatorisch bedingte Stillstände den überwiegenden Anteil an den Verfügbarkeitsverlusten, sind die wesentlichen Optimierungspotentiale keineswegs durch Maßnahmen der Instandhaltung, sondern vielmehr in den Bereichen der Produktionsplanung und Logistik zu erschließen.

Die Herausforderung *zunehmender Produktvielfalt*, die mit *kleineren Ausbringungsmengen* (kleineren Losgrößen) einhergeht, folgt daraus, dass alle Effizienzvorteile einer Massen- oder Großserienfertigung zunächst wegzufallen scheinen. Belegungslücken, Rüstzeiten und Wartezeiten zwischen den Vorgängen, die letzten Endes zu hohen Durchlaufzeiten der Fertigungsaufträge führen, treten in der Massenfertigung nie oder nur sehr selten in Erscheinung. Abgesehen davon, dass Verschleißteile wie Werkzeuge ausgewechselt werden müssen, sind bei der kontinuierlichen Herstellung eines einzigen Produktes Rüstvorgänge überhaupt nicht erforderlich. Je vielfältiger die Produkte und je kleiner die Losgrößen sind, umso häufiger muss dagegen umgerüstet werden. Für die Mitarbeiter der Produktionslogistik treten neue Schwierigkeiten auf, weil sie jetzt nicht mehr das *übliche* Werkzeug und das *übliche* Material in *regelmäßigen* Zeitabständen an den *üblichen* Arbeitsplatz bringen, sondern das jeweils *richtige* Material zu *unregelmäßigeren* Zeiten an unterschiedlichen Orte bereitstellen müssen. Das Fertigungspersonal benötigt gegebenenfalls nicht mehr eine bestimmte Qualifikation, sondern jeweils andere Qualifikationen für verschiedenartige Produkte. All diese Umstände erhöhen die Wahrscheinlichkeit für das Eintreten organisatorisch bedingter Stillstände (beispielsweise kein Personal, kein Werkzeug, kein Material ...). Aber auch manche technisch bedingten Stillstände werden durch den Mangel an Routine und Erfahrung wahrscheinlicher (beispielsweise Werkzeugbruch oder Defekte infolge falscher Einstellungen).

Die Unterschiede gegenüber der Massenfertigung werden in besonderem Maße im Bereich der Planung deutlich. Bereits für die Arbeitssystemplanung wird es schwieriger bis nahezu unmöglich, vorhandene Kapazitäten maximal auszulasten und einen Parallelisierungsgrad wie im Falle der Massen- oder Großserienfertigung zu erzielen. Erhebliche Schwierigkeiten treten bei der Auftragsfeinplanung auf, die in der Massenfertigung überhaupt nicht existiert, weil dort nicht nach Auftrag, sondern stets dasselbe gefertigt wird.

Mit vielfältigeren Produktsortimenten und kleineren Losgrößen wird es selbst bei strikt sequentiellen Fertigungsaufträgen zunehmend unmöglich, im Rahmen der Auftragsfeinplanung einen Belegungsgrad oder eine Terminierungseffizienz von nur annähernd 100 Prozent zu erreichen. In einer solchen Situation ist zu erwarten, dass Belegungslücken

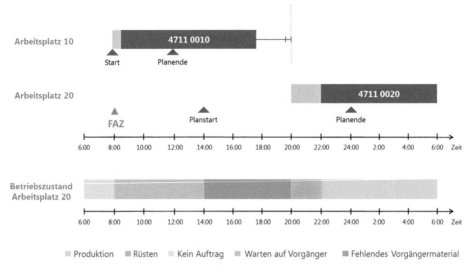

Abb. 4.13 Verschiedene Ursachen für freie Kapazitäten innerhalb der Schicht

gegenüber technisch bedingten Stillständen ein viel größeres Gewicht zukommt, was die Verfügbarkeitsverluste betrifft. Gleichwohl ist nicht auszuschließen, dass die eine oder andere Belegungslücke wiederum auf eine vorausgegangene technische Störung innerhalb der Prozesskette zurückzuführen ist.

Abb. 4.13 illustriert die verschiedenen Ursachen für Belegungslücken anhand eines einfachen Beispiels. Der Vorgang 4711 0020 hat als frühesten Starttermin (FAZ) 8:00 Uhr. Davor war der Arbeitsvorrat für Arbeitsplatz 20 leer (*kein Auftrag*). Rein planerisch hätte der Vorgang um 14:00 Uhr begonnen werden sollen, woraus folgt, dass die Belegungslücke von 8:00 bis 14:00 Uhr planerische Ursachen hat (plangemäßes *Warten auf Vorgänger*). Um 14:00 Uhr stand das von dem Vorgänger auf Arbeitsplatz 10 ausgebrachte Material am Arbeitsplatz 20 allerdings noch nicht zur Verfügung (außerplanmäßig *fehlendes Vorgängermaterial*), sodass schließlich erst um 20:00 Uhr mit der Durchführung des Vorgangs begonnen wurde.

Der Zeitraum von 6:00 bis 20:00 Uhr, in dem der Arbeitsplatz 20 während seiner geplanten Betriebszeit nicht belegt war, setzt sich zusammen aus einer zweistündigen *bedarfsbedingten* Belegungslücke, gefolgt von einer sechsstündigen *planungsbedingten* Belegungslücke. Die nachfolgende störungsbedingte Belegungslücke kann entweder logistische oder technische Gründe haben – je nachdem, was die Verzögerung während der Bearbeitungsphase des Vorgängers verursacht hat. Eventuell haben sowohl organisatorisch als auch technisch bedingte Stillstände dazu beigetragen. Der Belegungsgrad kann darum im Allgemeinen als Produkt der folgenden vier Komponenten aufgefasst werden:

$$bedarfsbed.\ Komp. = \frac{geplante\ Betriebszeit\text{-}Zeiten\ bedarfsbedingter\ Belegungslücken}{geplante\ Betriebszeit}$$

$$planungsbed.\ Komp. = \frac{geplante\ Betriebszeit\text{-}Zeiten\ st\ddot{o}rungsfreier\ Belegungsl\ddot{u}cken}{\underbrace{geplante\ Betriebszeit\text{-}Zeiten\ bedarfsbedingter\ Belegungsl\ddot{u}cken}_{Belegung\ durch\ Bedarf\ gew\ddot{a}hrleistet}}$$

$$logistische\ Komponente = \frac{Belegungszeit\ +\ Zeiten\ technischer\ St\ddot{o}rungen}{\underbrace{geplante\ Betriebszeit\text{-}Zeiten\ st\ddot{o}rungsfreier\ Belegungsl\ddot{u}cken}_{Belegung\ planerisch\ gew\ddot{a}hrleistet}}$$

$$technische\ Komponente = \frac{Belegungszeit}{\underbrace{Belegungszeit + Zeiten\ technischer\ St\ddot{o}rungen}_{Belegung\ organisatorisch\ gew\ddot{a}hrleistet}}$$

Die Virtual Production Environment ermöglicht es, jede der vier unterschiedlich verursachten Belegungslücken zu simulieren. Bedarfsbedingte Belegungslücken werden dadurch simuliert, dass seitens der Auftragsgenerierung für den betrachteten Zeitraum zu wenige Fertigungsaufträge freigegeben werden, um alle Arbeitsplätze zu belegen. Logistisch und technisch bedingte Belegungslücken werden dadurch simuliert, dass im Produktionsszenario für das vom Vorgänger ausgebrachte Material entsprechend lange Stillstände mit logistischem bzw. technischem Stillstandsgrund definiert werden. Planungsbedingte Belegungslücken lassen sich prinzipiell sehr einfach durch eine schlechte Auftragsfeinplanung simulieren. Der Umkehrschluss, dass sich planungsbedingte Belegungslücken stets durch eine bessere Auftragsfeinplanung beseitigen ließen, ist dagegen unzutreffend. Bei einer ungünstigen Ausgangssituation ist der beste Planungsalgorithmus nicht dazu in der Lage, eine Auftragsfeinplanung zu erzeugen, deren Belegungsgrad und Terminierungseffizienz auch nur in die Nähe von 100 Prozent kommen. Ungünstige Voraussetzungen sind unter anderem:

- Unstete Nachfrage
- Komplexe Produkte, d. h. Fertigungsaufträge mit vielen Arbeitsvorgängen (*hohe Fertigungstiefe*)
- Sehr unterschiedliche Durchführungszeiten einzelner Vorgänge desselben Fertigungsauftrags
- Wechselnde Engpasskapazitäten infolge verschiedenartiger Produkte oder Produktvarianten
- Wechselnde Fertigungstiefen infolge verschiedenartiger Produkte oder Produktvarianten
- Hohe Anzahl von Vorgängen infolge kleiner Losgrößen
- Enge Terminschienen

Eine dementsprechende Situation ist in der Virtual Production Environment einfach zu simulieren, indem viele verschiedenartige Fertigungsaufträge mit geringer Durchführungszeit generiert werden, deren einzelne Vorgänge sehr ungleiche Bearbeitungszeiten aufweisen. Die Auftragsfeinplanung wird noch zusätzlich erschwert, wenn einzelne

Fertigungsaufträge unterschiedliche Fertigungstiefen, d. h. eine unterschiedliche Anzahl von Vorgängen haben. Auf diese Weise können Ausgangssituationen erzeugt werden, in denen trotz hoher Auftragslast schon bei der Planung kein Belegungsgrad von über 80 Prozent zu erreichen ist, wodurch der OEE bereits vor der Auftragsabwicklung ein Limit von ebenfalls 80 Prozent gesetzt ist. Allerdings ist eine derartige Kennzahl allein noch nicht aussagekräftig. Ohne die Kenntnis, welche Anlagen oder Maschinen im Einzelnen den geringen Belegungsgrad aufweisen und wie hoch deren Kostensätze sind, ist die abstrakte Kennzahl eines Planungsszenarios nur schwer zu beurteilen.

Teil II

Einsatz im produzierenden Unternehmen

Wirtschaftlichkeitsbewertung der Smart Factory

5

Produzierende Unternehmen stehen heute vor der Frage, welche Maßnahmen zur Digitalisierung der Fabrik zukunftsfähig und wirtschaftlich zweckmäßig sind. Dazu müssen Kosten und Nutzen der Digitalisierung gegeneinander abgewogen und verschiedene Leistungsangebote miteinander verglichen werden. Zum versprochenen Nutzen zählt eine mögliche Flexibilisierung der Produktion, vor allem aber das Erschließen von Kostenpotentialen durch die Reduzierung von Verschwendung. Wie in Abschn. 1.1 erläutert, können die unterschiedlichen Verlustquellen als die produktionsinternen Stellschrauben zur Steigerung der Wirtschaftlichkeit bei fest angesetztem Umsatzziel unter sonst gleichen Bedingungen betrachtet werden. Basierend auf diesem Ansatz beschreibt der folgende Abschnitt eine Vorgehensweise zur monetären Bewertung jener Kostenpotentiale. Anschließend werden die mit der Digitalisierung selbst verbundenen Kosten diskutiert und schließlich dem zu erwartenden Nutzen gegenübergestellt.

5.1 Monetäre Bewertung von Optimierungspotentialen

In der Produktion und den sie unterstützenden Prozessen werden Kostenpotentiale in erster Linie durch Minimierung der verschiedenen Arten von Verschwendung erschlossen. Abb. 1.1 illustriert die größten Verlustquellen und deren vielfältigen Einfluss auf die Anlagenrentabilität (Return on Investment) insgesamt. Jede Verlustquelle führt ceteris paribus unmittelbar zu höheren Selbstkosten des Umsatzes und demnach zur Verringerung der Umsatzrentabilität. Damit einhergehend haben einzelne Verlustquellen ebenso einen indirekten Einfluss auf die Höhe des Anlagevermögens, andere auf die des Umlaufvermögens. Somit bewirkt die Beseitigung von Verschwendung mittel- oder langfristig auch eine Steigerung des Kapitalumschlags. Falls die eingeleiteten Prozessoptimierungen zu einer schnellen Reduktion der Umlaufbestände führen, kann eine Steigerung des

© Springer-Verlag GmbH Deutschland, ein Teil von Springer Nature 2020

A. Sinsel, *Das Internet der Dinge in der Produktion*,

https://doi.org/10.1007/978-3-662-59761-3_5

Kapitalumschlags in vergleichsweise kurzer Zeit erzielt werden. Die Auswirkungen einer höheren Ressourceneffektivität auf das langfristig gebundene Anlagevermögen zeichnen sich bisweilen in größeren Zeiträumen ab. Nichtsdestotrotz kann eine kürzlich erreichte Steigerung der Gesamtanlageneffektivität durchaus dazu führen, dass sich eine ursprünglich vorgesehene Investition in neue Anlagen als überflüssig erweist.

Während sich viele Versprechen, die im Zusammenhang mit der Digitalisierung der Produktion geleistet werden, gerade in Bezug auf deren Nutzen im Vagen und Spekulativen bewegen, gestattet die in Abschn. 1.1 begründete Herangehensweise eine exakte Nutzenbemessung im Rahmen der Grundschulmathematik:

$$Kostenersparnis = \sum(Verluste\ vorher) - \sum(Verluste\ nachher) \qquad (5.1)$$

Die Differenz auf der rechten Seite der Gleichung entspricht einer monetären Bewertung des Kostenpotentials, welches durch die Gesamtmaßnahmen im Zuge der Digitalisierung erschlossen werden kann. Die monetären Verluste ergeben sich jeweils als Summe über die Einzelbeiträge aller Verlustquellen. Die Summenzeichen bringen zum Ausdruck, dass partielle Aspekte der Prozessoptimierung nicht isoliert betrachtet werden dürfen. Weil diese in wechselseitiger Beziehung zueinander stehen und somit die Beseitigung der einen zur stärkeren Gewichtung einer anderen Verlustquelle führen kann, darf in der Summe keine einzelne außer Acht gelassen werden.

Jede Verlustquelle kann entweder in Einheiten der Zeit oder der Menge gemessen und damit quantifiziert werden. Mehrheitlich handelt es sich um kumulierte Zeitdauern, die mit einem entsprechenden Kostensatz pro Zeiteinheit multipliziert eine monetäre Bewertung der Verluste erlauben:

$$Verlustzeit \cdot Kostensatz\ pro\ Zeiteinheit = monetärer\ Verlust \qquad (5.2)$$

Die dem Rechnungswesen zu entnehmenden Kostensätze sind gewöhnlich im ERP-System hinterlegt, wohingegen die Verlustquellen in der Produktion sich als unmittelbares Ergebnis der Betriebs- und Maschinendatenerfassung in deren digitalem Abbild widerspiegeln (vgl. Abb. 5.1). Jede Bridge-kompatible IoT-Plattform stellt die produktionsseitige Datengrundlage zur monetären Bewertung aller Verlustquellen jeweils in Form einer Kennzahl und als kumulierte Dauer bzw. Menge vollständig zur Verfügung.

Kumulierte Zeitdauern und Mengen beziehen sich grundsätzlich auf einen bestimmten Betrachtungszeitraum und haben für sich genommen keinen Informationswert. Im Gegensatz dazu abstrahieren Kennzahlen von der Dauer des Betrachtungszeitraumes. Eine kumulierte Stillstandsdauer von 24 Stunden ist anders zu bewerten, je nachdem, ob sie sich auf einen einzelnen Arbeitsplatz und einen Zeitraum von einem Tag oder auf 10 Arbeitsplätze und einen Zeitraum von einem Jahr bezieht. Eine Verfügbarkeit von 0,1 indiziert dagegen für den Zeitraum, auf den sie sich bezieht – wie groß dieser auch sein möge – stets eine geringe Produktivität.

Abb. 5.1 Datenbasis zur
Ermittlung der Verluste

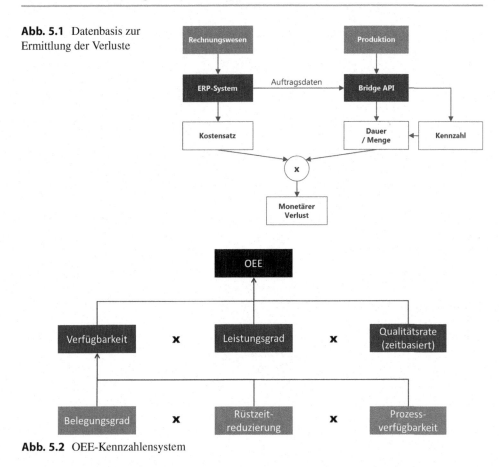

Abb. 5.2 OEE-Kennzahlensystem

In Abb. 5.2 ist das OEE-Kennzahlensystem dargestellt, welches die Gesamtanlageneffektivität als eine stark verdichtete Kennzahl auf elementare Kennzahlen herunterbricht. Letztere errechnen sich stets als Quotienten zweier Zeitdauern. Eine formal exakte Definition dieser und weiterer Leistungskennzahlen der Produktion ist in Anhang A gegeben.

Jede elementare Leistungskennzahl entspricht einer spezifischen Verlustquelle, wobei der anteilige Verlust jeweils aus deren Differenz zu 1 hervorgeht. Beispielsweise geht aus der Prozessverfügbarkeit der Anteil störungsbedingter Unterbrechungen an der gesamten Bearbeitungszeit hervor:

$$1 - Prozessverfügbarkeit = \frac{Bearbeitungszeit\text{-}Produktionszeit}{Bearbeitungszeit}$$

$$= \frac{Dauer\ störungsbedingter\ Unterbrechungen}{Bearbeitungszeit}$$

Aus der Multiplikation mit der Bearbeitungszeit ergibt sich die Dauer der störungsbedingten Unterbrechungen während des Betrachtungszeitraumes:

Dauer störungsbedingter Unterbr. = *Bearbeitungszeit* · (1 − *Prozessverfügbarkeit*)

Durch die Multiplikation dieser Verlustzeit mit dem Maschinenstundensatz bei voller Auslastung der Anlage werden die Kosten der störungsbedingten Unterbrechungen ermittelt, die innerhalb des Betrachtungszeitraumes angefallen sind. Der Maschinenstundensatz bei voller Auslastung einer Anlage errechnet sich dadurch, dass die jährlichen Fertigungsgemeinkosten des Arbeitsplatzes nicht durch die tatsächlichen Laufstunden pro Jahr, sondern durch die geplante Betriebszeit pro Jahr dividiert werden. Kalkulatorische Abschreibungen, kalkulatorische Zinsen, Instandhaltungs- und Reparaturkosten sowie Raumkosten sind dabei in jedem Fall zu berücksichtigen, wohingegen die Energiekosten genaugenommen bei einem Stillstand geringer sind oder gar entfallen. Angesichts solcher Ungenauigkeiten reicht es der Einfachheit halber aus, zur Ermittlung der Abschreibungen pro Stunde die Methode der linearen Abschreibung und zur Ermittlung der kalkulatorischen Zinsen pro Stunde die Durchschnittsmethode zu verwenden:

Abschreibungen pro Stunde

$$= \frac{Wiederbeschaffungswert}{Nutzungsdauer\ in\ Jahren \cdot geplante\ Betriebszeit\ in\ Stunden\ pro\ Jahr}$$

$$Zinsen\ pro\ Stunde = \frac{\frac{Anschaffungswert}{2} \cdot Zinssatz\ pro\ Jahr}{geplante\ Betriebszeit\ in\ Stunden\ pro\ Jahr}$$

Zur monetären Bewertung der Verluste durch unausgelastete Anlagen, welche sich aus deren Belegungsgrad ergeben, sollten im Kostenfaktor ausschließlich die fixen Anteile des Maschinenstundensatzes verrechnet werden. Der Effektivitätsverlust, der mit der Produktion einer bestimmten Ausschussmenge einhergeht, erfordert zunächst eine Umrechnung von Mengeneinheiten in Zeiteinheiten. Die Verlustzeit ist das Produkt aus der Produktionszeit pro Einheit und der produzierten Ausschussmenge in der entsprechenden Einheit. Die Erzeugung von Ausschuss kann – wenn keine Nacharbeit möglich ist – mit der Vernichtung des Eingangsmaterials einhergehen. Deren monetäre Bewertung erfolgt auf Basis von Mengeneinheiten:

$$Ausschussmenge \cdot Verrechnungsfaktor\ pro\ ME = monetärer\ Verlust \qquad (5.3)$$

Der Verrechnungsfaktor ist hierbei der Wertverlust pro Mengeneinheit (ME). Während der Maschinenstundensatz anlagenspezifisch ist, handelt es sich bei dem Verrechnungsfaktor pro ME um eine materialspezifische Größe. Dasselbe gilt für die Lagerhaltungskosten der Bestände in Zwischenlagern, wobei hier jedoch Zeit und Menge zu verrechnen sind:

$$(Lagerdauer \cdot Menge) \cdot Kostensatz\ pro\ Zeit\ und\ ME = monetärer\ Verlust \qquad (5.4)$$

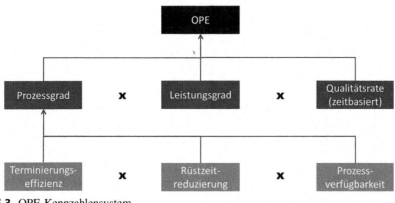

Abb. 5.3 OPE-Kennzahlensystem

In Abb. 5.3 ist das OPE-Kennzahlensystem dargestellt, welches die Gesamtprozesseffizienz auf elementare Kennzahlen herunterbricht. Das Produkt aus der Differenz der Terminierungseffizienz zu 1 und der Gesamtdurchlaufzeit aller Fertigungsaufträge zur Herstellung eines bestimmten Materials entspricht der Dauer der Wartezeiten, in denen Umlaufbestände (Work in Progress) unnötige Kapitalbindungs-, Lager- und sonstige Logistikkosten verursachen.

Eine entscheidende Verlustquelle, die in beiden Kennzahlensystemen nicht auftritt, ist die Mitarbeiterproduktivität. Für das an der Maschine arbeitende Fertigungspersonal ist diese wie folgt zu berechnen:

$$Mitarbeiterproduktivität = \frac{wertschöpfende\ Arbeitszeit}{geplante Arbeitszeit}$$

$$= \frac{Arbeitszeit\ an\ der\ Maschine \cdot OEE}{geplante\ Arbeitszeit}$$

Oft ergibt sich durch die Einführung von Informationstechnologie auch für die übrigen Mitarbeiter des Produktionsbetriebs eine erhebliche Effizienzsteigerung durch die schnellere Bewältigung ihrer Tätigkeiten, etwa bei der Qualitätssicherung oder der Fertigungsplanung und Fertigungssteuerung. Generell profitieren alle Mitarbeiter davon, wenn sich die Suche nach Informationen erübrigt, weil die auf der IoT-Plattform laufenden Anwendungen diese zur rechten Zeit am rechten Ort sowie in einer verständlichen und auf das Wesentliche reduzierten Darstellung aufbereiten.

Einen Überblick über die verschiedenen Verlustquellen mit den dazugehörenden Kennzahlen und deren monetärer Bewertungsgrundlage gibt Tab. 5.1.

Wie aus der unteren Zeile der Tabelle hervorgeht, kann eine Steigerung der Liefertreue umsatzrelevant sein. Wenn diese nicht ohnehin bereits 100 Prozent beträgt, muss für die daraus resultierenden Umsatzeinbußen ein Betrag abgeschätzt werden, der ebenfalls als monetärer Verlust zu verrechnen ist. Eine hohe Lieferqualität ist heute vielfach eine

Tab. 5.1 Verlustquellen und die dazugehörigen Kennzahlen

Verlustquelle	Kennzahl	Bewertungsgrundlage
Ungenutzte Anlagen/Maschinen	Belegungsgrad	Maschinenstundensatz (fix)
Interne Rüstzeiten	Rüstzeitreduzierung	Maschinenstundensatz
Störungsbedingte Unterbrechungen	Prozessverfügbarkeit	Maschinenstundensatz
Ineffiziente Anlagennutzung	Leistungsgrad	Maschinenstundensatz
Produktion von Ausschuss – verschwend. Anlagenkapazität – zerstörtes Eingangsmaterial	Qualitätsrate – zeitbasiert – mengenbasiert	 – Maschinenstundensatz – Faktor pro ME pro Material
Unnötig hohe Durchlaufzeiten infolge ineffizienter Vorgangsabfolge, d. h. sequentielle Durchführung parallelisierbarer Arbeitsvorgänge und Wartezeiten zwischen Vorgängen	Terminierungseffizienz	Kapitalbindungskosten, Lagerkosten (pro ME pro Material), sonstige Logistikkosten (pro ME pro Material)
Vergeudete Arbeitszeit (Warten auf Werkzeug, Material, Instandsetzung, Suchen nach Informationen ...)	Mitarbeiterproduktivität	Mitarbeiterstundensatz (pro Qualifikation und Bereich)
Verspätete Auftragsabwicklung	Liefertreue	Vertragsstrafen, Umsatzeinbußen

Bedingung für die Marktteilnahme. Daher ist eine Steigerung der Liefertreue nicht als Wettbewerbsvorteil, sondern als Beseitigung eines Wettbewerbsnachteils zu betrachten.

Anhand der monetären Verluste ist zunächst eine Priorisierung der Optimierungspotentiale vorzunehmen. Je nach Aufwand kann es zweckmäßig sein, nur für die größten Verlustquellen eine detaillierte Berechnung durchzuführen und die übrigen grob abzuschätzen. Im Anschluss daran sind die mit dem Einsatz von Informationstechnologie geplanten Prozessverbesserungen zu definieren und durch *Szenarienbildung* die monetären Verluste nach Einführung der neuen Prozesse abzuschätzen. Aus der Differenz der summierten Verluste entsprechend Gl. (5.1) ergibt sich die Kostenersparnis, die durch die IT-Investition zu erwarten ist.

Bei der Summierung müssen alle Verlustquellen berücksichtigt werden, weil die isolierte Betrachtung von Einzelaspekten der Prozessoptimierung infolge wechselseitiger Abhängigkeiten stets ein Fehlerrisiko birgt. Beispielsweise führt eine Verdopplung der Verfügbarkeit unter sonst gleichen Bedingungen auch zu einer Verdopplung der absoluten Qualitätsverluste im selben Zeitraum. Die Steigerung der Verfügbarkeit einer Produktionsanlage um 10 Prozentpunkte impliziert daher im Allgemeinen keine Produktivitätssteigerung um ebenfalls 10 Prozentpunkte. Die Produktivität eine Anlage wird durch die OEE quantifiziert, in welche die Verfügbarkeit lediglich als einer von drei Faktoren einfließt. Analog dazu bewirkt eine Steigerung des Prozessgrades in der Regel auch keine Steigerung der OPE um dieselbe Anzahl von Prozentpunkten. Wenn infolge stark abweichender Kostensätze Qualitätsverluste um ein Vielfaches höher als Verfügbarkeitsverluste zu gewichten sind, kann eine verbesserte Verfügbarkeit in Extremfällen monetär bemessen sogar zu höheren Verlusten führen.

Aus der erzielten Kostenersparnis resultiert eine Steigerung der Anlagenrentabilität. Sie führt aber nur dann zu einem Wettbewerbsvorteil, d. h. konkret zu einem Effizienzvorteil, wenn die Kostenersparnis auf den Preis umgelegt wird, sodass die eigene Marktleistung im Vergleich zu denen der Mitbewerber zu einem günstigeren Preis angeboten werden kann. Tritt die damit bezweckte Umsatzsteigerung ein, impliziert dies wiederum eine Steigerung der variablen Kosten und ggf. auch eine Verringerung des Kapitalumschlags, weil für die Produktionssteigerung zusätzliche Maschinen benötigt werden:

$$monetär\ bemessener\ Nutzen = Umsatzsteigerung$$

$$+ Ersparnis\ bei\ den\ Selbstkosten\ des\ Umsatzes$$

$$- variable\ Kosten\ der\ Umsatzsteigerung$$

$$- Verringerung\ des\ Kapitalumschlags$$

Die Nutzenbemessung wird durch die Abschätzung einer Umsatzsteigerung deutlich spekulativer, komplizierter und vor allem äußerst marktspezifisch, denn eine Umsatzprognose kann nur unter Berücksichtigung aller Einflussgrößen des jeweils relevanten Marktes getroffen werden. Aus diesem Grunde sollte – unabhängig davon, ob die Prozessoptimierungen in der Produktion in erster Linie auf Kostensenkung oder Umsatzsteigerung abzielen – bei einer Kosten-Nutzen-Analyse der Umsatz als konstante Größe angesetzt werden. Zur monetären Nutzenbemessung ist jene Kostenersparnis heranzuziehen, die auf den Einsatz der betreffenden IT-Investition zur Verwirklichung des jeweiligen Umsatzzieles zurückzuführen ist (vgl. [Sin+17]).

5.2   Kosten und Risiken der Digitalisierung

Dem als Kostenersparnis ermittelten Nutzen sind die Kosten für die Einführung und den Betrieb (Total Cost of Ownership) der Smart Factory gegenüberzustellen. Dazu zählen folgende Kostenpositionen:

- Transaktionskosten
- Lizenzkosten
- Kosten für die Anbindung des ERP-Systems
- Kosten für die Anbindung der Maschinen
- Weitere Kosten für die Systemintegration
- Kosten für die Beschaffung von Hardware
- Kosten für Beratung, Workshops, Lasten- und Pflichtenhefte
- Kosten für die Prozessumstellung
- Kosten für die Schulung der Mitarbeiter
- Sonstige Projektkosten (Kosten der Planung und Kosten der Durchführung)
- Laufende Betriebs- und Wartungskosten

Um die erstgenannte Kostenposition zu erläutern, ist hervorzuheben, dass sich das produzierende Unternehmen mit der IT-Investition in mehr oder weniger großem Umfang auf ein Systemgeschäft einlässt. Ein solches ist zum einen dadurch gekennzeichnet, dass der Nachfrager keine nutzenstiftenden Anwendungen erwerben kann, ohne sich damit einhergehend zwangsläufig für eine Systemarchitektur zu entscheiden. Zum anderen werden unter den Rahmenbedingungen dieser Architekturentscheidung sukzessive alle weiteren Anwendungen gekauft. Je schwerwiegender die aus der Architekturentscheidung folgenden Restriktionen bei der Angebotsauswahl sind, umso größer ist auch das Investitionsrisiko (vgl. [BV09] und [KCA78]).

Restriktionen werden dem Investor seitens des Systemanbieters durch Zugriffsbarrieren auf die in der Produktion erfassten Daten entweder technisch oder vertraglich auferlegt. Tab. 5.2 erläutert die verschiedenen Arten von Zugriffsbarrieren, die gewöhnlich nicht einzeln, sondern oftmals in undurchsichtiger Weise miteinander kombiniert anzutreffen sind.

Tab. 5.2 Verschiedene Zugriffsbarrieren MES-ähnlicher Systemarchitekturen

Art der Zugriffsbarriere	Beschreibung
Fehlende Schnittstellen	Um bestimmte Anwendungen ausführen zu können, fehlen die erforderlichen Schnittstellen in der API. Es bleibt daher nur die Option, statt der marktgängigen Anwendungen die Module des MES-/Plattformanbieters zu verwenden
Unzureichende Datengrundlage	Die zur Ausführung aller Anwendungen erforderlichen Schnittstellen sind zwar vorhanden und offen dokumentiert, werden durch die Plattform jedoch nur unzureichend oder gar nicht mit Daten versorgt. Auch hier bleibt nur die Option, statt der marktgängigen Anwendungen die Module des MES-/Plattformanbieters zu verwenden
Unveröffentlichte Schnittstellen	Die zur Ausführung aller Anwendungen erforderlichen Schnittstellen sind zwar vorhanden, werden aber nur gegen Auflagen oder ausschließlich den Partnern des herstellerspezifischen Ökosystems zur Verfügung gestellt. Es bleibt nur die Option, die Anwendungen des geschlossenen Ökosystems zu verwenden
Schnittstellenlizenzen	Die zur Ausführung bestimmter Anwendungen erforderlichen Schnittstellen werden nur gegen Lizenzgebühren freigeschaltet. Auf dem freien Markt erhältliche Anwendungen verteuern sich dadurch um die Lizenzgebühren gegenüber den Modulen des MES-/Plattformanbieters
Proprietäre Schnittstellen	Die zur Ausführung aller Anwendungen erforderlichen Schnittstellen sind zwar vorhanden, jedoch herstellerspezifisch, sodass mehr oder weniger hohe Kosten für die Interoperabilität mit marktüblichen Anwendungen anfallen. Auf dem freien Markt erhältliche Anwendungen verteuern sich dadurch um die Kosten für die Interoperabilität gegenüber den Modulen des MES-/Plattformanbieters

Unabhängig von der Ausprägung der Zugriffsbarrieren haben sie stets die Funktion, das produzierende Unternehmen in der Wahl der Anwendungen und Lösungen einzuschränken. Prototypisch für diese Form des Investitionsgütermarketings ist das MES, in dem Datenerfassungssysteme und Anwendungen als monolithisches Gesamtsystem konzipiert sind. Demgemäß liegt jedem MES eine anbieterspezifische und weitgehend geschlossene Systemarchitektur zugrunde, sodass die mit der ersten Transaktion getroffene Architekturentscheidung eine längerfristige Herstellerbindung zur Folge hat, welche mit steigendem Investitionsvolumen in das MES zunimmt. Damit einhergehend nehmen auch die Systemwechselkosten zu. Ein Systemwechsel impliziert de facto die Notwendigkeit zur Abschreibung aller bis dahin getätigten Investitionen in das MES. Daraus resultiert für das produzierende Unternehmen ein besonders hohes Risiko, das durch entsprechend umsichtige und umfassende Kaufverhandlungen abgesichert werden muss. Zwangsläufig steigen die Kosten für die Informationsbeschaffung über potentielle Anbieter, Vertragsverhandlungen nehmen größere Zeit in Anspruch und ebenso steigen die Abwicklungs- und Kontrollkosten. Werden nachträglich Änderungen erforderlich, entstehen zusätzlich unkalkulierbare Anpassungskosten. Bei all diesen Kosten handelt es sich um Transaktionskosten, die in der herkömmlichen Investitionsrechnung nicht berücksichtigt werden.

Offenbar steigen die Transaktionskosten je größer die mit der IT-Investition verbundene Unsicherheit ist. Grundsätzlich ist zum Zeitpunkt der ersten Transaktion unsicher, ob die zuvor ermittelten Kostenpotentiale durch die IT-Investition vollständig, teilweise oder überhaupt nur ansatzweise erschlossen werden können. Die möglichen Ursachen für ein späteres Scheitern sind so vielfältig, dass sie im Rahmen einer Risikoanalyse in der Regel nicht vollständig zu eruieren sind. In den meisten Fällen handelt es sich um Unzulänglichkeiten, die bisweilen auf die Systemarchitektur selbst, noch häufiger aber auf die eingeschränkte Angebotsauswahl zurückzuführen sind und erst nach Einführung des Systems zutage treten.

Derartige Unsicherheiten, die erst nach Zustandekommen einer Transaktion, wie etwa bei Folgeinvestitionen, relevant werden, aber bereits im Vorfeld seitens des Nachfragers Berücksichtigung finden sollten, werden als Ex-post-Unsicherheiten bezeichnet. Sie steigen mit dem Spezifitätsgrad einer Investition. Der Spezifitätsgrad kann anhand des Anteils des Investitionsvolumens, der nach einem Systemwechsel nicht mehr von Nutzen ist und daher unwiederbringlich verloren geht, exakt quantifiziert werden:

$$Spezifitätsgrad = \frac{Ausg.\ für\ die\ Plattform + Ausg.\ für\ plattformspez.\ Anwendungen}{Investitionsvolumen}$$

Abb. 5.4 illustriert diesen Zusammenhang. Je offener eine Systemarchitektur ist, desto geringer sind die Einschränkungen des Investors bei der Auswahl geeigneter Anwendungen, welche den individuellen Umständen des Produktionsbetriebs Rechnung tragen müssen und auch der Akzeptanz des Fertigungspersonals bedürfen, das schließlich täglich damit arbeiten soll.

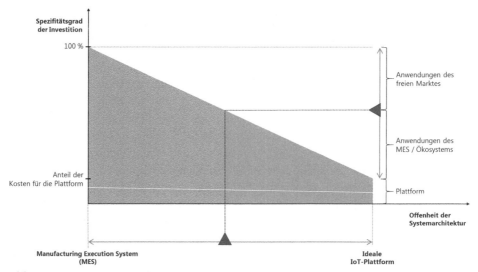

Abb. 5.4 Offene Systemarchitekturen senken Investitionsrisiko und Transaktionskosten

Der Risikowert der IT-Investition ist das Produkt aus der Schadenshöhe im Falle eines Systemwechsels und dessen Eintrittswahrscheinlichkeit. Selbst wenn der Einfachheit halber der infolge einer falschen Architekturentscheidung entgangene Nutzen bei der Bewertung der Schadenshöhe vernachlässigt wird, ergibt sich noch immer folgender Risikowert:

$$Risikowert = Schadenshöhe \cdot Eintrittswahrscheinlichkeit$$

$$= Spezifitätsgrad \cdot Investitionsvolumen \cdot Eintrittswahrscheinlichkeit$$

Je offener eine Systemarchitektur ist, umso geringer ist nicht nur deren Spezifitätsgrad, sondern auch die mit der IT-Investition verbundene Ex-post-Unsicherheit, wodurch wiederum die Eintrittswahrscheinlichkeit eines aus nachträglichen Erkenntnissen resultierenden Systemwechsels abnimmt. Das entscheidende Kriterium bei der Auswahl einer Systemarchitektur sollte daher deren Offenheit sein, um Investitionsrisiko und Transaktionskosten weitestgehend zu minimieren.

Gleichwohl werden Transaktionskosten niemals vollständig entfallen, weil die in Tab. 5.2 angeführten Zugriffsbarrieren für den Investor nicht ohne weiteres erkennbar sind und Offenheit zwar ein werbewirksamer, keineswegs jedoch geschützter Begriff ist. Auch MES-Anbieter vermarkten ihre Systeme mittlerweile als offene Plattform und führen dabei Schlagwörter wie Open API, REST oder JSON ins Feld. Wenn deren API überhaupt im World Wide Web veröffentlicht ist – denn auch das Label „Open API" ist keineswegs geschützt – dann werden Zugriffsbarrieren auf die in den Plattformen erfassten Daten zumeist durch fehlende Schnittstellen errichtet. FORCE Bridge API Version 2 konstituiert sich aus 154 Einzelschnittstellen. Mit der Unterschlagung jeder einzelnen Schnittstelle wird mindestens einer Klasse von Anwendungen des freien Marktes die Datengrundlage entzogen. Demzufolge steigt der Spezifitätsgrad MES-ähnlicher Systemarchitekturen mit jeder fehlenden Schnittstelle sukzessive an (vgl. Abb. 5.4). Wo genau zwischen prototypischem MES und der idealen IoT-Plattform die einzelnen Systeme einzuordnen sind, manifestiert sich vollumfänglich in deren API.

Oft bestimmen die unmittelbar mit der Systemeinführung verbundenen Lizenzkosten die Kaufentscheidung, obgleich diese Kostenposition in der Praxis selten das größte Gewicht hat. Im Mittelpunkt stehen dabei die Lizenzgebühren für die Plattform und für die zum Zeitpunkt der Systemeinführung benötigten Anwendungen sowie Datenbanklizenzen. Schnittstellenlizenzen, die erst bei möglichen Folgeinvestitionen Bedeutung erlangen, sollten in diesem Zusammenhang jedoch keineswegs außer Acht gelassen werden.

Eine offene IoT-Plattform ist dadurch gekennzeichnet, dass der Investor nach Anbindung der Maschinen an die Plattform uneingeschränkten Zugriff auf die in der Plattform erfassten Daten hat. Die Einführung einer offenen IoT-Plattform impliziert eine Kostendegression beim weiteren Ausbau der Digitalisierung in der Produktion. Schnittstellenlizenzen dämpfen diesen Skaleneffekt oder kehren ihn sogar ins Gegenteil um. Sie geben einen sicheren Hinweis darauf, dass der Anbieter eine dem MES ähnliche Vermarktungsstrategie verfolgt. Wo überhaupt schon einmal Lizenzgebühren erhoben werden, ist die Hürde gering, diese mit zunehmender Herstellerbindung weiter anzuheben. Die Gelegenheit dazu bietet sich, wenn ein System-Upgrade oder ein Release-Wechsel erforderlich wird.

Eine andere Form der Zugriffsbeschränkung besteht darin, Lizenzgebühren entweder pro Anwender oder pro Endgerät zu erheben. Endgerätgebundene Lizenzvereinbarungen werden in einem MES dadurch kontrollierbar, dass alle Anwendungen nur in der Ausführungsumgebung des MES-Anbieters zu verwenden sind, die zuvor auf jedem lizenzierten Endgerät installiert werden muss. Der Nebeneffekt dabei ist, dass die im situativen Kontext erforderlichen Informationen dem Fertigungspersonal nicht vor Ort, sondern nur an bestimmten Informationsknotenpunkten zur Verfügung stehen. Dieser Umstand verursacht zusätzliche Wege und erhöht den Aufwand für die Informationsbeschaffung. Nicht zuletzt setzen derartige Lizenzmodelle der eigentlichen Zielsetzung, das Fertigungspersonal vollumfänglich mit allen benötigten Informationen zu versorgen, konträre Anreize. Auf solche oder ähnliche Weise können Lizenzmodelle den durch die Digitalisierung erhofften Nutzen indirekt schmälern. Je verworrener und komplizierter das Lizenzmodell des Anbieters ist, umso höher sind zudem die mit der Investition verbundenen Ex-post-Unsicherheiten und die dadurch entstehenden Transaktionskosten.

Ein beträchtlicher Anteil der Kosten, die unmittelbar mit der Einführung einer IoT-Plattform anfallen, ist den Aufwänden für die Systemintegration zuzuschreiben. Dabei spielen die Kosten für die Anbindung des ERP-Systems und die Anbindung der Maschinen eine so maßgebliche Rolle, dass ihnen eine gesonderte Betrachtung gebührt. In der Produktion steht und fällt der Nutzen einer IoT-Plattform mit der Auftragsversorgung seitens des ERP-Systems und der Anbindung aller am Produktionsprozess beteiligten Maschinen und Anlagen. Je nach Systemarchitektur und Plattformanbieter entfallen die

dazu erforderlichen Aufwände entweder direkt auf das produzierende Unternehmen oder
auf den Anbieter bzw. den technischen Implementierungspartner, der seine Kosten jenem
wiederum in Rechnung stellt.

Verfügt eine IoT-Plattform über einen ERP-Adapter für das im produzierenden Unternehmen eingesetzte ERP-System, nimmt die ERP-Anbindung an die Plattform seitens
des Herstellers oder Dienstleisters nur einige Stunden in Anspruch. Ein ERP-Adapter ist
ein Modul innerhalb des ERP-Systems, das externe Systeme mit den aus dem ERP-System
benötigten Daten versorgt. Muss der Plattformanwender stattdessen selbst die Übertragung
der ERP-Daten an eine von der Plattform vorgegebene Schnittstelle implementieren,
ist dies ein signifikant größerer Aufwand. Ob die dazu fähigen Fachleute im eigenen
Unternehmen vorhanden sind oder ob man einen externen Anbieter dafür konsultiert, in
beiden Fällen erstreckt sich die vollständige Anbindung des ERP-Systems an die Plattform
über mehrere Monate bis hin zu einem Jahr. Für das produzierende Unternehmen hat dies
oftmals zur Folge, dass die ursprüngliche Terminplanung hinsichtlich der Projektdauer
nicht eingehalten werden kann, sodass der eingeplante interne Personalaufwand, die
Projektkosten und schließlich auch das Investitionsbudget überschritten werden. Hinzu
kommen die Kosten für den infolge der Verzögerung entgangenen Nutzen. Eventuell ist
das gesamte IT-Projekt gefährdet.

5.3   Anbieter- und Produktauswahl im Internet der Dinge

Aus einer ersten positiven Kosten-Nutzen-Abwägung ergeben sich gewöhnlich ein Lastenheft, ein Investitionsbudget und ein Projektteam, das mit der Auswahl von Anbietern
und Lösungen betraut wird. Das Security Operations Center sollte möglichst eng in das
Projektteam eingebunden sein, in jedem Fall aber den gesamten Auswahlprozess begleiten.
Denn auch die sicherste IoT-Plattform schützt nicht vor unerlaubtem Datenzugriff, wenn
auf ihr schadhafte Anwendungen zur Ausführung gelangen. Im Gegensatz zu einem
Systemgeschäft sind bei einer IoT-Lösung charakteristischerweise mehrere Anbieter
involviert, an die sich verschiedenartige Anforderungen richten:

- Der Plattformanbieter
- Anbieter von Applikationen, welche die fachlichen Anforderungen abdecken sollen
- Anbieter von Benutzeroberflächen und sonstigen Schnittstellen zur Interaktion mit den
  Anwendern

5.3.1   Auswahl einer IoT-Plattform

Bei der Evaluation und Auswahl einer IoT-Plattform sollte die erste Frage sein, für welche
Funktionen auf dem freien Markt erhältliche Anwendungen an die Plattform angebunden
werden können. Wenn im Lastenheft sehr spezielle Anforderungen enthalten sind, ist zu

ergründen, ob Anwendungen dafür zur Verfügung stehen und wie breit diesbezüglich das Anbieterspektrum insgesamt ist. Je geringer die Anbieterauswahl bezüglich der Anwendungen, d. h., je spezifischer die API einer Plattform ist, umso gründlicher ist auch die Positionierung des Plattformanbieters auf dem Markt zu beleuchten, d. h., ob sich dieser darin die kommenden Jahre behaupten können wird und welche Support-Dienstleistungen für die Plattform angeboten werden. Ferner sollte eruiert werden, welche weiteren Kunden der Anbieter hat, bei denen die IoT-Plattform in Betrieb ist, und ob der Anbieter über Referenzen verfügt, die persönlich kontaktiert werden können.

Jedem Plattformanbieter, der gleichzeitig Anbieter eines MES ist, gebührt grundsätzlich Misstrauen. Denn es stellt sich die Frage, welche Funktionalitäten des MES mit der IoT-Plattform nicht abgedeckt werden und ob auf diese dauerhaft verzichtet werden kann. Ist der Plattform- und MES-Anbieter nicht in der Lage, funktionale Vorteile des MES zu nennen, muss die Frage gestellt werden, warum dann überhaupt noch ein MES im Produktportfolio enthalten ist.

Wenn aus Gründen der Datensicherheit eine Cloud-basierte Lösung nicht in Frage kommt und der Anbieter keine Installation vor Ort (On-Premises) ermöglicht, kann dies ein weiteres Ausschlusskriterium sein.

Bei den in die engere Auswahl gekommenen Anbietern ist schließlich zu prüfen, ob die IoT-Plattform die erforderliche Integrationsleistung und Funktionalität erbringt. Hierzu zählen:

- Maschinenanbindung
- ERP-Anbindung
- Maschinendatenerfassung
- Betriebsdatenerfassung
- Prozessdatenerfassung (einschließlich Energiedatenerfassung)
- Erfassung von Personalrückmeldungen
- Track and Trace
- Distributed Numerical Control (DNC)
- Abbildung aller erfassten Daten in einer offen im World Wide Web dokumentierten API
- Meldungen über Ereignisse

Bezüglich der Maschinenanbindung ist zu klären, ob die Maschinensteuerungen der im Betrieb vorhandenen Anlagen und Maschinen prinzipiell ausgelesen werden können und welche Daten überhaupt an den einzelnen Steuerungen zu erfassen sind. Eine Prozessdatenerfassung, die auch eine Voraussetzung für Produktrückverfolgung (Track and Trace) und Energiemanagement darstellt, ist mit einem größeren Aufwand verbunden als eine reine Maschinen- und Betriebsdatenerfassung.

Wie im vorangegangenen Abschnitt dargelegt, ist die ERP-Anbindung nicht nur eine Frage der Kosten, sondern oft auch eine Frage der Zeit, die es mit dem Plattformanbieter im Vorfeld zu klären gilt. Fertigungsaufträge und deren Vorgänge sind Daten aus dem

ERP-System, welche in der Produktion unabdingbar sind. Durch die zusätzliche Übertragung des Personalstamms und weiterer ERP-Stammdaten erübrigt sich deren doppelte Datenpflege.

Um negative Überraschungen beim späteren Einsatz der IoT-Plattform zu vermeiden, ist im Vorfeld abzuklären, wie die Leistung der Plattform in Bezug auf Performance, Systemstabilität und Skalierbarkeit ist. Diesbezügliche Anforderungen sollten im Lastenheft so präzise wie möglich und unter Angabe aller Hardware- und Systemvoraussetzungen spezifiziert sein.

Die wesentlichen Unterschiede zwischen den einzelnen IoT-Plattformen liegen in der Open API. Diese ist insofern ein entscheidendes Beurteilungskriterium bei der Anbieterauswahl, als Integrationsleistung, Funktionalität und Anwendungsspektrum einer IoT-Plattform allein von der API abhängen. Hier ist vor allem bei generisch konzipierten IoT-Plattformen zu klären, ob und in welcher Weise alle im Produktionsumfeld auftretenden Entitäten mit dem erforderlichen Informationsgehalt als *Things* bzw. *Assets* abgebildet werden können. Idealerweise gestattet eine generische Plattform die vollständige Instanziierung der in Bridge API spezifizierten Ressourcen.

Nicht zuletzt sollte bei der Anbieterauswahl von Interesse sein, ob es eine Community der Lösungsanbieter und Anwender für die Weiterentwicklung der API gibt und wie groß das Mitspracherecht bei zukünftigen Schnittstellenerweiterungen ist.

5.3.2 Auswahl der Applikationen

Die Auswahl von Anwendungen erfolgt anhand der fachlichen und funktionalen Anforderungen, wie sie im Lastenheft formuliert sind. In der Vergangenheit ging mit der Entscheidung für einen bestimmten Anbieter notwendigerweise eine implizite Entscheidung für eine anbieterspezifische Benutzeroberfläche einher, welche daraufhin den Mitarbeitern aufgezwungen werden musste.

Bei einem MES bedeutet dies, dass alle Anwendungen die Benutzeroberfläche haben, die durch die Ausführungsumgebung des jeweiligen MES vorgegeben ist. Die Betriebsdatenerfassung kann ausschließlich in dem Shop Floor Terminal des Anbieters vorgenommen werden, für das gewöhnlich pro Endgerät eine separate Lizenz erhoben wird. Nicht selten erhält das Fertigungspersonal statt einer Einführung in das Shop Floor Management eine zweitägige Schulung, um das mit allen übrigen Funktionen des MES völlig überladene Shop Floor Terminal überhaupt bedienen zu können. Dabei sollte es eigentlich keiner Schulung bedürfen, um Vorgänge an- und abzumelden, ausgebrachte Mengen als Gutmenge oder Ausschuss zu klassifizieren und einen Stillstand zu begründen.

Einer der größten Vorzüge von IoT-Lösungen gegenüber monolithischen Systemen besteht in der Möglichkeit, Anwendungen mit einer fachlichen Funktionalität und Benutzeroberflächen von verschiedenen Herstellern zu beziehen. An den IoT Hub einer offenen Plattform können nicht nur beliebig viele Shop Floor Terminals angeschlossen werden, sondern es wäre auch denkbar, jedem Mitarbeiter auf mobilen Endgeräten ein seinen

Abb. 5.5 Mobiles Shop Floor
Terminal erstellt mit dem
App-Baukasten engomo.
(Quelle: Mobile App von
engomo)

Vorstellungen entsprechendes individuelles Shop Floor Terminal zur Verfügung zu stellen.
Abb. 5.5 zeigt ein solches, das mit dem App-Baukasten engomo individuell gestaltet und
mit einer IoT-Plattform verbunden wurde (vgl. [eng]).

Dasselbe, was für das Shop Floor Terminal zutrifft, kann auch für die Anwendungen
einer IoT-Plattform konstatiert werden. Grundsätzlich ist davon abzuraten, Anwendungen
mit komplexer fachlicher Funktionalität einschließlich einer Benutzeroberfläche im Unternehmen einzuführen. Denn selten sind die aus fachlicher Sicht am besten geeigneten
Anwendungen auch diejenigen mit dem besten Interaktionsdesign im Sinne maximaler Benutzerfreundlichkeit. Das visuelle und konzeptionelle Design einer Anwendungsoberflä-
che verlangt spezielle Kenntnisse, welche der Psychologie und der Kognitionswissenschaft
zuzuordnen sind. Solche haben wenig gemeinsam mit den fachlichen und technischen
Qualifikationen, deren es zur Anwendungsentwicklung im Bereich der Produktion bedarf.

Anwendungen ohne eine Benutzerschnittstelle können im Rahmen des vorgegebenen
Budgets allein anhand der fachlichen und funktionalen Anforderungen des Lastenhefts
evaluiert und ausgewählt werden. In Hinblick auf die späteren Anwender müssen keine
Kompromisse eingegangen werden. Insbesondere kann die Auswahl ohne deren Beteiligung getroffen werden.

Im Gegensatz dazu sind bei der Eignungsprüfung und Beurteilung der Benutzeroberflächen die späteren Anwender nicht nur in hohem Maße mit einzubeziehen. Im Idealfall

treffen diese selbst die Auswahl, wodurch deren Akzeptanz für die Digitalisierung und die damit beabsichtigten Prozessoptimierungen zunimmt.

Bei einer idealen IoT-Plattform ist es möglich, alle Anforderungen durch Anwendungen des freien Marktes abzudecken (vgl. Abb. 5.4). Solche stehen im Wettbewerb mit alternativen Anwendungen und können auf den Plattformen verschiedener Anbieter gleichermaßen oder sogar in einem vollkommen anderen Anwendungskontext verwendet werden.

5.3.3   Kosten-Nutzen-Analyse in einem Pilotprojekt

Nach Auswahl der IoT-Plattform und aller Anwendungen sowie der Angebotserstellung seitens der Anbieter sind die Kosten der geplanten IT-Investition weitgehend bekannt. Dasselbe trifft auf die bereits entstandenen Projekt- und Transaktionskosten zu. Sofern Investitionsbudget und Projektkosten innerhalb des gesetzten Rahmens liegen, gilt es kritisch zu hinterfragen, ob die auf den Einsatz von Informationstechnologie gestützten Prozessverbesserungen mit der ausgewählten Lösung erreicht werden können. Gegebenenfalls ist die ursprüngliche Nutzenbemessung durch die im Zuge der Anbieterauswahl gewonnenen Kenntnisse zu revidieren.

Fällt die Kosten-Nutzen-Bewertung noch immer positiv aus, folgt zunächst ein kleines Pilotprojekt mit der Anbindung weniger Maschinen. Auch wenn dauerhaft eine On-Premises-Lösung vorgesehen ist, wird in dieser Projektphase stets eine Cloud-basierte Variante gewählt. In der Pilotphase können Verfügbarkeit, Leistungsgrad und Qualitätsrate valide bestimmt werden. Selbst wenn keine weiteren Anwendungen installiert sind, wird eine Bridge-kompatible Plattform diese Werte selbst ermitteln, sodass die diesbezüglich angenommenen Optimierungspotentiale überprüft und gegebenenfalls korrigiert werden können. Erweisen sich die Korrekturen als erheblich, muss die gesamte Kosten-Nutzen-Analyse revidiert und anhand der im Pilotprojekt gesammelten Erfahrung extrapoliert werden.

Literatur

[BV09] Klaus Backhaus und Markus Voeth. Industriegütermarketing. 9. Auflage. Vahlen, Dez. 2009

[eng] engomo. Das ist engomo. Letzter Zugriff: 01.03.2019. URL: https://www.engomo.com/de/produkt/das-ist-engomo/

[KCA78] B. Klein, R. G. Crawford und A. A. Alchian. "Vertical Integration, Appropriable Rents, and the Competitive Contracting Process". In: *Journal of Law and Economics, Volume 21(2), pp. 297–326*. University of Chicago Press, Chicago, 1978

[Sin+17] Alexander Sinsel u. a. "Wirtschaftlichkeitsbewertung der Smart Factory. Ein Ansatz zur Bewertung der Digitalisierung in der Produktion". In: *ZWF Zeitschrift für wirtschaftlichen Fabrikbetrieb* 112 (Sep. 2017), S. 602–606. ISSN: 0947-0085

Beispielanwendungen im wechselseitigen Zusammenspiel

Monolithische Systeme haben nicht nur die genannten Nachteile, dass sie in die Herstellerabhängigkeit führen und dadurch sowohl die Kosten als auch das Investitionsrisiko produzierender Unternehmen enorm erhöhen. Auch dann, wenn all das nicht zuträfe, würden sie trotzdem ihren Anwendern nicht zu einem maximalen Nutzen verhelfen. Dies hat den einfachen Grund, dass mit der Anzahl von Leistungen, die von einem einzigen Anbieter bezogen werden, die Wahrscheinlichkeit zunimmt, darunter eine Einzelleistung zu finden, welche ein anderer Marktanbieter unter sonst gleichen Bedingungen den eigenen Anforderungen besser entsprechend oder schlicht in einer besseren Qualität erbringt.

Dasselbe trifft für jede individuelle Anwendung zu, die einen allzu großen Funktionsumfang abzudecken verspricht. Die folgenden Beispielanwendungen erfüllen jeweils nur wenige spezifische Funktionen, deren wechselseitiges Zusammenspiel seitens der IoT-Plattform zu organisieren ist. Je unabhängiger eine einzelne Anwendung von anderen Anwendungen konzipiert ist, desto geringer sind die Voraussetzungen, welche eine IoT-Plattform diesbezüglich zu erfüllen hat.

6.1 Shop Floor Management, Visualisierungen und Leistungsanalyse

Bei den Anwendungen, die heute zur digitalen Unterstützung des Shop Floor Managements im Einsatz sind, handelt es sich um Reports, Ticketsysteme, Benachrichtigungen und Visualisierungen der Produktion. All diese Anwendungen verdichten und illustrieren die in der Produktion erfassten Daten lediglich in der einen oder anderen Form für das Fertigungspersonal. Sie verlangen den Zugriff auf die Produktionsdaten und daher die Interoperabilität mit der IoT-Plattform selbst, jedoch mit keiner der übrigen Konstituenten

© Springer-Verlag GmbH Deutschland, ein Teil von Springer Nature 2020
A. Sinsel, *Das Internet der Dinge in der Produktion*,
https://doi.org/10.1007/978-3-662-59761-3_6

des IT-Umfeldes.[1] Genau aus diesem Grunde ist es möglich, solche Anwendungen auch auf generisch konzipierten IoT-Plattformen zu betreiben, wie sie in Abschn. 1.3 beschrieben sind. Ihre wesentliche Aufgabe besteht darin, die für das Shop Floor Management betrieblich verankerten Prozesse durch die Bereitstellung von Informationen zu optimieren.

In diesem Zusammenhang kann die Datengrundlage selbst schon in zwei Kategorien eingeteilt werden: zeitnahe Daten und über große Zeiträume verdichtete Daten. Zeitnahe Daten, die sich auf die vergangenen Schichten oder den aktuellen Zustand beziehen, unterstützen reaktive Maßnahmen, wie sie der situative Kontext unmittelbar erfordert. Sie können in mehr oder weniger verdichteter Form bis zu einem beliebig großen Detaillierungsgrad betrachtet werden. Abb. 6.1 zeigt die Visualisierung verschiedener Werke in einer globalen Standortübersicht. Angezeigt werden die OEE der letzten Arbeitsschicht und eine farbliche Illustration des aktuellen Betriebszustandes der einzelnen Werke. Die Farben entsprechen einem Ampelsignal mit konfigurierbarem Zielkriterium und ebenso konfigurierbaren Zielwerten für die Farben Grün, Gelb und Rot.[2] Außerhalb der geplanten Betriebszeit erlischt das Ampelsignal.

Abb. 6.1 Visualisierung der Werke in einer globalen Standortübersicht

---

[1] Diese Aussage gilt unter der Prämisse, dass die IoT-Plattform Informationen über Fertigungsaufträge zur Verfügung stellt, oder mit der Einschränkung, dass der Leistungsgrad von Anlagen nur schwer oder gar nicht zu ermitteln ist, vgl. Abb. 3.9.

[2] Beispielsweise könnte die Ampel von Grün auf Gelb wechseln, wenn weniger als 80 Prozent der Arbeitsplätze in Produktion sind, und von Gelb auf Rot, wenn weniger als 60 Prozent der Arbeitsplätze in Produktion sind.

Von der Standortübersicht können Anwender zu den verschiedenen Werken über deren Werkshallen und Fertigungsbereiche hinweg bis hin zur Darstellung einzelner Maschinen navigieren (vgl. Abb. 4.1). Für alle Mitarbeiter sichtbar in den Fertigungshallen und an einzelnen Maschinen platziert erfüllen Visualisierungen die Funktion eines Andon-Boards. Dabei handelt es sich um visuelle Kontrolleinrichtungen, welche Betriebszustände durch Farbsignale und den Produktionsfortschritt durch je einen Fortschrittsbalken für den Ist- und den Sollzustand anzeigen.

Bei der interaktiven Nutzung führen Visualisierungen zu Reports, die sich auf das Werk, den Fertigungsbereich oder den einzelnen Arbeitsplatz beziehen. Auf Bereichs- und Arbeitsplatzebene zählen Schichtbuch, Betriebszustandsprotokoll und Mengenprotokoll zu den Reports, die am Shop Floor Board für die Besprechungen zum Schichtstart und zum Schichtende dienen. Die Reports beinhalten tabellarische und graphische Darstellungen der innerhalb einer Schicht aufgetretenen Betriebszustände und ausgebrachten Mengen. Dazu gehören neben kumulierten Darstellungen auch Detailansichten, in denen unter anderem die von den Mitarbeitern hinterlegten Bemerkungen zu Stillstands- bzw. Ausschussgründen enthalten sind. Abb. 6.2 zeigt das Mengen-Zustandsdiagramm, in dem der Zeitverlauf von Betriebszuständen und ausgebrachten Mengen in einem Rampendiagramm vereint zur Darstellung gebracht werden. Die zeitliche Dimension ist auf der horizontalen Achse, die ausgebrachten Mengen sind auf der vertikalen Achse aufgetragen und die Betriebszustände schließlich in einer farblichen Dimension illustriert. Soll-Linie und Ist-Linie veranschaulichen den Grad der Zielerreichung. Das Mengen-Zustandsdiagramm kann sowohl online, d. h. fortlaufend aktualisiert innerhalb von Visualisierungen, als auch zur Auswertung der vergangenen Schicht bei der Besprechung am Shop Floor Board herangezogen werden.

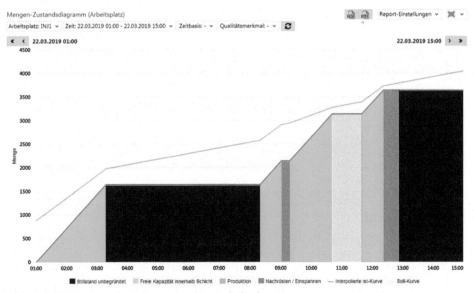

Abb. 6.2 Mengen-Zustandsdiagramm eines Arbeitsplatzes

Grundsätzlich geht es bei allen Reports darum, vergangenheitsbezogene Massendaten entweder stark verdichtet oder durch verschiedene Filterkriterien eingeschränkt im Detail anzuzeigen. Bei den Massendaten handelt es sich im Wesentlichen um die aufgezeichneten Betriebszustände, Vorgangsphasen der Fertigungsaufträge und die ausgebrachten Mengen einschließlich ihrer Qualitätsmerkmale. Das wichtigste Filterkriterium ist der Zeitbereich, weil eine detaillierte Ansicht von Informationen nur auf einen kleineren Zeitbereich eingeschränkt überhaupt noch überschaubar ist. Im Unterschied dazu kann der Zeitbereich für stark verdichtete Kennzahlen zwar beliebig groß selektiert werden, muss aber dennoch für den Anwender auswählbar sein, weil alle Leistungskennzahlen der Produktion sich auf einen bestimmten Zeitbereich beziehen und mit diesem variieren. Leistungskennzahlen über die Zeit hinweg zu steigern, ist schließlich die mit einem kontinuierlichen Verbesserungprozess verfolgte Intention. Ein typischer Zeitfilter ist in Abb. 6.3 dargestellt.

Als Gegenstück in Hinsicht auf den Grad der Informationsverdichtung kann der OEE-Report in Abb. 6.4 angeführt werden. Das Kennzahlensystem der OEE ist für einen oder mehrerer Arbeitsplätze in beliebigen Betrachtungszeiträumen von Interesse. Den größeren Zeitbereichen entsprechend finden sich im Zeitfilter zusätzlich die Reiter Woche, Monat, Quartal und Jahr. Im Arbeitsplatzfilter wird eine Arbeitsplatzhierarchie abgebildet, in der einzelne Arbeitsplätze, Arbeitsplatzgruppen, Fertigungsbereiche, Fertigungshallen und Werke als Filterkriterien zur Auswahl stehen.

Mit dem Shop Floor Management wird nicht zuletzt das Ziel verfolgt, die Anlageneffektivität gemessen an der OEE zu steigern. Der OEE-Report zeigt die Kennzahl selbst und den Einfluss von Verfügbarkeitsverlusten, Leistungsverlusten und Qualitätsverlusten. In der Praxis stellen die Verfügbarkeitsverluste das größte Optimierungspotential dar.

Um Maßnahmen zur Beseitigung der schwerwiegendsten Stillstandsgründe einzuleiten, müssen solche zunächst identifiziert werden. Die Hitliste der Betriebszustände erlaubt

Abb. 6.3 Zeitfilter für Reports mit Detaildarstellungen von Betriebszuständen oder Qualitätsmerkmalen der ausgebrachten Mengen

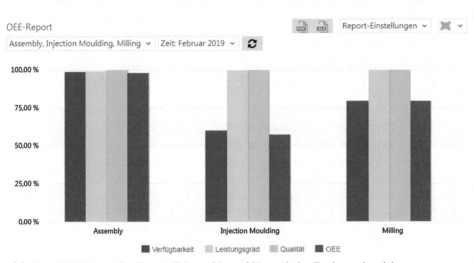

Abb. 6.4 OEE-Report des Monats Februar hier auf Ebene dreier Fertigungsbereiche

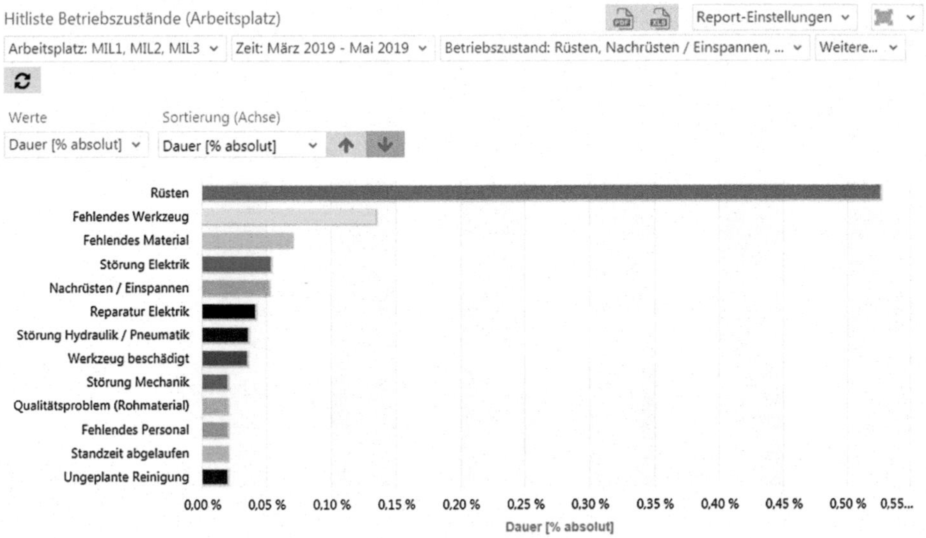

Abb. 6.5 Hitliste der Betriebszustände und Stillstandsgründe

es, die verschiedenen Stillstandsgründe wahlweise nach der kumulierten Dauer oder der Häufigkeit ihres Auftretens sortiert darzustellen (vgl. Abb. 6.5). Dauern bzw. Häufigkeiten werden auf der horizontalen Achse je nach Einstellung in absoluten Werten oder als prozentualer Anteil angegeben. Eine weitere Einstellung erlaubt die vertikale Sortierung der Balken wahlweise nach Dauern oder Häufigkeiten vorzunehmen. Dadurch ist es möglich, die Betriebszustände vertikal absteigend nach ihrer Häufigkeit zu sortieren und gleichzeitig deren Dauer in der Balkenlänge abzubilden. Der Betrachtungszeitraum kann im Zeitfilter beliebig gewählt werden. Der Arbeitsplatzfilter gestattet die Auswahl einzelner, mehrerer oder aller Arbeitsplätze.

Verschiedene Reports geben Antworten auf unterschiedliche Fragen. Die Hitliste der Betriebszustände beantwortet die Frage, welche die hinsichtlich ihrer Dauer und Häufigkeit größten Verfügbarkeitsverluste sind. Andere Reports geben Auskunft darüber, an welchen Arbeitsplätzen oder bei welchen Produkten Verfügbarkeitsverluste vorwiegend auftreten. Zu guter Letzt illustrieren Zeitverläufe den Erfolg oder Misserfolg der beim Shop Floor Management getroffenen Maßnahmen.

Der Zustandsklassenverlauf in Abb. 6.6 zeigt die Zustandsklassen im Verlaufe der letzten 7 Monate in der Gesamtbetrachtung über alle Arbeitsplätze. Zustandsklassen stellen disjunkte Gruppen von Betriebszuständen dar, wobei typischerweise alle technisch und alle organisatorisch bedingten Stillstände jeweils in einer Zustandsklasse zusammengefasst werden. Die Betrachtung des Zeitverlaufs erlaubt eine Beurteilung, ob die getroffenen Verbesserungsmaßnahmen Erfolg zeigen. In Abb. 6.6 liegt der fiktive Idealfall vor, in dem es binnen 7 Monaten gelingt, alle technisch und organisatorisch bedingten Stillstände bei gleichzeitiger Verringerung der Instandhaltungsmaßnahmen vollständig zu beseitigen.

Zusammenfassend ist zu konstatieren, dass die Gesamtheit aller Reports, die auf stark verdichteten Massendaten operieren, dem Zweck dienen, die erfassten Daten in mehreren Dimensionen zu betrachten und zu bewerten – eine Analysemethode, die als Online Analytical Processing (OLAP) bezeichnet wird.[3] OLAP-Systeme existieren seit

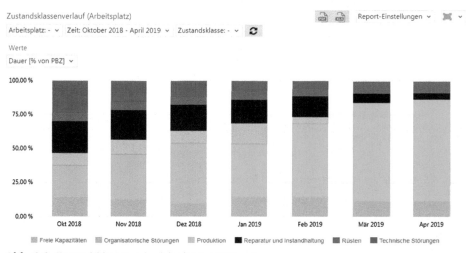

Abb. 6.6 Zustandsklassenverlauf der letzten 7 Monate

---

[3] Beim Shop Floor Management kommt noch eine tiefgreifendere Bedeutung im Sinne der Führungsphilosophie hinzu, wie etwa die Mitarbeiter durch regelmäßiges Aufzeigen bereits erreichter Erfolge vom Nutzen eines kontinuierlichen Verbesserungsprozesses stärker zu überzeugen.

Jahrzehnten und die Auswahl an proprietärer und Open-Source-Software ist heute nahezu unüberschaubar groß. Sie alle können mit mehr oder weniger großem Aufwand auf jeder IoT-Plattform in Betrieb genommen werden. Dasselbe trifft für Ticketsysteme und Visualisierungen zu.

6.2   Benutzeroberflächen von Papier bis zu Augmented Reality

Ein wiederkehrender Irrtum geht davon aus, dass allein durch die Einführung von Informationstechnologie Optimierungen der betrieblichen Prozesse möglich seien. Für den Erfolg des Shop Floor Managements sind in erster Linie das *Verhalten der Führungskräfte* und die *Akzeptanz der Mitarbeiter* ausschlaggebend. Ergonomische Informationstechnologie kann das Shop Floor Management unterstützen, jedoch niemals in dem Maße, in dem umständliche Software das erwünschte Ergebnis zu konterkarieren vermag.

Der Begriff *Software* hat in diesem Zusammenhang eine negative Konnotation und schon die Ankündigung ihrer Einführung wird in vielen Fällen von Mitarbeitern als eine Bedrohung wahrgenommen. Das trifft selbst auf jüngere Mitarbeiter zu, welche zwar große Teile der Freizeit mit ihrem Smartphone oder Tablet verbringen, die im Betrieb eingesetzte Software jedoch kategorisch ablehnen: „Für sein Smartphone hat man sich eine tolle App gekauft; im Betrieb haben sie dagegen eine neue Software eingeführt. Jetzt muss nicht nur die Maschine, sondern auch noch die Software *bedient* werden."

Die negative Einstellung gegenüber betrieblicher Software ist vielen Führungskräften allzu vertraut, die selbst jeglichen Umgang damit an andere delegieren, gleichermaßen aber an den Reports und Kennzahlen ihres Management Cockpits haften wie die Teenager an ihren Smartphones. Dass die weite Verbreitung derartiger Mentalität ein offenes Geheimnis ist, belegt die Produktpolitik der ERP- und MES-Anbieter. Selbst diese haben entsprechende Management Cockpits mit den wichtigsten Kennzahlen als schlanke Webapplikationen für mobile Endgeräte in ihrem Produktportfolio, in dem doch sonst alle übrigen Anwendungen nur per Durchklicken innerhalb der sperrigen und überladenen Ausführungsumgebung des jeweiligen Systems zu erreichen sind. Ganz offensichtlich gehen auch die Anbieter monolithischer Systeme davon aus, die Entscheider in den Unternehmen der Zielgruppe nur durch Lösungen überzeugen zu können, die deren Ansprüchen an die Benutzerfreundlichkeit gerecht werden. Warum sollte dann den Mitarbeitern in der Produktion, welche in viel größerem Maße diesen Systemen ausgesetzt sind, der Anspruch auf benutzerfreundliche Informationstechnologie abgesprochen werden?

Oft ist zu hören, dass mit der Digitalisierung einhergehend mehr Menschen IT-Kenntnisse benötigen und das Bedienen von Software für alle Mitarbeiter eines Unternehmens zur Selbstverständlichkeit werden müsse. Eine erfolgreiche Digitalisierung verlangt genau das Gegenteil und die dem Internet der Dinge zugrunde liegende Vorstellung besagt ebenfalls Gegenteiliges. In seinem Aufsatz „The Computer for the 21st Century" beschreibt Mark Weiser seine Vision von einem Internet der Dinge schon mit dem ersten Satz wie folgt: „Die tiefgreifendsten Technologien sind diejenigen, die verschwinden. Sie verflechten sich in das Gewebe des Alltags, bis sie nicht mehr von ihm zu unterscheiden sind." (vgl. [Wei91]).

Digitalisierung im Sinne des Internets der Dinge bedeutet, dass weniger Mitarbeiter bewusst und in einer ihnen unangenehmen Weise mit Software konfrontiert werden als vor der Digitalisierung. Die bewusste Konfrontation mit Software ist an keiner Stelle größer als bei der Interaktion mit deren Benutzeroberfläche. Wie in Abschn. 5.3 dargelegt, sollte deren Auswahl denjenigen Mitarbeitern überlassen werden, welche die späteren Anwender sein werden. Dadurch, dass die Auswahl der Benutzeroberfläche im Internet der Dinge herstellerunabhängig getroffen werden kann, stehen für den betrieblichen Einsatz alle marktgängigen Angebote zur Verfügung. Insbesondere können Mitarbeiter bei den im Betrieb eingesetzten Benutzeroberflächen dasselbe Anwendererlebnis (User Experience) erwarten, das sie von den in ihrer Freizeit verwendeten Anwendungen gewohnt sind.

Das 1989 entwickelte Technology Acceptance Model (TAM) besagt im Kern, dass die beim Umgang mit Technologie wahrgenommene Nützlichkeit und die wahrgenommene Benutzerfreundlichkeit seitens der unmittelbaren Anwender die entscheidenden Kriterien für deren Akzeptanz sind. Bei der wahrgenommenen Nützlichkeit handelt es sich um die subjektive Empfindung von Personen, dass die Anwendung einer bestimmten Technologie ihre Arbeitsleistung verbessert. Das Technology Acceptance Model wurde in nachfolgenden Erhebungen vielfach bestätigt und weiter verfeinert (vgl. [Dav85] und [VB08]). Gleichwohl werden die Mitarbeiter produzierender Unternehmen bei der Anbieter- und Produktauswahl im Rahmen einer geplanten IT-Investition noch immer allzu selten einbezogen, obwohl doch deren Akzeptanz für die mit der IT-Investitionen beabsichtigten Prozessoptimierungen ein erfolgskritischer Faktor ist.

Weil die bewusste Konfrontation mit Software bei der Interaktion mit deren Benutzeroberfläche am größten ist, hängt die wahrgenommene Nützlichkeit einer Software in großem Maße vom visuellen und konzeptionellen Design der Benutzeroberfläche ab. Ein besonders Gewicht hat das Interaktionsdesign der Benutzeroberfläche, für das grundsätzlich die Regel gilt: So wenig Interaktionen wie möglich und diese so unbewusst wie möglich.

Demzufolge verwundert es kaum, dass Papier in vielen Fällen die bevorzugte Benutzeroberfläche ist, schließlich gibt es darauf überhaupt keine bewussten Interaktionen mit der Software, welche dieses bedruckt hat. Ein typisches Beispiel dafür sind die Besprechungen am Shop Floor Board, die auch nach der Einführung einer Maschinen- und Betriebsdatenerfassung bevorzugt mit ausgedruckten Reports vorgenommen werden. Eine häufige und oft die Auswahlentscheidung bestimmende Anforderung an OLAP-Systeme zum Einsatz in der Produktion ist die Möglichkeit, Reports, die zur Auswertung der vergangenen Schicht bei der Besprechung am Shop Floor Board dienen, automatisiert generieren zu können und diese vor Schichtbeginn ausgedruckt auf dem Drucker vorzufinden.

Bei den auf einer IoT-Plattform überwiegend eingesetzten Benutzeroberflächen handelt es sich um schlanke Webapplikationen (Web-Apps), die in der Produktion sowohl auf klassischen Industrieterminals als auch auf mobilen Endgeräten aufgerufen werden können.

Diese Webapplikationen sind beliebig konfigurierbar und können wechselseitig verlinkt oder ineinander eingebunden werden. Allein die Möglichkeit, an jedem beliebigen Ort Zugang zu den jeweils benötigten Informationen zu erhalten, verringert den Aufwand der Informationssuche. Dagegen erhöhen ortsgebundene Shop Floor Terminals, wie sie für das MES charakteristisch sind, den Aufwand für die Informationsbeschaffung, verursachen zusätzliche Wege und damit eine der sieben Verschwendungen (Muda), die von Taiichi Ohno, dem Chefingenieur von Toyota, als Teil des Toyota Produktionssystems (TPS) herausgearbeitet wurden (vgl. [Ohn88]). In noch größerem Maße als für das unmittelbar an der Maschine tätige Fertigungspersonal erweisen sich solche zusätzlichen Wege für das Instandhaltungspersonal schon nach kurzer Zeit als eine Zumutung, wenn nach jeder geplanten und ungeplanten Instandhaltungsmaßnahme eines der zu diesem Zweck auf dem Betriebsgelände bereitgestellten Industrieterminals aufzusuchen ist, um darauf Meldung zu erstatten.

So wenig Interaktionen wie möglich impliziert auch, dass Menschen in der Produktion die bevorzugten Ansprechpartner bleiben müssen. Wer den Mitarbeiter, der mit überschwänglichem Eifer Verbesserungsvorschläge einbringt, in seinen Äußerungen und seiner Entfaltung auszubremsen beabsichtigt, sollte ihn bitten, zukünftig für jeden Vorschlag ein Ticket anzulegen. Kaum etwas kann eine schlechtere Auswirkung auf die Bereitschaft der Mitarbeiter haben, am kontinuierlichen Verbesserungsprozess aktiv mitzuwirken, als ein Ticketsystem, das mit jedem Verbesserungsvorschlag vom Mitarbeiter bedient werden muss.

Eine weitere Möglichkeit, die Interaktionen der Mitarbeiter mit der eingeführten Informationstechnologie zu verringern, bieten Benachrichtigungen und Alarmierungen (vgl. Abschn. 6.7). Durch Benachrichtigungen bleibt es den Mitarbeitern erspart, aktiv und regelmäßig bei einem System anzufragen, ob neue Ereignisse ihr Eingreifen erfordern. Stattdessen werden sie darüber unterrichtet, sobald dies der Fall ist.

Die beliebige Auswahl der Anwendungen und Anwendungsoberflächen auf einer offenen IoT-Plattform ermöglicht auch den Einsatz von Wearables, d. h. von am Körper des Anwenders befestigten mobilen Computersystemen. Wearables haben den Vorteil, dass sie die Bewegungsfreiheit des Fertigungspersonals nicht einschränken und dieses die Hände zur Verrichtung seiner eigentlichen Tätigkeiten frei hat. Neue Technologien wie Augmented Reality (AR) stehen mit der Einführung offener IoT-Plattformen heute an der Schwelle zum industriellen Einsatz (vgl. [Jos+19]). Augmented Reality ermöglicht es, dem Anwender Informationen situationsabhängig dort anzuzeigen, wo sie benötigt werden, d. h. direkt im Blickfeld und auf dem jeweils bearbeiteten Gegenstand. Anwendungsmöglichkeiten dafür werden hauptsächlich zur Unterstützung von Diagnose-, Wartungs- und Reparaturarbeiten sowie beim technischen Training und der Einarbeitung von Mitarbeitern gesehen.

Als Fazit ist festzuhalten, dass das Spektrum der Anwendungsoberflächen mit dem Internet der Dinge breiter geworden ist und heute noch nicht absehbar ist, welche technologischen Neuerungen morgen auf den Markt kommen werden. Wie auch immer diese aussehen mögen, auf einer IoT-Plattform stehen sie Anwendern grundsätzlich

zur Verfügung, in einem monolithischen System dagegen nur, wenn der Anbieter dies
entscheidet und über das zu deren Umsetzung erforderliche Wissen verfügt.

6.3   Graphische Plantafeln

Graphische Plantafeln werden in der Produktion im Zusammenhang mit der Auftrags-
feinplanung und der Personaleinsatzplanung verwendet. Sie dienen hauptsächlich zur
Illustration des Planungsergebnisses, erlauben aber auch eine interaktive Planung oder die
Bearbeitung eines automatisch generierten Planungsszenarios.

Bei der Auftragsfeinplanung werden die einzelnen Vorgänge eines Fertigungsauftrags
einem bestimmten Arbeitsplatz zugewiesen und damit einhergehend auch ihr Start-
und Endtermin auf dem Arbeitsplatz festgelegt. Als Ergebnis der Auftragsfeinplanung
sind jedem Arbeitsplatz verschiedene Vorgänge in einer bestimmten zeitlichen Abfolge
zugeordnet. In dieser Reihenfolge werden die Vorgänge im Shop Floor Terminal unter
Angabe des geplanten Start- und Endtermins dem Fertigungspersonal angezeigt (vgl.
Abb. 2.8 und 5.5).

In einem Balkenplan oder Gantt-Diagramm, in dem die zeitliche Abfolge von Vorgängen graphisch in Form von Vorgangsbalken auf einer horizontalen Zeitachse dargestellt
ist, kann das Ergebnis der Auftragsfeinplanung für mehrere Arbeitsplätze illustriert
werden. Die einzelnen Arbeitsplätze sind dabei ihren Kapazitätsgruppen zugeteilt und
vertikal untereinander angeordnet. Abb. 2.19 zeigt eine graphische Plantafel mit einem
solchen Gantt-Diagramm in der unteren Hälfte. Darüber ist der Auftragsvorrat zu sehen;
das sind die Vorgänge der Fertigungsaufträge, die noch nicht eingeplant, d. h. noch
keinem Arbeitsplatz innerhalb ihrer Kapazitätsgruppe zugeordnet sind. Die Darstellung
des Auftragsvorrats kann tabellarisch oder ebenfalls durch Balken illustriert werden,
wobei die Möglichkeit besteht, per Knopfdruck zwischen beiden Darstellungsvarianten
zu wechseln. Dies hat den Vorteil, dass der Planer den Auftragsvorrat zunächst in
der tabellarischen Darstellung nach einer Spalte gruppieren, nach einer anderen Spalte
sortieren und anschließend in die Balkendarstellung wechseln kann. Typischerweise wird
nach dem terminierten Starttermin aufsteigend oder nach der Priorität der Aufträge absteigend sortiert. Bei einer interaktiven Auftragsfeinplanung werden die Vorgangsbalken des
Auftragsvorrats in einen freien Zeitbereich auf einen der unten abgebildeten Arbeitsplätze
verschoben und dadurch eingeplant.

Gewöhnlich wird die Auftragsfeinplanung nicht in dieser Weise manuell vorgenommen. Stattdessen generieren Algorithmen zur automatischen Auftragsfeinplanung ein
oder mehrere Planungsszenarien, in denen die Vorgänge des Auftragsvorrats auf die
Arbeitsplätze eingeplant sind. Der Fertigungsplaner kann die verschiedenen Planungsszenarien in der Plantafel betrachten und eines davon als Planungsergebnis übernehmen.
Belegungsgrad, Terminierungseffizienz, Rüstzeitreduzierung und Liefertreue der verschiedenen Planungsszenarien dienen dem Fertigungsplaner als Beurteilungskriterium bei der
Auswahl eines der generierten Planungsszenarien.

Vorgangsbalken haben eine Beschriftung und ihre einzelnen Segmente eine Farbe. Als Beschriftung stehen dem Anwender die Materialnummer aus dem Auftragskopf, die Materialnummern der einzelnen Vorgänge oder die Konkatenation aus Auftragsnummer, Auftragssplit, Vorgangsnummer und Vorgangssplit zur Auswahl. Zur farblichen Illustration der einzelnen Vorgangssegmente werden standardmäßig die in der Plattform für die jeweiligen Vorgangsphasen hinterlegten Farben verwendet. Alternativ dazu besteht die Möglichkeit, Vorgänge, die zu demselben Fertigungsauftrag gehören oder dasselbe Material produzieren, in einer einheitlichen Farbe zu illustrieren. Verspätete Vorgänge werden durch einen Rahmen oder eine farbliche Kennzeichnung hervorgehoben. Die Anordnungsbeziehungen zwischen den Vorgängen eines Fertigungsauftrags können als Verbindungslinien wahlweise für den Fertigungsauftrag des jeweils selektierten Vorgangs, für alle Fertigungsaufträge oder für keinen Fertigungsauftrag eingeblendet werden. Fixiert eingeplante Vorgänge, die bei der automatischen Planung nicht mehr umgeplant werden dürfen, sind als solche gekennzeichnet, und der Planer hat die Möglichkeit, einzelne Vorgänge zu fixieren oder deren Fixierung aufzuheben.

Ein grundsätzliches Problem bei der graphischen Darstellung des Planungsergebnisses oder der verschiedenen alternativen Planungsszenarien besteht darin, dass infolge der begrenzten Bildschirmbreite zumeist nur ein kleiner Zeitbereich innerhalb des gesamten Planungshorizontes angezeigt werden kann, wenn die Balkenbeschriftung für den Anwender noch lesbar sein soll. Je nachdem, wie viele Kapazitätsgruppen ausgewählt wurden, führt die begrenzte Bildschirmhöhe dazu, dass auch nur ein mehr oder weniger großer Teil aller Arbeitsplätze innerhalb des sichtbaren Bildschirmausschnitts liegt.

Es ist plausibel, dass das Interaktionsdesign einer Plantafel nicht nur deren Benutzerfreundlichkeit maßgeblich bestimmt, sondern vielmehr darüber entscheidet, ob eine solche überhaupt gebrauchstauglich ist. Die Gebrauchstauglichkeit setzt einen Touchscreen voraus, in dem Balken verschoben und mit Gesten der sichtbare Ausschnitt des Planungshorizontes vergrößert, verkleinert und verschoben werden kann. Ohne Touchscreen müssten die Bildlaufleisten zur Navigation innerhalb des Planungshorizontes und innerhalb der selektierten Arbeitsplätze verwendet werden, wodurch die visuelle Fokussierung auf die Planung und damit die Orientierung im dargestellten Planungszeitraum verloren geht.

Eine ebenso wesentliche Voraussetzung für die Gebrauchstauglichkeit einer interaktiven Plantafel besteht darin, dass nach Auswahl eines Vorgangs, dessen Terminschiene und weitere durch die Anordnungsbeziehungen der Vorgänge gegebene Planungsrestriktionen visualisiert werden. Zusätzliche Unterstützung des Planers leisten automatische Bildlauffunktionen (Auto-Scroll-Funktionen). Bei der horizontalen Auto-Scroll-Funktion verschiebt sich der sichtbare Zeitbereich nach Auswahl eines Vorgangs im Auftragsvorrat automatisch in die Terminschiene des Vorgangs hinein. Bei der horizontalen Auto-Scroll-Funktion verschiebt sich der sichtbare Bereich der Arbeitsplätze automatisch zu der Kapazitätsgruppe, auf deren Arbeitsplätze der Vorgang geplant werden kann. Die übrigen Kapazitätsgruppen werden eingeklappt, sodass nur die tatsächlich zur Auswahl stehenden Arbeitsplätze sichtbar sind. Jede Verschiebung muss in einer stetigen Bewegung erfolgen, weil sprunghafte Änderungen des angezeigten Bereichs stets zum Verlust der Orientierung führen.

Oft werden Plantafeln auch zur Visualisierung des Auftragsfortschritts eingesetzt und auf großen Bildschirmen an den Decken oder Wänden der Fertigungshallen für alle Mitarbeiter sichtbar montiert. Die Höhe der Vorgangsbalken ist in dieser Darstellung größer gewählt als bei der interaktiven Planung und auch die Beschriftung ist eine größere, was deren Konfigurierbarkeit voraussetzt. In diesem Anwendungskontext sind nur die Arbeitsplätze der jeweiligen Fertigungshalle und nur der in unmittelbarer Zukunft liegende Zeitbereich von Interesse. Die Linie, die den aktuellen Zeitpunkt visualisiert, bleibt unbewegt am linken Bildschirmbereich stehen und die Vorgangsbalken ziehen mit der Zeit von rechts nach links an der unbeweglichen JETZT-Linie vorüber. Als Datengrundlage einer solchen Anzeige wird in der Regel nicht das Planungsergebnis, sondern das Prognoseergebnis für die Auftragsabwicklung in der Produktion verwendet. Dabei handelt es sich um eine Terminprognose für die eingeplanten Vorgänge, die zwar auf dem ursprünglichen Planungsergebnis basiert, dieses jedoch unter Berücksichtigung des tatsächlichen Auftragsfortschritts terminlich korrigiert (vgl. Abschn. 6.4).

Bei der Personaleinsatzplanung werden Mitarbeiter innerhalb ihrer Personalschichten zur Deckung des Personalbedarfs auf Arbeitsplatzschichten eingeplant. Der Personalbedarf einer Arbeitsplatzschicht findet in einer Menge von Qualifikationen zusammen mit der jeweils benötigten Anzahl von Mitarbeitern Ausdruck. Die an einem Arbeitsplatz benötigten Qualifikationen können arbeitsplatzspezifisch und unabhängig von der Auftragsfeinplanung in jeder Schicht dieselben sein oder aber von den in einer jeweiligen Schicht eingeplanten Vorgängen abhängen. Dasselbe trifft auf die pro Qualifikation benötigte Anzahl von Mitarbeitern zu. Je nach Konfiguration in der IoT-Plattform ermittelt diese die einzelnen Bedarfe der Arbeitsplätze pro Arbeitsplatzschicht.

Eine Plantafel für die Personaleinsatzplanung ist in Abb. 2.25 dargestellt. Sie illustriert im oberen Teil die verbleibende Mitarbeiterkapazität, die mit jeder Arbeitsplatzzuweisung schwindet, und im unteren Teil die verbleibenden Personalbedarfe der Arbeitsplätze, die durch die Zuteilung von Mitarbeitern ebenso abnehmen. Mitarbeiter können anteilig auf mehrere Arbeitsplätze oder vollständig auf einen einzelnen Arbeitsplatz eingeplant werden. Decken sich die Personalschichten zeitlich nicht mit den Arbeitsplatzschichten, können Mitarbeiter anteilig auf zwei verschiedene Schichten desselben Arbeitsplatzes eingeplant werden. Ziel der Personaleinsatzplanung ist es, alle Personalbedarfe zu decken und dabei idealerweise alle Mitarbeiter vollständig einzuplanen. Automatische Planungsalgorithmen unterstützen den Planer dabei gleichermaßen wie bei der Auftragsfeinplanung.

Die Planungsalgorithmen sind unabhängig von der Plantafel, d. h., weder trifft der Anwender mit der Entscheidung für einen Planungsalgorithmus eine implizite Entscheidung für eine ganz bestimmte graphische Plantafel noch umgekehrt. Beide können unabhängig voneinander ausgewählt und demnach auch von jeweils verschiedenen Anbietern bezogen werden. Sowohl für Planungsalgorithmen als auch für graphische Plantafeln gibt es auf dem freien Markt ein wachsendes Angebot mit einer steigenden Anzahl von Anbietern.

6.4   Prognostizierte Auftragsabwicklung

Wie in Abschn. 2.6 aufgezeigt, führen Verzögerungen bei der Durchführung eines einzelnen Vorgangs größtenteils dazu, dass die gesamte Auftragsfeinplanung für den betreffenden Arbeitsplatz terminlich nicht mehr zu realisieren ist. Auf Grund der Anordnungsbeziehungen zwischen Vorgängen mehrstufiger Fertigungsaufträge und innerhalb von Auftragsnetzen betreffen solche Verzögerungen oft auch die auf anderen Arbeitsplätzen eingeplanten Vorgänge, sodass im ungünstigen Fall die Plantermine der gesamten Auftragsfeinplanung hinfällig, d. h. nicht mehr zu realisieren sind.

In regelmäßigen Zeitintervallen oder angestoßen durch bestimmte Ereignisse stellt ein Prognosealgorithmus basierend auf dem ursprünglichen Planungsergebnis und unter Berücksichtigung des aktuellen Auftragsfortschritts eine Terminprognose für die eingeplanten Vorgänge bereit. Das Prognoseergebnis besagt, wann nach aktuellem Wissensstand die einzelnen Vorgänge voraussichtlich wirklich durchgeführt werden können. Im Allgemeinen entspricht das Prognoseergebnis nicht einfach einer gleichmäßigen Verschiebung des ursprünglichen Planungsergebnisses in die Zukunft. Vielmehr erzwingen Planungsrestriktionen, dass sich die prognostizierten Starttermine gegenüber den geplanten Startterminen einzelner Vorgänge unterschiedlich weit in die Zukunft verschieben. Infolgedessen können Verspätungen auftreten, welche zu einer Verringerung der Liefertreue führen. Regelmäßig verschlechtern sich auch der Belegungsgrad und die Terminierungseffizienz gegenüber der ursprünglichen Planung.

Der Prognosealgorithmus setzt eine Auftragsfeinplanung voraus, weil er nur auf den eingeplanten Vorgängen operiert. Er ist weitgehend mit dem Planungsalgorithmus identisch, außer dass er zum einen nur die bereits eingeplanten Vorgänge in Betracht zieht und diese zum anderen in einer Weise behandelt, als seien alle Vorgänge fixiert eingeplant. Er korrigiert somit die Termine der Vorgänge, ohne deren Reihenfolge auf dem Arbeitsplatz oder gar deren Zuordnung zu einem bestimmten Arbeitsplatz zu ändern. Wenn der Planungsalgorithmus die Verfügbarkeit von Personal und Werkzeug überprüft, muss dies auch der Prognosealgorithmus tun. Alle Planungsrestriktionen, die bei der Auftragsfeinplanung zu berücksichtigen sind, gelten auch für den Prognosealgorithmus.

Das Prognoseergebnis ist das zentrale Steuerungsinstrument für die Produktionslogistik. Denn würde letztere Materialien und Werkzeuge auf Grundlage der Plantermine an den Arbeitsplätzen zur Verfügung stellen, dann träfen diese in den meisten Fällen zu einem falschen Zeitpunkt dort ein. Das Prognoseergebnis ermöglicht auch bei ungeplanten Verzögerungen der Auftragsabwicklung in der Produktion eine zeitgerechte Bereitstellung von Material und Werkzeug (Just in Time). Das für die Werkzeugverwaltung zuständige System sollte Kommissionieraufträge nur dann auf Grundlage der Auftragsfeinplanung terminieren, falls für einen Vorgang kein Prognoseergebnis vorliegt. Wenn die Personaleinsatzplanung den Personalbedarf auf Basis der Auftragsfeinplanung ermittelt, ist auch zu diesem Zweck das Prognoseergebnis dem Planungsergebnis vorzuziehen.

Gleichermaßen wie die Instandhaltung technisch bedingte Stillstände verringert, dient das Prognoseergebnis zur Minimierung organisatorisch bedingter Stillstände. Mithilfe des Prognoseergebnisses kann aber nicht nur die Verfügbarkeit der Arbeitsplätze gesteigert, sondern – wie der nachfolgende Abschnitt erläutert – auch drohenden Terminverletzungen zuvorgekommen werden.

6.5   Dynamic Scheduling

Beim Dynamic Scheduling werden in regelmäßigen Zeitintervallen oder angestoßen durch bestimmte Ereignisse neue Planungsszenarien generiert und mit der auf Grundlage des derzeit gültigen Planungsergebnisses prognostizierte Auftragsabwicklung verglichen. Als Vergleichskriterien dienen Belegungsgrad, Terminierungseffizienz, Rüstzeitreduzierung und Liefertreue. Anwender können konfigurieren, ob eine einzelne oder aber mehrere dieser Kennzahlen mit einer unterschiedlichen Gewichtung zum qualitativen Vergleich des Prognoseergebnisses mit den generierten Planungsszenarien herangezogen werden sollen. Ist ein neu generiertes Planungsszenario gemäß dem konfigurierten Vergleichskriterium besser als das aktuelle Prognoseergebnis, dann erhält der Fertigungsplaner einen Alarm.

Auf einem iPhone wird der Planer per Notification über den Optimierungsvorschlag unterrichtet. Diese führt den Planer zur Gegenüberstellung der vorliegenden Planungsalternativen. Die in Abb. 6.7 dargestellte App von ILC Technology erlaubt es, die einzelnen Kennzahlen mit Kostensätzen zu gewichten (vgl. [IT19]). Dadurch wird beispielsweise bei der Ermittlung des Belegungsgrades der Beitrag einer Maschine mit einem Maschinenstundensatz von 200 Euro doppelt so stark gewichtet wie der einer Maschine mit einem Maschinenstundensatz von 100 Euro. Es können für ABC-Materialien unterschiedliche Kostensätze definiert werden, sodass der gewichtete Beitrag verschiedener Fertigungsaufträge zur Terminierungseffizienz die tatsächlichen Kosten für das Zwischenlagern und die Kapitalbindung berücksichtigt. Dadurch entspricht der Kennzahlenvergleich implizit einem Wirtschaftlichkeitsvergleich der verschiedenen Planungsalternativen. Schließlich kann bei der Ermittlung der Liefertreue auch die Auftragspriorität je nach Konfiguration unterschiedlich stark gewichtet werden.

Die Kennzahlen für das aktuelle Prognoseergebnis werden denen der besser bewerteten Planungsalternativen gegenübergestellt. In der Detailansicht der Optimierungsvorschläge wird dargelegt, welche Aufträge von einer eventuellen Planungsänderung betroffen wären. Alternativ oder ergänzend dazu kann der Planer auch eine E-Mail mit Hyperlinks auf die alternativen Planungsszenarien erhalten, wodurch er sich diese im Browser eines Personal Computers oder auf einem Tablet direkt innerhalb der graphischen Plantafel ansehen und als neues Planungsergebnis übernehmen kann.

Die Vorteile des Dynamic Scheduling liegen auf der Hand. Der Fertigungsplaner verbringt seine Arbeitszeit nicht unnötig lange vor einer Plantafel, sondern wird darüber unterrichtet, wenn ein steuernder Eingriff in die Planung erforderlich ist. Da dem Planer Optimierungsmöglichkeiten schon im Moment ihres Eintritts vorgelegt werden, kann

Abb. 6.7 Alarmierung des Planers mit Vorlage der besser bewerteten Planungsszenarien (Quelle: Mobile App von ILC Technology)

die Fertigungssteuerung drohenden Verspätungen rechtzeitig zuvorkommen. Denn je früher diese erkannt werden, umso größer ist der proaktive Handlungsspielraum bei der Fertigungssteuerung.[4]

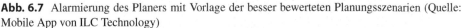

6.6   Verringerung von Verfügbarkeitsverlusten durch höhere Planungsstabilität

Aus den vorangegangenen Abschnitten geht hervor, dass das Planungsergebnis zusammen mit den für die Auftragsabwicklung prognostizierten Terminen in der Smart Factory die zentralen Steuerungsinstanzen darstellen, wobei beiden – dem Planungsergebnis wie dem Prognoseergebnis – derselbe Algorithmus zugrunde liegt. Demzufolge ist es durchaus konsequent, dass in der Praxis besondere Sorgfalt bei der Auswahl eines geeigneten Planungsalgorithmus zu beobachten ist. Allerdings sind in diesem Zusammenhang auch

---

[4]Vgl. https://docs.forcebridge.io/usecases/03.html. Zugegriffen am 01.03.2019.

die Anforderungen an die planungsrelevante Datengrundlage im Auge zu behalten. Denn es ist nahezu unerheblich, ob ein Planungsalgorithmus die Durchlaufzeiten der Fertigungsaufträge um 10 Minuten mehr oder weniger verkürzt, wenn schon nach wenigen Stunden Gewissheit darüber besteht, dass das ursprüngliche Planungsergebnis bei der Auftragsabwicklung in der Produktion unmöglich zu realisieren ist. Der Sinn des Dynamic Scheduling besteht darin, auf unerwartete Ereignisse und nicht absehbare Verzögerungen frühzeitig reagieren zu können, nicht aber darin, die Auftragsfeinplanung nach jedem Schichtende komplett umzustoßen. Um längerfristige Planungsstabilität zu gewährleisten, müssen dem Planungsalgorithmus realistische Daten zugrunde gelegt werden.

Planungsstabilität ist daran zu bemessen, in welchem Maße sich die für die Auftragsabwicklung prognostizierten Termine mit denen des ursprünglichen Planungsergebnisses decken. Wenn schon nach kurzer Zeit die prognostizierten Starttermine einer beträchtlichen Anzahl von Vorgängen deutlich von den ursprünglich geplanten Startterminen abweichen, dann hat die Auftragsfeinplanung für die Organisation der betrieblichen Abläufe kaum einen Wert. Im Unterschied zu den Kennzahlen eines Planungsszenarios, deren Güte von der Qualität des Planungsalgorithmus abhängt, hat der Planungsalgorithmus keinen Einfluss auf die Planungsstabilität. Für letztere sind allein die der Auftragsfeinplanung zugrunde gelegten Annahmen bezüglich der Rüst- und Bearbeitungszeiten der Vorgänge ausschlaggebend.

In einer idealen Welt entspricht die tatsächliche Bearbeitungszeit eines Vorgangs dessen Sollbearbeitungszeit, welche das Produkt aus der produzierten Menge und der Sollzeit pro Einheit ist. In der Realität führen Verluste gemessen an der Prozessverfügbarkeit, dem Leistungsgrad und der Qualitätsrate zu längeren Bearbeitungszeiten. Wie in Abschn. 2.6 erörtert, resultiert aus dem Kehrwert dieser drei Kennzahlen ein Verzögerungsfaktor, welcher mit der Sollbearbeitungszeit multipliziert die tatsächliche Bearbeitungszeit ergibt.

In der Massen- oder Großserienfertigung liegen dem Fertigungspersonal zuverlässige Erfahrungswerte für die einzelnen Kennzahlen vor. Unter Umständen variieren diese für die jeweils hergestellten Produkte in Abhängigkeit von dem gewählten Arbeitsplatz, den bei der Herstellung eingesetzten Werkzeugen und Mitarbeitern, die unterschiedlich ausgeprägte Qualifikationen haben können. Unter Berücksichtigung dieser Abhängigkeiten können verschiedene Fertigungsvarianten mit einem individuellen Verzögerungsfaktor als Datengrundlage für die Auftragsfeinplanung spezifiziert werden. Dasselbe trifft auf die Rüstzeiten zu, die gegebenenfalls auch mit den Fertigungsvarianten variieren, für die aber in jedem Fall aus der Erfahrung der Vergangenheit gewonnene und zuverlässige Abschätzungen getroffen werden können. Wenn die Rüstzeiten eines Arbeitsplatzes davon abhängen, welches Material zuvor auf dem Arbeitsplatz hergestellt wurde, dann erlaubt die in der Massen- oder Großserienfertigung überschaubare Anzahl von Materialien, eine Rüstmatrix zu spezifizieren, in der die Rüstübergangszeiten für jeden Materialwechsel hinterlegt sind.

Vollkommen anders verhält es sich mit zunehmender Produktvielfalt bei kürzeren Produktlebenszyklen. Die gewonnenen Erfahrungswerte können sich bei einer Vielzahl von Produkten, die alle nur für vergleichsweise kurze Zeit hergestellt werden, nicht auf die ausgebrachten Materialien selbst, sondern nur auf wiederkehrende Eigenschaften, d. h. auf einzelne Sachmerkmale dieser Materialien, beziehen. Der dazu erforderliche Aufwand macht es unmöglich, für jedes einzelne dieser Materialien verschiedene Fertigungsvarianten zu spezifizieren oder sogar die Rüstzeiten für jeden möglichen Rüstübergang in einer Matrix zu hinterlegen.

Methoden des maschinellen Lernens gestatten jedoch, aus den in der Vergangenheit aufgezeichneten Betriebs- und Maschinendaten Prognosen sowohl für die Verzögerungsfaktoren als auch für die Rüstzeiten abzuleiten. Dabei wird der Einfluss verschiedener Umstände auf die Prozessverfügbarkeit, den Leistungsgrad und die Qualitätsrate analysiert. Potentielle Einflussfaktoren sind der Arbeitsplatz, Sachmerkmale des zu produzierenden Materials, die zur Bearbeitung eingesetzten Werkzeuge und die Qualifikation der an der Bearbeitung beteiligten Mitarbeiter.

Beim maschinellen Lernen wird eine parametrisierte Funktion definiert, in der die drei Kennzahlen und die Rüstzeit von den Einflussfaktoren abhängige Variablen darstellen. Während der initialen Trainingsphase erfolgt unter Einsatz eines Lernalgorithmus die schrittweise Anpassung der internen Parameter, bis die Funktion alle in der Vergangenheit aufgezeichneten Daten korrekt beschreibt. Im nächsten Schritt wird die ermittelte Funktion auf neue Materialien angewandt, wodurch die zu erwartenden Bearbeitungs- und Rüstzeiten für zuvor noch nie hergestellte Materialien prognostiziert und darauf basierend entsprechende Fertigungsvarianten und Rüstübergangszeiten hinterlegt werden können.

Infolge der realistischeren Datengrundlage für die Auftragsfeinplanung nähern sich die geplanten und die tatsächlichen Durchführungstermine der Vorgänge sukzessive einander an. Einhergehend damit beginnt eine Art kontinuierlicher Anpassungsprozess seitens des Lernalgorithmus. Denn es ist naheliegend, dass mit der gewonnenen Planungssicherheit organisatorisch bedingte Stillstände (etwa wegen fehlenden Materials, fehlender Werkzeuge oder fehlenden Personals) signifikant reduziert werden, wodurch die Prozessverfügbarkeit binnen weniger Planungsperioden dementsprechend ansteigt. Der Lernalgorithmus wertet die unter den neuen Begebenheiten aufgezeichneten Daten wiederum aus und korrigiert die internen Funktionsparameter entsprechend der neuen Situation. In Kombination mit einem kontinuierlichen Verbesserungsprozess im Rahmen des Shop Floor Managements führt die gewonnene Planungssicherheit in der Praxis zu einer nahezu vollständigen Beseitigung aller organisatorisch bedingten Verfügbarkeitsverluste.

Bei einer Bridge-kompatiblen IoT-Plattform benötigt ein Planungsalgorithmus keinerlei Kenntnisse darüber, aus welcher Quelle Fertigungsvarianten und Rüstübergangszeiten stammen. Umgekehrt erfolgt die Bereitstellung und Optimierung dieser Daten vollkommen unabhängig von ihrer späteren Verwendung. Insbesondere weisen die zur Entwicklung eines Planungsalgorithmus benötigten Kenntnisse nahezu keine Gemeinsamkeiten mit dem Wissenshintergrund auf, dessen es bedarf, die für das maschinelle Lernen vorhandenen Open Source Bibliotheken der vorliegenden Problemstellung entsprechend auszuwählen und einzusetzen. Daher ist es ohnehin schwierig, für den Planungsalgorithmus und den Optimierer ein und denselben Anbieter zu finden, weshalb ein entsprechender Optimierer bisher auch in keinem MES zur Verfügung steht.

6.7   Benachrichtigung und Alarmierung

Anwendungen erhalten Informationen von einer IoT-Plattform entweder durch unmittelbare Anfragen (Request/Response-Messaging) oder durch Benachrichtigungen (Publish/Subscribe-Messaging). Beide komplementären Konzepte spiegeln sich auch in den Benutzerinteraktionen wider. Letzterem liegt der Gedanke zugrunde, dass Anwender sich nur dann mit Informationen auseinandersetzen sollen, wenn diese von Interesse sind, d. h. bei Eintritt bestimmter Ereignisse. Anwender können sich dazu für verschiedene Ereignistypen registrieren und erhalten eine Benachrichtigung oder einen Alarm bei Eintritt entsprechender Ereignisse. In Abschn. 6.5 wurde die Benachrichtigung des Fertigungsplaners über eine besser bewertete Planungsalternative als Beispiel angeführt. Für die Fertigungssteuerung sind noch weitere Ereignisse von Interesse, über die sich Anwender per Benachrichtigung oder Alarm unterrichten lassen können. Beispiele für Ereignisse, bei denen die Fertigungssteuerung eingreifen sollte, sind folgende:

- Ein Fertigungsauftrag, der bisher noch termingerecht durchführbar erschien, wird gemäß dem aktuellen Prognoseergebnis verspätet beendet.
- Ein Fertigungsauftrag, der bisher noch termingerecht durchführbar erschien, wird gemäß dem aktuellen Prognoseergebnis selbst bei einer Verzögerung von weniger als T Stunden/Minuten verspätet beendet.
- Für mehr als N freigegebene und noch nicht eingeplante Vorgänge liegt ein Planungsszenario vor.
- Mit der gegenwärtig vorliegenden Personaleinsatzplanung kann gemäß dem aktuellen Prognoseergebnis der Personalbedarf nicht gedeckt werden.
- Für das aktuelle Prognoseergebnis liegt ein besser bewerteter Vorschlag zur Personaleinsatzplanung vor.
- Krankmeldung eins Mitarbeiters
- Neuer Urlaubsantrag eines Mitarbeiters

Nicht allein für die Fertigungssteuerung, sondern auch für das Shop Floor Management ist es von Bedeutung, über bestimmte Ereignisse frühzeitig unterrichtet zu werden. Beispiele dafür sind die folgenden Ereignisse:

- Drohende Qualitätsverluste durch Ausschuss bei Vorgang Y auf Arbeitsplatz X
- Instandhaltung erforderlich auf Arbeitsplatz X
- Störungsbedingte Unterbrechung auf Arbeitsplatz X
- Dauer des Stillstandsgrundes S auf Arbeitsplatz X bereits länger als T Stunden/Minuten
- Fehlendes Werkzeug für Vorgang Y auf Arbeitsplatz X
- Fehlendes Material für Vorgang Y auf Arbeitsplatz X
- Fehlendes Personal für Vorgang Y auf Arbeitsplatz X
- Schichtende
- Sollmenge von Vorgang Y auf Arbeitsplatz X erreicht

- Weitergabemenge von Vorgang Y auf Arbeitsplatz X erreicht
- Gutmenge seit dem Beginn der Schicht inzwischen größer als M
- Ausschuss-/Nacharbeitsmenge seit dem Beginn der Schicht inzwischen größer als M

Für jede Benachrichtigung und jeden Alarm ist frei konfigurierbar, an welche Mitarbeiter dieser zu senden ist und welche weiteren Informationen hinterlegt werden sollen. Jeder einzelne Mitarbeiter kann individuell wählen, mit welcher Anwendung er sich über die für ihn relevanten Ereignisse unterrichten lassen möchte. Benachrichtigungen und Alarme können auf Smartphones oder Smartwatches, als Notification, per SMS oder per E-Mail versendet werden. Darüber hinaus besteht die Möglichkeit, Alarme in Visualisierungen einzubinden. Wenn diese als Andon-Boards in den Werkshallen verwendet werden, ist bei Eintritt kritischer Ereignisse der akute Handlungsbedarf für alle Mitarbeiter sofort sichtbar.

6.8 Energiemanagement

Vor dem Hintergrund der prognostizierten Klimaerwärmung und der gesetzten Ziele hinsichtlich einer Begrenzung des CO_2-Ausstoßes gewinnt ein betriebliches Energiemanagement zunehmend an Bedeutung. In diesem Zusammenhang ist zu konstatieren, dass ökonomisch und ökologisch motivierte Ziele in der Produktion schon immer weitgehend deckungsgleich waren, weil eine verschwendungsfreie Produktion notwendigerweise ressourcenschonend und energiesparend ist. Infolge steigender Preise für fossile Brennstoffe und Elektrizität rückten ökonomische und ökologische Ziele in den vergangenen Jahren allerdings noch enger und augenfälliger zusammen.

Eine für den Einsatz in der Produktion konzipierte IoT-Plattform bietet die Möglichkeit, die an einer Maschine oder Anlage erfassten Verbrauchsdaten und Betriebsdaten miteinander in Zusammenhang zu stellen, was als unabdingbare Voraussetzung für ein effektives Energiemanagement zu betrachten ist. Denn ein Betriebsleiter kann den Energieverbrauch ohne einen Bezug zu Arbeitsplatz, Arbeitsschicht, Auftrag, Material, Betriebszustand und Prozessparameter nicht optimieren. Erst eine integrierte Betrachtung dieser Daten erlaubt es beispielsweise, den durchschnittlichen Energieverbrauch pro Betriebszustand, den Energieverbrauch in Abhängigkeit von dem produzierten Material oder in Abhängigkeit von anderen Prozessparametern zu ermitteln. Bei einer Bridge-kompatiblen IoT-Plattform erfolgt die automatische Erfassung der Energieverbrauchsinformationen im Rahmen der Prozessdatenerfassung seitens der Plattform. Der zeitliche Verlauf der Verbrauchsdaten wird in Bridge API zusammen mit anderen aufgezeichneten Prozessparametern abgebildet.

Zur Auswertung der erfassten Verbrauchsdaten kommen dieselben Methoden und Werkzeuge des Online Analytical Processing (OLAP) wie bei der in Abschn. 6.1 beschriebenen Leistungsanalyse zum Einsatz. Abb. 6.8 zeigt den Energieverbrauch pro Arbeitsplatz für die einzelnen Energiearten. Anstelle der Einzelarbeitsplätze ist durch entsprechende Auswahl im Arbeitsplatzfilter auch die kumulierte Darstellung

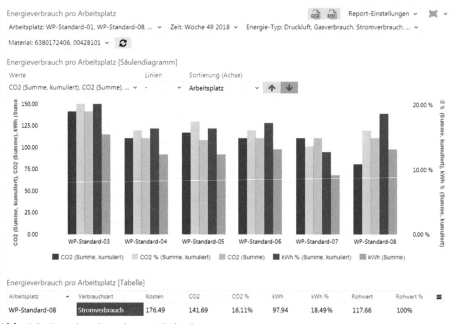

Abb. 6.8 Energieverbrauch pro Arbeitsplatz

für Arbeitsplatzgruppen, Fertigungsbereiche, Fertigungshallen und Werke möglich. Die Kenntnis des Energieverbrauchs pro Arbeitsplatz oder pro organisatorischer Einheit gestattet zunächst eine verursachergerechte Energieabrechnung. Über die offene Anwendungsprogrammierschnittstelle können die im Betrieb verwendeten Abrechnungssysteme direkt auf die erfassten Verbrauchsdaten zugreifen. Die Auswertung liefert einen Vergleich des Gesamtenergieverbrauchs von mehreren Arbeitsplätzen über einen definierbaren Zeitraum und kann zur Identifizierung von Energie-Großverbrauchern herangezogen werden. Vor allem aber lassen sich anhand weiterer Filterkriterien Optimierungspotentiale aufdecken. Mit der Auswahl einzelner oder mehrerer Materialien im Materialfilter wird nur der Energieverbrauch angezeigt, welcher der Produktion der ausgewählten Materialien zuzurechnen ist. Derartige Analysen zeigen auf, ob die Produktion bestimmter Materialien unter energetischen Gesichtspunkten auf bestimmten Anlagen und Maschinen günstiger ist als auf anderen. Bei der Auftragsfeinplanung können solche Erkenntnisse dadurch berücksichtigt werden, dass die Fertigungsvarianten mit einem übermäßig hohen Energieverbrauch für die jeweiligen Materialien ausgeschlossen werden.

Im Lastverlauf wird der chronologische Energieverbrauch für die einzelnen Energiearten dargestellt. Mit dessen Auswertung kann beispielsweise ein kontinuierliches Ansteigen des Energieverbrauchs infolge zunehmender Verschleißerscheinungen aufgedeckt werden. Der Lastverlauf dient aber auch zur Kontrolle der Wirksamkeit der zur Verbrauchsverminderung und Energieeinsparung getroffenen Maßnahmen. Als Bestandteil der Prozessdatenerfassung können überdies positive oder negative Korrelationen zu bestimmten Prozessparametern aufgedeckt und aus den gewonnenen Erkenntnissen ressourcenschonende Prozessvorgaben abgeleitet und vereinbart werden.

Schließlich können zur Analyse der Verbrauchsdaten, wenn dies als wirtschaftlich und verhältnismäßig erscheint, auch Methoden des maschinellen Lernen eingesetzt werden. Wie bei allen Anwendungen werden dem produzierenden Unternehmen durch eine offene IoT-Plattform auch hier keine Vorgaben oder Einschränkungen bei der Hersteller- oder Produktauswahl auferlegt.

6.9 Fertigungsdatenmanagement und DNC

Das Fertigungsdatenmanagement erfüllt eine Schnittstellenfunktion bei dem Austausch von Dokumenten zwischen dem PDM- oder PLM-System sowie überhaupt allen externen Systemen und den einzelnen Arbeitsplätzen. Es übermittelt die zur Durchführung eines jeweiligen Vorgangs erforderlichen Dokumente in der aktuell freigegebene Version an die Arbeitsplätze und protokolliert die dort gegebenenfalls vorgenommenen Optimierungen und Korrekturen, wobei die Versionsnummer der betreffenden Dokumente automatisch erhöht und überholte Dokumente gesperrt und archiviert werden. Ferner werden PDM- oder PLM-System über alle an den Dokumenten vorgenommenen Änderungen benachrichtigt.

Eine wesentliche Funktion des Fertigungsdatenmanagements besteht darin, dem Fertigungspersonal sämtliche im situativen Kontext erforderlichen Informationen zur Verfügung zu stellen und deren Aktualität zu gewährleisten. Spätestens bei der Anmeldung eines Vorgangs am Shop Floor Terminal müssen alle vorgangsbezogenen Informationen vorliegen, damit keine Wartezeiten wegen fehlender Dokumente, Einstellparameter oder NC-Programme auftreten. Eine IoT-Plattform macht keine Vorgaben, in welcher Form und auf welchen Endgeräten Dokumente und Informationen dem Fertigungspersonal angezeigt werden. Sie sind zum jeweils angemeldeten Vorgang direkt am Shop Floor Terminal einsehbar. Das Shop Floor Terminal kann fest installiert am Arbeitsplatz oder auf mobilen Endgeräten ausgeführt werden. Auch die Anzeige vorgangsbezogener Informationen auf Wearables ist nicht ausgeschlossen (vgl. Abschn. 6.2).

Eine besondere Rolle spielt das Fertigungsdatenmanagement im Zusammenhang mit CNC-Maschinen, weil eine für den Einsatz in der Produktion konzipierte IoT-Plattform alle Funktionen des Distributed Numerical Control (DNC) implementiert. Die Plattform übernimmt und verwaltet NC-Programme einschließlich der dazugehörenden Dokumente geordnet nach Arbeitsplätzen und Materialien. Das Datenträgerhandling entfällt. Stattdessen werden NC-Programme direkt in die Maschinensteuerung transferiert. Eine vollautomatische Auftragsabwicklung innerhalb von flexiblen Fertigungssystemen ist ohne DNC überhaupt nicht möglich. Jeder Transfer zur Maschine wird protokolliert, Programme, die in Bearbeitung sind, gesperrt und überholte Programmversionen archiviert. Auch die an der Maschine vorgenommenen Programmoptimierungen werden protokolliert und externe Dokumentenverwaltungssysteme über die Änderungen informiert, um die überarbeitete Programmversion von der IoT-Plattform abzurufen.

Der DNC-Betrieb bietet unter anderem die folgenden Vorteile:

- Direkter und gesicherter Zugriff auf alle freigegebenen Fertigungsdaten und Informationen (NC-Programme, Messprogramme für Kontrollmessungen in der Maschine, Werkzeugliste, aktuelle Korrekturwerte für die Werkzeuge, Programme für die Werkstück-Handhabungsgeräte, Aufspannpläne, Zeichnungen, 3D-Modelle oder Bedienerhinweise)
- Keine redundanten, überholten oder unauffindbaren Daten in der Produktion
- Das Rücksenden der an der Maschine optimierten NC-Programme unterstützt einen kontinuierlichen Verbesserungsprozess
- Die Integration des PLM-Systems gewährleistet eine durchgängige und sichere Verfahrenskette sowie höhere Prozesssicherheit
- Höhere Verfügbarkeit, da Stillstände wegen fehlender Informationen ausgeschlossen sind
- Vermeidung von Ausschuss infolge eines falschen NC-Programms
- Transparenz, wann welches Programm wo eingesetzt und wo geändert wurde
- Der DNC-Betrieb ist die Voraussetzung für eine vollautomatische Auftragsabwicklung, wie sie heute schon in flexiblen Fertigungssystemen vorzufinden ist

6.10   Vorbeugende und vorausschauende Instandhaltung

Jede Form der vorbeugenden Instandhaltung hat zum Ziel, die technische Verfügbarkeit eines Arbeitsplatzes zu maximieren. Gleichermaßen wie eine realistische und stabile Auftragsfeinplanung dabei unterstützt, organisatorisch bedingte Stillstände der Anlagen und Maschinen zu verringern, werden technisch bedingte Stillstände durch eine vorbeugende Instandhaltung reduziert. Ein wesentlicher Unterschied besteht jedoch darin, dass Instandhaltungsmaßnahmen unter anderem deshalb höhere Kosten als eine Auftragsfeinplanung verursachen, weil Anlagen und Maschinen währenddessen nicht produktiv genutzt werden können. Eine wirtschaftlich organisierte Instandhaltung verlangt daher zwar so viele vorbeugende Maßnahmen wie nötig, aber auch so wenige wie möglich zu ergreifen.

Bei einer vorbeugenden Instandhaltung in regelmäßigen Zeitintervallen bedeutet dies, die Zeitintervalle für bestimmte Instandhaltungsmaßnahmen etwas kleiner festzulegen als die mittlere Betriebsdauer zwischen zwei Funktionsausfällen, die durch die jeweiligen Maßnahmen verhindert werden sollen. Eine Bridge-kompatible Plattform liefert die Datengrundlage zur Ermittlung der mittleren Betriebsdauer zwischen zwei Funktionsausfällen für jeden einzelnen Stillstandsgrund, sodass anhand dieser absoluten Kennzahl die *Instandhaltungsintervalle* für die entsprechenden Maßnahmen festgelegt werden können.

Mit dem Zustandsklassenverlauf in Abb. 6.6 kann der Erfolg der bisher zur Beseitigung technisch bedingter Stillstände ergriffenen Maßnahmen überprüft werden. Insbesondere ist darin zu erkennen, wie sich technisch bedingte Stillstände im Vergleich zu organisatorisch bedingten Stillständen im Verlaufe der Zeit entwickelt haben. Die Hitliste der

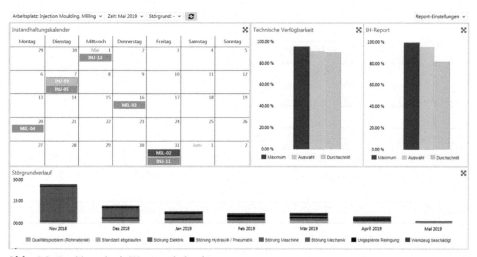

Abb. 6.9 Dashboard mit Wartungskalender

Betriebszustände in Abb. 6.5 erlaubt es, die angezeigten Betriebszustände nach den technisch bedingten Stillständen zu filtern und diese wahlweise nach ihrer kumulierten Dauer oder der Häufigkeit ihres Auftretens sortiert darzustellen. Dadurch wird sofort ersichtlich, welche Stillstandsgründe trotz aller Wartungsmaßnahmen noch immer Probleme bereiten.

Abb. 6.9 zeigt ein Dashboard mit dem Wartungskalender für einen beliebig wählbaren Fertigungsbereich. Das Dashboard vermittelt einen aggregierten Überblick der geplanten Instandhaltungsmaßnahmen sowie der bisher erzielten Erfolge und der dazu erbrachten Aufwände. Im Wartungskalender ist dargelegt, wann welche Maßnahmen an welchen Arbeitsplätzen eingeplant sind oder waren. Maßnahmen, die zu einem Zeitpunkt eingeplant sind, zu dem bereits eine signifikant höhere Wahrscheinlichkeit für das Eintreten jener Art von Stillständen vorliegt, denen mit der Wartung zuvorgekommen werden soll, sind gelb markiert. Eine rote Markierung bedeutet, dass der kritische Termin für eine Wartung bereits überschritten ist. Ein Drill-Down führt jeweils zu Detailangaben bezüglich der geplanten Wartungsmaßnahmen, für die im Rahmen der Personaleinsatzplanung entsprechend qualifiziertes Instandhaltungspersonal eingeplant werden muss.

Im unteren Bereich ist der chronologische Verlauf der auf Monatsbasis kumulierten Dauer einzelner Stillstandsgründe für die letzten 6 Monate und den aktuellen Monat dargestellt. Zu erkennen ist, dass störungsbedingte Stillstände insgesamt stark verringert werden konnten. Rechts neben dem Wartungskalender werden die technische Verfügbarkeit jeweils für den Fertigungsbereich mit dem besten Wert und dem selektierten Fertigungsbereich sowie der Durchschnittswert für alle Fertigungsbereiche gegenübergestellt. Es ist erkennbar, dass die technische Verfügbarkeit im selektierten Fertigungsbereich etwas über dem Durchschnitt liegt.

Der IH-Report rechts außen stellt die durch die Instandhaltungsmaßnahmen und die technischen Verfügbarkeitsverluste in Summe entstandenen Verluste ins Verhältnis zu der bei Ausbleiben aller Instandhaltungsmaßnahmen geplanten Betriebszeit:

$$Effektivität_{IH} = \frac{geplante\ Betriebszeit - \sum_{Betriebszustand \in TS} Dauer}{geplante\ Betriebszeit + \sum_{Betriebszustand \in GIH} Dauer} \tag{6.1}$$

Die Summierung erfolgt über die Dauer der Betriebszustände, die als Zeitbasis zur Ermittlung technischer Störungen (TS) bzw. geplanter Instandhaltungsmaßnahmen (GIH) in der IoT-Plattform konfiguriert wurden (vgl. Abschn. 3.4). Ein Wert von 100 Prozent bedeutet, dass infolge der geplanten Instandhaltungsmaßnahmen keine Produktionsausfälle entstanden sind und die technische Verfügbarkeit dennoch ihren Maximalwert von 100 Prozent erreicht hat, was ausschließlich dann denkbar wäre, wenn alle Instandhaltungsmaßnahmen innerhalb der Freischichten erfolgen würden. Eine hundertprozentige technische Verfügbarkeit bei gleichzeitiger Maximierung der Effektivität der Instandhaltungen ist das Ziel bei der Planung der Instandhaltung. Nur wenn die Betriebsdauern zwischen zwei Funktionsausfällen regelmäßig große Abweichungen von dem statistischen Mittelwert aufweisen, kann eine vorausschauende Instandhaltung (*Predictive Maintenance*) die Effektivität der Instandhaltungen unter Umständen verbessern.

Obgleich die vorausschauende Instandhaltung das am häufigsten angeführte Beispiel für die Nützlichkeit des Internets der Dinge und das meistgenannte Anwendungsbeispiel für maschinelles Lernen im Bereich der Produktion ist, erweist sie sich in der Praxis zumeist als wirtschaftlich unverhältnismäßig. Insbesondere hat sie in der Produktion nicht den ökonomischen Effekt, den sie bei Geschäftsmodellen hat, in denen Wartungsverträge essentieller Bestandteil des angebotenen Produktes oder eine bedeutsame Einnahmequelle darstellen.

In der Produktion setzt die Nützlichkeit einer vorausschauenden Instandhaltung zweierlei Umstände voraus, die in den seltensten Fällen vorliegen. Zum einen müssen technisch bedingte Stillstände überhaupt gegenüber den organisatorisch bedingten Stillständen ins Gewicht fallen. Zum anderen müssen die Maßnahmen, die im Rahmen einer vorbeugenden Instandhaltung getroffen wurden, um technisch bedingte Stillstände zu verringern, so kostenintensiv sein, dass sich die dafür aufzuwendenden Investitionskosten monetär betrachtet auszahlen und amortisieren. Hierzu zählen in erster Linie Kosten für die erforderliche Sensorausstattung der Maschinen und Kosten für die Auswertungssoftware. Zuletzt ist die Frage zu stellen, ob die Prognosen der Auswertungssoftware überhaupt zuverlässiger sind als das Erfahrungswissen der Maschinenbediener, anhand von Geräuschen oder sonstigen Auffälligkeiten die Notwendigkeit einer Wartung zu erkennen. Nichtsdestominder bestätigen Ausnahmen die Regel, sodass eine vorausschauende Instandhaltung in Einzelfällen auch in der Produktion wirtschaftlich zweckmäßig sein kann.

Wie bei der in Abschn. 6.6 beschriebenen Optimierung der Datengrundlage für die Auftragsfeinplanung kommen auch bei der vorausschauenden Instandhaltung Methoden des maschinellen Lernens zum Einsatz. Zur Prognose drohender Stillstände wird eine parametrisierte Funktion definiert, in welcher die Wahrscheinlichkeiten der zu prognostizierenden Stillstände als von den sensorisch erfassten Prozessparametern abhängige

Variablen auftreten. Als Trainingsdaten werden die aufgezeichneten Prozessparameter sowie die nach technisch bedingten Stillstandsgründen gefilterten Betriebszustände der Vergangenheit herangezogen. Während der Lernphase wird eine Funktion ermittelt, welche die Wahrscheinlichkeit für jeden Stillstandsgrund – ausgedrückt in der Anzahl von Stunden bis zu dessen voraussichtlichem Eintreten – für die in der Vergangenheit aufgezeichneten Werte richtig beschreibt. Nach der Lernphase werden die aktuell erfassten Prozessparameter permanent überwacht. Tritt darin ein Muster auf, welches zur Prognose eines in unmittelbarer Zukunft eintretenden Stillstands führt, wird ein neues Störungsszenario mit dem voraussichtlichen Zeitpunkt des Stillstands (*criticalDate*) in der IoT-Plattform angelegt.

6.11 Proaktive Qualitätssicherung

Bei der proaktiven Qualitätssicherung werden Alarme mit Angabe von Details zu den prognostizierten Qualitätsdefiziten versendet, sobald die aufgezeichneten Prozessparameter darauf hindeuten, dass in Kürze signifikante Qualitätsdefizite bei dem an einem Arbeitsplatz ausgebrachten Material zu erwarten sind. Der Maschinenbediener kann daraufhin die weitere Produktion rechtzeitig unterbrechen, bevor Ausschuss entsteht. Die Details zu den prognostizierten Qualitätsdefiziten erlauben es, Rückschlüsse darauf zu ziehen, welche Maßnahmen erforderlich sind und wer dafür zuständig ist.

Dieselben Methoden und Werkzeuge, die bei der vorausschauenden Instandhaltung zum Einsatz gelangen, werden auch bei der proaktiven Qualitätssicherung verwendet. Als Lerndaten fungieren die in der Vergangenheit aufgezeichneten Mengen, klassifiziert nach Gutmenge, Ausschuss und Nacharbeit, die aufgezeichneten Qualitätsdetails sowie die aufgezeichneten Prozessdaten. Da die Anforderungen an die Reaktivität hier deutlich höher sind, werden die über MQTT übertragenen Prozessdaten online ausgewertet.

6.12 Digitale Produkte und Services

In produzierenden Unternehmen werden neben der Digitalisierung der eigenen Betriebe zunehmend auch digitale Produkte und Services konzipiert, wozu zahlreiche Unternehmen in den vergangenen Jahren damit begonnen haben, eigene IT-Abteilungen aufzubauen. Die meisten digitalen Produkte und Services dienen der Fernüberwachung und Fernwartung, der vorausschauenden Instandhaltung sowie der Auswertung des Nutzungsverhaltens, um darauf basierend die Produktfunktionalität zu verbessern oder Abrechnungen in Abhängigkeit von der Nutzungsintensität zu erstellen. Vor allem bei Unternehmen mit industriellen Abnehmern steht auch die Produktrückverfolgung (Track and Trace) im Fokus der Digitalisierung von Produkten.

Viele produzierende Unternehmen wähnen sich heute mehr oder weniger unter dem Zwang, die eigenen Produkte „digital zu veredeln", wie das Schlagwort heißt. Vorbilder sind dabei solche Unternehmen, die mit informationstechnologischer Expertise und einer geeigneten Marketingstrategie klassische und ehemals etablierte Anbieter vom Markt verdrängt haben. Beispiele gibt es mittlerweile zur Genüge, allen voran Amazon, aber daneben zahlreiche weitere. So bedrängt etwa das US-amerikanische Dienstleistungsunternehmen Uber im Bereich der Personenbeförderung zunehmend das klassische Taxi, Online-Reiseportale drohen herkömmliche Reisebüros abzulösen und durch Social Media verlieren traditionelle Massenmedien, wie Printmedien und das Fernsehen, an Bedeutung. All diese Beispiele demonstrieren den Verlust von Marktanteilen etablierter Unternehmen, weil deren Digitalisierungsstrategie versagte, zu spät erfolgte oder ganz ausblieb.

Grundsätzlich können drei verschiedene Marketingstrategien mit fließenden Übergängen beobachtet werden, die sich technologisch in der Spannweite zwischen dem Monolithic Encapsulated System und der vollkommen offenen IoT-Plattform widerspiegeln.

6.12.1 MES-Strategie oder Strategie des Alleingangs

- Keine offen dokumentierten Schnittstellen
- Hoher Grad an Spezifität
- Kundenbindung durch technologisch forcierten Lock-in-Effekt

6.12.2 Ökosystem-Strategie oder pseudo-kooperative Strategie

- Offen dokumentierte Schnittstellen mit privilegierten Zugriffsmöglichkeiten für den Plattformanbieter
- Mehr oder minder hoher Grad an Spezifität
- Partnerunternehmen sollen das Leistungsangebot der eigenen Plattform erweitern und vervollständigen
- Der Plattformanbieter dominiert das Ökosystem
- Ausschluss von Mitbewerbern
- Kundenbindung durch technologisch forcierten Lock-in-Effekt

6.12.3 Offene und kollaborative Strategie

- Offen dokumentierte Schnittstellen mit uneingeschränkten Zugriffsmöglichkeiten
- Geringe Spezifität durch strikte Ausrichtung an offenen Industriestandards
- Die Plattform bildet einen offenen kollaborativen Kontext
- Alle Leistungsanbieter können jederzeit wechselseitig miteinander in Wettbewerb treten
- Kundenbindung durch überzeugende Marktleistungen, Nutzensteigerung durch die beliebige Kombinierbarkeit mit marktgängigen Produkten anderer Anbieter

Nicht jede Marketingstrategie misst dem Kundennutzen wirklich höchste Priorität bei. Wo Mittel und Zweck der Digitalisierung miteinander verwechselt werden, erscheint die MES-Strategie zunächst sehr attraktiv. Sie verspricht, die eigenen digitalen Produkte und Services durch den ausschließlichen Zugriff auf die gesammelten Daten vor potentiellen Mitbewerbern zu schützen. Gerade wegen der vielleicht noch zu geringen Expertise innerhalb der neu aufgebauten IT-Abteilung, so mag die Erwägung sein, wäre das eigene digitale Angebot in einem freien Markt womöglich gar nicht wettbewerbsfähig.

Dabei handelt es sich aber um einen offenbaren Fehlschluss, sofern die digitale Veredlung der eigenen Produkte mit dem Ziel eines größeren Kundennutzens verfolgt wird und nicht auf die Erschließung neuer Märkte ausgerichtet ist, deren Anforderungen weit von der eigenen Kernkompetenz entfernt sind. Denn es ist schließlich gerade für die Kunden nachteilig, zweitklassige digitale Produkte und Dienste aufgezwungen zu bekommen. Überdies könnten die gesammelten Daten den Kunden womöglich für andere Zwecke von großem Nutzen sein, die sich der eigenen Aufmerksamkeit entziehen oder heute noch überhaupt nicht zu erahnen sind.

Digitalisierungsstrategien, welche Cross-Selling und Kundenbindung durch einen technologisch forcierten Lock-in-Effekt erzwingen wollen, sind kurzsichtig und mittelfristig nicht erfolgreich. Vor allem sind sie im heutigen Informationszeitalter sehr durchsichtig, denn die Frage nach dem digitalen Leistungsumfang eines Produktes wird zunehmend als eine Frage nach der Open API und der durch sie gebotenen Möglichkeiten gestellt. Aus diesem Grunde ist es auch nicht ratsam, mit einer der in Tab. 5.2 dargelegten Zugriffsbarrieren seinen eigenen Anwendungen, wenn schon nicht den ausschließlichen, dann doch zumindest einen privilegierten Zugang zu den gesammelten Daten zu sichern, um diese wenigstens teilweise vor dem Wettbewerb mit leistungsfähigeren und kostengünstigeren Produkten zu schützen. Wenn absehbar ist, dass eine erwogene Marktleistung nicht wettbewerbsfähig ist, dann sollte sie erst gar nicht entwickelt werden.

Weitaus zweckmäßiger im Sinne des Kundennutzens ist es, geeignete Partner innerhalb der IT-Branche zu suchen, die mit komplementären digitalen Produkten den Kundennutzen der eigenen Produkte steigern. Diese Vorgehensweise ist auch im Rahmen einer Ökosystem-Strategie nach dem Vorbild von Facebook möglich. Sowohl das World Wide Web als auch eine Plattform wie Facebook stellen einen kollaborativen Kontext zum Austausch von Informationen dar, letztere jedoch zu den eigenen Konditionen und mit privilegierten Zugriffsmöglichkeiten auf die gesammelten Daten. Zwar hat jeder Facebook-Nutzer über eine API Zugriff auf seinen Account, ökonomischen Wert hat indes nur der Zugriff auf die Gesamtheit der Daten, den sich Facebook vorbehält. Ein Ökosystem ist *abgeschlossen* gegenüber Mitbewerbern des Plattformanbieters, welcher Teilnehmer und Regeln bestimmt.

Wo Aussicht auf eine derart beherrschende Marktposition besteht und es mit den Unternehmenswerten zu vereinbaren ist, kann eine Ökosystem-Strategie versucht werden. In allen anderen Fällen ist die *offene* Strategie die erfolgversprechendere. Sie folgt dem Vorbild des World Wide Web, in dem jeder Teilnehmer gleichberechtigt ist und gleiche Zugriffsrechte auf die darin bereitgestellten Informationen hat. Ein Ökosystem basiert auf einer proprietären Infrastruktur, das World Wide Web dagegen ausschließlich auf Industriestandards. Eine offene IoT-Plattform überträgt das Paradigma des World Wide Web auf den Bereich der Anwendungsprogrammierschnittstellen. Produzierende Unternehmen, die eine offene und kollaborative digitale Produktstrategie verfolgen, sollten vor allem im Bereich des Ressourcendesigns und des Schnittstellenentwurfs eigene IT-Expertise gewinnen. Die API ist schließlich die Grundlage für die organisatorische Interoperabilität und das wechselseitige Zusammenspiel aller Einzelanwendungen im Sinne eines maximalen Nutzens für die Kunden.

Literatur

[Dav85] F. Davis. "A technology acceptance model for empirically testing new end-user information systems – theory and results." Diss. Dissertation, Massachusetts Institute of Technology, 1985

[IT19] ILC-Technology. Website. Letzter Zugriff: 01.03.2019. März 2019. URL: http://ilc. technology

[Jos+19] Jana Jost u. a. "Der Mensch in der Industrie – Innovative Unterstützung durch Augmented Reality". In: *Handbuch Industrie 4.0*. 2. (2019)

[Ohn88] Taiichi Ohno. *Toyota Production System: Beyond Large-Scale Production*. crc Press, 1988

[VB08] V. Venkatesh und H. Bala. "Technology acceptance model 3 and a research agenda on interventions". In: *Decis Sci 39(2):273–315*. 2008

[Wei91] Mark Weiser. "The Computer for the 21st Century." In: *Scientific American* 265.3 (1991), S. 94–104

Teil III

Anwendungsentwicklung mit FORCE Bridge API

Grundkonzepte der API

7

Bridge API stellt Anwendungen alle in der Produktion erfassten Daten zur Verfügung.[1] Die Datengrundlage bilden die aus den speicherprogrammierbaren Steuerungen der Produktionsanlagen und Maschinen ausgelesenen Signale sowie die manuell getätigten Rückmeldungen des Fertigungspersonals (vgl. Kap. 3). Diese Rohdaten werden von der IoT-Plattform zu semantisch bewertbaren Informationen aufbereitet, die zu interpretieren es keiner technischen, sondern ausschließlich fachlicher Grundkenntnisse bedarf.[2] Bridge API folgt dabei einem Architekturstil für verteilte Systeme, der als Representational State Transfer, kurz REST, bezeichnet wird (vgl. [Fie00]). Ein Charakteristikum dieses Architekturstils ist die *Hypermedialität*, d. h. die Vernetzung von Ressourcen mithilfe von Hypermedia-Referenzen (*Hyperlinks*). Wie auf einer Website können von einem *Einstiegspunkt* (engl. *Entry Point*) der API aus alle weiteren Ressourcen über Hyperlinks erreicht werden. Eine Besonderheit von Bridge API ist die *dynamische Aggregation* von Ressourcen, vermittels deren referenzierte Ressourcen durch einen Aufrufparameter steuerbar in die Repräsentation der angeforderten Ressource eingebettet werden können (*embeddable Hyperlinks*).

7.1 FORCE Bridge API als eine RESTful API

Der Architekturstil REST beschreibt eine ressourcenorientierte Architektur in der Weise, wie sie in der konkreten Ausprägung des World Wide Web vielfach anzutreffen ist. Jede

---

[1]Vgl. [Coma]. Eine fehlerfreie Version findet sich im Begleitmaterial zu diesem Buch (https://www. springer.com/de/book/9783662597606). Siehe auch Anhang B!
[2]Die fachlichen Grundkenntnisse entsprechen dem Umfang des ersten Teils dieses Kompendiums.

© Springer-Verlag GmbH Deutschland, ein Teil von Springer Nature 2020
A. Sinsel, *Das Internet der Dinge in der Produktion*,
https://doi.org/10.1007/978-3-662-59761-3_7

REST-konforme Architektur muss daher mindestens die folgenden drei Kernkonzepte einer ressourcenorientierten Architektur aufweisen:

- Entitäten werden als eindeutig identifizierbare Ressourcen abgebildet
- Für den Zugriff auf Ressourcen existiert eine uniforme Schnittstelle
- Ressourcen abstrahieren von einer konkreten Repräsentationen

Wie in Kap. 1 des vorliegenden Kompendiums exemplarisch erläutert, stellen die in HTTP spezifizierten Methoden eine uniforme Schnittstelle für den Zugriff auf Ressourcen dar, die ihrerseits durch einen URL eindeutig identifizierbar sind. Ferner erzwingt HTTP die Trennung zwischen Ressourcen und ihrer Repräsentation, sodass für jede Ressource mehrere Repräsentationen in unterschiedlichen Repräsentationsformaten implementiert werden können. Beispiele gängiger Repräsentationsformate sind die für Webseiten im World Wide Web verwendete Hypertext Markup Language (HTML) und die unter anderem zur Repräsentation von Ressourcen einer IoT-Plattform verwendete JavaScript Object Notation (JSON). Mit der Accept-Zeile wird dem Server im Kopf einer HTTP-Anfrage mitgeteilt, welche Medientypen (Internet Media Types) seitens des Aufrufers interpretiert werden können. Darauf basierend wählt der Server im Rahmen der Inhalts-aushandlung einen Medientyp aus, verwendet das entsprechende Repräsentationsformat im Nachrichtenrumpf der Response und informiert den Aufrufer mit dem Content-Type im Nachrichtenkopf über die getroffene Auswahl (vgl. [RFC96b] und [RFC96a]). Beispiele für ein Accept-Statement sind in Tab. 7.1 dargelegt.

REST erweitert die drei Kernkonzepte einer ressourcenorientierten Architektur um zwei weitere Grundprinzipien:

- Die Kommunikation zwischen Server und Anwendungen ist zustandslos
- Die Zustandslosigkeit der Kommunikation wird auf der Basis von *Hypermedialität* erzielt

Tab. 7.1 Beispiele für ein Accept-Statement

Accept-Zeile	Verwendungszweck
accept: text/html	Anfrage einer Webseite durch einen Browser
accept: application/json	Anfrage einer Ressource in einem nicht hypermedialen Repräsentationsformat
accept: application/hal+json	Anfrage einer Ressource in einem bestimmten hypermedialen Repräsentationsformat
accept: application/siren+json	Anfrage einer Ressource in einem bestimmten hypermedialen Repräsentationsformat
accept: application/collection+json	Anfrage einer Ressource in einem bestimmten hypermedialen Repräsentationsformat
accept: application/hal+json, application/collection+json;q=0.8	Anfrage einer Ressource in einem zweier hypermedialer Repräsentationsformate

Die Kommunikation zwischen HTTP-Server und Anwendungen ist dann zustandslos, wenn serverseitig keine Zustandsinformationen über Anwendungen vorliegen. Hypermedialität gestattet eine zustandslose Kommunikation dadurch, dass Zustandsübergänge anwendungsseitig durch *referenzierte Methodenaufrufe* ausgelöst werden. Die jeweils möglichen Zustandsübergänge werden einer Anwendung vom Server als Hyperlinks innerhalb der Repräsentation einer Ressource bekannt gegeben. Folgt die Anwendung einem jener Hyperlinks, erhält sie in der Response des Servers wiederum neue Referenzen, welche die nächstmöglichen Zustandsübergänge beschreiben. Demnach speichert der Server keine Informationen über den aktuellen Zustand eines Clients, sondern codiert diese implizit in den Referenzen seiner Response.

In einem verteilten System mit einer REST-konformen Architektur wird *Verteilungstransparenz* ebenfalls auf der Basis von Hypermedialität gewährleistet. Verteilungstransparenz bedeutet, dass bei der Entwicklung und Ausführung von Anwendungen nicht berücksichtigt werden muss, auf welchen Rechnern und durch welches System einzelne Schnittstellen der API implementiert sind. Eine Anwendung nutzt diese Verteilungstransparenz, wenn sie mit Ausnahme des Einstiegspunktes selbst keine weitere Ressource durch die explizite Angabe eines URL aufruft, sondern stattdessen vom Einstiegspunkt aus nur den jeweils angegebenen Referenzen folgt. Gleichwohl ist in der Praxis eine weniger strikte Vorgehensweise üblich und gerechtfertigt, bei der zur Verringerung des Kommunikationsaufwands zumindest die meisten Primärressourcen einer API direkt adressiert werden.

Roy Thomas Fielding – einer der Hauptautoren der HTTP-Spezifikation – hat die Grundprinzipien des Architekturstils REST in seiner Dissertation motiviert und detailliert dargelegt (vgl. [Fie00]). Eine Anwendungsprogrammierschnittstelle, die konform dazu implementiert ist, wird als REST API oder RESTful API bezeichnet. Beschränkt sich die Implementierung dagegen auf die drei Kernkonzepte einer ressourcenorientierten Architektur, ist häufig von einer REST-like API die Rede.

7.1.1 Die Primärressourcen als Einzelressourcen und Collections

Eine anwenderfreundlich entworfene REST API bildet die Objekte der Geschäftslogik als Ressourcen ab. Im Bereich der industriellen Fertigung stellen die verfügbaren Produktionsressourcen grundlegende Geschäftsobjekte dar. Zu den Produktionsressourcen zählen Arbeitsplätze (Produktionsanlagen, Maschinen oder Handarbeitsplätze), das Fertigungspersonal, Werkzeuge und Dokumente. Sie werden zusammen mit den Fertigungsaufträgen und deren Vorgängen in Bridge API als Primärressourcen abgebildet (vgl. [Coma]). Die daraus resultierende Grundstruktur der Ressourcen und Referenzen illustriert Abb. 7.1. Embeddable Hyperlinks sind als gebogene Pfeile mit durchgezogener Linie gekennzeichnet.

Nicht selten werden mehrere Arbeitsplätze in einem ERP-System zu einem einzigen Arbeitsplatz zusammengefasst. Dieses abstraktere Konzept des Arbeitsplatzes entspricht

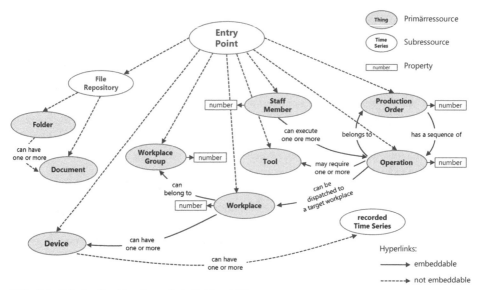

Abb. 7.1 Primäre Strukturelemente in Bridge API

in der Produktion einer Arbeitsplatzgruppe. Gleiche oder funktional identische Arbeitsplätze (z. B. alle Spritzgießmaschinen, alle Fräsmaschinen, ähnliche Handarbeitsplätze, etc.) bilden eine Kapazitätsgruppe. In der API besteht eine Kapazitätsgruppe demnach zumeist aus mehreren Arbeitsplätzen, auch wenn diese in einem ERP-System als ein einziger Arbeitsplatz aufgefasst werden. Ferner werden Arbeitsstationen, die zu derselben Fertigungslinie gehören, in einer Arbeitsplatzgruppe zusammengefasst. Kapazitätsgruppen und Fertigungslinien sind somit zwei verschiedene Ausprägungen einer Arbeitsplatzgruppe.

Alle für die Organisation der Produktion grundlegenden Ressourcen und Konzepte werden in Bridge API entsprechend dem in Tab. 7.2 dargelegten Adressierungsschema als Primärressourcen abgebildet. Bei der Pfadvariablen handelt es sich um die UUID der jeweiligen Ressource, vermöge deren jede Primärressource eindeutig identifizierbar ist.

Zu jeder Kategorie gleichartiger Primärressourcen existiert eine als *Collection* bezeichnete Liste, d. h. es gibt eine Liste aller Fertigungsaufträge, aller Vorgänge, aller Arbeitsplätze etc. Diese Collections beinhalten Referenzen auf die ihnen zugeordneten *Einzelressourcen*. Bei den Collections handelt es sich selbst um Ressourcen, die im Unterschied zu den Einzelressourcen jedoch ohne Angabe einer UUID mit der GET-Methode angefordert werden können. Die in Tab. 7.3 angeführten Collections der Primärressourcen werden im Einstiegspunkt der API referenziert. Da jede Collection wiederum Referenzen auf die ihr zugeordneten Einzelressourcen beinhaltet, sind auch diese vom Einstiegspunkt aus erreichbar. Dazu müssen die dort referenzierten Collections der Primärressourcen

Tab. 7.2 Grundlegende Primärressourcen als Einzelressourcen in Bridge API

Primärressource	Beschreibung
/operations/{id}	Ein einzelner Vorgang als Teil eines Fertigungsauftrags
/productionOrders/{id}	Ein einzelner Fertigungsauftrag
/workplaces/{id}	Ein individueller Arbeitsplatz
/workplaceGroups/{id}	Eine bestimmte Arbeitsplatzgruppe (Kapazitätsgruppe oder Fertigungslinie)
/staffMembers/{id}	Ein bestimmter Mitarbeiter
/tools/{id}	Ein bestimmtes Werkzeug
/fileRepository/documents/{id}	Ein bestimmtes Dokument
/fileRepository/folders/{id}	Eine bestimmte Fertigungsmappe, welche ein oder mehrere Dokumente enthalten kann
/devices/{id}	Ein bestimmtes Gerät

Tab. 7.3 Grundlegende Collections von Primärressourcen in Bridge API

Primärressource	Beschreibung
/operations	Liste aller Vorgänge
/productionOrders	Liste aller Fertigungsaufträge
/workplaces	Liste aller Arbeitsplätze
/workplaceGroups	Liste aller Arbeitsplatzgruppen
/staffMembers	Liste aller Mitarbeiter
/tools	Liste aller Werkzeuge
/devices	Liste aller Geräte

zunächst selbst aufgerufen werden, um die Referenzen auf die Einzelressourcen und deren UUIDs zu erhalten. Weil in jeder Collection aber bereits alle Informationen der jeweiligen Einzelressourcen statisch eingebettet sind, erübrigt sich das explizite Anfordern der Einzelressourcen in den meisten Anwendungsfällen. Insbesondere ist darum auch die Angabe einer UUID für den Zugriff auf die Primärressourcen nicht erforderlich.

Die Repräsentation jeder *Liste*, auch die der Collections, basiert auf dem Konzept der *Paginierung*, d. h. der Aufteilung einer Liste in kleinere Listenausschnitte, die als *Seiten* bezeichnet werden. Der lesende Zugriff auf eine Collection wird standardmäßig mit der Rückgabe der ersten Seite und einer Referenz auf die nachfolgende Seite beantwortet. Je nachdem, auf wie viele Seiten die Repräsentation einer Collection aufgeteilt ist, bedarf es zum Abrufen der gesamten Collection im Allgemeinen mehrerer iterativer Methodenaufrufe. Als *Seitengröße* wird die Anzahl der pro Seite übertragenen Listenelemente bezeichnet. Bei einer Collection ist jede Einzelressource ein Listenelement, sodass die Seitengröße der Anzahl der pro Seite übertragenen Einzelressourcen entspricht. Mit zunehmender Seitengröße verringert sich die Anzahl der zum Abrufen der gesamten Collection erforderlichen Methodenaufrufe.

Oft sind in einem konkreten Anwendungskontext nur solche Einzelressourcen einer Collection von Interesse, die bestimmte Kriterien erfüllen. Zur Einschränkung der zurückgegebenen Einzelressourcen stellen Collections Filterkriterien in Form von Aufrufparametern zur Verfügung. Diese *Filterparameter* erlauben die Auswahl einzelner oder mehrerer Ressourcen unter fachlichen Gesichtspunkten. Beispielsweise können Informationen zu einem bestimmten Vorgang durch Angabe der Auftragsnummer und der Vorgangsnummer abgerufen werden:

GET /operations?productionOrderNumber=4711&operationNumber=0030

Der Methodenaufruf stellt jedoch nicht sicher, dass genau ein Vorgang zurückgegeben wird. So könnten etwa zwei Vorgänge desselben Fertigungsauftrags mit der Vorgangsnummer 0030, aber mit unterschiedlichen Split-Nummern in der Response enthalten sein.

Zum Ändern und Bearbeiten einer Einzelressource wird die PUT-Methode verwendet, sofern diese für die betreffende Ressource in der API definiert und in deren Repräsentation referenziert ist. Analog dazu wird die DELETE-Methode zum Löschen einer Einzelressource verwendet. Weil sich beide Methoden ausschließlich auf konkrete Einzelressourcen beziehen, würde ein direkt adressierter Methodenaufruf stets die Kenntnis und Angabe einer UUID verlangen. Stattdessen sollte eine Anwendung beide Methoden nur dadurch aufrufen, dass sie einem in der Repräsentation der Einzelressource zum jeweiligen Zweck angebotenen Hyperlink folgt. Fehlt ein solcher Hyperlink, kann ein Anwendungsentwickler immer davon ausgehen, dass auch die entsprechende Methode in der vorliegenden Situation nicht unterstützt wird.

Neben den im Einstiegspunkt referenzierten Collections existieren in Bridge API weitere Collections von Primärressourcen. Diese stehen in Bezug zu einer übergeordneten Primärressource, von der aus sie per Hyperlink erreicht werden können. Bei den übergeordneten Primärressourcen handelt es sich im einen Fall um sogenannte *Konzeptressourcen*, welche nur aus Referenzen auf andere Ressourcen bestehen. Dokumente und Fertigungsmappen sowie die Collections der in Abschn. 7.3 im Detail betrachteten Stammdaten sind einer solchen Konzeptressource untergeordnet. Im anderen Fall stehen die untergeordneten Collections in Bezug zu gewöhnlichen Collections von Primärressourcen. Dies trifft auf alle übrigen in Tab. 7.4 beschriebenen Collections zu.

Arbeitsplatzschichten und Personalschichten sind dadurch unterscheidbar, dass die einen den Arbeitsplätzen, die anderen dem Fertigungspersonal untergeordnet sind. Demgegenüber ist die Unterordnung der prognostizierten Störungen zu den Arbeitsplätzen und die der Kommissionieraufträge zu den Werkzeugen ausschließlich fachlich begründet.

Als eine weitere Besonderheit existieren in Bridge API Einzelressourcen, bei denen es sich trotz fehlender UUID insofern um Primärressourcen handelt, als sie ohne Bezugnahme auf die UUIDs anderer Ressourcen adressiert werden können. Diese sind in Tab. 7.5 dokumentiert.

Tab. 7.4 Collections untergeordneter Primärressourcen in Bridge API

Primärressource	Beschreibung
/fileRepository/documents	Liste aller Dokumente
/fileRepository/folders	Liste aller Fertigungsmappen
/workplaces/shifts	Liste aller Arbeitsplatzschichten
/staffMembers/shifts	Liste aller Personalschichten
/operations/planningScenarios	Liste aller Planungsszenarien der Auftragsfeinplanung
/staffMembers/planningScenarios	Liste aller Planungsszenarien der Personaleinsatzplanung
/workplaces/predictedMalfunctionScenarios	Liste aller für die Arbeitsplätze prognostizierten Störungsszenarien
/tools/assemblyOrders	Liste aller Kommissionieraufträge

Tab. 7.5 Konzeptressourcen und Primärressourcen ohne UUID in Bridge API

Primärressource	Beschreibung
/fileRepository	Dateiablage als Konzeptressource mit Referenzen auf die Collections der Fertigungsmappen und Dokumente
/masterData	Konzeptressource mit Referenzen auf die Collections aller Stammdaten
/operations/planningResults	Das Ergebnis der Auftragsfeinplanung mit den Planterminen der Vorgänge
/operations/forecastResults	Das Ergebnis der prognostizierten Auftragsabwicklung mit den prognostizierten Terminen der Vorgänge
/staffMembers/planningResults	Das Ergebnis der Personaleinsatzplanung mit den Planterminen der Mitarbeiter

7.1.2 Hypertext Application Language (HAL) als hypermediales Repräsentationsformat

Ein Grundprinzip von REST ist die Gewährleistung von Verteilungstransparenz auf der Basis dynamisch generierter Hypermedia-Referenzen. Für eine Anwendung, welche vom Einstiegspunkt einer API aus strikt nur den Referenzen folgt, bleiben Änderungen im Ressourcendesign weitgehend transparent. Es spielt für die Anwendung auch keine Rolle, auf welches System eine Referenz verweist, wodurch Teile der API von der einen Plattform auf eine andere Plattform oder auf ein beliebiges Drittsystem verlagert werden können.

In einer REST API sind Referenzen dynamisch konzipiert. Representational State Transfer bedeutet, dass eine Anwendung in der Repräsentation einer Ressource die möglichen Zustandsübergänge als Hyperlinks dargeboten bekommt und jeder anwendungsseitig

initiierte Zustandsübergang durch das Folgen eines Hyperlinks angestoßen wird.[3] Welche
Referenzen in der Repräsentation einer Ressource auftreten, hängt im Allgemeinen sowohl
vom jeweiligen Ressourcenzustand als auch vom Anwendungszustand ab.

Beispielsweise beinhaltet die Repräsentation eines gerade erst freigegebenen Vorgangs
keine Referenzen auf ausgebrachte Mengen, jedoch Referenzen für den schreibenden
Zugriff auf seine Plantermine. Umgekehrt referenziert ein bereits abgeschlossener Vorgang
auf die von ihm ausgebrachten Mengen, wohingegen der abgeschlossene Zustand des
Vorgangs eine Änderung der Plantermine verbietet, sodass in dessen Repräsentation
konsequenterweise auch keine entsprechenden Referenzen existieren.

Weder das Ergebnis der Auftragsfeinplanung mit den Planterminen der einzelnen
Vorgänge noch die aufgezeichneten Betriebszustände oder ausgebrachten Mengen eines
Vorgangs finden sich in den Properties eines Vorgangs oder einer anderen Primärressource.
Die in Bridge API spezifizierten Primärressourcen umfassen nur wenige Informationen.
Dazu zählen deren UUID, charakteristische Attribute einer Ressource, welche deren
Identifikation unter fachlichen Gesichtspunkten gestatten, und Angaben zum Zustand
einer Ressource. Alle weiteren Informationen werden in einer Reihe von Subressourcen
bereitgestellt, die nach fachlichen Gesichtspunkten strukturiert sind. Auf welche Subressourcen mit welchen Methoden im jeweiligen Zustand zugegriffen werden kann, wird in
der Repräsentation der Primärressource in Form von Hyperlinks dargelegt.

Hypermedialität verlangt eine Möglichkeit, Referenzen in der Repräsentation einer
Ressource als solche auszuzeichnen. Dazu kann entweder ein proprietäres Format definiert
oder auf ein verbreitetes hypermediales Repräsentationsformat zurückgegriffen werden.
Bridge API verwendet standardmäßig Hypertext Application Language (HAL) als Repräsentationsformat (vgl. [?]). Die Ressourcenrepräsentation in HAL besteht aus den
eigentlichen Properties einer Ressource, aus Hyperlinks und aus *eingebetteten Ressourcen*.
Hyperlinks werden als Elemente einer mit Namen „_links" gekennzeichneten Struktur,
eingebettete Ressourcen innerhalb einer als „_embedded" gekennzeichneten Struktur
dargestellt. Zusätzlich werden in Bridge API die Properties im engeren Sinne als Elemente
einer Struktur mit der Bezeichnung „properties" zusammengefasst (vgl. Tab. 7.6). Die
Hyperlinks sind in jeder Ressource enthalten, wohingegen Properties und eingebettete

---

[3] „The name ‚Representational State Transfer' is intended to evoke an image of how a well-
designed Web application behaves: a network of web pages (a virtual state-machine), where the
user progresses through the application by selecting links (state transitions), resulting in the next
page (representing the next state of the application) being transferred to the user and rendered for
their use." Vgl. [Fie00], S. 109.

Auf Deutsch übersetzt: „Der Name ‚Representational State Transfer' soll die Assoziation
mit einer mustergültig entworfenen Web-Anwendung hervorrufen: Ein Netzwerk von Webseiten
(informationstechnisch aufgefasst als Zustandsautomat), in dem der Benutzer wie bei der Interaktion
mit einer Anwendung durch die Auswahl von Hyperlinks Zustandsübergänge anstößt, so dass die
nachfolgende Seite (die den nächsten Zustand der Anwendung darstellt) an den Benutzer übertragen
und zu dessen Verwendung aufbereitet wird."

Tab. 7.6 Strukturelemente in der Repräsentation einer Ressource in Bridge API

Strukturelement	Beschreibung
_links	Kennzeichnung von Hyperlinks in HAL
_embedded	Kennzeichnung eingebetteter Ressourcen in HAL
properties	Die eigentlichen Properties einer Ressource im engeren Sinne
pagination	Angaben zur aktuellen Seite in Hinblick auf die Paginierung einer Collection oder Listenressource

```
"_links": {
    "self": {
        "method": "GET",
        "title": "",
        "embeddable": false,
        "href": ".../operations/{id}"
    },
    "productionOrder": {
        "method": "GET",
        "title": "The corresponding production order",
        "embeddable": true,
        "href": ".../productionOrders/{id}"
    },
    ...
}
```

Abb. 7.2 Auszeichnung von Hyperlinks in HAL

Ressourcen entfallen können, was bei einer Konzeptressource der Fall ist. Weil jede Ressource einen Hyperlink auf sich selbst enthalten muss, würde die denkbar kleinste Ressourcenrepräsentation in Bridge API lediglich aus dieser Selbstreferenz namens „self" bestehen.

In HAL konstituiert sich jeder einzelne Hyperlink aus einem Namen und der damit bezeichneten Struktur, die mindestens den URL der referenzierten Ressource mit dem Bezeichner „href" beinhalten muss, optional aber um weitere Strukturelemente ergänzt werden kann.[4] Wie in Abb. 7.2 dargestellt ist, handelt es sich bei diesen weiteren Strukturelementen in Bridge API um die Angabe der Aufrufmethode und ein Kennzeichen, ob der Hyperlink dynamisch, d. h. per Aufrufparameter in die Ressourcenrepräsentation eingebettet werden kann. Darüber hinaus kann der Hyperlink mit einem beschreibenden Titel versehen werden.

Für die Namen der Hyperlinks gelten in Bridge API die in Tab. 7.7 erläuterten Namenskonventionen. Eine Primärressource hat zu jeder ihrer Subressourcen mindestens

---

[4]Die Abkürzung „href "steht für hypertext reference und dient als Bezeichner für den URL der referenzierten Ressource.

Tab. 7.7 Namenskonventionen für Hyperlinks in Bridge API

Referenzobjekt	Methode	Name	Erläuterung
Eigene Subressource	GET	\<subressource\> z. B. specification	Der Link heißt wie die Subressource
Fremde Subressource	GET	\<primärressource\> + \<Subressource\> z. B. productionOrderSpecification	Der Link heißt wie die Konkatenation aus Primärressource und Subressource
Einzelressource mit Bezug zu einer eigenen Property	GET	\<property\> z. B. description	Der Link heißt wie die Property
Einzelressource mit Bezug zur Property einer eigenen Subressource	GET	\<property\> z. B. targetWorkplace	Der Link heißt wie die Property
Primärressource	GET	\<primärressource\> z. B. productionOrder	Der Link heißt wie die Primärressource
Einzelressource oder Selbstreferenz	PUT	update + \<Einzelressource\> z. B. updateEdge	Wird zum Ändern einer Einzelressource verwendet. Der Link heißt wie die Konkatenation aus „update" und der Einzelressource
Einzelressource oder Selbstreferenz	DELETE	delete + \<Einzelressource\> z. B. deleteEdge	Wird zum Löschen einer Einzelressource verwendet. Der Link heißt wie die Konkatenation aus „delete" und der Einzelressource
Einzelressource oder Selbstreferenz	POST	update + \<Einzelressource\> z. B. updatePlanningResults	Wird anstelle von PUT zum Ändern einer Listenressource verwendet. Der Link heißt wie die Konkatenation aus „update" und der Einzelressource
Selbstreferenz	POST	update + \<Property\> z. B. updateToolStateId	Wird zum Ändern des eigenen Zustandes verwendet. Der Link heißt wie die Konkatenation aus „update" und der zustandsbeschreibenden Property
Collection	POST	create + \<Collection\> z. B. createTools	Wird zum Erzeugen einer neuen Ressource verwendet. Der Link heißt wie die Konkatenation aus „create" und der Collection
Collection	POST	search + \<Collection\> z. B. searchOperations	Wird zur speziellen Suche in operations und productionOrders angeboten. Der Link heißt wie die Konkatenation aus „search" und der Collection

einen Hyperlink für den lesenden Zugriff darauf. Unterstützt eine Subressource die Methoden PUT oder DELETE existieren zusätzliche Hyperlinks auf diese Methoden. Damit ist nicht nur jede Ressource, sondern auch jede für den Zugriff darauf bereitgestellte Methode vom Einstiegspunkt über Referenzen zu erreichen. Des Weiteren existieren zahlreiche Referenzen als Querverweise zwischen Ressourcen, die in einem fachlichen Bezug zueinander stehen.

Listen verfügen über ein weiteres Strukturelement mit der Bezeichnung „pagination", welches Angaben zur aktuellen Seite in Hinblick auf die Paginierung der Liste beinhaltet. Als Hyperlinks sind in jeder Liste neben der Selbstreferenz ein Verweis „first" auf die erste und ein Verweis „last" auf die letzte Seite der Liste enthalten. Außer auf der ersten Seite ist zudem ein Verweis „prev" auf die Vorgängerseite angegeben und sofern es sich nicht um die letzte Seite der Liste handelt, ist ebenso ein Verweis „next" auf die nachfolgende Seite angegeben (vgl. Tab. 7.8). Überdies darf eine Liste weitere spezifische Hyperlinks enthalten.

Bei den Listen kann es sich um Collections oder *Listenressourcen* handeln. Letztere unterscheiden sich dadurch von Collections, dass ihre Elemente keine Ressourcen sind. Außerdem haben Listenressourcen immer ein Array mit dem Bezeichner „elements" als Property. Demnach tritt das Strukturelement „properties" in deren Repräsentation immer auf, auch wenn das Array „elements" oft die einzige Property ist.

Im Gegensatz dazu verfügen Collections in der Regel über keine Properties. Stattdessen haben Collections stets das Strukturelement „_embedded", welches ein Array mit der vollständigen Repräsentation der zugehörigen Einzelressourcen beinhaltet (vgl. Abb. 7.3). Dieses Array hat grundsätzlich den Namen der Collection als Bezeichner. Zur vollständigen Repräsentation der eingebetteten Einzelressourcen zählen deren Properties (*embedded Properties*) und deren Hyperlinks (*embedded Links*) einschließlich der darin enthaltenen Selbstreferenz, wodurch in der Repräsentation einer Collection jede ihrer Einzelressourcen explizit referenziert wird. Gegebenenfalls sind unter den embedded Links auch Referenzen zum Ändern oder Löschen der jeweiligen Einzelressource enthalten. Verfügen die Einzelressourcen über embeddable Hyperlinks, können diese beim Aufruf der Collection dynamisch in die Einzelressourcen eingebettet werden, d. h. als zweifach eingebettete Ressourcen in der Repräsentation der Collection auftreten (vgl. Abb. 7.3).

Die embedded Links, welche mit den Hyperlinks in der Repräsentation der Einzelressourcen identisch sind, sollten nicht mit den *Links der Collection* verwechselt werden. Letztere enthalten unter anderem die in Tab. 7.8 angeführten Referenzen. Eventuell ist

Tab. 7.8 Namen der spezifischen Hyperlinks einer Liste

Name	Beschreibung
self	Die vorliegende Seite
first	Referenz auf die erste Seite einer Liste
last	Referenz auf die letzte Seite einer Liste
prev	Referenz auf die nachfolgende Seite einer Liste
next	Referenz auf die vorangegangene Seite einer Liste

```
"_embedded": {
   "operations": [
      {
         "properties": {
            ...                        <— embedded Properties
         },
         "_links": {
            ...                        <— embedded Links
         },
         "_embedded": {
            "specification": {    <— zweifach eingebettete Ressource
               "properties": { ...
               },
               "links": { ...
               }
            }
         }
      },
      ...
   ],
   "_links": {
      ...                              <— Links der Collection
}
```

Abb. 7.3 Eingebettete Einzelressourcen einer Collection in Bridge API am Beispiel der Collection /operations mit dynamisch eingebundener Subressource /operations/{id}/specification

in den Links der Collection auch eine Referenz zum Anlegen neuer Einzelressourcen enthalten. Beides ist niemals in den embedded Links vorzufinden.

7.1.3 Dynamische Aggregation von Ressourcen durch embeddable Hyperlinks

Aggregation und Projektion von Ressourcen sind zwei Methoden zur Verringerung der durch die Kommunikation zwischen Anwendung und IoT-Plattform bedingten Verlust-zeiten. Bei der Aggregation werden in die Repräsentation einer Ressource zusätzliche Informationen aus anderen Ressourcen – meist aus Subressourcen – eingebettet, um die Anzahl der Methodenaufrufe zu verringern. Bei der Projektion werden umgekehrt Properties in der Repräsentation einer Ressource weggelassen, um die bei einem einzelnen Methodenaufruf übertragene Datenmenge enger zu begrenzen.

Die Primärressourcen in Bridge API haben selbst nur wenige Properties, weil alle Detailinformationen in deren Subressourcen abgebildet sind. Die Aufteilung der Detail-informationen auf die nach fachlichen Gesichtspunkten strukturierten Subressourcen ist wiederum vergleichsweise feingranular, sodass auch jede einzelne Subressource nur über eine geringe Anzahl von Properties verfügt. Aus diesem Grunde ist eine Projektion der

Ressourcen in Bridge API weder erforderlich noch vorgesehen. Stattdessen unterstützt Bridge API die dynamische Aggregation von Ressourcen durch den Aufrufparameter „embed". Dieser *Aggregationsparameter* kann im Unterschied zu den Filterparametern einer Liste beim lesenden Zugriff auf jede beliebige Ressource, d. h. nicht nur auf Listen angewandt werden.

Die dynamische Aggregation ist beim lesenden Zugriff auf alle Ressourcen möglich, die andere Ressourcen durch einen embeddable Hyperlink referenzieren. Embeddable Hyperlinks führen unter anderem auf alle Subressourcen einer Primärressource, bei denen es sich nicht um Listenressourcen oder Collections handelt. Darüber hinaus führen embeddable Hyperlinks zu Primärressourcen, die mit der betreffenden Ressource fachlich in einem engen Zusammenhang stehen. Beispielsweise ist es möglich, den zugehörigen Fertigungsauftrag in die Repräsentation eines Vorgangs einzubetten. Wie der folgende Aufruf demonstriert, können auch mehrere Ressourcen gleichzeitig in die Repräsentation einer Ressource eingebettet werden:

```
GET /operations/{id}?embed=productionOrder&embed=specification
```

Durch den Aufruf werden eine andere Primärressource, die des zugehörigen Fertigungs- auftrags, und eine Subressource gleichzeitig eingebunden. Die eingebundene Subressource *operations/{id}/specification* beinhaltet die aus dem Arbeitsplan für das zu produzierende Material stammenden Vorgabewerte für einen Vorgang (vgl. Abschn. 2.4).

Wie in Abb. 7.4 illustriert ist, werden dynamisch eingebettete Ressourcen vollständig, d. h. mit all ihren Properties und Hyperlinks in die Repräsentation der aufgerufenen

```
"_embedded": {
    "productionOrder": {
        "properties": {
            ...          <-- embedded Properties
        },
        "_links": {
            ...          <-- embedded Links
        }
    },
    "specification": {
        "properties": {
            ...          <-- embedded Properties
        },
        "_links": {
            ...          <-- embedded Links
        }
    },
    ...
}
```

Abb. 7.4 Auszeichnung von dynamisch eingebetteten Ressourcen in Bridge API

Ressource eingebunden, jedoch grundsätzlich ohne eine innere Einbettung weiterer Ressourcen. Zweifach eingebettete Ressourcen können ausschließlich in den statisch eingebundenen Einzelressourcen der Collections auftreten.

Mit wachsender Anzahl von embeddable Hyperlinks steigt auch die Anzahl von Möglichkeiten, die einer Anwendung zum Aufruf einer Ressource zur Verfügung stehen. Schon bei einer Anzahl von 10 embeddable Hyperlinks sind dies bereits 1024 Möglichkeiten. Allgemein beträgt die Anzahl von Aufrufmöglichkeiten bei einer Einzelressource mit n embeddable Hyperlinks[5]

$$\sum_{k=0}^{n} \frac{n!}{k! \cdot (n-k)!}.$$

Wenn eine Ressource in die Repräsentation einer Einzelressource eingebettet werden kann, dann stets auch in die Repräsentation der entsprechenden Collection, worin sie als zweifach eingebettete Ressource dargestellt wird (vgl. Abb. 7.3). Insbesondere können alle Subressourcen einer Primärressource, bei denen es sich nicht um Listen handelt, beliebig kombiniert in deren Collection eingebunden werden:

GET /operations?embed=specification&embed=components&embed=...

Bei einer Seitengröße von 100 Einzelressourcen ersetzt der Aufruf die individuelle Abfrage der nachfolgenden Subressourcen, die in keiner Liste aufgeführt sind und darum ohne die Möglichkeit einer dynamischen Aggregation von Ressourcen jeweils nur einzeln unter Angabe 100 verschiedener UUIDs aufgerufen werden müssten:

GET /operations/{id}/specification
GET /operations/{id}/components
...

Allgemein ersetzt der einzelne Aufruf einer Collection mit insgesamt n eingebetteten Subressourcen bei einer Seitengröße von m insgesamt $n \cdot m$ Einzelaufrufe. Überdies erlauben die in der Collection einer Primärressource bereitgestellten Filterparameter eine bedarfsgerechte Aggregation von Subressourcen je nach Anwendungszweck. Der folgende Aufruf gibt beispielsweise die Plantermine aller Vorgänge zurück, die auf einem Arbeitsplatz mit der Nummer *INJ1* eingeplant sind:

GET /operations?embed=planningResult
        &isDispatched=true&workplaceNumber=INJ1

---

[5]Dabei wird über n Binomialkoeffizienten summiert.

Die beliebige Kombination von Aggregations- und Filterparametern beim Aufruf einer Collection erlaubt Anwendungen einen sehr spezifischen Zugriff auf das digitale Abbild der Produktion. Alle benötigten Informationen können anwendungsseitig mit wenigen Aufrufen abgefragt werden, deren Antworten sich weitgehend auf die tatsächlich relevanten Daten beschränken.

7.1.4   Zustandslose Kommunikation am Beispiel der Paginierung einer Collection

Hypermedialität ermöglicht eine *zustandslose Kommunikation* zwischen Anwendungen und der IoT-Plattform. Dieses weitere Grundprinzip von REST bedeutet, dass die IoT-Plattform zu keinem Zeitpunkt den Zustand einer Anwendung speichert, sondern jede anwendungsseitige Anfrage ohne einen Bezug zu vorangegangenen Anfragen bearbeitet. Stattdessen werden der Plattform alle nötigen Informationen implizit beim Methodenaufruf übergeben. Das Prinzip lässt sich prototypisch am Beispiel der Paginierung von Listen verdeutlichen.

Beim seitenweisen Durchschreiten einer Liste entspricht die zuletzt aufgerufene Seite, dem Zustand der Anwendung. In der Repräsentation einer Collection oder Listenressource sind die Zustandsinformationen bezüglich der Paginierung explizit angegeben. Hierzu gehören die maximale Seitengröße, d. h. die maximale Anzahl der pro Seite ausgegebenen Elemente („limit"), die Anzahl der insgesamt in der Liste vorhandenen Elemente („total") und die Anzahl der tatsächlich im vorliegenden Listenausschnitt enthaltenen Elemente („count"). Jede Liste bietet einen Aufrufparameter namens „limit" an, mit dem Anwendungen die maximale Seitengröße festlegen können. Allerdings darf der angegebene Wert eine obere Grenze von 100 Elementen pro Seite nicht überschreiten. Des Weiteren werden alternativ entweder ein Versatz („offset") oder die beiden Properties „firstIdentifier" und „lastIdentifier" als zustandsbeschreibende Properties ausgegeben (vgl. Abb. 7.5). Diese alternativen Zustandsbeschreibungen entsprechen zwei verschiedenen Konzepten, sukzessive eine aus mehreren Seiten bestehende Liste zu durchschreiten.

Listen, die das erste Konzept implementieren, stellen einen weiteren Aufrufparameter namens „offset" bereit, mit dem eine Anwendung beim Aufruf einer bestimmten Seite

Abb. 7.5 Seitenbeschreibung
durch Angabe eines Versatzes

```
"pagination": {
    "count": 10,
    "firstIdentifier": null,
    "lastIdentifier": null,
    "limit": 10,
    "offset": 10,
    "total": 31
}
```

deren Versatz vom ersten Listenelement als ein Vielfaches der maximalen Seitengröße zu spezifizieren hat. Jede einzelne Seite einer Liste wird diesem Konzept entsprechend durch die Kombination aus der maximalen Seitengröße und dem Versatz, d. h. durch die Kombination aus „limit" und „offset" identifiziert. Die Seite beginnt mit einem Versatz vom ersten Listenelement, der im Aufrufparameter „offset" vorgegeben wird.

Listen, welche das zweite Konzept der Paginierung implementieren, verfügen stattdessen über die drei Filterparameter „paginationIdentifier", „paginationTimestamp" und „paginationDirection". Jede Seite einer Liste wird hierbei durch die beiden Properties „firstIdentifier" und „lastIdentifier" identifiziert. Die Seite beginnt mit einem Listenelement, welches durch die Property „firstIdentifier" eindeutig identifiziert werden kann. Sie endet mit einem Listenelement, welches durch die Property „lastIdentifier" eindeutig identifiziert werden kann. Je nachdem, ob im Aufrufparameter „paginationDirection" der Wert NEXT oder PREVIOUS angegeben wurde, ist die Reihenfolge der Listenelemente chronologisch bzw. antichronologisch geordnet.

Anwendungsentwickler müssen diese Konzepte nicht kennen und verstehen, wenn sie dem Hyperlink „next" solange folgen, bis das Ende der Liste erreicht ist. Der Hyperlink referenziert die jeweils nachfolgende Seite in Abhängigkeit von der Seite, die eine Anwendung beim Durchschreiten der Liste zuletzt abgerufen hat. Bei einer zustandsbehafteten Kommunikation würde der HTTP-Server für jeden Client speichern, welche Seite dieser zuletzt aufgerufen hat. Indem beim Aufruf einer Seite die nächste Seite in der Response des HTTP-Servers als Hyperlink an die Anwendung zurückgegeben wird, entfällt die Notwendigkeit, deren Zustand serverseitig zu speichern.

Die Implementierung zweier verschiedener Konzepte der Paginierung ist dadurch gerechtfertigt, dass Listenressourcen mit statischen Inhalten und solche mit dynamischen Inhalten existieren. Für jene kann eine einfache Form der Paginierung bereitgestellt werden, für letztere nicht.

Bei Stammdaten, wie den Betriebszuständen eines Arbeitsplatzes, deren Werte in der Konfiguration der IoT-Plattform hinterlegt sind und sich gewöhnlich nicht ändern, kann durch Hochsetzen des Versatzes um den für die maximale Seitengröße angegebenen Wert die nachfolgende Seite abgefragt werden. Die Angaben zur Paginierung in Abb. 7.5 demonstrieren dies an einem Beispiel.

Das Beispiel lässt die Schlussfolgerung zu, dass die folgende Seite mit einem Versatz von 20 Listenelementen erreicht wird. Dementsprechend referenziert der Hyperlink „next" den Seitenaufruf mit einem Wert von 20 für den Aufrufparameter „offset". Insofern es sich um eine Collection von unveränderlichen Stammdaten handelt, ist es unerheblich, ob und wann die aufrufende Anwendung die nächste Seite anfordern wird. Die Response auf eine Anfrage wird für jede Seite zu jedem Zeitpunkt dieselbe sein.

Für Listen mit Bestandsdaten, in denen jeder Zeit neue Listenelemente hinzukommen können, gilt dies nicht. Dynamische Listen erfordern deshalb ein elaborierteres Konzept zur eindeutigen Identifikation einzelner Seiten. Ein Beispiel dafür ist die Collection */operations*, welche eine durch die Filterparameter spezifizierte Liste von Vorgängen in

```
"pagination": {
    "count": 100,
    "firstIdentifier": {
        "identifier": "31FEF430FB3B4F37A3DE2A481598E9B1",
        "timestamp": "2019-02-09T11:59:03.251Z"
    },
    "lastIdentifier": {
        "identifier": "4A4080F542B943CCB4E8BB673E5E9344",
        "timestamp": "2019-02-02T09:39:27.581Z"
    },
    "limit": 100,
    "offset": null,
    "total": 1599
}
```

Abb. 7.6 Seitenbeschreibung durch Angabe des ersten und letzten Seitenelements

der Reihenfolge ihres terminierten Starttermins bereitstellt. Wenn eine Anwendung die ersten 10 Vorgänge der Collection in chronologischer Reihenfolge abgerufen hat und vor der Abfrage der nächsten Seite weitere 10 Vorgänge mit früheren Terminen hinzukommen, wird die mit einem Versatz von 10 Listenelementen aufgerufene Seite nochmals dieselben Vorgänge wie die zuvor aufgerufene Seite beinhalten. Aus diesem Grunde müssen hier die ID und der Zeitstempel des in der Response des vorangegangenen Aufrufs zurückgegebenen „lastIdentifier" als Aufrufparameter bei der Abfrage der nächsten Vorgänge verwendet werden. In Abb. 7.6 sind diese Properties in der Repräsentation einer Ressource beispielhaft dargestellt.

Die Zeitstempel für den terminierten Starttermin des ersten und letzten Vorgangs in dem aktuellen Listenausschnitt müssen nicht zwangsläufig eindeutig sein. Unter Umständen haben mehrere Vorgänge dieselben Termine. Darum wird der Zeitstempel in den Properties firstIdentifier und lastIdentifier um die UUID der jeweiligen Vorgänge ergänzt. Die beiden Properties beinhalten somit eine implizite Angaben des Zustandes, in dem sich eine Anwendung beim Durchschreiten der Liste aktuell befindet. Diesen Zustand speichert die IoT-Plattform jedoch nicht, sondern bekommt ihn implizit von der Anwendung mitgeteilt, wenn diese beim chronologischen Durchschreiten der Liste dem in „next" hinterlegten Hyperlink folgt, um die nächste Seite aufzurufen oder bei einem antichronologischen Durchschreiten der Liste dem in „prev" hinterlegten Hyperlink folgt, um die vorangegangene Seite aufzurufen. In Abb. 7.7 ist in Anlehnung an das vorangegangene Beispiel dargestellt, wie die beiden Hyperlinks mit der Angabe von ID und Zeitstempel in den Aufrufparametern auf die nächste und die vorherige Seite in einer Liste verweisen.

Offensichtlich erleichtert eine REST-konforme Architektur durch die zustandslose Kommunikation sowohl die serverseitige Implementierung als auch die Anwendungsprogrammierung.

```
"_links": {
    ...
    "next": {
        "method": "GET",
        "embeddable": false,
        "title": "Next page of this collection",
        "href":".../operations \
            ?paginationTimestamp=2019-02-02T09:39:27.581Z \
            &paginationIdentifier=4A4080F542B943CCB4E8BB673E5E9344 \
            &paginationDirection=NEXT&limit=100"
    },
    "prev": {
        "method": "GET",
        "embeddable": false,
        "title": "Previous page of this collection",
        "href": ".../operations \
            ?paginationTimestamp=2019-02-09T11:59:03.251Z \
            &paginationIdentifier=31FEF430FB3B4F37A3DE2A481598E9B1 \
            &paginationDirection=PREVIOUS&limit=100"
    }
    ...
}
```

Abb. 7.7 Referenzen mit Angabe von ID und Zeitstempel

7.1.5 Zustandsübergänge und Operationen in Bridge API

Durch die Aggregation von Ressourcen und das Filtern von Collections können komplexe Abfragen formuliert, jedoch keine komplexen Änderungen vorgenommen werden. Bei einer serviceorientierten Architektur werden beliebige Operationen als Webservice implementiert, wohingegen eine auf HTTP basierende ressourcenorientierte Architektur im Wesentlichen nur einige wenige Methoden zum Anlegen, Lesen, Ändern und Löschen von Ressourcen bereitstellt. Zum Änderungen einzelner Ressourcen ist in HTTP die PUT-Methode vorgesehen. Für komplexer Datenverarbeitungsprozesse, die eine sehr spezifische Änderung oder eine Reihe von Änderungen bewirken sollen, aber nicht durch die Änderung einer einzigen Ressource abzubilden sind, wird in der Regel die POST-Methode verwendet. Im Gegensatz zu allen übrigen HTTP-Methoden kann und muss POST zu verschiedenen Zwecken eingesetzt werden, um in bestimmten Situationen unzählige Aufrufe zu vermeiden.[6]

---

[6]Die verschiedenartige Verwendung der POST-Methode wird nicht selten als eine Abweichung von REST kritisiert. Denn ein wesentliches Prinzip des Architekturstils sind uniforme Schnittstellen, was bedeutet, dass eine fest vorgegebene Menge von Zugriffsmethoden existiert und diese auch stets nur für einen dedizierten Zweck verwendet werden. Die HTTP Spezifikation sieht jedoch für die POST-Methode keinen spezifischen Zweck vor. Neben dem Erzeugen von Ressourcen ist POST auch zum

In seiner häufigsten Verwendung dient POST dem Anlegen einer oder mehrerer neuen Ressourcen, zumindest wenn damit eine Collection adressiert wird. Dazu wird die als Link der Collection angegebene Selbstreferenz mit der POST-Methode aufgerufen:

POST /{collection}

Ob eine Ressource angelegt werden kann, wird dem hypermedialen Prinzip folgend dadurch bestimmt, dass in der Repräsentation der betreffenden Collection ein entsprechender Hyperlink existiert. Bridge API stellt in der Collection der Werkzeuge beispielsweise einen Hyperlink für folgende Methode zur Verfügung:

POST /tools

Die Methode erlaubt das Anlegen neuer Werkzeuge. Alle Eigenschaften eines Werkzeugs werden im Nachrichtenrumpf des Methodenaufrufs an die IoT-Plattform übertragen, welche ihrerseits bei korrekter Übergabe der Properties mit einer Repräsentation der neu angelegten Ressource antwortet. Insbesondere wird der aufrufenden Anwendung in der Response die UUID des neu angelegten Werkzeugs bekannt gegeben.

Eine weitere Verwendung von POST dient der expliziten Zustandsänderung von Einzelressourcen (vgl. [Fie09]). Dazu wird die jeweilige Ressource mit POST und einer Angabe des neuen Zustandes aufgerufen:

POST /{collection}/{id}/{state}

Bridge API gestattet einem Werkzeugverwaltungssystem beispielsweise durch folgenden Aufruf den Zustand eines Werkzeugs zu setzen:

POST /tools/{toolId}/{toolStateId}

Zwar könnte hierzu auch die PUT- oder PATCH-Methode verwendet werden, jedoch wären die Aufrufe in jedem Fall umständlicher und nur schwer mit dem hypermedialen Konzept einer REST Architektur zu vereinbaren. Denn letzteres verlangt, dass eine Anwendung in der Repräsentation einer Ressource mögliche Zustandsübergänge als Hyperlinks dargeboten bekommt und jeder Zustandsübergang anwendungsseitig durch das Folgen eines Hyperlinks angestoßen wird. Wie in Abb. 7.8 dargestellt ist, besteht in HAL die Möglichkeit, Zustandsänderungen explizit zu referenzieren. Bei einer PUT- oder

---

Bereitstellen eines Datenblocks für einen beliebigen Datenverarbeitungsprozess vorgesehen. Vgl. [RFC14], S. 25.

```
"_links": {
    ...
    "updateToolState": {
        "method": "POST",
        "title": "The corresponding production order",
        "embeddable": false,
        "href": "/tools/{id}/AVAILABLE"
    },
    ...
}
```

Abb. 7.8 Explizit referenzierter Zustandsübergang in Bridge API

```
"_links": {
    ...
    "updateToolState": {
        "method": "POST",
        "title": "The corresponding production order",
        "embeddable": false,
        "href": "/tools/{id}/{toolStateId}"
    },
    ...
}
```

Abb. 7.9 Per templated Hyperlink referenzierter Zustandsübergang in Bridge API

PATCH-Methode müsste die Bekanntgabe des neuen Ressourcenzustandes dagegen als Property im Nachrichtenrumpf erfolgen, zu denen in den Referenzen von HAL keine Angaben gemacht werden können.

Wenn ein Werkzeugzustand vorliegt, der nicht nur einen einzigen, sondern mehrere Zustandsübergänge zulässt, werden diese durch einen sogenannten templated Hyperlink in der Einzelressource des Werkzeugs referenziert (vgl. Abb. 7.9).

Sollen in einer Listenressource mit Hunderten von Elementen mehrere davon aktualisiert werden, ohne die übrigen Elemente anzurühren, stellt Bridge API dafür eine POST-Methode zur Verfügung. In diesem Zusammenhang wird die folgende Notation verwendet, um anzuzeigen, dass Ressourcen aktualisiert werden:[7]

POST /{resource}/update

---

[7]In solchen Fällen wird beim Ressourcenentwurf oftmals entschieden, für jedes Update eine neue Ressource einzuführen, die bei dem Aufruf der POST-Methode erzeugt wird. Wenn aber mit der Einführung einer solchen Ressource einzig der Zweck verfolgt wird, die Verwendung der POST-Methode zu rechtfertigen, dann ist dieser verfehlt. Denn die neu erzeugte Ressource ist in diesem Fall nur der Seiteneffekt des eigentlich beabsichtigten Effektes einer Änderung von Ressourcen.

Beispielsweise wird die POST-Methode zur Aktualisierung mehrerer Prognoseergebnisse verwendet, indem diese auf die Listenressource aller Prognoseergebnisse angewandt
wird:

POST /operations/forecastResults/update

POST ersetzt damit den mehrfachen Aufruf der PUT-Methode, welcher für alle zu
aktualisierenden Vorgänge wiederholt werden müsste:

PUT /operations/{operationId}/forecastResult

In Bridge API existieren noch zwei analoge Beispiele, welche sich auf das Planungsergebnis beziehen:

POST /operations/planningResults/update
POST /staffMembers/planningResults/update

Werden bei dem Aufruf Planungsergebnisse von Vorgängen übertragen, welche bis dahin
noch nicht eingeplant waren, entspricht der Aufruf implizit tatsächlich dem Anlegen einer
oder mehrerer neuen Subressourcen von

/operations/{id}/planningResult

bzw.

/staffMembers/{id}/planningResult.

Einhergehend damit erfolgt ein Zustandswechsel der Vorgänge, die von der Phase
RELEASED in die Phase DISPATCHED übergehen.

Schließlich wird POST noch anstelle der GET-Methode eingesetzt. Denn diese ist
nicht dafür geeignet, beim Aufruf eine große Anzahl von Filterparametern zu setzen.
Ein daraus resultierendes Problem tritt auf, wenn die Collections der Fertigungsaufträge
oder Vorgänge explizit nach Hunderten von Auftragsnummern gefiltert werden sollen.
Zum Abruf beider Collections wird deshalb auch die POST-Methode bereitgestellt. Um
anzuzeigen, dass eine solche POST-Methode zum gefilterten Abruf einer Collection und
nicht zum Erzeugen einer neuen Ressource vorgesehen ist, wird folgende Schreibweise
verwendet:

POST . . . /{collection}/search

Ganz offensichtlich ist der dedizierten Zweck dieses Methodenaufrufs nicht das Anlegen
einer Ressource, welche die Suchanfrage dokumentiert, sondern die Suche selbst.

Tab. 7.9 Übersicht der verschiedenen Verwendungszwecke der POST-Methode

Aufrufmuster	Verwendungszweck
POST /{collection}	Erzeugen einer neuen Ressource
POST /{resource}/{state}	Zustandsübergänge einer Einzelressource anstoßen
POST /{resource}/update	Ändern mehrerer Listenelemente als Transaktion
POST /{collection}/search	Anfordern einer Collection mit der Übergabe umfangreicher Filterkriterien

Tab. 7.9 gibt eine Übersicht der verschiedenen Verwendungszwecke der POST-Methode in Bridge API.

7.2 Events und Callbacks

Eine HTTP API stellt Anwendungen auf Anfrage Informationen bereit. Der Informationsstand entspricht demjenigen zum Zeitpunkt der Anfrage. In vielen Fällen ist es darüber hinaus wünschenswert, dass eine Anwendung bei Eintritt eines bestimmten Ereignisses sofort benachrichtigt wird, anstatt durch regelmäßige Anfragen mit mehr oder weniger großem Zeitverzug davon Kenntnis zu erhalten. Wenn beispielsweise ein Vorgang unterbrochen werden musste, weil ein Werkzeug während der Bearbeitungsphase gebrochen ist, sollte die Werkzeuglogistik unverzüglich darüber unterrichtet werden, um so schnell wie möglich ein Ersatzwerkzeug bereitzustellen. Diesen Zweck erfüllen ereignisausgelöste Nachrichten, die von einer IoT-Plattform in dem Moment versandt werden, wenn ein bestimmtes Ereignis eintritt.

Bridge API benachrichtigt Anwendungen und Drittsysteme über Ereignisse wahlweise per MQTT oder per HTTP Callback. Ob und über welche Ereignisse eine Anwendung oder ein Drittsystem informiert werden soll, wird durch die Registrierung auf einen bestimmten Ereignistyp festgelegt. Dazu wird anwendungsseitig oder seitens des Drittsystems ein sogenannter *Callback* per POST-Request angelegt. Für den Zugriff auf diese Ressource existieren die folgenden Methoden:

- GET /callbacks zum Anfordern der Liste aller Callbacks
- POST /callbacks zum Erzeugen eines neuen Callbacks
- GET /callbacks/{id} zum Anfordern eines bestimmten Callbacks
- DELETE /callbacks/{id} zum Löschen eines bestimmten Callbacks

Im Nachrichtenrumpf des POST-Request sind mindestens zwei Angaben zu übermitteln:

- die Art des Ereignisses (*eventType*), über das die Anwendung oder das Drittsystem informiert werden soll
- der URL, unter dem die Benachrichtigung empfangen wird

```
{
    "objectFilter": [
        {
            "name": "id",
            "value": "2E7A5A7749A5471188C020E6CA06093C"
        }
    ],
    "eventType": "OPERATION_FORECAST_RESULT_UPDATED",
    "url": "mqtt://third-party-system:1883/external/operations/ \
        forecastResultUpdated"
}
```

Abb. 7.10 Nachrichtenrumpf eines POST-Request zur Registrierung auf ein Callback bei dem MQTT Broker der IoT-Plattform

Für eine Benachrichtigung per MQTT kann ein beliebiges Topic definiert werden, das allerdings immer mit "extern" beginnen muss, um von den intern verwendeten Topics der IoT-Plattform unterschieden werden zu können:

"URL" : "mqtt://{host}:1883/external/{topic}"

In Abb. 7.10 ist der Nachrichtenrumpf am Beispiel einer Registrierung auf Änderungen der für einen bestimmten Vorgang prognostizierten Termine dargelegt. Der entsprechende Ereignistyp lautet OPERATION_FORECAST_RESULT_UPDATED. Das Bezugsobjekt des Ereignistyps sind die Primärressourcen der Collection *operations*. Aus diesem Grunde beginnt der Name des Ereignistyps mit OPERATION.

Jedes elementare Ereignis steht in Bezug zu einer bestimmten Kategorie von Primärressourcen und beginnt mit deren Name. Beim Anlegen des Callback kann die Benachrichtigung auf eine Teilmenge oder eine einzelne Primärressource der jeweiligen Kategorie beschränkt werden. Zu diesem Zweck werden Objektfilter verwendet, die als Array übergeben werden, dessen Elemente aus dem Namen einer Property (*name*) und einem Vorgabewert (*value*) bestehen. Letzterer legt den Wert fest, den die Property haben muss, damit das Filterkriterium zutrifft. In der aktuellen Version 2 wird nur die Property "id" unterstützt, d. h. Primärressourcen können nur nach UUIDs gefiltert werden. In Abb. 7.10 wird durch den Objektfilter der Callback bei Änderung der prognostizierten Termine auf einen einzigen Vorgang beschränkt, dessen UUID im Filter angegeben ist.

Drittsysteme mit einem eigenem HTTP-Server können sich alternativ dazu auch per HTTP Callback über Ereignisse informieren lassen. In diesem Fall ist der Callback selbst ein HTTP POST-Request, der an den URL des HTTP-Servers gesendet wird, welcher wie folgt angegeben werden muss:

"URL" : "http://{host}:{port}/{path}"

In Abb. 7.11 ist dies wieder am Beispiel einer Registrierung auf Änderungen der für einen bestimmten Vorgang prognostizierten Termine dargelegt. Außer dem URL sind alle

```
{
    "objectFilter": [
        {
            "name": "id",
            "value": "2E7A5A7749A5471188C020E6CA06093C"
        }
    ],
    "eventType": "OPERATION_FORECAST_RESULT_UPDATED",
    "url": "http://third-party-system:24080/webserver"
}
```

Abb. 7.11 Nachrichtenrumpf eines POST-Request zur Registrierung für ein Callback per HTTP

```
{
    "properties": {
        "id": "73E35A0850B4408BAD05A48153CE4FBE",
        "objectFilter": [
            {
                "name": "id",
                "value": "2E7A5A7749A5471188C020E6CA06093C"
            }
        ],
        "eventType": "OPERATION_FORECAST_RESULT_UPDATED",
        "eventName": null,
        "url": "http://third-party-system:24080/webserver",
        "creationDate": "2019-01-30T13:35:03.821Z",
        "maxRedeliverAttempts": null,
        "maxUnconfirmedMessages": null
    }
}
```

Abb. 7.12 HTTP POST Response im Falle einer gelungenen Registrierung für ein Callback per HTTP

Elemente des Nachrichtenrumpfes mit denen einer Registrierung bei dem MQTT Broker der IoT-Plattform identisch.

War die Registrierung erfolgreich, erhält der Aufrufer die in Abb. 7.12 dargestellte Response und wird bis zum Löschen des Callback bei jedem Eintritt des entsprechenden Ereignisses benachrichtigt.

Wenn zur Registrierung auf ein Callback bei dem MQTT Broker der IoT-Plattform ein Topic angegeben wird, welches nicht mit „extern" beginnt, bekommt der Aufrufer die in Abb. 7.13 dargestellte Response. Der Aufrufer erhält ebenso eine Fehlermeldung, wenn in der Anfrage ein nicht existierender Ereignistyp oder ein fehlerhafter URL angegeben wurden.

Sobald ein Ereignis eintrifft, auf das sich Anwendungen oder Drittsysteme registriert haben, werden diese mit einem HTTP POST-Request oder einer MQTT Nachricht darüber informiert. Beide Benachrichtigungen haben dieselbe in JSON formatierte Struktur, die in Abb. 7.14 illustriert ist.

Wenn eine Benachrichtigung fehlschlägt (z. B. wenn das System, das den registrierten Endpunkt bereitstellt, ausgefallen ist), werden alle 10 Sekunden fortlaufend

```
{
    "message": "Invalid url: mqtt://third-party-system:1883/operations/ \
        forecastResultUpdated. \
        MQTT topic has to start with: /external/anyTopic",
    "status": 400,
    "code": "0001400000"
}
```

Abb. 7.13 HTTP POST Response im Falle eines fehlgeschlagenen Registrierungsversuchs beim MQTT Broker der IoT-Plattform

```
{
    "properties" :
    {
        "callbackId"  :  "73E35A0850B4408BAD05A48153CE4FBE",
        "timestamp"  :  "2019-01-30T13:38:16.324Z",
        "data"  :  {},
        "objectId"  :  "2E7A5A7749A5471188C020E6CA06093C",
        "objectType"  :  "OPERATION",
        "eventType"  :  "OPERATION_FORECAST_RESULT_UPDATED",
        "eventName"  :  ""
    },
    "_links" :
    {
        "callback"  :  {
            "method"  :  "GET",
            "embeddable"  :  true,
            "href"  :  "http://{iot-server}:24080/{path}/ \
                callbacks/73E35A0850B4408BAD05A48153CE4FBE"
        }
    }
}
```

Abb. 7.14 HTTP POST-Request, der an den Server eines Drittsystems beim Eintreten eines Ereignisses gesendet wird, auf das sich das Drittsystem registriert hat

Übermittlungsversuche getätigt, bis die maximale Anzahl von Übermittlungsversuchen (*maxRedeliverAttempts*) erreicht ist. Daraufhin wird die Benachrichtigung verworfen. Wiederholungen können zur Folge haben, dass Benachrichtigungen möglicherweise nicht in der ursprünglichen Reihenfolge beim Empfänger eintreffen. Daher muss der Zeitstempel des Ereignisses, auf das sich die Benachrichtigung bezieht, vom Empfängersystem ausgewertet werden (vgl. Abb. 7.14). Wenn die maximale Anzahl fehlgeschlagener Benachrichtigungen (*maxUnconfirmedMessages*) erreicht ist, wird die älteste Benachrichtigung verworfen, auch wenn deren maximale Anzahl von Übermittlungsversuchen noch nicht erreicht ist. Beide Parameter können bei der Registrierung für ein Callback im POST-Request festgelegt werden. Optional kann für jeden Callback auch ein Ereignisname angegeben werden.

Weil Benachrichtigungen sehr häufig auftreten können, sind die darin übertragenen Daten in Bridge API auf ein Minimum reduziert. Wie in Abb. 7.14 zu sehen ist, werden die ID des Callbacks (*callbackId*), ein Zeitstempel, die ID des Bezugsobjekts (*objectId*), dessen Type (*objectType*), d. h. die Kategorie von Primärressourcen, auf die sich das eingetretene Ereignis bezieht, sowie der Ereignistyp (*eventType*) und der beim Anlagen des Callbacks angegebene Name (*eventName*) übertragen. Nur wenige Benachrichtigungen beinhalten in dem Array *data* zusätzliche Angaben. Beispielsweise werden darin beim Zustandswechsel einer Ressource der vorangegangene Zustand und der neue Zustand übermittelt. Gewöhnlich muss eine Anwendung beim Eintritt eines Ereignisses jedoch selbst die anwendungsseitig relevanten Daten über lesende Zugriffe auf die entsprechenden Ressourcen oder Subressourcen anfragen.

Neben einer Vielzahl von elementaren Ereignistypen existieren in Bridge API vier komplexe Ereignisse, die in Tab. 7.10 beschrieben sind. Diesen kommt eine zentrale

Tab. 7.10 Komplexe Ereignisse

Ereignis Typ (Event Type)	Beschreibung
RESOURCES_UPDATED	Es wurden eine oder mehrere Primärressourcen geändert, gelöscht oder neu erzeugt. Anwendungen welche Ressourcen visualisieren oder in anderer Form dem Anwender anzeigen, müssen alle Ressourcen neu laden
OBSOLETE_OPERATION_PLANNING_SCENARIOS	Die Planungsszenarien der Auftragsfeinplanung sind nicht mehr aktuell, weshalb eine neue Planung vorgenommen werden sollte
OBSOLETE_STAFF_MEMBER_PLANNING_SCENARIOS	Die Planungsszenarien der Personaleinsatzplanung sind nicht mehr aktuell, weshalb eine neue Planung vorgenommen werden sollte
OBSOLETE_OPERATION_FORECAST_RESULTS	Die prognostizierte Auftragsabwicklung ist nicht mehr aktuell, weshalb ein neues Prognoseergebnis bereitgestellt werden sollte
OBSOLETE_PREDICTED_MALFUNCTION_SCENARIOS	Die Szenarien prognostizierter technischer Störungen sind nicht mehr aktuell, weshalb neue Szenarien bereitgestellt werden sollten

Bedeutung zu, da sie essentiellen Anwendungen mitteilen, dass deren Ergebnisse oder Darstellungen aktualisiert werden müssen.

Die in Tab. 7.11 beschrieben Ereignistypen informieren über Zustandsänderungen der Primärressourcen. Für deren Bezeichner gilt folgende Bildungsregel:

<BEZUGSOBJEKT>_<ZUSTAND>_CHANGED

Dabei ist das Bezugsobjekt die Primärressource, deren Zustand sich geändert hat und der Zustand der Bezeichner jener Property oder Subressource der Primärressource, welche deren Zustand angibt.

Alle übrigen Ereignistypen sind in Tab. 7.12 und 7.13 aufgelistet. Sie beziehen sich in Tab. 7.12 auf grundlegende Änderungen der Primärressourcen, in Tab. 7.13 auch auf Änderungen ihrer Subressourcen. Dazu zählen das Anlegen und Löschen von Ressourcen sowie Änderungen der charakteristischen Eigenschaften von Ressourcen, nicht jedoch

Tab. 7.11 Ereignisse bei Zustandsänderungen

Ereignis Typ (Event Type)	Bezugsobjekt	Beschreibung
OPERATION_PHASE_CHANGED	Operation	Ein Vorgang hat die Phase gewechselt
OPERATION_QUANTITY_CHANGED	Operation	Mengen wurde klassifiziert
WORKPLACE_OPERATING_STATE_CHANGED	Workplace	Ein Arbeitsplatz hat den Betriebszustand gewechselt
WORKPLACE_SHIFT_CHANGED	Workplace Shift	Ein Arbeitsplatz hat die Schicht gewechselt
STAFF_MEMBER_ACTIVITY_CHANGED	Staff Member	Ein Mitarbeiter hat eine Tätigkeit beendet, unterbrochen oder eine neue Tätigkeit begonnen
TOOL_STATE_CHANGED	Tool	Der Status eines Werkzeugs hat sich geändert
TOOL_ASSEMBLY_ORDER_STATE_CHANGED	Tool Assembly Order	Der Status eines Auftrags zur Werkzeugkommissionierung hat sich geändert

Tab. 7.12 Ereignisse beim Anlegen, Löschen und Ändern grundlegender Primärressourcen

Ereignis Typ (Event Type)	Beschreibung
OPERATION_CREATED	Ein neuer Vorgang wurde freigegeben. In der Regel ist dies der Vorgang eines vom ERP-System freigegebenen Fertigungsauftrags, aber es kann auch ein neuer Vorgang sein, der in der Auftragsverwaltung der IoT-Plattform angelegt wurde
OPERATION_UPDATED	Die Attribute eines Vorgangs wurden geändert. Dazu gehören unter anderem Informationen zur fachlichen Identifizierung des Vorgangs und seiner Spezifikation, nicht aber der Phasenwechsel eines Vorgangs
OPERATION_DELETED	Ein Vorgang wurde gelöscht
PRODUCTION_ORDER_CREATED	Ein neuer Fertigungsauftrag wurde vom ERP-System freigegeben oder in der Auftragsverwaltung der IoT-Plattform angelegt
PRODUCTION_ORDER_UPDATED	Die Attribute eines Fertigungsauftrags wurden geändert
PRODUCTION_ORDER_DELETED	Ein Fertigungsauftrag wurde gelöscht
WORKPLACE_CREATED	Ein neuer Arbeitsplatz wurde angelegt
WORKPLACE_UPDATED	Die Attribute eines Arbeitsplatzes wurden geändert. Ausgenommen hiervon sind Änderungen der geplanten Betriebszeiten oder des Betriebszustandes eines Arbeitsplatzes
WORKPLACE_DELETED	Ein Arbeitsplatz wurde gelöscht
STAFF_MEMBER_CREATED	Ein neuer Mitarbeiter wurde angelegt
STAFF_MEMBER_UPDATED	Die Eigenschaften eines Mitarbeiters wurden geändert. Dazu gehört beispielsweise, dass sich die Fähigkeiten oder der zugewiesene Arbeitsplatz eines Mitarbeiters geändert haben, aber nicht, dass der Mitarbeiter seine aktuelle Tätigkeit beendet oder eine neue begonnen hat
STAFF_MEMBER_DELETED	Ein Mitarbeiter wurde gelöscht
TOOL_CREATED	Ein neues Werkzeug wurde angelegt
TOOL_UPDATED	Die charakteristischen Eigenschaften eines Werkzeugs wurden geändert. Ausgenommen hiervon sind Änderungen des Werkzeugzustandes, seines Ortes und seiner Restlebensdauer
TOOL_DELETED	Ein Werkzeug wurde gelöscht
DOCUMENT_CREATED	Ein neues Dokument wurde erstellt
DOCUMENT_UPDATED	Ein Dokument wurde geändert
DOCUMENT_DELETED	Ein Dokument wurde gelöscht
WORKPLACE_SHIFTS_UPDATED	Eine oder mehrere Arbeitsplatzschichten wurden geändert
STAFF_MEMBER_SHIFTS_UPDATED	Eine oder mehrere Personalschichten wurden geändert

Tab. 7.13 Ereignisse beim Anlegen, Löschen und Ändern von Ressourcen

Ereignis Typ (Event Type)	Beschreibung
SCHEDULED_MAINTENANCE_CREATED	Eine neue Wartungsmaßnahme wurde geplant
SCHEDULED_MAINTENANCE_UPDATED	Eine geplante Wartungsmaßnahme wurde geändert
SCHEDULED_MAINTENANCE_DELETED	Eine geplante Wartungsmaßnahme wurde gelöscht
OPERATION_PLANNING_RESULT_CREATED	Es wurde ein Planungsergebnis für neu freigegebene Vorgänge erstellt
OPERATION_PLANNING_RESULTS_UPDATED	Das Planungsergebnis für einen oder mehrere Vorgänge wurde geändert
OPERATION_PLANNING_RESULT_DELETED	Das Planungsergebnis eines Vorgangs wurde gelöscht
OPERATION_FORECAST_RESULT_CREATED	Es wurde ein Prognoseergebnis für neu geplante Vorgänge erstellt
OPERATION_FORECAST_RESULTS_UPDATED	Das Prognoseergebnis eines oder mehrerer Vorgänge wurde geändert
OPERATION_FORECAST_RESULT_DELETED	Das Prognoseergebnis eines Vorgangs wurde gelöscht
STAFF_MEMBER_PLANNING_RESULT_CREATED	Ein oder mehrere Mitarbeiter wurden in einer geplanten Arbeitsschicht einem Arbeitsplatz zugewiesen
STAFF_MEMBER_PLANNING_RESULTS_UPDATED	Die Zuweisung eines oder mehrerer Mitarbeiter zu einem Arbeitsplatz wurde geändert
STAFF_MEMBER_PLANNING_RESULT_DELETED	Die Zuweisung eines oder mehrerer Mitarbeiter zu einem Arbeitsplatz wurde gelöscht
OPERATION_PLANNING_SCENARIO_CREATED	Ein neues Szenario für die Auftragsfeinplanung wurde generiert
STAFF_MEMBER_PLANNING_SCENARIO_CREATED	Ein neues Szenario für die Personaleinsatzplanung wurde generiert
PREDICTED_MALFUNCTION_SCENARIO_CREATED	Ein neues Szenario prognostizierter technischer Störungen wurde generiert
MANUFACTURING_VARIANT_RULE_CREATED	Eine neue Regel für Fertigungsvarianten wurde angelegt
MANUFACTURING_VARIANT_RULE_UPDATED	Eine Regel für Fertigungsvarianten wurde geändert
SETUP_TRANSITION_RULE_CREATED	Eine neue Rüstübergangsregel wurde angelegt
SETUP_TRANSITION_RULE_UPDATED	Eine Rüstübergangsregel wurde geändert

deren Zustandsänderungen. Für die Bezeichner all dieser Ereignistypen gilt folgende Bildungsregel:

<BEZUGSOBJEKT>_<EREIGNIS>

Als Ereignis existieren die folgenden drei Möglichkeiten:

CREATED, UPDATED, DELETED

Bridge API stellt Anwendungen und Drittsystemen den HTTP Server und den MQTT Broker der IoT-Plattform zur Verfügung, um sich untereinander über anwendungsspezifische Ereignisse zu informieren oder den Anwender beim eintreten bestimmter Ereignisse zu alarmieren. Zum Versenden von Ereignissen dient die Methode POST /events.

Die im Nachrichtenrumpf zu übertragenden Properties sind dieselben wie in Abb. 7.14, außer dass keine UUID eines Callback definiert wird. Der Ereignistyp muss immer EXTERN lauten und der Objekttyp muss einen der folgenden Werte haben: OPERATION, PRODUCTION_ORDER, WORKPLACE, STAFF_MEMBER, TOOL oder kann leer sein. Der Ereignisname und die Objekt-ID sind optional. Im Datenfeld können beliebig viele zusätzliche Informationen übertragen werden.

7.3   ERP Kontext, Datenstrukturen und Stammdaten

7.3.1   ERP Kontext und Literale

Die fachliche Identifikation der Primärressourcen in Bridge API ist stets nur in einem bestimmten ERP-Kontext möglich. Beispielsweise können zwei verschiedene Fertigungsaufträge, die in SAP ERP zu verschiedenen Mandanten gehören, dieselbe Auftragsnummer haben. Wenn zwei Werke unterschiedliche ERP-Systeme haben, kann ein Fertigungsauftrag des einen Werks dieselbe Auftragsnummer wie ein Fertigungsauftrag des anderen Werks haben. Der ERP-Kontext beschreibt das ERP-System und die organisatorische Einheit innerhalb des jeweiligen Systems, in dem die Kombination aus Auftragsnummer und Auftragssplit, eine Arbeitsplatznummer, eine Personalnummer und eine Materialnummer stets eindeutig sind.

Bei der Materialnummer besteht das Problem, dass grundsätzlich nicht entscheidbar ist, ob durch zwei identische Materialnummern in verschiedenen ERP-Kontexten dasselbe Material oder zwei unterschiedliche Materialien identifiziert werden. Darum wird dem Material in Bridge API auch keine UUID zugewiesen. Eine IoT-Plattform, welche dies

Tab. 7.14 Die Properties eines ERP-Kontextes

Identifier	Beschreibung
id	UUID des ERP-Kontextes
systemNumber	Nummer des ERP-Systems
type	Der Typ des ERP-Kontextes, welcher entweder PLANT oder PERSONNEL_AREA ist, je nachdem, ob sich der ERP-Kontext auf die organisatorische Hierarchie der Arbeitsplätze oder des Personals bezieht
identifier1	Eine erste zusätzliche Kennung, welche in SAP ERP beispielsweise der Mandant wäre
identifier2	Eine zweite zusätzliche Kennung, welche in SAP ERP beispielsweise der Buchungskreis wäre
identifier3	Eine dritte zusätzliche Kennung, welche in SAP ERP beispielsweise das Werk oder der Personalbereich wäre

tut, kann nicht in einem Konzern mit weltweit verteilten Werken und gegebenenfalls sogar unterschiedlichen ERP-Systemen eingesetzt werden.

Der ERP-Kontext wird in jeder Ressource referenziert, in der eine Auftragsnummer, eine Arbeitsplatznummer, eine Personalnummer oder eine Materialnummer als Property auftritt. Die Properties eines ERP-Kontextes sind in Tab. 7.14 beschrieben.

In einigen Properties der Ressourcen von Bridge API treten Literale auf, für die es in der IoT-Plattform eine oder mehrere Übersetzungen gaben kann. Beim lesenden Zugriff auf solche Ressourcen werden jene Properties in der Sprache ausgegeben, die im Accept-Statement der Kopfdaten des GET-Request angegeben ist, falls für diese Sprache eine Übersetzung vorliegt. Fehlt eine solche Angabe oder existiert für die angegebene Sprache keine Übersetzung, wird das Literal in US-amerikanischem Englisch ausgegeben. Wenn keine Übersetzung in US-amerikanischem Englisch vorliegt, wird das Literal in einer beliebigen Übersetzung ausgegeben, die vorhanden ist.

Jede Ressource, die über eine Property mit einem Literal verfügt, hat eine Referenz auf dieses Literal. Beim Zugriff darauf mit der GET-Methode, werden alle verfügbaren Übersetzungen in der Response zurückgegeben.

7.3.2 Datenformate und Modelle

In Bridge API werden alle Dauern als Integer formatiert in Millisekunden angegeben. Datum und Uhrzeit werden als Datetime wie in ISO 8601 spezifiziert formatiert.[8] Zudem gibt es eine Reihe vordefinierter Datenstrukturen, die in der Swagger-Spezifikation als Modelle hinterlegt sind (vgl. [Coma]). Weil auf die wichtigsten davon in anschließenden Abschnitten verwiesen wird, ist es zweckmäßig, auf diese vordefinierten Datenstrukturen an dieser Stelle einen kurzen Blick zu werfen.

---

[8]Vgl. [ISO] oder auch https://en.wikipedia.org/wiki/ISO_8601. Zugegriffen am 01.03.2019.

Die in Tab. 7.15 beschriebene Zeitspannen treten als Properties vieler Ressourcen auf. Zu beachten ist, dass die darin angegebene Dauer nicht zwangsläufig mit der Dauer der Zeitspanne zwischen Startzeitpunkt und Endzeitzeitpunkt übereinstimmt. Die Zeitspannen sind keine geschlossenen Zeitintervalle, sondern können durch innere Zeitintervalle, die zwischen dem Startzeitpunkt und dem Endzeitpunkt liegen, unterbrochen sein. In Tab. 7.16 ist die Datenstruktur für ein Material beschrieben, welche beispielsweise in den Properties der Vorgänge und Fertigungsaufträge auftritt, weil diese ein Material produzieren. Der ERP-Kontext des Materials ist immer mit dem des Fertigungsauftrags oder des Vorgangs, der das Material produziert, identisch und aus diesem Grunde nicht in der Datenstruktur enthalten.

Für einen Fertigungsauftrag existiert ebenso eine Datenstruktur, die mit dessen Properties übereinstimmt und in den Properties der Vorgänge verwendet wird, um letztere zu identifizieren. Denn eine Vorgangsnummer hat ohne die Angabe der Auftragsnummer keinen Informationswert.

Die Datenstruktur des Fertigungsauftrags ist in Tab. 7.17 beschrieben. Nur zusammen mit dem ERP-Kontext beinhaltet diese Datenstruktur alle Angaben, um einen Fertigungsauftrag anhand von fachlichen Kriterien eindeutig zu identifizieren. Das sind neben dem ERP-Kontext die Auftragsnummer und die Splitnummer des Fertigungsauftrags, weil zwei Splits eines Fertigungsauftrags dieselbe Auftragsnummer haben. Technisch ist der Fertigungsauftrag durch seine UUID immer eindeutig zu identifizieren. Ein Anwendungsentwickler sollte daher grundsätzlich keine Ressource in Bridge API anders als durch deren UUID identifizieren. Bis auf wenige Ausnahmen hat jede Ressource eine UUID, welche stets in der Property mit dem Bezeichner *id* hinterlegt ist. Die Datenstruktur des Vorgangs ist in Tab. 7.18 beschrieben.

Tab. 7.15 Time Period

Property	Datentyp	Beschreibung
startDate	Datetime	Der Startzeitpunkt der Zeitspanne
endDate	Datetime	Der Endzeitpunkt der Zeitspanne
duration	Integer	Die Dauer der Zeitspanne in Millisekunden, die im Allgemeinen nicht der Dauer des Zeitraumes zwischen Startzeitpunkt und Endzeitpunkt entspricht, weil eventuelle Unterbrechungen innerhalb dieses Zeitraumes herausgerechnet sind

Tab. 7.16 Material

Property	Datentyp	Beschreibung
number	String	Die alphanumerische Materialnummer, anhand deren das Material in einem bestimmten ERP-Kontext eindeutig identifiziert werden kann
description	String	Eine Beschreibung des Materials als mehrsprachiges Literal
type	String	Der Materialtyp

Tab. 7.17 Production Order

Property	Datentyp	Beschreibung
id	String	Die UUID des Fertigungsauftrags
number	String	Die alphanumerische Auftragsnummer, anhand deren der Fertigungsauftrag in einem bestimmten ERP-Kontext eindeutig identifiziert werden kann
split	String	Die Nummer des Auftragssplit, falls der Auftrag in mehrere Splits aufgeteilt wurde
description	String	Eine Beschreibung des Fertigungsauftrags als mehrsprachiges Literal
material	Material	Das Material, das durch den Fertigungsauftrag produziert werden soll, in der oben angegebenen Datenstruktur
erpContextId	String	Die UUID des ERP-Kontextes, in dem die Kombination aus Auftragsnummer und Auftragssplit eine eindeutige Kennung des Fertigungsauftrags ist. In SAP ERP beispielsweise wird dieser Kontext durch den Mandanten definiert

Tab. 7.18 Operation

Property	Datentyp	Beschreibung
id	String	Die UUID des Vorgangs
number	String	Die alphanumerische Vorgangsnummer, anhand deren der Vorgang in Kombination mit Auftragsnummer, Auftragssplit und Nummer der Vorgangsfolge in einem bestimmten ERP-Kontext eindeutig identifiziert werden kann
split	String	Die Nummer des Vorgangssplit, falls der Vorgang in mehrere Splits aufgeteilt wurde
sequenceNumber	String	Die Nummer der Vorgangsfolge, falls der Fertigungsauftrag mehrere Vorgangsfolgen besitzt
description	String	Eine Beschreibung des Vorgangs als mehrsprachiges Literal
productionOrder	Production Order	Der zugehörige Fertigungsauftrag in der oben angegebenen Datenstruktur
material	String	Das Material, das durch den Vorgang produziert werden soll, in der oben angegebenen Datenstruktur
erpContextId	String	Die UUID des ERP-Kontextes, in dem die Kombination aus Auftragsnummer und Auftragssplit eine eindeutige Kennung des Fertigungsauftrags darstellt

Um einen Vorgang anhand der fachlichen Kennungen zu identifizieren, sind neben der Angabe des ERP-Kontextes, der Auftragsnummer und des Auftragssplit, zusätzlich die Vorgangsnummer, die Splitnummer des Vorgangs und die Nummer der Vorgangsfolge erforderlich. An dieser Stelle wird deutlich, wie praktisch die mnemotechnisch nicht sehr einprägsamen UUIDs aus der Perspektive der Anwendungsprogrammierung sind, wenn dadurch eine ID die Angabe von 6 verschiedenen Kennungen ersetzen kann.

7.3.3   Vordefinierte Stammdaten

Wie zuvor erläutert, ist in Bridge API bis auf wenige Ausnahmen jede Ressource durch eine UUID eindeutig identifizierbar. Für bestimmte Stammdaten gilt jedoch, dass sie auf jeder Plattform in derselben Weise abzurufen und zu interpretieren sind. Diese Stammdaten sollen gerade nicht universell einzigartig, sondern universell einheitlich sein. Beispielsweise ist zu gewährleisten, dass eine bestimmte Vorgangsphasen nicht auf jeder IoT-Plattform eine eigene ID hat, sondern stets mit derselben ID auf diese referenziert werden kann. Dasselbe gilt auch für die Kennzeichnung, ob ein Arbeitsplatz in Produktion oder in Stillstand ist.

Derartige Stammdaten, die systemübergreifend einheitlich sein müssen, haben ausnahmslos die in Tab. 7.19 beschriebenen Properties. Der wesentliche Unterschied zwischen ihnen besteht in dem Satz vordefinierter Identifikatoren.

Die in Abschn. 3.2 vor dem fachlichen Hintergrund erläuterten Vorgangsphasen müssen in jedem System dieselben sein, um anwendungsseitig den Zustand eines Vorgangs identifizieren zu können. In Bridge API werden sie als *Operation Phases* abgebildet, die in Tab. 7.20 beschrieben sind.

Der binäre Status eines Arbeitsplatzes, welcher dem binären Zustandssignal einer Maschine entspricht, wie es in Abschn. 3.3 beschrieben ist, hat nur die beiden Zustände PRODUCTION und DOWNTIME. Er ist in Bridge API als *Workplace State* abgebildet (vgl. Tab. 7.21).

Ohne die Zuordnung der Betriebszustände zu solch einem *Workplace State* wäre es keiner Anwendung möglich, anhand des Betriebszustandes selbst zu erkennen, ob sich ein Arbeitsplatz in Produktion oder im Stillstand befindet. Denn die Betriebszustände können, wie ebenfalls in Abschn. 3.3 erläutert, für jeden Arbeitsplatz beliebig definiert sein.

Tab. 7.19 Alle systemübergreifend definierten Stammdaten haben 5 Properties

Property	Datentyp	Beschreibung
id	String	Ein vordefinierter Satz von Identifikatoren
description	String	Eine Beschreibung des Zustands, des Typs oder der Phase als mehrsprachiges Literal
shortDescription	String	Eine zusätzliche Kurzbeschreibung als mehrsprachiges Literal
code	String	Ein numerischer Code, der dem Zustand, dem Typ oder der Phase zugeordnet ist
color	String	Der hexadezimale Wert der Farbe, die dem Zustand, Typ oder der Phase zugeordnet ist

Tab. 7.20 Operation Phases

Identifier	Beschreibung
RELEASED	Der entsprechende Fertigungsauftrag wurde vom ERP-System freigegeben, der Vorgang aber weder eingeplant noch gestartet
DISPATCHED	Der entsprechende Fertigungsauftrag wurde im Rahmen der Auftragsfeinplanung eingeplant, der Vorgang aber noch nicht gestartet
SETUP	Der Vorgang wurde an einem Arbeitsplatz gestartet und der Arbeitsplatz wird für die Bearbeitung des Vorgangs gerüstet
PROCESSING	Der Vorgang wird bearbeitet
INTERRUPTED	Der Vorgang wurde unterbrochen
WAITING_BEFORE_PROCESSING	Der Vorgang wurde auf dem Arbeitsplatz angemeldet und der Arbeitsplatz für seine Bearbeitung gerüstet. Der Vorgang wartet jedoch noch auf die Beendigung der Bearbeitung eines anderen Vorgangs
WAITING_AFTER_PROCESSING	Der Vorgang wurde auf dem Arbeitsplatz bearbeitet, wartet jedoch noch auf außerhalb des Arbeitsplatzes zu erledigende Arbeiten im Rahmen des Abrüstens
COMPLETED	Der Vorgang ist abgeschlossen
CLOSED	Der Vorgang ist abgeschlossen und eine endgültige Rückmeldung wurde an das ERP-System gesendet

Tab. 7.21 Workplace States – der binäre Status eines Arbeitsplatzes

Identifier	Beschreibung
DOWNTIME	Stillstände, die während der geplanten Betriebszeit die Verfügbarkeit als Faktor der OEE verringern
PRODUCTION	Produktion, die während der geplanten Betriebszeit die Verfügbarkeit erhöht

Tab. 7.22 Quality Types

Identifier	Beschreibung
YIELD	Gutmenge, welche die Qualitätsrate als Faktor der OEE erhöht
SCRAP	Ausschuss, welcher die Qualitätsrate verringert. Nacharbeit ist nicht möglich
REWORK	Nacharbeit, welche auch die Qualitätsrate verringert

Die Klassifikation der ausgebrachten Mengen eines Materials in Gutmenge, Ausschuss- und Nacharbeitsmenge wird in Bridge API durch drei verschiedene *Quality Types* abgebildet (vgl. Tab. 7.22).

Tab. 7.23 Tool Assembly Order States

Identifier	Beschreibung
REQUESTED	Ein Werkzeug wurde in der Werkzeugverwaltung angefragt und die Anfrage vom Werkzeugverwaltungssystem akzeptiert
INITIATED	Ein Kommissionierauftrag wurde angelegt (Werkzeugmontage wurde eingeleitet)
ASSEMBLED	Die Kommissionierung des Werkzeugs ist abgeschlossen
PRESET	Die Voreinstellung des Werkzeugs ist abgeschlossen
RELEASED	Das Werkzeug wurde in das Werkzeugmagazin der Maschine geladen und ist damit freigegeben und verfügbar. Der Kommissionierauftrag ist abgeschlossen
UNAVAILABLE	Das gewünschte Werkzeug ist nicht verfügbar und kann nicht bereitgestellt werden

Tab. 7.24 Tool States

Identifier	Beschreibung
UNKNOWN	Es liegen keine Informationen über den Werkzeugzustand vor
REQUESTED	Ein Werkzeug wurde in der Werkzeugverwaltung angefragt und die Anfrage vom Werkzeugverwaltungssystem akzeptiert
AVAILABLE	Das gewünschte Werkzeug ist verfügbar
UNAVAILABLE	Das gewünschte Werkzeug ist nicht verfügbar

Ein Kommissionierauftrag kann stets und in jedem Werkzeugverwaltungssystem maximal die sechs Zustände haben, welche in Bridge API als *Tool Assembly Order States* abgebildet werden und in Tab. 7.23 beschrieben sind.

Werkzeuge werden bei der Werkzeugverwaltung angefragt. Weil die bei CNC-Maschinen, wie generell bei Werkzeugmaschinen, verwendeten Komplettwerkzeuge aus mehreren Komponenten bestehen, müssen diese gegebenenfalls zunächst zusammengesetzt (*kommissioniert*) werden. Daraufhin wird das kommissionierte Werkzeug (Komplettwerkzeug) auf einem Voreinstellgerät ausgemessen, damit die Maschine das NC-Programm den tatsächlichen Maßen des Werkzeugs entsprechend korrigieren kann. Zuletzt wird das Komplettwerkzeug in das Werkzeugmagazin der Maschine geladen, die es daraufhin zur Bearbeitung verwenden kann.

Für den Zustand eines Werkzeugs sieht Bridge API die in Tab. 7.24 beschriebenen und ebenfalls systemübergreifend gültigen *Tool States* vor.

Dokumente haben in Bridge API einen der in Tab. 7.25 beschriebenen und ebenfalls systemübergreifend gültigen *Document States*.

Tab. 7.25 Document States

Identifier	Beschreibung
NEW	Das Dokument wurde neu angelegt
WAITING_FOR_RELEASE	Warten auf die Freigabe des Dokuments
RELEASED	Das Dokument wurde freigegeben
CHECKED_OUT_FOR_PROCESSING	Das Dokument wurde zur Bearbeitung ausgecheckt
LOCKED	Das Dokument wurde gesperrt

Tab. 7.26 Time Bases in Bridge API

Timebase	Beschreibung
SCHEDULED_OPERATING_TIME	Alle Betriebszustände, die als geplante Betriebszeit eines Arbeitsplatzes konfiguriert wurden (z. B. Arbeitsschichten ohne Schichtpausen, geplante Wartungszeiten und ungeplante Betriebsversammlungen)
PRODUCTION	Alle Betriebszustände, die als Produktionszeit eines Arbeitsplatzes konfiguriert wurden
SETUP	Alle Betriebszustände, die als Rüstzeit eines Arbeitsplatzes konfiguriert wurden
SCHEDULED_MAINTENANCE	Alle Betriebszustände, die als geplante Instandhaltung konfiguriert wurden
UNSCHEDULED_MAINTENANCE	Alle Betriebszustände, die als ungeplante Instandhaltung konfiguriert wurden
MALFUNCTION	Alle Betriebszustände, die per Konfiguration als technisch verursachte Stillstandszeiten eines Arbeitsplatzes deklariert wurden

7.3.4   Beliebig definierbare Stammdaten

Alle übrigen Stammdaten können in jedem Produktionsbetrieb individuell konfiguriert werden, d. h. sie sind auf jedem System verschieden. Für Anwendungsentwickler sind solche Stammdaten darum selten von Interesse, es sei denn, dass die dort hinterlegten Farben und Beschreibungen zur Darstellung in einer graphischen Benutzeroberfläche benötigt werden. Eine Ausnahme stellen die Betriebszustände der Arbeitsplätze dar, die zwar auch beliebig konfigurierbar, allerdings einer oder mehreren Zeitbasen zugeordnet sind, die ihrerseits auf jedem System identische Bezeichner haben. Wie in Abschn. 3.4 erläutert, dienen die Zeitbasen zum Berechnen verschiedener Kennzahlen. In Bridge API haben sie eine Filterfunktion und es werden die in Tab. 7.26 beschriebenen Zeitbasen als Filter für Betriebszustände bereitgestellt.

Als Filter für die als Stammdaten konfigurierten Betriebszustände geben Zeitbasen eine Auskunft darüber, welche Wirkung einzelne Betriebszustände auf verschiedene

Kennzahlen haben, etwa welche Betriebszustände überhaupt in die geplante Betriebszeit fallen:

GET /masterData/operatingStates?timeBase=SCHEDULED_OPERATING_TIME

Besonders effektiv sind Zeitbasen als Filter für die aufgezeichneten Betriebszustände. Beispielsweise können diese nach technisch verursachten Stillstandszeiten gefiltert werden:

GET workplaces/{id}/recordedOperatingStates?startDate={}&endDate={}
&timeBase=MALFUNCTION

Die Summe der Dauern aller in der Response enthaltenen Zeitintervalle entspricht der kumulierten Dauer der technisch verursachten Stillstandszeiten im betrachteten Zeitraum. Analog zu diesem Aufruf können durch das Filtern der Betriebszustände nach der jeweils entsprechenden Zeitbasis die Dauer der geplanten Betriebszeit, die Produktions- und Rüstzeit sowie die für die geplante und ungeplante Instandhaltung aufgewandte Zeit ermittelt werden.

Neben den Zeitbasen haben Betriebszustände noch zwei weitere Filter, die in Tab. 7.27 angeführt sind.

Die Properties der Betriebszustände selbst sind in Tab. 7.28 beschrieben.

Tab. 7.27 Filter für Betriebszustände

Identifier	Beschreibung
timeBase	Eine der in Tab. 7.26 beschriebenen Zeitbasen
workplaceStateId	ID des entsprechenden Arbeitsplatzstatus
operatingStateClassId	UUID der Betriebszustandsklasse

Tab. 7.28 Operating States

Property	Datentyp	Beschreibung
id	String	UUID des Betriebszustandes
description	String	Die Beschreibung des Betriebszustandes als mehrsprachiges Literal
shortDescription	String	Eine zusätzliche Kurzbeschreibung als mehrsprachiges Literal
code	String	Der dem Betriebszustand zugeordnete numerische Code
color	String	Der hexadezimale Wert der Farbe, die dem Betriebszustand zugeordnet ist
workplaceStateId	String	ID des entsprechenden Arbeitsplatzstatus
operatingStateClassId	String	UUID der Betriebszustandsklasse

Literatur

[Coma] FORCE Bridge Community. *Swagger Specification and Download*. Letzter Zugriff: 14.12.2019. URL: https://docs.forcebridge.io/api/

[Fie00] R. T. Fielding. "Architectural Styles and the Design of Networkbased Software Architectures." Diss. 2000. URL: https://www.ics.uci.edu/~fielding/pubs/dissertation/fielding_dissertation.pdf

[Fie09] R. T. Fielding. *It is okay to use POST*. Letzter Zugriff: 01.03.2019. 2009. URL: https://roy.gbiv.com/untangled/2009/it-is-okay-touse-post

[ISO] International Organization for Standardization ISO. *Date and time format – ISO 8601*. Letzter Zugriff: 01.03.2019. URL: https://www.iso.org/iso-8601-date-and-time-format.html

[Kel12] M. Kelly. *JSON Hypertext Application Lanuage*. Letzter Zugriff: 01.03.2019. Juni 2012. URL: https://tools.ietf.org/html/draft-kellyjson-hal-00

[RFC14] Internet Society (ISOC) RFC. *RFC 7231 (HTTP 1.1)*. Letzter Zugriff: 01.03.2019. 2014. URL: https://tools.ietf.org/html/rfc7231

[RFC96b] Internet Society (ISOC) RFC. RFC 2046: *Multipurpose Internet Mail Extensions (MIME) Part One: Format of Internet Message Bodies*. Letzter Zugriff: 01.03.2019. 1996. URL: https://tools.ietf.org/html/rfc2046

[RFC96a] Internet Society (ISOC) RFC. *Multipurpose Internet Mail Extensions (MIME) Part Two: Media Types*. Letzter Zugriff: 01.03.2019. 1996. URL: https://tools.ietf.org/html/rfc2046

Das digitale Abbild der Produktion

8

8.1 Die aktuelle Situation in der Produktion

Abb. 8.1 zeigt diejenigen Primärressourcen, deren Zustände die aktuelle Situation in der Produktion beschreiben. Das sind zum einen die Arbeitsplätze mit ihrem gegenwärtigen Betriebszustand (*operating state*) und die angemeldeten Vorgänge in ihrer gegenwärtigen Phase (*operation phase*). Beide Zustände sind jeweils als Property der Ressourcen abgebildet. Zum anderen verweisen die Mitarbeiter mit einer Referenz auf die von ihnen derzeit ausgeführten Vorgänge (*currentlyExecutedOperations*).

Informationen über die vorliegende Situation können aus der Perspektive des Arbeitsplatzes, der laufenden Vorgänge und der Mitarbeiter angefragt werden. Der folgende Methodenaufruf erlaubt den Zugriff auf die Arbeitsplatzperspektive:

```
GET /workplaces?embed=currentOperations
```

Die Response umfasst in erster Linie Informationen zu den Arbeitsplätzen selbst. Neben dem aktuellen Betriebszustand sind dies, wie in Tab. 8.1 beschrieben, Angaben zur Kapazitätsgruppe oder Fertigungslinie, welcher ein Arbeitsplatz angehört. Durch das Einbetten von *currentOperations* werden zudem die Properties der auf einem Arbeitsplatz angemeldeten Vorgänge, die in Tab. 8.2 beschrieben sind, in die Response eingebunden.

Informationen darüber, ob Vorgänge in Terminverzug sind oder welche Mengen diese bereits ausgebracht haben, erhalten Anwendungen dagegen nur durch den direkten Zugriff auf die aktuell durchgeführten Vorgänge selbst, indem die jeweils relevanten Subressourcen beim Aufruf der Collection eingebettet werden:

```
GET /operations?isInProgress=true
    &embed=scheduledDates&embed=planningResult&embed=forecastResult
```

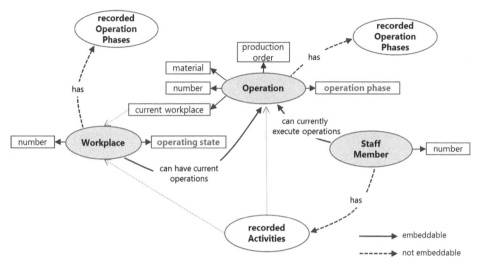

Abb. 8.1 Digitales Abbild der aktuellen Situation in der Produktion

Tab. 8.1 Properties der Primärressourcen workplaces

Property	Datentyp	Beschreibung
id	String	UUID des Arbeitsplatzes
number	String	Die Arbeitsplatznummer
description	String	Die Arbeitsplatzbeschreibung als mehrsprachiges Literal
erpContextId	String	Der ERP-Kontext, in dem die Arbeitsplatznummer eindeutig ist
capacityGroup	Workplace Group	Die Kapazitätsgruppe, welcher der Arbeitsplatz angehört
productionLine	Workplace Group	Die Fertigungslinie, welcher der Arbeitsplatz angehört
operatingState	Operating State	Der aktuelle Betriebszustand des Arbeitsplatzes
isManualWorkplace	Boolean	Ein Kennzeichen, welches den Arbeitsplatz als Handarbeitsplatz ohne Maschine oder Produktionsanlage ausweist

```
&embed=quantitySummary
&embed=requiredTools
```

In die Response können beliebige Subressourcen der Vorgänge eingebunden werden. Im angeführten Beispiel sind dies alle Angaben zu geplanten Terminen, zu ausgebrachten Mengen und eine Liste der eingesetzten Werkzeuge inklusive ihrer verbleibenden Standzeiten. Über die Arbeitsplätze, auf denen die Vorgänge gegenwärtig durchgeführt werden, sind lediglich die zu deren Identifikation nötigen Informationen enthalten.

Tab. 8.2 Properties der Primärressourcen operations

Property	Datentyp	Beschreibung
id	String	UUID des Vorgangs
number	String	Die Vorgangsnummer
split	String	Der Vorgangssplit, dessen Angabe erforderlich ist, um einen in mehrere Splits aufgeteilten Vorgang fachlich eindeutig zu identifizieren
sequenceNumber	String	Die Vorgangsfolge, deren Angabe beispielsweise in SAP ERP erforderlich ist, um einen Vorgang in Fertigungsaufträgen mit parallelen Vorgangsfolgen fachlich eindeutig zu identifizieren
description	String	Die Vorgangsbeschreibung als mehrsprachiges Literal
productionOrder	Production Order	Der Fertigungsauftrag, zu dem der Vorgang gehört
material	Material	Das durch den Vorgang ausgebrachte Material
erpContextId	String	Der ERP-Kontext, in dem die Kombination aus Auftragsnummer und Auftragssplit eindeutig ist
currentWorkplace	Workplace	Der Arbeitsplatz, auf dem ein Vorgang angemeldet ist, wenn er in der Phase Rüsten, Bearbeitung, Warten vor Bearbeitung oder Warten nach Bearbeitung ist
operationPhaseId	String	Die ID der aktuellen Vorgangsphase, z. B. RELEASED

In Hinsicht auf die Mitarbeiter ergibt sich ein Bild der vorliegenden Situation anhand der von ihnen aktuell durchgeführten Vorgänge, die nicht als Properties der Ressource *staffMembers/{id}*, sondern als Referenzen auf die betreffenden Vorgänge abgebildet werden. Diese Referenzen können in die Collection eingebettet werden, woraus sich ein Gesamtbild der aktuellen Tätigkeiten aller Mitarbeiter ergibt:

GET /staffMembers?embed=currentlyExecutedOperations

Die Response unterrichtet den Aufrufer darüber, welche Vorgänge ein Mitarbeiter gerade an welchen Arbeitsplätzen bearbeitet und in welcher Phase diese Vorgänge sind. Alle Properties der betreffenden Vorgänge sind in die Response eingebunden. Des Weiteren umfasst diese die in Tab. 8.3 angeführten Properties der Mitarbeiter selbst.

Um bestimmte Informationen zu erhalten, stehen in Einzelfällen mehrere mögliche Ressourcen zur Auswahl. Beispielsweise ist die Frage, welche Vorgänge in welcher Phase aktuell auf einem bestimmten Arbeitsplatz durchgeführt werden, durch zweierlei Ressourcenzugriffe zu beantworten:

GET /workplaces?embed=currentOperations&workplaceNumber={number}

oder

GET /operations?isInProgress=true&workplaceNumber={number}

Tab. 8.3 Properties der Primärressourcen staffMembers

Property	Datentyp	Beschreibung
id	String	UUID des Mitarbeiters
number	String	Die Personalnummer des Mitarbeiters
firstName	String	Der Vorname des Mitarbeiters
lastName	String	Der Nachname des Mitarbeiters
erpContextId	String	Der ERP-Kontext, in dem die Personalnummer des Mitarbeiters eindeutig ist
identificationNumber	String	Die ID auf dem Betriebsausweis des Mitarbeiters. Sie wird beispielsweise zur Personalzeiterfassung oder Zutrittskontrolle anstelle der Personalnummer verwendet

Dieselbe Information kann auch per Zugriff auf die *recordedOperationPhases* abgerufen werden, die als Subressourcen sowohl den Arbeitsplätzen als auch den Vorgängen zugeordnet sind. In der Subressource der Arbeitsplätze sind neben den aktuellen Phasen auch alle in der Vergangenheit am Arbeitsplatz angemeldeten Vorgänge mit der jeweiligen Phase aufgezeichnet. In der Subressource der Vorgänge sind alle Arbeitsplätze, an denen ein Vorgang zuvor in irgend einer Phase angemeldet war, aufgezeichnet. In Analogie dazu finden sich in den *recordedActivities*, die Subressourcen der Mitarbeiter sind, neben den aktuell durchgeführten Vorgängen auch alle Vorgänge, an denen der Mitarbeiter in der Vergangenheit beteiligt war einschließlich der Vorgangsphase und dem Arbeitsplatz, auf dem der Vorgang durchgeführt wurde. Durch die Angabe eines Limits im gleichnamigen Filterparameter wird die Antwortliste auf die letzten und damit aktuellen Tätigkeiten reduziert.

Die Frage, wann die gegenwärtig auf einem bestimmten Arbeitsplatz ausgeführten Vorgänge ursprünglich eingeplant waren, kann dagegen nicht über einen Zugriff auf den Arbeitsplatz, sondern nur über den Zugriff auf die Vorgänge selbst beantwortet werden, wobei die Arbeitsplatznummer beim Aufruf der Collection im Filter anzugeben ist:

GET /operations?isInProgress=true&workplaceNumber={number}
    &embed=planningResult

Um mit einer einzigen Anfrage herauszufinden, welche Mengen von den derzeit laufenden Vorgängen bisher ausgebracht wurden, muss ebenfalls auf die Vorgänge, d. h. auf deren Mengenübersicht zugegriffen werden:

GET /operations?isInProgress=true&embed=quantitySummary

Dabei handelt es sich um eine Information, die sich mit jedem neu eintreffenden Mengensignal ändert. Weil diese mit sehr großer Häufigkeit und in geringen Zeitabständen auftreten, sind in Bridge API dafür keine Benachrichtigungen vorgesehen. Um über den

Fortschritt eines bestimmten Vorgangs auf dem aktuellen Stand zu bleiben, muss dessen Mengenübersicht regelmäßig abgefragt werden. Als Richtwert für die Aufruffrequenz gilt die in der Subressource *specification* hinterlegte Sollzeit pro Einheit.

Indes unterrichten die folgenden Ereignisse Anwendungen über die wesentlichen Zustandsänderungen der drei Primärressourcen (vgl. Tab. 7.11):

OPERATION_PHASE_CHANGED
WORKPLACE_OPERATING_STATE_CHANGED
STAFF_MEMBER_ACTIVITY_CHANGED

8.2   Der Arbeitsplatz und seine Subressourcen

Abb. 8.2 zeigt die Primärressource Arbeitsplatz im Kontext von Bridge API mit den Subressourcen, die das digitale Abbild der am Arbeitsplatz erfassten Maschinen- und Betriebsdaten konstituieren. Ein Arbeitsplatz wird fachlich durch seine Arbeitsplatznummer (*number*) identifiziert, die nur innerhalb des dem Arbeitsplatz zugeordneten ERP-Kontextes eindeutig ist. Der Betriebszustand (*operating state*) entspricht einer detaillierten Zustandsbeschreibung des Arbeitsplatzes. Die Subressource *recordedOperatingStates* beinhaltet eine Liste aller in der Vergangenheit aufgezeichneten Betriebszustände. Die am Arbeitsplatz in der Vergangenheit ausgebrachten Mengen sind in der Subressource *recordedOutputQuantities* aufgelistet. Beide Listenressourcen verfügen über Filterparameter, mit denen der zu betrachtende Vergangenheitszeitraum selektiert werden kann. Im Gegensatz dazu beinhalten die Betriebszustandsübersicht (*operatingStateSummary*)

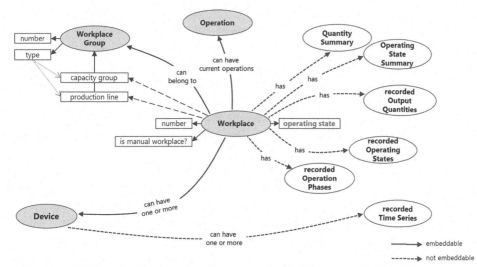

Abb. 8.2 Grobübersicht der Primärressource Arbeitsplatz im Kontext von Bridge API

und die Mengenübersicht (*quantitySummary*) verdichtete Informationen einschließlich bestimmter Kennzahlen, die für den jeweils selektierten Zeitraum gelten.

8.2.1 Hyperlinks

Von der Collection der Arbeitsplätze aus gelangen Anwendungen über Referenzen zu Subressourcen und weiteren Ressourcen, die mit den Arbeitsplätzen in Zusammenhang stehen. Die eingebetteten Hyperlinks der Collection entsprechen den Hyperlinks der jeweiligen Einzelressource. Sie sind in Tab. 8.4 beschrieben. Die Hyperlinks der Collection selbst sind in Tab. 8.5 beschrieben. Solange keine Methode des referenzierten Ziels in der Beschreibung des Hyperlinks angegeben ist, handelt es sich stets um Referenzen auf eine GET-Methode. Solche Referenzen können in die Repräsentation der Collection eingebettet werden, wenn die referenzierte Ressource keine Collection und keine unbeschränkt große Listenressource darstellt. Zu jeder Referenz ist in beiden Tabellen angegeben, ob es sich dabei um einen embeddable Hyperlink handelt. Referenzen, deren Name mit einem Stern gekennzeichnet ist, existieren nur unter bestimmten Voraussetzungen. Beispielsweise haben Arbeitsplätze, die zu keiner Kapazitätsgruppe oder keiner Fertigungslinie gehören, auch keine entsprechende Referenz.

Eine Besonderheit stellt die Referenz auf die Arbeitsplatzbeschreibung (*description*) dar, weil diese selbst eine Property der Einzelressource ist. Durch das Einbetten der Arbeitsplatzbeschreibung wird diese in jeder Sprache ausgegeben, für die ein entsprechendes Literal in der jeweiligen IoT-Plattform hinterlegt wurde. Standardmäßig erfolgt die Ausgabe ausschließlich in der Sprache, die als Accept-Statement im Kopf des Methodenaufrufs übergeben wird.

8.2.2 Aufgezeichnete Vorgangsphasen

Die dem Arbeitsplatz zugeordnete Subressource der aufgezeichneten Vorgangsphasen vermittelt unter anderem einen schnellen Überblick, welche Vorgänge in beliebig wählbaren Vergangenheitszeiträumen an einem Arbeitsplatz angemeldet waren. Um den betrachteten Zeitraum zu spezifizieren können entweder die Filter *startDate* und *endDate* verwendet oder der Betrachtungszeitraum auf eine bestimmte Schicht beschränkt werden, wozu der Filterparameter *shiftId* zur Verfügung steht.

Die Repräsentation der Subressource *recordedOperationPhases* besteht aus wenigen Kopfdaten und aus einem Array der im selektierten Zeitraum aufgezeichneten Vorgangsphasen, zu denen jeweils ein Start- und Endtermin sowie deren Dauer angegeben ist. Diese Detailinformationen geben nicht die auf den Arbeitsplatz projizierten Phasen, sondern die während deren Anmeldung an dem jeweiligen Arbeitsplatz aufgezeichneten Phasen der Vorgänge selbst wieder (vgl. Abschn. 3.2). Sie dienen der Nachvollziehbarkeit aller Vorgangsmeldungen, welche zu den in den Kopfdaten der Subressource angegebenen

Tab. 8.4 Embedded Links der Collection workplaces

Name	embeddable	Beschreibung
description	true	Die Arbeitsplatzbeschreibung als mehrsprachiges Literal
erpContext	true	Der ERP-Kontext, in dem die Arbeitsplatznummer eindeutig ist
location	true	Eine Ortsangabe des Arbeitsplatzes einschließlich seiner geographischen Koordinaten
currentOperations	true	Array mit den aktuell am Arbeitsplatz angemeldeten Vorgängen
capacityGroup*	true	Die Kapazitätsgruppe in der Collection der Arbeitsplatzgruppen, welcher der Arbeitsplatz zugeordnet ist, sofern es eine solche Zuordnung gibt
productionLine*	true	Die Fertigungslinie in der Collection der Arbeitsplatzgruppen, welcher der Arbeitsplatz zugeordnet ist, sofern es eine solche Zuordnung gibt
operatingState	true	Der Betriebszustand des Arbeitsplatzes in der Collection der Stammdaten
shifts	false	Die Schichten des Arbeitsplatzes in der Collection der Arbeitsplatzschichten
scheduledOperatingTimes	false	Die ursprünglich geplanten Betriebszeiten des Arbeitsplatzes
scheduledMaintenanceTimes	false	Die geplanten Instandhaltungen des Arbeitsplatzes
requiredSkills*	false	Die am Arbeitsplatz benötigten Qualifikationen der Mitarbeiter, falls ein Personalbedarf hinterlegt wurde
devices	true	Die dem Arbeitsplatz zugeordneten Geräte in der Collection der Geräte
recordedOperationPhases	false	Die aufgezeichneten Phasen der am Arbeitsplatz angemeldeten Vorgänge
recordedOperatingStates	false	Die aufgezeichneten Betriebszustände des Arbeitsplatzes
operatingStateSummary	false	Die Betriebszustandsübersicht des Arbeitsplatzes
recordedOutputQuantities	false	Die aufgezeichneten Mengen, die am Arbeitsplatz ausgebracht wurden
quantitySummary	false	Die Mengenübersicht des Arbeitsplatzes

Tab. 8.5 Links der Collection workplaces

Name	embeddable	Beschreibung
shifts	false	Die Collection der Arbeitsplatzschichten
predictedMalfunctionScenarios	false	Die Collection der für die Arbeitsplätze prognostizierten Störungsszenarien
createPredictedMalfunctionScenario	–	POST-Methode zum Anlegen eines für die Arbeitsplätze prognostizierten Störungsszenarios

Dauern geführt haben. Dennoch stehen in den Kopfdaten der Subressource die Dauern der auf den Arbeitsplatz projizierten Rüst- und Bearbeitungsphasen, sofern sich diese mit dem jeweils selektierten Zeitraum vollständig überschneiden. Anderenfalls wird die Zeitdauer der Überschneidung angegeben.

Um die Phasendauern der einzelnen Vorgänge selbständig zu ermitteln, sind zunächst die betriebsfreien Zeiten, in denen ein Vorgang unterbrochen ist, aus den mit Start- und Endzeitpunkt aufgezeichneten Vorgangsphasen herauszurechnen, weil solche Unterbrechungen, wie in Abschn. 3.2 erläutert, weder gemeldet, noch aufgezeichnet werden. Zur Überprüfung der auf den Arbeitsplatz projizierten Phasen, wie sie über den Betrachtungszeitraum kumuliert in den Kopfdaten angegebenen sind, ist für Zeiträume, in denen mehrere Vorgänge gleichzeitig angemeldet sind, die in Tab. 3.2 dargelegte Projektionsvorschrift anzuwenden.[1]

Wie in Kap. 3 erläutert, sind die in der Subressource angegebenen Dauern für die Rüst- und Bearbeitungsphase nicht zwangsläufig mit den für den betreffenden Zeitraum ermittelten Rüst- und Bearbeitungszeiten des Arbeitsplatzes identisch, die in der Betriebszustandsübersicht abgerufen werden können. Allerdings ergibt sich die in den Kopfdaten der aufgezeichneten Vorgangsphasen angegebene Belegungszeit des Arbeitsplatzes (*occupancyTime*) gemäß (3.2) aus der Summe der ebenfalls hier angegebenen projizierten Phasendauern (vgl. Abschn. 3.2).

8.2.3   Aufgezeichnete Betriebszustände

In der Repräsentation der Subressource *recordedOperatingStates* ist der Zeitstrahl mit den aufgezeichneten Betriebszuständen des Arbeitsplatzes als Listenressource aufgeführt. Die Liste beinhaltet lediglich Start- und Endzeitpunkt sowie die Dauer der einzelnen Betriebszustände innerhalb des jeweils selektierten Zeitraumes in antichronologischer Reihenfolge.

---

[1] Unter https://docs.forcebridge.io/basics/05.html wird ein einführendes Video zur eigenen Berechnung der in FORCE Bridge API bereitgestellten Dauern und Kennzahlen angeboten.

Zur Spezifikation des Betrachtungszeitraumes dienen auch hier die Filterparameter *startDate*, *endDate* und *shiftId*. Zusätzlich können die Betriebszustände in der ausgegebenen Liste durch den entsprechenden Aufrufparameter nach der Zugehörigkeit zu einer Zeitbasis (*timeBase*), einer Betriebszustandsklasse (*operatingStateClassId*) oder dem binären Arbeitsplatzstatus (*workplaceStateId*) gefiltert werden (vgl. Abschn. 7.3).

8.2.4 Betriebszustandsübersicht

In der Betriebszustandsübersicht (*operatingStateSummary*) stehen dieselben Filterparameter wie für die aufgezeichneten Betriebszustände zur Verfügung. Die Repräsentation der Ressource beinhaltet jedoch keine chronologische Darstellung der einzelnen Betriebszustände, sondern deren kumulierte Dauer und die Häufigkeit ihres Auftretens im betrachteten Zeitraum.

Darüber hinaus werden die folgenden Kennzahlen (vgl. Abschn. 2.2) sowie die kumulierten Dauern, als deren Quotienten sie sich errechnen (vgl. Kap. 3), für den selektierten Zeitraum zurückgegeben:

- geplante Betriebszeit des Arbeitsplatzes (*scheduledOperatingTime*)
- Belegungszeit des Arbeitsplatzes (*occupancyTime*)
- Bearbeitungszeit des Arbeitsplatzes (*processingTime*)
- Produktionszeit des Arbeitsplatzes (*productionTime*)
- Rüstzeit des Arbeitsplatzes (*setupTime*)
- Belegungsgrad des Arbeitsplatzes (*occupancyRate*)
- Rüstzeitreduzierung des Arbeitsplatzes (*setupReduction*)
- Prozessverfügbarkeit des Arbeitsplatzes (*processAvailability*)
- Verfügbarkeit des Arbeitsplatzes (*availability*)

Wie bei allen Leistungskennzahlen in Bridge API handelt es sich hierbei um genormte Kennzahlen , d. h. um solche mit einem Wertebereich zwischen 0 und 1. Die angegebenen arbeitsplatzbezogenen Zeiten sind nicht grundsätzlich mit den vorgangsbezogenen Zeiten in *operations/{id}/operatingStateSummary* identisch. In Anhang A können die formalen Definitionen arbeitsplatzbezogener Dauern (Abschn. A.3) und Kennzahlen (Abschn. A.4) nachgeschlagen werden.

8.2.5 Aufgezeichnete Ausbringungsmengen

Die Repräsentation der Subressource *recordedOutputQuantities* gibt den Zeitstrahl der an einem Arbeitsplatzes ausgebrachten, bestätigten und damit verbuchten Mengen als Listenressource wieder. Die Liste ist antichronologisch nach Maßgabe des Buchungszeitpunktes geordnet. Jedes Listenelement besteht aus der Mengenangabe selbst (*quantity*),

dem Buchungszeitpunkt (*bookingTime*), dem Qualitätstyp (*qualityTypeId*) und den hinterlegten Qualitätsdetails (*qualityDetailId*). Temporäre unbestätigte Mengen sind darin nicht
enthalten. Zur Selektion des Betrachtungszeitraumes werden auch hier die Filterparameter
startDate, *endDate* und *shiftId* bereitgestellt.

8.2.6   Mengenübersicht

In der Mengenübersicht (*quantitySummary*) werden dieselben Filterparameter zur Auswahl eines Betrachtungszeitraumes wie für die aufgezeichneten Ausbringungsmengen
verwendet. Ein zusätzlicher Filter für die Materialnummer (*materialNumber*) erlaubt die
selektive Betrachtung eines bestimmten Materials. Die Repräsentation der Ressource
gibt für jedes Material unter anderem die über den selektierten Zeitbereich kumulierten
Mengen unterteilt in Gutmenge, Nacharbeitsmenge und Ausschussmenge wieder. Sofern
im Betrachtungszeitraum Vorgänge mit noch nicht klassifizierten oder unbestätigten
Mengen ausgeführt werden, sind diese Mengen separat ausgewiesen.

In den Kopfdaten werden für den selektierten Zeitraum die folgenden drei Kennzahlen
zurückgegeben:

- der Leistungsgrad des Arbeitsplatzes (*performance*)
- dessen zeitbasierte Qualitätsrate (*timeBasedQualityRate*)
- dessen mengenbasierte Qualitätsrate (*quantityBasedQualityRate*)

In allen drei Fällen handelt es sich um genormte Kennzahlen mit einem Wertebereich
zwischen 0 und 1. Das Produkt aus Leistungsgrad, Qualitätsrate und der in der Betriebszustandsübersicht angegebenen Verfügbarkeit ergibt die Gesamtanlageneffektivität
des Arbeitsplatzes innerhalb des jeweils selektierten Betrachtungszeitraumes (vgl. Abschn. 2.2). Anwendungsentwickler haben die freie Wahl, ob sie zu deren Berechnung
die zeitbasierte oder die mengenbasierte Qualitätsrate heranziehen. Um daraus monetäre
Aussagen über Effektivitätsverluste eines Arbeitsplatzes ableiten zu können, muss die
zeitbasierte Qualitätsrate verwendet werden (vgl. Abschn. 5.1).

8.2.7   Weitere Subressourcen und untergeordnete Ressourcen des Arbeitsplatzes

Alle bisher betrachteten Subressourcen beziehen sich auf Daten, die in der Vergangenheit
aufgezeichnet wurden. In Abb. 8.3 sind weitere dem Arbeitsplatz zugeordnete Ressourcen
dargestellt. Diese haben unter anderem eine planerische Funktion und beziehen sich
demzufolge auf einen zukünftigen Zeitraum. Die Schichten (*shifts*) sind das Ergebnis
der Schichtplanung, d. h. Freischichten und Arbeitsschichten einschließlich der darin geplanten Schichtpausen. Bei den Arbeitsschichten handelt es sich bei einem gewöhnlichen

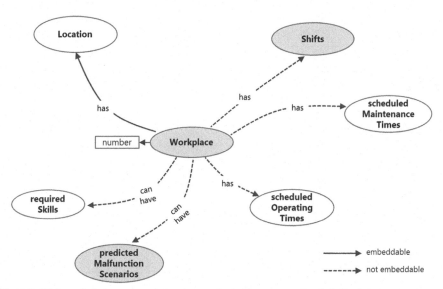

Abb. 8.3   Weitere Subressourcen und untergeordnete Ressourcen des Arbeitsplatzes

Dreischichtbetrieb üblicherweise um eine Frühschicht, Spätschicht und Nachtschicht zu je 8 Stunden.

Die geplante Instandhaltung (*scheduledMaintenanceTimes*) beinhaltet die für eine Instandhaltungsmaßnahmen geplanten Zeiträume. Innerhalb dieser Zeiträume steht ein Arbeitsplatz zur Durchführung von Arbeitsvorgängen nicht zur Verfügung. Nach Abzug der geplanten Instandhaltungszeiten und der Schichtpausen von den insgesamt geplanten Arbeitsschichten bleiben die geplanten Betriebszeiten (*scheduledOperatingTimes*), wie sie der Auftragsfeinplanung zugrunde gelegt werden.

Es ist möglich, dass diese ursprünglich geplanten Betriebszeiten im Nachhinein mit dem in der Betriebszustandsübersicht als geplante Betriebszeit ausgewiesenen Zeitraum nicht übereinstimmen. Letztere wird der Berechnung der Verfügbarkeit zugrunde gelegt und errechnet sich als die Summe der Dauern aller Betriebszustände, die der Zeitbasis *GBZ* (geplante Betriebszeit) zugeordnet sind. Entsprechend der üblichen Definition der geplanten Betriebszeit zählen hierzu alle Arbeitsschichten abzüglich der geplanten Schichtpausen und der geplanten Instandhaltung. Prinzipiell kann aber jede Zeitbasis im Erfassungssystem, so auch die GBZ, beliebig konfiguriert werden. Dadurch besteht die Möglichkeit, dass in einem bestimmten Vergangenheitszeitraum die folgenden beiden Methoden unterschiedliche Angaben zur geplanten Betriebszeit zurückgeben:

```
GET workplaces/{id}/operatingStateSummary?startDate={}&endDate={}
    &timeBase=SCHEDULED_OPERATING_TIME
```

und

```
GET workplaces/{id}/scheduledOperatingTimes?startDate={}&endDate={}
```

Die Subressource *requiredSkills* gibt Auskunft über den Personalbedarf eines Arbeitsplatzes, der als Grundlage für die Personaleinsatzplanung fungiert (vgl. Abschn. 9.4). In der Subressource *location* wird der Ort, an dem sich ein Arbeitsplatz befindet, auf Grundlage seiner geographischen Koordinaten beschrieben. Diese Information kann beispielsweise dazu verwendet werden, die Transportzeiten zwischen zwei verschiedenen Arbeitsplätzen abzuschätzen.

8.3   Der Vorgang und seine Subressourcen

Wie in Abschn. 2.3 erläutert und in Abb. 2.7 illustriert, werden bei der Betriebsdatenerfassung die im Rahmen der Maschinendatenerfassung aufgezeichneten Betriebszustände und Mengen auf die einzelnen Vorgänge der Fertigungsaufträge projiziert. Daraus resultiert eine weitgehend symmetrische Abbildung der Maschinen- und Betriebsdaten auf die einzelnen Vorgänge, was sich auch in deren Subressourcen widerspiegelt. Die betreffenden Subressourcen sind in Abb. 8.4 illustriert.

8.3.1   Hyperlinks

Die Collection der Vorgänge besitzt zahlreiche Referenzen. Die eingebetteten Hyperlinks, die den Hyperlinks der jeweiligen Einzelressource entsprechen, sind in Tab. 8.6 vollständig aufgeführt.

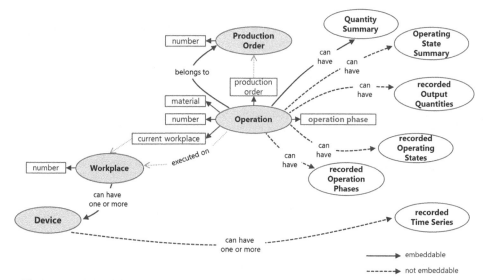

Abb. 8.4 Grobübersicht der Primärressource Vorgang im Kontext von Bridge API

Tab. 8.6 Embedded Links der Collection operations

Name	embeddable	Beschreibung
description	true	Die Vorgangsbeschreibung als mehrsprachiges Literal
erpContext	true	Der ERP-Kontext, in dem die Kombination aus Auftragsnummer und Auftragssplit eindeutig ist
operationPhase	true	Die Phase des Vorgangs in der Collection der Stammdaten
productionOrder	true	Der dazugehörige Fertigungsauftrag
targetWorkplace	true	Der zur Durchführung des Vorgangs geplante Arbeitsplatz
targetCapacityGroup	true	Die zur Durchführung des Vorgangs vorgesehene Arbeitsplatzgruppe
alternativeWorkplaces	true	Alternative Arbeitsplätze zur Durchführung des Vorgangs
specification	true	Spezifikation des Vorgangs gemäß der Arbeitsvorbereitung
productionOrder-Specification	true	Spezifikation des Fertigungsauftrags gemäß der Arbeitsvorbereitung
manufacturingVariants*	true	Mögliche Fertigungsvarianten, falls hinterlegt
productionResourcesAndTools	true	Laut Arbeitsplan benötigte Fertigungshilfsmittel
components	true	Laut Arbeitsplan benötigte Ausgangskomponenten
materialCharacteristics*	true	Sachmerkmale des zu produzierenden Materials, falls hinterlegt
requiredTools*	true	Benötigte Werkzeuge, falls hinterlegt
requiredSkills*	true	Personalbedarf, falls hinterlegt
scheduledDates	true	Das Ergebnis der Durchlaufterminierung
planningResult*	true	Das Ergebnis der Auftragsfeinplanung
updatePlanningResult*	–	PUT-Methode zum Ändern des Planungsergebnisses
deletePlanningResult*	–	DELETE-Methode zum Löschen des Planungsergebnisses
forecastResult*	true	Das Ergebnis der prognostizierten Auftragsabwicklung
updateForecastResult*	–	PUT-Methode zum Ändern des Prognoseergebnisses
deleteForecastResult*	–	DELETE-Methode zum Löschen des Prognoseergebnisses
recordedOperationPhases*	false	Die aufgezeichneten Vorgangsphasen
recordedOperatingStates*	false	Die projizierten Betriebszustände des Arbeitsplatzes
operatingStateSummary*	false	Die Betriebszustandsübersicht des Vorgangs
recordedOutputQuantities*	false	Die aufgezeichneten Mengen des Vorgangs
quantitySummary*	true	Die Mengenübersicht des Vorgangs
toolAssemblyOrder*	true	Der dazugehörende Kommissionierauftrag, falls hinterlegt

Die hohe Anzahl von Referenzen erweckt den berechtigten Eindruck, dass der Collection der Vorgänge in Bridge API eine zentrale Rolle zufällt. Dem engen Bezug zur Primärressource des zugehörigen Fertigungsauftrags Rechnung tragend, der auch in Abb. 8.4 illustriert ist, findet sich eine entsprechende Referenz auf den Fertigungsauftrag (*productionOrder*) in der vierten Zeile von Tab. 8.4. Aus der neunten Zeile geht hervor, dass auch die Spezifikation des Fertigungsauftrags (*productionOrderSpecification*), bei der es sich um die Subressource einer anderen Primärressource handelt, in die Collection der Vorgänge eingebettet werden kann. Diese beinhaltet Vorgaben der Arbeitsvorbereitung, welche sich nicht auf den einzelnen Vorgang, sondern auf den gesamten Fertigungsauftrag beziehen.

Auch zum Arbeitsplatz besteht ein enger Bezug. In der fünften bis siebten Zeile von Tab. 8.4 sind die Arbeitsplätze referenziert, auf denen der Vorgang entsprechend der aktuell gültigen Auftragsfeinplanung durchgeführt werden soll (*targetWorkplace*) oder alternativ dazu durchgeführt werden kann (*alternetiveWorkplaces*). Das detaillierte Planungsergebnis des Vorgangs (*planningResult*) kann nicht nur in die Collection eingebunden werden. Es stehen auch Referenzen zum Ändern und Löschen bereit. Dasselbe gilt für das Ergebnis der prognostizierten Auftragsabwicklung (*forecastResult*), welches als Subressource des Vorgangs nur die prognostizierten Termine des einzelnen Vorgangs beinhaltet.

Die Mehrzahl der Referenzen, deren Name mit einem Stern gekennzeichnet ist, existieren nur unter gegebenen Umständen. Voraussetzung ist in vielen Fällen, dass die betreffenden Daten überhaupt hinterlegt sind. In anderen Fällen besteht eine Abhängigkeit zur Vorgangsphase. Bei einem bereits begonnenen Vorgang darf das Planungsergebnis nicht mehr geändert oder gelöscht werden. Umgekehrt existiert bei einem freigegebenen und noch nicht geplanten Vorgang kein Planungsergebnis, das für den lesenden Zugriff zu referenzieren wäre. In gleicher Weise verhält es sich mit den referenzierten Maschinen- und Betriebsdaten, die nur für solche Vorgänge erfasst sein können, die bereit auf irgendeinem Arbeitsplatz angemeldet waren. Lediglich diese Vorgänge können zur Auswertung vergangenheitsbezogener Produktionsdaten herangezogen werden.

Neben den eingebetteten Hyperlinks besitzt die Collection der Vorgänge auch eigene, die in Tab. 8.7 beschrieben sind. Sie referenzieren Ressourcen, die dem Vorgang untergeordnet, jedoch keine Subressourcen des Vorgangs sind. Dabei handelt es sich um Instrumente der Auftragsfeinplanung und Produktionssteuerung. Des Weiteren existiert eine alternative Aufrufmethode für die Collection der Vorgänge per POST, welche es dem Aufrufer erlaubt, Arrays in Filterparametern zu übergeben.

8.3.2 Aufgezeichnete Vorgangsphasen

Die dem Vorgang zugeordnete Subressource der aufgezeichneten Vorgangsphasen (*recordedOperatingStates*) vermittelt einen schnellen Überblick, an welchen Arbeitsplätzen ein Vorgang angemeldet war. Die Filterparameter *startDate* und *endDate* ermöglichen eine

Tab. 8.7 Links der Collection operations

Name	embeddable	Beschreibung
searchOperations	false	POST Methode zum lesenden Zugriff auf die Collection der Vorgänge, welche über zusätzliche Filterparameter verfügt und es erlaubt, darin Arrays (z. B. mit Vorgangsnummern) zu übergeben.
planningScenarios	false	Collection aller von einem externen Planungsalgorithmus bereitgestellten Planungsszenarien zur Auftragsfeinplanung
planningResults	false	Listenressource mit dem Planungsergebnis für alle Vorgänge
forecastResults	false	Listenressource mit dem Prognoseergebnis für alle Vorgänge
updatePlanningResults	–	POST-Methode, um das Planungsergebnis für mehrere Vorgänge zu erstellen oder zu ändern
updateForecastResults	–	POST-Methode, um das Prognoseergebnis für mehrere Vorgänge zu erstellen oder zu ändern
createPlanningScenario	–	POST-Methode, um ein neues Planungsszenario zu erstellen

Einschränkung der ausgegebenen Listenelemente auf einen beliebigen Zeitbereich. Wenn der selektierte Zeitbereich mit der Durchführungszeit des Vorgangs keine Überschneidungen hat, wird eine leere Liste zurückgegeben.

In den Kopfdaten der Subressource stehen die kumulierten Dauern der Rüst- und Bearbeitungsphase innerhalb jenes Zeitraumes sowie deren Summe, welche der Durchführungszeit (*executionTime*) des Vorgangs entspricht. Um die Phasendauer der einzelnen Vorgänge aus den Listenelementen der Ressource zu ermitteln, sind zunächst die betriebsfreien Zeiten, in denen ein Vorgang unterbrochen ist, aus den aufgezeichneten Vorgangsphasen herauszurechnen, weil solche Unterbrechungen, wie in Abschn. 3.2 erläutert, weder gemeldet, noch aufgezeichnet werden.

8.3.3   Aufgezeichnete Betriebszustände

Im Gegensatz zu einem Arbeitsplatz hat ein Vorgang an und für sich keine Betriebszustände. Die auf einen Vorgang projizierten Betriebszustände dienen als Hilfskonstrukt für vorgangs- und auftragsbezogene Auswertungen. Dabei handelt es sich um den Betriebszustand des Arbeitsplatzes während der internen Rüstphase und der Bearbeitungsphase des Vorgangs auf dem jeweiligen Arbeitsplatz. Über die gesamte externe Rüstphase hinweg ist der auf den Vorgang projizierte Betriebszustand immer *Rüsten*, auch dann, wenn der Arbeitsplatz einen anderen Betriebszustand hat. Während der Phasen *Warten vor Bearbeitung* und *Warten nach Bearbeitungen* ist der auf den Vorgang projizierte Betriebszustand die Phase selber.

Neben den Filterparametern *startDate* und *endDate* stehen drei weitere Aufrufparameter als Filter zur Verfügung. Damit können die Betriebszustände in der ausgegebenen Liste nach der Zugehörigkeit zu einer Zeitbasis (*timeBase*), einer Betriebszustandsklasse (*operatingStateClassId*) oder dem binären Arbeitsplatzstatus (*workplaceStateId*) gefiltert werden (vgl. Abschn. 7.3).

8.3.4   Betriebszustandsübersicht

In der Betriebszustandsübersicht stehen dieselben Filterparameter wie für die aufgezeichneten Betriebszustände zur Verfügung. Die Repräsentation der Ressource beinhaltet jedoch keine chronologische Darstellung der einzelnen Betriebszustände, sondern deren kumulierte Dauer und die Häufigkeit ihres Auftretens im betrachteten Zeitraum.

Darüber hinaus werden die folgenden beiden Kennzahlen (vgl. Abschn. 2.5) sowie die kumulierten Dauern, als deren Quotienten sie sich errechnen, für den selektierten Zeitraum ausgegeben (vgl. Kap. 3) :

- Durchführungszeit des Vorgangs (*executionTime*)
- Bearbeitungszeit des Vorgangs (*processingTime*)
- Produktionszeit des Vorgangs (*productionTime*)
- Rüstzeit des Vorgangs (*setupTime*)
- Rüstzeitreduzierung des Vorgangs (*setupReduction*)
- Prozessverfügbarkeit des Vorgangs (*processAvailability*)

Wie bei allen Leistungskennzahlen in Bridge API handelt es sich auch bei der Rüstzeitreduzierung und der Prozessverfügbarkeit eines Vorgangs um genormte Kennzahlen mit einem Wertebereich zwischen 0 und 1. Die angegebenen vorgangsbezogenen Zeiten sind nicht grundsätzlich mit den arbeitsplatzbezogenen Zeiten in *workplaces/{id}/operatingStateSummary* identisch. Beispielsweise werden externe Rüstzeiten der Vorgänge in der arbeitsplatzbezogenen Rüstzeit nicht verrechnet. Gegebenenfalls werden diese Zeitabschnitte bezogen auf den Arbeitsplatz als Produktionszeit aufgefasst. Derartige Unterschiede haben wiederum Auswirkungen auf die betreffenden Kennzahlen. In Anhang A können die formalen Definitionen vorgangsbezogener Dauern (Abschn. A.5) und Kennzahlen (Abschn. A.6) nachgeschlagen werden.

8.3.5   Aufgezeichnete Ausbringungsmengen

Die Repräsentation der Subressource *recordedOutputQuantities* gibt den Zeitstrahl der durch den Vorgang ausgebrachten, bestätigten und damit bereits verbuchten Mengen als Listenressource wieder. Die Liste ist antichronologisch nach Maßgabe des Buchungszeitpunktes geordnet. Jedes Listenelement besteht aus der Mengenangabe selbst (*quantity*), dem Buchungszeitpunkt (*bookingTime*), dem Qualitätstyp (*qualityTypeId*) und den hinterlegten Qualitätsdetails (*qualityDetailId*). Temporäre unbestätigte Mengen sind darin nicht enthalten. Zur Selektion des Betrachtungszeitraumes werden auch hier die Filterparameter *startDate* und *endDate* bereitgestellt.

8.3.6 Mengenübersicht

Die Mengenübersicht kann im Gegensatz zu allen zuvor betrachteten Subressourcen in die Repräsentation der Vorgänge eingebunden werden. Die Repräsentation der Subressource selbst beinhaltet zu jedem Arbeitsplatz, an dem der Vorgang angemeldet war, die dort ausgebrachten kumulierten Mengen unterteilt in Gutmenge, Nacharbeitsmenge und Ausschussmenge. Unbestätigte und nicht klassifizierte Mengen werden separat ausgewiesen.

In den Kopfdaten der Response werden die folgenden beiden Kennzahlen zurückgegeben:

- der Leistungsgrad des Vorgangs (*performance*)
- die Qualitätsrate des Vorgangs (*qualityRate*)

Eine Unterscheidung zwischen mengenbasierter und zeitbasierter Qualitätsrate gibt es für einen einzelnen Vorgang nicht. Auch hierbei handelt es sich um genormte Kennzahlen mit einem Wertebereich zwischen 0 und 1.

8.3.7 Weitere Subressourcen des Vorgangs

Die bisher betrachteten Subressourcen des Vorgangs beziehen sich auf die in der Vergangenheit aufgezeichneten Maschinen- und Betriebsdaten. Alle anderen Subressourcen des Vorgangs stehen in mehr oder weniger direktem Zusammenhang mit der Auftragsfeinplanung und Produktionssteuerung. Sie sind in Abb. 8.5 dargestellt.

In der Spezifikation (*specification*) des Vorgangs sind die aus dem Arbeitsplan stammenden Vorgaben für die Sollzeit pro Einheit, die Dauer einzelner Vorgangssegmente und Vorgaben hinsichtlich geeigneter Arbeitsplätze enthalten. Eine einfache Auftragsfeinplanung stützt sich im Wesentlichen auf diese Vorgabewerte (vgl. Abschn. 2.6 und 9.2).[2] Informationen aus der Stückliste, die sich auf die zu verbauenden oder weiterzuverarbeitenden Komponenten beziehen und somit selbst in das Endprodukt einfließen, sind

---

[2]Zwar wird eine solche Auftragsfeinplanung dadurch realistischer, dass anstelle von Vorgabewerten für die Sollzeit pro Einheit die Erfahrungswerte im Arbeitsplan hinterlegt werden. Diese Vorgehensweise verfälscht jedoch den Leistungsgrad, zu dessen Berechnung dieselbe Sollzeit pro Einheit herangezogen wird.

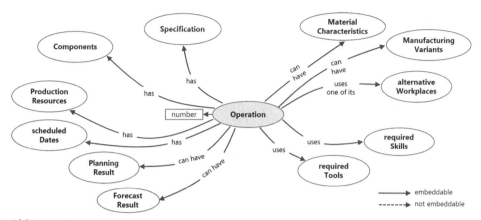

Abb. 8.5 Planungsrelevante Subressourcen des Vorgangs

in der gleichnamigen Ressource (*components*) abgelegt. In den Fertigungshilfsmitteln (*productionResourcesAndTools*) finden sich Vorgaben zu Werkzeugen, Dokumenten inklusive der NC-Programme und sonstigen Ressourcen, die für die Durchführung eines Vorgangs benötigt werden, aber nicht in das Endprodukt einfließen. All diese Daten sind dem im ERP-System hinterlegten Arbeitsplan entnommen.

Die terminierten Termine (*scheduledDates*) sind das Ergebnis der Durchlaufterminierung, die entweder bereits im ERP-System oder bei der Übernahme der freigegebenen Fertigungsaufträge in die IoT-Plattform vorgenommen wird (vgl. Abschn. 9.3).

Materialsachmerkmale (*materialCharacteristics*) dienen nicht unmittelbar der Auftragsfeinplanung, sondern deren Optimierung durch die Bereitstellung einer *Rüstmatrix* mit realistischeren Rüstübergangszeiten und *Fertigungsvarianten*, welche die unterschiedlichen Verzögerungsfaktoren auf den einzelnen Arbeitsplätzen berücksichtigen (vgl. Abschn. 2.6 und 9.8). Beide hängen in der Regel von Sachmerkmalen des Materials ab. Eine elaboriertere Variante der Auftragsfeinplanung greift lediglich auf die schon bereitgestellten Rüstübergangszeiten und Fertigungsvarianten lesend zu, muss diese also nicht selbst ermitteln (vgl. Abschn. 2.4).

Die Fertigungsvarianten (*manufacturingVariants*) eines Vorgangs sind als Subressource des Vorgangs abgebildet, wohingegen die Rüstübergänge (*setupTransitions*) nicht vorgangsspezifisch, sondern von dem Vorgänger- und Nachfolgematerial abhängen, das auf den Arbeitsplätzen einer Kapazitätsgruppe produziert wird. Letztere sind darum als Subressource der Arbeitsplatzgruppe abgebildet. Sowohl die Fertigungsvarianten als auch die Rüstübergänge werden aus den ebenfalls als Subressourcen der Arbeitsplatzgruppe abgebildeten Regeln zur Erzeugung der Fertigungsvarianten (*manufacturingVariantRules*) und der Rüstübergänge (*setupTransitionRules*) von der IoT-Plattform automatisch generiert.

Alternative Arbeitsplätze (*alternativeWorkplaces*) sind gewöhnlich alle Arbeitsplätze jener Kapazitätsgruppe, welcher ein Vorgang zugeteilt ist. Ausnahmen können in den Fertigungsvarianten hinterlegt werden, sodass in Einzelfällen nur eine Teilmenge der

Arbeitsplätze einer Kapazitätsgruppe zur Durchführung eines Vorgangs geeignet ist oder umgekehrt auch Arbeitsplätze, die nicht zur Kapazitätsgruppe gehören, als alternative Arbeitsplätze in Frage kommen. Eine elaboriertere Variante der Auftragsfeinplanung verwendet die alternativen Arbeitsplätze zur Ermittlung von Planungsalternativen anstelle der Kapazitätsgruppen.

Auch die zur Durchführung des Vorgangs benötigten Qualifikationen der Mitarbeiter (*requiredSkills*) und Werkzeuge (*requiredTools*) werden von der IoT-Plattform automatisch ermittelt. Eine Auftragsfeinplanung sollte bei der Einplanung der Vorgänge sicherstellen, dass auch all deren Personal- und Werkzeugbedarfe gedeckt werden können. Im Unterschied zu den Werkzeugen, die in den Fertigungshilfsmitteln aufgelistet sind, handelt es sich bei den benötigten Werkzeugen um solche, die tatsächlich in der IoT-Plattform als Ressourcen abgebildet und somit überhaupt planbar sind.

Das Ergebnis der Auftragsfeinplanung (*planningResult*) sind die geplanten Start- und Endtermine der Vorgänge, die für den einzelnen Vorgang als Subressource des Vorgangs abgebildet sind. Das Prognoseergebnis (*forecastResult*) schließlich ist das unter Berücksichtigung aller aktuell vorliegenden Informationen aus der Produktion korrigierte Planungsergebnis. Es ist zum Zeitpunkt der Erstellung einer Auftragsfeinplanung mit dem Planungsergebnis identisch. Je mehr es mit der Zeit von dem ursprünglichen Planungsergebnis abweicht, als umso unrealistischer und damit zugleich unzuverlässiger hat sich die ursprüngliche Planung bis zum vorliegenden Zeitpunkt erwiesen.

8.4 Der Fertigungsauftrag und seine Subressourcen

In Abb. 8.6 sind die drei Subressourcen des Fertigungsauftrags dargestellt. Sie können genauso wie die Vorgänge eines Fertigungsauftrag in die Repräsentation seiner Collection oder Einzelressourcen eingebunden werden.

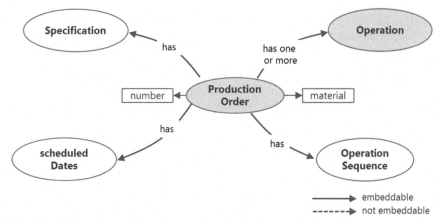

Abb. 8.6 Die Primärressource Fertigungsauftrag im Kontext von Bridge API

Die Spezifikation (*specification*) eines Fertigungsauftrags beinhaltet nur wenige Daten. Dazu gehören die Ecktermine des Auftrags, deren Kenntnis für eine Durchlaufterminierung des Auftrags erforderlich, aber keineswegs planungsrelevant ist, weil sich die Auftragsfeinplanung an den Terminschienen der einzelnen Vorgänge zu orientieren hat (vgl. Abschn. 2.6). Fehlt eine solche, was die IoT-Plattform bei der Übernahme der Fertigungsaufträge aus dem ERP-System eigentlich nachzutragen hat, kann ein Planungsalgorithmus diese anhand der Ecktermine des Fertigungsauftrags selbst vornehmen und die terminierten Termine (*scheduledDates*) des Fertigungsauftrags einschließlich all seiner Vorgänge überschreiben (vgl. Abschn. 2.4).

Planungsrelevant ist dagegen die Abfolge seiner Vorgänge, weil sich daraus die Anordnungsbeziehungen zwischen den Vorgängen ergeben, die bei der Auftragsfeinplanung nicht ignoriert werden dürfen. Bridge API abstrahiert von spezifischen Konzepten, wie den Vorgangsfolgen und Auftragsnetzen in SAP ERP. Stattdessen hat jeder Vorgang womöglich einen oder mehrere Vorgänger und Nachfolger, die in der Vorgangsabfolge (*operationSequence*) für jeden Vorgang als solche explizit angegeben sind – unabhängig davon, ob diese aus Auftragsnetzen oder parallelen Folgen resultieren. Anwendungsentwickler müssen sich nicht mit Konzepten wie Folgenummern, Bezugsfolgen, Absprungvorgang, Rücksprungvorgang oder Auftragsnetzen auseinandersetzen (vgl. Abschn. 2.4). Auch die *Mindestvorlaufzeit* die bei Anordnungsbeziehungen mit überlappenden Vorgängen aus der Mindestweitergabemenge zu ermitteln ist, wird Anwendungsprogrammieren in der Vorgangsabfolge vorgegeben. Lediglich müssen diese Zeiten mit dem Verzögerungsfaktor des Vorgängers multipliziert werden, wenn Fertigungsvarianten einen solchen vorsehen (vgl. Abschn. 9.3).

8.4.1   Hyperlinks

Die Collection der Fertigungsaufträge besitzt nur eingebettete Referenzen. Diese eingebetteten Hyperlinks, die den Hyperlinks der jeweiligen Einzelressource entsprechen, sind in Tab. 8.8 aufgeführt.

Es existiert keine Referenz zum Anlegen, Ändern und Löschen von Fertigungsaufträgen, weil nicht jede beliebige Anwendung Fertigungsaufträge verwalten darf, sondern dies dem ERP-System vorbehalten ist. Das ERP-System kommuniziert darum nicht über die Anwendungsprogrammierschnittstelle mit der IoT-Plattform. Stattdessen tauschen die ERP-Adapter der IoT-Plattform, die Bestandteil des jeweiligen ERP-Systems sind, Daten über eine eigene Schnittstelle mit der Plattform aus.

8.4.2   Der Zustand des Fertigungsauftrags

Der Fertigungsauftrag gehört zu den Bestandsdaten des ERP-Systems, die dort verwaltet werden. Solange sich ein Fertigungsauftrag innerhalb der Produktion befindet, ist dieser im

Tab. 8.8 Embedded Links der Collection productionOrders

Name	embeddable	Beschreibung
description	true	Die Auftragsbeschreibung als mehrsprachiges Literal
erpContext	true	Der ERP-Kontext, in dem die Kombination aus Auftragsnummer und Auftragssplit eindeutig ist
specification	true	Spezifikation des Fertigungsauftrags nach Vorgabe der Arbeitsvorbereitung
operations	true	Die Vorgänge des Fertigungsauftrags in der Collection der Vorgänge
operationSequence	true	Die Vorgänger/Nachfolger-Beziehungen zwischen den Vorgängen des Fertigungsauftrags einschließlich deren Übergangszeiten und Weitergabemengen
scheduledDates	true	Die terminierten Termine des gesamten Fertigungsauftrags als Ergebnis der Durchlaufterminierung
updateScheduledDates*	–	PUT-Methode zum Ändern der terminierten Termine

ERP-System solange als *freigegeben* ausgewiesen, bis er in der Produktion als abgeschlossen zurückgemeldet wird. Aus der Perspektive der Produktion ergeben sich alle Aussagen über den Zustand eines Fertigungsauftrags ausschließlich anhand der Phasen seiner Vorgänge. Ein Fertigungsauftrag wird durch eine letzte Rückmeldung an das ERP-System abgeschlossen, wodurch all seine Vorgänge abgeschlossen sind. Wenn der folgende Aufruf eine nicht leere Response zurück gibt, ist der Fertigungsauftrag *abgeschlossen*, denn es kann niemals nur ein einzelner seiner Vorgänge abgeschlossen sein:

GET operations?productionOrderId={id}&operationPhaseId=CLOSED

Anderenfalls kann angefragt werden, ob und wie viele Vorgänge bereits beendet sind:

GET operations?productionOrderId={id}&operationPhaseId=COMPLETED

Ist die in der Response erhaltene Liste nicht leer, sind schon ein oder mehrere Vorgänge beendet. Das Prognoseergebnis des letzten Vorgangs, sofern dies existiert, gibt Auskunft darüber, wann der Fertigungsauftrag voraussichtlich beendet sein wird. Wenn alle Vorgänge beendet sind, kann der Fertigungsauftrag als beendet betrachtet werden. Ist dies nicht der Fall, stellt sich als Nächstes die Frage, ob aktuell Vorgänge des Fertigungsauftrag ausgeführt werden:

GET operations?productionOrderId={id}&isInProgress=true

Bleiben alle Anfragen ohne Rückgabe, dann wurde noch kein Vorgang des Fertigungsauftrags begonnen.

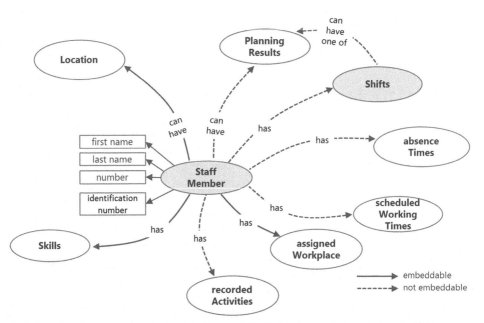

Abb. 8.7 Die Subressourcen des Mitarbeiters und die ihm untergeordneten Personalschichten

8.5   Das Fertigungspersonal und seine Subressourcen

Abb. 8.7 zeigt die Primärressource Mitarbeiter im Kontext von Bridge API. Dazu gehören neben allen Subressourcen des Mitarbeiters auch die dem Mitarbeiter untergeordneten Primärressourcen der Personalschichten.

Abgesehen von den aufgezeichneten Tätigkeiten (*recordedActivities*) und dem Aufenthaltsort (*location*) des Mitarbeiters dienen alle Subressourcen der Personaleinsatzplanung, bei der ein Mitarbeiter in jeder seiner geplanten Arbeitsschichten (*shifts*) einem oder mehreren Arbeitsplatzschichten für eine dort benötigte Qualifikation zugeteilt wird. Nach Abzug der geplanten und ungeplanten Fehlzeiten (*absenceTimes*) sowie gegebenenfalls der Schichtpausen von den insgesamt geplanten Arbeitsschichten bleiben die geplanten Arbeitszeiten (*scheduledWorkingTimes*), in denen der Mitarbeiter zur Deckung des Personalbedarfs eines Arbeitsplatzes geplant werden kann. Dabei kann ein Mitarbeiter jedoch nur auf die ihm zugeordneten Arbeitsplätze (*assignedWorkplaces*) geplant werden. Zudem ist es einem Mitarbeiter nur möglich, den Personalbedarf hinsichtlich solcher Qualifikationen (*skills*) zu decken, über die er in hinreichendem Maße verfügt. Als Ergebnis der Personaleinsatzplanung kann eine Personalschicht ein Planungsergebnis (*planningResult*) haben. Die Planungsergebnisse all seiner Schichten sind das Planungsergebnis für den Mitarbeiter (vgl. Abschn. 9.4).

Tab. 8.9 Embedded Links der Collection staffMembers

Name	embeddable	Beschreibung
erpContext	true	Der ERP-Kontext, in dem die Personalnummer des Mitarbeiters eindeutig ist
assignedWorkplaces	true	Die Arbeitsplätze, an denen der Mitarbeiter eingesetzt werden kann
skills	true	Die Qualifikationen des Mitarbeiters
shifts	false	Die geplanten Arbeitsschichten des Mitarbeiters
absence Times	false	Die geplanten/gemeldeten Fehlzeiten des Mitarbeiters
scheduledWorkingTimes	false	Die geplanten Arbeitsschichten des Mitarbeiters abzüglich gemeldeter Fehlzeiten
location*	true	Der Aufenthaltsort des Mitarbeiters (Arbeitsplatz einschließlich geographischer Koordinaten oder nur letztere)
currentlyExecutedOperations	true	Array mit den aktuell durchgeführten Vorgängen (auch auf das leere Array wird refernziert)
planningResults*	false	Das Ergebnis der Personaleinsatzplanung für den Mitarbeiter
recordedActivities	false	Die aufgezeichneten Tätigkeiten des Mitarbeiters

8.5.1 Hyperlinks

Die Collection der Mitarbeiter besitzt die in Tab. 8.9 beschriebenen eingebetteten Hyperlinks, die den Hyperlinks der jeweiligen Einzelressource entsprechen.

In Tab. 8.10 sind die Hyperlinks der Collections selbst beschrieben. Sie referenzieren Ressourcen, die dem Mitarbeiter untergeordnet, jedoch keine Subressourcen des Mitarbeiters sind. Dabei handelt es sich um die Personalschichten sowie um Instrumente der Personaleinsatzplanung. Weil die Personaleinsatzplanung Mitarbeiter stets pro Personalschicht einer oder mehreren Arbeitsplatzschichten zuordnet, wird auf die Methoden zum Ändern oder zum Löschen der Planung einzelner Mitarbeiter in der betreffenden Personalschicht referenziert.

8.5.2 Aufgezeichnete Tätigkeiten

Die dem Mitarbeiter zugeordnete Subressource der aufgezeichneten Tätigkeiten gibt einen Überblick, welche Vorgänge ein Mitarbeiter an welchen Arbeitsplätzen in beliebig

Tab. 8.10 Links der Collection staffMembers

Name	embeddable	Beschreibung
shifts	false	Collection aller Personalschichten
scheduledWorkingTimes	false	Collection aller Arbeitsschichten der Mitarbeiter abzüglich gemeldeter Fehlzeiten
planningScenarios	false	Collection aller von einem externen Planungsalgorithmus bereitgestellten Planungsszenarien zur Personaleinsatzplanung
planningResults	false	Listenressource mit dem Planungsergebnis für alle Mitarbeiter
updatePlanningResults	–	POST-Methode, um das Planungsergebnis für mehrere Mitarbeiter zu erstellen oder zu ändern
createPlanningScenario	–	POST-Methode, um ein neues Planungsszenario zu erstellen

wählbaren Vergangenheitszeiträumen ausgeführt hat. Um den betrachteten Zeitraum zu spezifizieren sind die Filter *startDate* und *endDate* zu verwenden. Die weiteren Filter *workplaceNumber* und *workplaceId* ermöglichen eine Einschränkung der zurückgegebenen Liste auf Tätigkeiten, die an einem bestimmten Arbeitsplatz verrichtet wurden. Wahlweise kann nach der Arbeitsplatznummer oder der UUID eines Arbeitsplatzes gefiltert werden.

Die Response besteht aus antichronologisch geordneten Zeitintervallen, in denen der Mitarbeiter einen Vorgang in einer bestimmten Phase an einem bestimmten Arbeitsplatz durchgeführt hat. Jedes Listenelement enthält einen Startzeitpunkt, einen Endzeitpunkt, die UUID des Vorgangs und des Arbeitsplatzes sowie die ID der Vorgangsphase.

8.6   Das Werkzeug und die Werkzeugverwaltung

Abb. 8.8 zeigt die Primärressource Werkzeug mit ihren Subressourcen und deren Zusammenhang zu anderen Primärressourcen in Bridge API.

Zerspanungswerkzeuge für Werkzeugmaschinen bestehen aus mehreren Komponenten, unter anderem aus einer oder mehreren Schneiden (*edges*). Derartige Komplettwerkzeuge müssen gegebenenfalls zunächst zusammengesetzt (kommissioniert) werden. In diesem Fall erzeugt die IoT-Plattform in der Werkzeugverwaltung einen Kommissionierauftrag (*assemblyOrder*). Jedes Werkzeug selbst als auch dessen Schneiden zeichnen sich durch Sachmerkmale (*characteristics*) aus, die in der jeweiligen Subressource – für Zerspanungswerkzeuge gemäß ISO 13399 – hinterlegt sind.[3]

---

[3]ISO 13399 (Cutting Tool Data Representation and Exchange) ist eine technische Norm der ISO (International Organization for Standardization) zur Beschreibung von Zerspanungswerkzeugen und deren Komponenten.

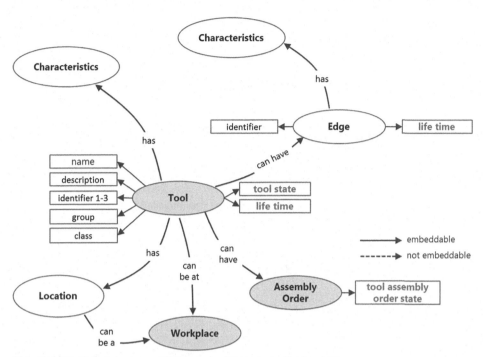

Abb. 8.8 Die Primärressource Werkzeug im Kontext von Bridge API

Sofern ein Werkzeug zusammengesetzt und verfügbar ist, sollte es seitens der Werkzeuglogistik im Werkzeugmagazin einer Maschine und damit an dem entsprechenden Arbeitsplatz bereitgestellt werden.

8.6.1 Hyperlinks

Die Collection der Werkzeuge besitzt die in Tab. 8.11 beschriebenen eingebetteten Hyperlinks, die den Hyperlinks der jeweiligen Einzelressource entsprechen. Sie dienen im Wesentlichen der Werkzeugverwaltung zum Ändern und Löschen von Werkzeugen in der IoT-Plattform.

In Tab. 8.12 sind die beiden Hyperlinks der Collection selbst beschrieben. Hierbei handelt es sich um eine Referenz für das Werkzeugverwaltungssystem zum Anlegen von Werkzeugen und eine Referenz zur Collection der Kommissionieraufträge, die ihrerseits wiederum einen Hyperlink zum Anlegen neuer Kommissionieraufträge beinhaltet. Dazu müssen der Vorgang, für den die Werkzeuge zu kommissionieren sind, und der Arbeitsplatz, auf den der Vorgang geplant ist, im Methodenrumpf übergeben werden. Die Information, welche Werkzeuge zu kommissionieren sind, entnimmt das Werkzeugverwaltungssystem dem NC-Programm. Letzteres befindet sich in der entsprechenden Fertigungsmappe, die in der Dokumentenverwaltung unter Angabe des mit dem Vorgang

Tab. 8.11 Embedded Links der Collection Tools

Name	embeddable	Beschreibung
description	true	Die Beschreibung des Werkzeugs als mehrsprachiges Literal
workplace*	true	Der Arbeitsplatz, an dem sich das Werkzeug befindet, falls dies im Magazin einer Maschine vorliegt
characteristics	true	Die Sachmerkmale des Werkzeugs
location	true	Eine Ortsangabe des Werkzeugs einschließlich seiner geographischen Koordinaten und der Magazinnummer sowie des Arbeitsplatzes, falls das Werkzeug im Werkzeugmagazin einer Maschine verfügbar ist.
assemblyOrder*	true	Der Kommissionierauftrag zur Bereitstellung des Werkzeugs
edges*	true	Die Collection der Schneiden eines Werkzeugs
updateToolState	–	POST-Methode, um den Status des Werkzeugs zu aktualisieren
createEdge	–	POST-Methode, um eine neue Schneide anzulegen
deleteTool	–	DELETE-Methode, um das Werkzeug zu löschen
updateLocation	–	PUT-Methode, um die Ortsangabe zu ändern
deleteLocation*	–	DELETE-Methode, um die Ortsangabe zu löschen
updateCharacteristics	–	PUT-Methode, um die Sachmerkmale des Werkzeugs zu ändern

Tab. 8.12 Links der Collection Tools

Name	embeddable	Beschreibung
assemblyOrders	–	Die Collections der Kommissionieraufträge
createTool	–	POST-Methode, um ein neues Werkzeug anzulegen

hergestellten Materials und des geplanten Arbeitsplatzes zu finden ist (vgl. nachfolgenden Abschnitt).

8.6.2   Der Zustand eines Werkzeugs

Der Zustand eines Werkzeugs (*toolState*) besagt zunächst nur, ob das Werkzeug verfügbar, nicht verfügbar oder in der Werkzeugverwaltung per Kommissionierauftrag angefragt wurde. Ist letzteres der Fall, gibt der Zustand des Kommissionierauftrags Auskunft über den Fortschritt der Kommissionierung. Ist das Werkzeug verfügbar, dann beinhalten die verbleibende Standzeit (*lifeTime*) und der Aufenthaltsort (*location*) die wesentlichen Informationen über den Zustand des Werkzeug, d. h. ob es sich in einem Werkzeugmagazin befindet und gegebenenfalls an welchem Arbeitsplatz. Bei Spritzgieß- oder Presswerkzeugen ist die Standzeit am Werkzeug hinterlegt. Bei Zerspanungswerkzeugen für Werkzeugmaschinen, die nicht selten mehrere Schneiden haben, ist die Standzeit dagegen an der jeweiligen Schneide hinterlegt.

8.7 Fertigungsmappen, Dokumente und die Dokumentenverwaltung

In Fertigungsmappen (*folders*) werden alle benötigten Dokumente (*documents*) abgelegt, deren es bedarf, um ein bestimmtes Material auf einem bestimmten Arbeitsplatz herzustellen. Darum ist jede Fertigungsmappe einem Material und einem Arbeitsplatz zugeordnet. Es genügt die Angabe der UUID eines Arbeitsplatzes und einer Materialnummer, um eine neue Fertigungsmappe anzulegen. Zusätzlich sollte der Fertigungsmappe ein Name gegeben werden und der Name des Erstellers in der Fertigungsmappe hinterlegt werden.

In der Collection der Fertigungsmappen kann dementsprechend mit den Filtern *materialNumber* und *WorkplaceId* nach der zu einem Vorgang gehörenden Fertigungsmappe gesucht werden.

8.7.1 Hyperlinks

Die Collection der Fertigungsmappen stellt einen Link zum Anlegen neuer Fertigungsmappen bereit, die eingebetteten Links (vgl. Tab. 8.13) erlauben einem PDM- oder PLM-System neben dem Löschen der Fertigungsmappe, darin neue Dokumente anzulegen.

Es existiert eine Collection aller Dokumente, wohingegen jede Fertigungsmappe eine Collection mit nur den in ihr enthaltenen Dokumente darstellt. Die darin eingebetteten Links (vgl. Tab. 8.14) ermöglichen das Löschen und das Ändern eines Dokuments. Änderungen erfolgen durch File Upload. Dabei werden die Versionsnummer des Dokuments automatisch erhöht und das alte Dokument archiviert. Ferner wird in den Kopfdaten eines NC-Programms dokumentiert, wann und wie oft dies an einer Maschine ausgecheckt wurde (vgl. DNC-Funktionen in Abschn. 6.9).

Tab. 8.13 Embedded Links der Collection Folders

Name	embeddable	Beschreibung
workplace	true	Der Arbeitsplatz, dem die Fertigungsmappe zugeordnet ist
createDocument	–	POST-Methode, um ein neues Dokument in der jeweiligen Fertigungsmappe anzulegen
deleteFolder	–	DELETE-Methode, um die Fertigungsmappe zu löschen und zu archivieren

Tab. 8.14 Embedded Links der Collections Documents und Folders/{id}

Name	embeddable	Beschreibung
checkoutDocument	false	GET-Methode, um die Datei des Dokuments per File Download auszuchecken
updateDocument	–	PUT-Methode, um die Datei des Dokuments per File Upload anzulegen oder zu ändern
deleteDocument	–	DELETE-Methode, um die Fertigungsmappe zu löschen und zu archivieren

Beispielanwendungen mit Bridge API

9

Bis auf wenige Ausnahmen, wie für Werkzeuge und Dokumente, ist das Anlegen und Ändern von Primärressourcen in Bridge API nicht vorgesehen (vgl. [Coma]). Wie in den vorangegangenen Kapiteln dargelegt, entsprechen die Ressourcen von Bridge API einem digitalen Abbild der Produktion, dessen Realitätsbezug in den Datenerfassungssystemen verankert ist.[1] Während der Bridge IoT Hub ausschließlich POST-Methoden besitzt, über die alle Daten aus der Produktion in die Plattform gelangen, bietet Bridge API insgesamt nur wenige Schnittstellen für den schreibenden Zugriff auf Ressourcen. Nichtsdestoweniger demonstrieren die Beispielanwendungen in diesem Kapitel, dass die gesamte Fertigungssteuerung über die API erfolgt. Einzelne Anwendungen bereiten sich wechselseitig Daten in adäquater Form auf, ohne dabei auch nur die geringste Kenntnis voneinander zu haben. Bridge API selbst gewährleistet die organisatorische Interoperabilität aller individuellen Anwendungen. Die Auswahl der nachfolgenden Beispielanwendungen wurde zu großen Teilen unter dem Gesichtspunkt getroffen, deren impliziten Interaktionen bei vollkommener wechselseitiger Entkopplung zu explizieren.

---

[1] In einer biologischen Analogie entsprechen die Erfassungssysteme den Sinnesmodalitäten, vermöge deren jede organische Informationsverarbeitung einen kausalen Bezug zu dem hat, was sich in der realen Welt zuträgt. Auf dieser Informationsgrundlage operieren die im Laufe der Evolution entstandenen biologischen Programme, indem sie eingehende Informationen um Antizipation und Bewertung von Begebenheiten erweitern. Antizipation und Bewertung haben in einem pflanzlichen Organismus eine andere Konnotation als in höher entwickelten Nervensystemen, in denen Antizipation einen semantischen und Bewertung einen qualitativen Aspekt erhalten (vgl. [Sin11]). In Bridge API sind es die Ressourcen und Leistungskennzahlen, welche die erfassten Daten um semantische bzw. qualitative Aspekte erweitern.

© Springer-Verlag GmbH Deutschland, ein Teil von Springer Nature 2020
A. Sinsel, *Das Internet der Dinge in der Produktion*,
https://doi.org/10.1007/978-3-662-59761-3_9

9.1   Visualisierungen

In Abschn. 8.1 ist erläutert, wie Bridge API Anwendungen ein digitales Abbild der aktuellen Situation innerhalb der Produktion bereitstellt. In Visualisierungen wird dieses von einer *digitalen* in eine *sichtbare* Ausdrucksform transformiert, d. h. graphisch zur Darstellung gebracht und mit zusätzlichen Informationen angereichert. Eine gängige Vorgehensweise ist es, die von der IoT-Plattform aufbereiteten Informationen in zwei oder dreidimensionale Hallenlayouts und Maschinendarstellungen einzubinden (vgl. Abb. 4.1). Je nach gewünschtem Detaillierungsgrad mögen ganze Werke, einzelne Werkshallen oder Werksbereiche sowie einzelne Maschinen visualisiert werden.

Üblicherweise wird dem Anwender die Möglichkeit eingeräumt, von einer globalen Standortübersicht ausgehend sukzessive in die nächstfeinere Detailansicht bis hin zur Darstellung einzelner Arbeitsplätze und zurück zu navigieren. Zusätzlich führen Hyperlinks von den verschiedenen Ansichten auf die dazugehörenden Reports. Eine Alternative zur interaktiven Visualisierung ist die abwechselnde Anzeige verschiedener Werkshallen für jeweils einige Sekunden, um eine Gesamtsicht der vorliegenden Situation auf Bildschirmen zu illustrieren, die für alle Mitarbeiter sichtbar an Decken und Wänden angebracht sind.

Zum Zwecke einer schnellen Reaktion auf Stillstände kommt der Arbeitsplatzansicht eine übergeordnete Bedeutung zu. Um mit einem Aufruf alle benötigten Informationen zu erhalten, bietet sich der Zugriff auf die Collection der Arbeitsplätze an:

GET /workplaces?embed=currentOperations

Die Response gibt alle Arbeitsplätze, deren Zugehörigkeit zu Fertigungslinien und Kapazitätsgruppen sowie deren Betriebszustände einschließlich der aktuell darauf ausgeführten Vorgänge zurück. Beispielsweise ist es möglich, auf diese Weise in einer Hallenübersicht die Betriebszustände der einzelnen Stationen aller Fertigungslinien zu visualisieren. Der Grundgedanke des visuellen Managements besteht darin, dass ungeplante Prozessabweichungen und Prozessstörungen den Mitarbeitern der Fertigung sofort ins Auge springen. In diesem Zusammenhang spielen auch Farbcodes eine tragende Rolle. Es ist ratsam, stets die im jeweiligen System hinterlegten Farben für Stillstände, Stillstandsgründe, Ausschuss und Qualitätsdefizite zu übernehmen, statt eigene Farben einzuführen:

GET /masterData/operatingStates?embed=description
GET /masterData/operationPhases?embed=description
GET /masterData/qualityTypes?embed=description
GET /masterData/qualityDetails?embed=description

Die Stammdaten enthalten auch die Beschreibungen sowie die im jeweiligen Betrieb verwendeten numerischen Codes der Betriebszustände und Qualitätsdetails. Das Einbetten der Beschreibungen bewirkt, dass diese in allen Sprachen zurückgegeben werden, für die im vorliegenden System Übersetzungen hinterlegt sind. Mit numerischen Codes wird dagegen gerade der Zweck verfolgt, sprachunabhängige Kürzel in Produktionsbetrieben zu verwenden. Diese sind nicht durch die IoT-Plattform vorgegeben, sondern werden in jedem Unternehmen individuell festgelegt.

Oft werden organisatorisch verursachte Stillstände in verschiedenen Gelbtönen, technisch bedingte Stillstände in verschiedenen Rottönen dargestellt. Je nach Farbton wird sichtbar, ob die Logistik oder die Instandhaltung für die Behebung der Störung zuständig ist. Eine blinkende Darstellung bestimmter Betriebszustände vermag die besondere Aufmerksamkeit des Fertigungspersonals auf sich zu ziehen. Für Visualisierungen sollte konfigurierbar sein, welche Betriebszustände blinkend darzustellen sind. Beispielsweise ist es zweckmäßig, den Betriebszustand *Stillstand wegen Störung der Elektrik*, bei dem dringender Handlungsbedarf besteht, in besonderer Weise hervorzuheben; *Reparatur der Elektrik* dagegen nicht, weil in diesem Betriebszustand bereits ein Mitarbeiter vor Ort im Begriff ist, die Störung zu beseitigen.

Die folgenden Ereignisse bieten die Möglichkeit, auf Änderungen der visualisierten Betriebszustände und der auf den Arbeitsplätzen aktuell durchgeführten Vorgänge unverzüglich mit einer Aktualisierung der dargestellten Situation zu reagieren:

OPERATION_PHASE_CHANGED
WORKPLACE_OPERATING_STATE_CHANGED

Wenn der hauptsächliche Zweck einer Visualisierung dagegen im Erkennen von Terminverletzungen besteht und dazu der Fortschritt der Auftragsabwicklung illustriert werden soll, gibt ein Aufruf der aktuell durchgeführten Vorgänge zusammen mit deren terminierten und prognostizierten Terminen alle erforderlichen Informationen zurück:

```
GET /operations?isInProgress=true&embed=scheduledDates
    &embed=forecastResult
    &embed=planningResult
    &embed=quantitySummary
    &embed=specification
```

Die in der Response enthaltenen Daten erlauben es, den prognostizierten Endtermin eines Vorgangs (*forecastResult*) seinem spätesten Endtermin (*scheduledDates*) gegenüberzustellen. Um in der Visualisierung auch darüber Auskunft zu erteilen, wann die aktuell durchgeführten Vorgänge ursprünglich eingeplant waren, wird das Ergebnis der Auftragsfeinplanung (*planningResult*) ebenfalls eingebettet. Durch das Einbetten der Mengenübersicht (*quantitySummary*) kann zusätzlich visualisiert werden, welche Mengen von den derzeit laufenden Vorgängen bisher ausgebracht wurden, und diese mit der Sollmenge (*specification*) verglichen werden. Visualisierungen, welche die Zuwächse der von den laufenden Vorgängen ausgebrachten Mengen darstellen, können sich in der einfachsten Variante per Registrierung auf das folgende Ereignis über erforderliche Aktualisierungen benachrichtigen lassen:

OPERATION_QUANTITY_CHANGED

Dieses Ereignis tritt jedoch nur dann ein, wenn die ausgebrachten Mengen klassifiziert und bestätigt werden. Soll der Zuwachs der unbestätigten Mengen in Echtzeit visualisiert werden, ist es unumgänglich, die Mengenübersicht der Vorgänge, wie in Abschn. 8.1 erläutert, in Zeitintervallen, die dem Vorgang mit der kleinsten Sollzeit pro Einheit entsprechen, regelmäßig abzurufen.

9.2   Einfache Auftragsfeinplanung

Bei der Auftragsfeinplanung werden den einzelnen Vorgängen eines Fertigungsauftrags die benötigten Ressourcen zugeteilt. In Abhängigkeit davon, wann diese Ressourcen vollumfänglich zur Verfügung stehen, erhalten die zu planenden Vorgänge einen Starttermin und einen Endtermin. Die Komplexität der Auftragsfeinplanung ergibt sich aus der kapazitiven Begrenztheit der Ressourcen und verschiedenen zusätzlichen Rahmenbedingungen, die es zu beachten gilt (vgl. Tab. 2.2).

9.2.1   Relevante Daten einer einfachen Auftragsfeinplanung

In einer einfachen Variante der Auftragsfeinplanung ist der Arbeitsplatz die einzige zu planende Ressource. Personal- und Werkzeugbedarfe bleiben bei der Planung unberücksichtigt, d. h., Personal und Werkzeuge werden als jederzeit hinreichend verfügbare Ressourcen angenommen. Ferner wird davon ausgegangen, dass alle Arbeitsplätze innerhalb einer Kapazitätsgruppe gleichwertige Alternativen zur Durchführung eines Vorgangs darstellen und keine unterschiedlichen Fertigungsvarianten existieren. Als Datengrundlage zur Ermittlung von Rüst- und Bearbeitungszeiten der Vorgänge dienen ausschließlich die Vorgabewerte des Arbeitsplans. Damit wird implizit die Annahme getroffen, dass Prozessverfügbarkeit, Leistungsgrad und Qualitätsrate auf allen Arbeitsplätzen 100 Prozent betragen.

Die einfache Auftragsfeinplanung teilt jedem Vorgang für die Dauer seiner Solldurchführungszeit einen freien Arbeitsplatz zu. Damit einhergehend erhalten die Vorgänge einen Starttermin und einen Endtermin. Für die Rüst- und Bearbeitungsphasen der Vorgänge wird ebenfalls jeweils ein Starttermin und ein Endtermin ermittelt. Läuft eine der Phasen in eine betriebsfreie Zeit hinein, dann verzögert sich das Ende der betreffenden Vorgangsphase um die Dauer der betriebsfreien Zeit. Sofern keine Fertigungslinien existieren, stehen für die Einplanung eines Vorgangs jeweils alle Arbeitsplätze innerhalb der für den Vorgang spezifizierten Kapazitätsgruppe zur Auswahl. Wenn ein Vorgang allerdings auf einen Arbeitsplatz eingeplant wurde, der zu einer Fertigungslinie gehört, dürfen die übrigen

Vorgänge desselben Fertigungsauftrags nicht auf eine andere Fertigungslinie eingeplant werden. Eventuell existieren Arbeitsplätze, die keiner Kapazitätsgruppe angehören. Ein Vorgang, der per Spezifikation einem solchen Arbeitsplatz zugeteilt ist, kann ausschließlich darauf eingeplant werden. Um die gegebenen Planungsalternativen zu ermitteln, werden zunächst alle Arbeitsplätze abgerufen:

```
GET /workplaces
```

Damit sind dem Planungsalgorithmus alle Arbeitsplätze einschließlich ihres ERP-Kontextes und deren Zugehörigkeit zu einer Kapazitätsgruppe oder Fertigungslinie bekannt. Als Nächstes ist für jeden einzelnen Arbeitsplatz zu ermitteln, in welchen Zeiträumen innerhalb des Planungshorizontes dessen geplante Betriebszeiten liegen:

```
GET /workplaces/{id}/scheduledOperatingTimes?startDate={}&endDate={}
```

Zeitbereiche innerhalb der geplanten Betriebszeit, in denen ein Arbeitsplatz bereits durch einen anderen Vorgang belegt ist, stehen zur Einplanung weiterer Vorgänge nicht zur Verfügung. Es ist davon auszugehen, dass alle Arbeitsplätze, auf denen zum Zeitpunkt der Planung ein Vorgang durchgeführt wird, bis zu deren prognostiziertem Ende weiterhin belegt sein werden. Eine Bridge-kompatible Plattform gibt auch dann, wenn kein Prognosealgorithmus auf der IoT-Plattform im Einsatz ist, für die zum gegebenen Zeitpunkt durchgeführten Vorgänge ein stets aktuelles Prognoseergebnis zurück:

```
GET /operations?isInProgress=true
    &embed=forecastResult
```

Die IoT-Plattform erstellt die in Abb. 2.22 oben dargestellte Prognose für die laufenden Vorgänge, korrigiert jedoch nicht die nachfolgend geplanten Vorgänge, wie dies in derselben Abbildung unten dargestellt ist.

In jedem Betrieb ist für die unmittelbare Zukunft ein Zeitbereich (Fixierungshorizont oder Frozen Zone) definiert, in dem alle eingeplanten Vorgänge als fixiert zu betrachten sind. Darüber hinaus können Arbeitsplätze auch in weiterer Zukunft durch fixiert eingeplante Vorgänge vorbelegt sein. Solche Vorgänge sind bereits eingeplant (*isDispatched=true*), jedoch nicht mehr planbar (*isPlannable=false*). Wohl aber müssen sie als eine gegebene Vorbelegung der Arbeitsplätze bei der Planung insofern beachtet werden, als im Zeitraum ihrer geplanten Durchführung keine anderen Vorgänge auf dem jeweiligen Arbeitsplatz eingeplant werden dürfen. Der Planungsalgorithmus muss demnach das Planungsergebnis der fixiert eingeplanten Vorgänge abrufen:

```
GET /operations?isDispatched=true&isPlannable=false
    &embed=planningResult
    &embed=specification
```

Ist für verschiedene Vorgänge eine Kuppelproduktion vorgesehen, sind nur die Haupt-
vorgänge als *planbar*, alle Kuppelvorgänge dagegen als *nicht planbar* gekennzeichnet.
Der Filterparameter *isDispatched=true* gewährleistet, dass keine Kuppelvorgänge zurückgegeben werden. Sie werden beim Zurückschreiben eines Planungsszenarios oder des
Planungsergebnisses in die IoT-Plattform automatisch zeitgleich mit dem zugehörigen
Hauptvorgang demselben Arbeitsplatz zugewiesen. Für den Planungsalgorithmus, der nur
den Hauptvorgang plant, ist es daher vollkommen irrelevant, ob eine Kuppelproduktion
vorliegt oder nicht. Zudem liegen der hier betrachteten einfachen Variante einer Auftragsfeinplanung ausschließlich die im Arbeitsplan hinterlegten internen Rüstzeiten und somit
insbesondere keine externen Rüstzeiten zugrunde. Weil demnach in der Planung weder
Kuppelvorgänge noch externe Rüstzeiten auftreten, darf der Planungsalgorithmus jedem
Arbeitsplatz zu jedem Zeitpunkt höchstens einen planbaren Vorgang zuweisen.

Im nächsten Schritt ist zu eruieren, zu welchen Zeiten die Arbeitsplätze mit den fixiert
eingeplanten Vorgängen tatsächlich belegt sein werden. Denn infolge von Verzögerungen
bei der Auftragsabwicklung bedarf es regelmäßiger Terminkorrekturen seitens des Planungsalgorithmus (vgl. Abb. 9.1).

Zwar ist es dem Planungsalgorithmus nicht erlaubt, fixiert eingeplante Vorgänge auf
einen anderen Arbeitsplatz einzuplanen oder deren zeitliche Reihenfolge auf einem Arbeitsplatz zu verändern. Wenn der geplante Starttermin eines fixierten Vorgangs allerdings
in der Vergangenheit oder vor dem voraussichtlichen Ende des gegenwärtig auf dem
Arbeitsplatz durchgeführten Vorgangs liegt, müssen dessen Plantermine in den nächsten
zukünftigen Zeitbereich verschoben werden, in dem der Arbeitsplatz tatsächlich zur
Verfügung steht. In Abb. 9.1 betrifft dies den Vorgang 3333/0010, der frühestens nach
dem prognostizierten Ende des aktuell durchgeführten Vorgangs 2222/0010 beginnen
kann. Andererseits darf Vorgang 3333/0010 nicht hinter den ebenfalls fixierten Vorgang
4444/0010 verschoben werden, weil dies die Reihenfolge der fixiert eingeplanten Vorgänge auf dem Arbeitsplatz ändern würde. Zur Terminkorrektur der fixierten Vorgänge
müssen deren Vorgabewerte für die Rüstzeit, Bearbeitungszeit und Abrüstzeit aus *ope-
rations/{id}/specification* abgefragt werden oder diese Subressource gleich für alle fixiert
eingeplanten Vorgänge in den oben angeführten Methodenaufruf eingebettet werden. Hat

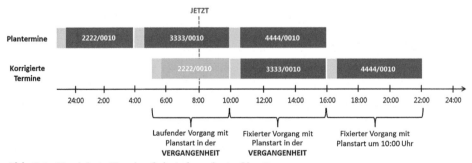

Abb. 9.1 Korrigierte Termine fixiert eingeplanter Vorgänge

ein verschobener Vorgang einen oder mehrere ebenfalls fixiert eingeplante Nachfolger innerhalb der Vorgangsabfolge des zugehörigen Fertigungsauftrags, sind gegebenenfalls auch deren Plantermine entsprechend den Anordnungsbeziehungen des Arbeitsplans zu korrigieren (vgl. Abschn. 2.6).

Erst nachdem die Plantermine aller fixiert eingeplanten Vorgänge korrigiert wurden, kann der Planungsalgorithmus feststellen, wann auf den einzelnen Arbeitsplätzen erstmals ein Zeitraum freier Kapazität zur Verfügung steht. Das sind alle Zeitbereiche innerhalb der geplanten Betriebszeit eines Arbeitsplatzes, in denen dieser nicht vorbelegt ist. Innerhalb dieser Zeitbereiche dürfen planbare Vorgänge einem Arbeitsplatz zugewiesen werden, sofern deren frühester Starttermin erreicht wurde. Um diese terminliche Restriktion bei der Planung zu berücksichtigen, müssen alle planbaren Vorgänge zusammen mit ihren terminierten Terminen und ihrer Spezifikation abgerufen werden:

```
GET /operations?isPlannable=true
    &embed=specification
    &embed=scheduledDates
```

Die Spezifikation beinhaltet die Vorgabewerte aus dem Arbeitsplan und ergänzt diese um eine Sollbearbeitungszeit (*targetProcessingTime*). In einer Bridge-kompatiblen Plattform kann sich ein Anwendungsentwickler darauf verlassen, dass in der Spezifikation eines Vorgangs stets eine valide Sollbearbeitungszeit angegeben ist, ohne Gedanken darüber verlieren zu müssen, unter welchen fachlichen Aspekten diese ermittelt wurde. Die terminierten Termine beinhalten die Terminschiene des Vorgangs. Innerhalb deren, d. h. zwischen frühestem Starttermin und spätestem Endtermin, kann ein Vorgang auf jeden freien Arbeitsplatz der ihm zugeordneten Kapazitätsgruppe eingeplant werden, sofern der Arbeitsplatz nicht vorbelegt ist und die Organisation der Arbeitsplätze als Fertigungslinien oder die Anordnungsbeziehungen zwischen den Vorgängen keine weiteren Einschränkungen auferlegen.

Grundsätzlich ist es nur dann möglich, einen Vorgang zu seinem frühesten Startzeitpunkt einzuplanen, wenn es ab diesem Zeitpunkt für die Dauer seiner Solldurchführungszeit innerhalb der ihm zugewiesenen Kapazitätsgruppe einen freien Arbeitsplatz gibt. Erst nach Korrektur der fixiert eingeplanten Vorgänge kann der Planungsalgorithmus dies überprüfen. In Abb. 9.2 könnte der Vorgang 4711/0020 zwar auf Grund seines in der Vergangenheit liegenden frühesten Starttermins zum aktuellen Zeitpunkt eingeplant werden. Infolge der Vorbelegung beider Arbeitsplätze ist der frühest mögliche Starttermin auf dem Arbeitsplatz 1 allerdings erst um 10:00 Uhr und auf dem Arbeitsplatz 2 sogar erst um 22:00 Uhr gegeben, was ohne die in Abb. 9.1 illustrierte Terminkorrektur nicht zu erkennen wäre.

Eine zusätzliche Planungsrestriktion stellen die Anordnungsbeziehungen der Vorgänge innerhalb ihres Fertigungsauftrags oder eines Auftragsnetzes dar (vgl. Abschn. 2.6 und 2.21). Demzufolge müssen vor der Planung zunächst noch die Anordnungsbeziehungen der Fertigungsaufträge aller planbaren und aller fixiert eingeplanten Vorgänge, die von

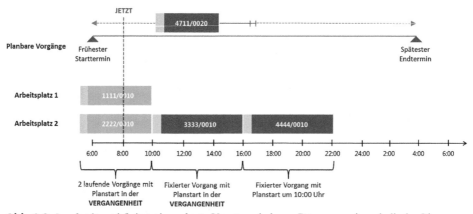

Abb. 9.2 Laufende und fixiert eingeplante Vorgänge belegen Ressourcen innerhalb des Planungshorizontes

einer Terminkorrektur betroffen sind, abgerufen werden. Die folgende POST-Methode erlaubt einer Anwendung, die zugehörigen Auftragskennungen (*productionOrderId*) dieser Vorgänge explizit beim Aufruf innerhalb des Methodenrumpfs in Form eines Array zu übergeben:

POST /productionOrders/search?embed=operationSequence
  &embed=specification

Ein Vorgang darf frühestens nach Ende der Transport- und Liegezeit all seiner Vorgänger eingeplant werden. Sofern keine Überlappung vorgesehen ist, beginnen diese Übergangszeiten mit dem geplanten Ende des Vorgängers. Anderenfalls beginnen sie nach Ablauf der Mindestvorlaufzeit des Vorgängers (vgl. Abschn. 2.6 und 2.13). Die *Mindestvorlaufzeit* ist die seit Bearbeitungsbeginn verstrichene Zeit, die ein Vorgang zur Bereitstellung der Mindestweitergabemenge benötigt. Sie ist für den verlustfreien Fall in den Vorgangssequenzen als *minimumOffsetTime* angegeben. Fehlt diese Angabe, dann ist eine zeitliche Überlappung zwischen Vorgänger- und Nachfolgevorgang nicht erlaubt.

Auch diesbezüglich ist es für den Planungsalgorithmus irrelevant, ob eine Kuppelproduktion vorliegt oder nicht, weil in der Vorgangsabfolge eines Fertigungsauftrags neben dem Kuppelvorgang stets auch der Hauptvorgang mit den Übergangszeiten zum Kuppelvorgang enthalten ist. Der Vorgang 8888/0030 in Abb. 9.3 hat sowohl den Kuppelvorgang 8888/0020 als auch den Hauptvorgang 4811/0010 als Vorgänger. Wird letzterer vom Planungsalgorithmus eingeplant, so ist bei anschließender Einplanung des Nachfolgevorgangs 8888/0030 im vorliegenden Beispiel eine Übergangszeit von in Summe 2 Stunden beginnend beim Planende des Hauptvorgangs einzuhalten.

Um die Planung an der Priorität verschiedener Fertigungsaufträge auszurichten, wird im Methodenaufruf oben zusätzlich die Spezifikation des jeweiligen Fertigungsauftrags

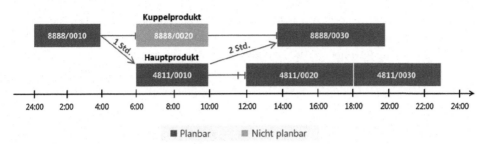

Abb. 9.3 Vorgangsabfolge bei Kuppelproduktion

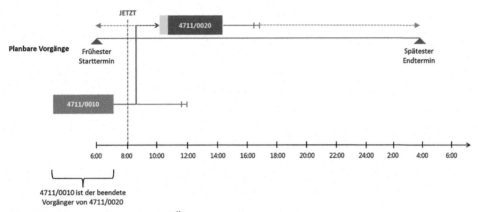

Abb. 9.4 Beendete Vorgänger mit Übergangszeiten

eingebettet. Darin ist dessen Priorität hinterlegt. Erweist es sich im Verlaufe der Planung als unmöglich, alle Fertigungsaufträge termingerecht einzuplanen, sollten vorzugsweise die Vorgänge der Fertigungsaufträge mit einer geringeren Priorität verspätet, d. h. nach ihrem spätesten Endtermin eingeplant werden, wenn dadurch die höher priorisierten Aufträge termingerecht eingeplant werden können.

Falls in einer Vorgangsabfolge noch nicht abgerufene Vorgänger existieren, die eine Liegezeit oder eine Transportzeit größer als 0 haben, müssen schließlich noch deren Endtermine ermittelt werden. Der Grund dafür ist in Abb. 9.4 illustriert, wo für den beendeten Vorgang 4711/0010 Übergangszeiten vorgegeben sind, die in Summe 5 Stunden betragen. Weil der Vorgang 4711/0020 dessen Nachfolger ist, darf dieser nicht vor 12:00 Uhr eingeplant werden. Diese Restriktion kann der Planungsalgorithmus aber nicht allein anhand der Übergangszeiten ermitteln, sondern muss auch den tatsächlichen Endtermin des Vorgängers kennen und die Übergangszeiten zu diesem Zeitpunkt hinzuaddieren.

Der tatsächliche Endtermin eines beendeten Vorgangs ist in dessen aufgezeichneten Vorgangsphasen hinterlegt und kann wie folgt abgerufen werden:

GET /operations/{id}/recordedOperationPhases

Bei den Vorgängen, die als Vorgänger in einer Vorgangsabfolge angegeben sind, aber noch nicht abgerufen wurden, handelt es sich entweder um beendete Vorgänge oder um nicht planbare Kuppelvorgänge, die zu einem planbaren Hauptvorgang gehören. Da diese Kuppelvorgänge noch nicht begonnen wurden, haben sie auch keine aufgezeichneten Vorgangsphasen. Der Planungsalgorithmus darf die Kuppelvorgänge auch an dieser Stelle vollständig ignorieren.

9.2.2   Zurückschreiben der Planungsszenarien

Nachdem der Planungsalgorithmus alle planungsrelevanten Daten von der IoT-Plattform abgerufen hat, kann dieser mit verschiedenen Planungsvarianten unterschiedliche Planungsszenarien bereitstellen. Je nachdem, ob die Liefertreue, die Terminierungseffizienz der Fertigungsaufträge oder der Belegungsgrad der Arbeitsplätze maximiert werden soll, ergeben sich meist unterschiedliche Planungsszenarien. Sie werden mit der folgenden Methode in die IoT-Plattform zurückgeschrieben:

POST /operations/planningScenarios

Die Dabei übergebene Struktur besteht aus einer Menge von Zuweisungen (*assignments*) mit den in Tab. 9.1 beschriebenen Elementen.

Des Weiteren wird beim Zurückschreiben des Planungsszenarios angegeben, welche Anwendung dieses erstellt hat (*creator*), sowie der Beginn und das Ende des Planungshorizontes, anhand dessen die IoT-Plattform den Belegungsgrad der geplanten Arbeitsplätze ermittelt (vgl. Abschn. 2.2). Ergänzend zum gesamten Planungsszenario sollte der Planungsalgorithmus für die bereits eingeplanten Vorgänge ein separates Planungsszenario erstellen. Diese können, wie in Abschn. 9.7 erläutert, beim Dynamic Scheduling mit dem Prognoseergebnis verglichen werden.

Oft haben die Arbeitsplätze eines Werks denselben Schichtplan. Dann ist das Ende einer Schicht der optimale Zeitpunkt, um aktuelle Planungsszenarien zu generieren, da zum Schichtende alle bis dahin noch nicht klassifizierten Mengen seitens des Fertigungspersonals klassifiziert und bestätigt werden, sodass der Auftragsfortschritt genaustens bekannt ist. Ein ebenfalls angemessener Zeitpunkt zum Erstellen neuer Planungsszenarien ist der Eintritt des folgenden Ereignisses:

OBSOLETE_OPERATION_PLANNING_SCENARIOS

Das komplexe Ereignis wird durch elementare Ereignisse ausgelöst, die dazu führen, dass die planungsrelevanten Annahmen der zuvor erstellten Planungsszenarien nicht mehr zutreffen. Hierzu zählen unter anderem Änderungen des Schichtplans, neu geplante Instandhaltungsmaßnahmen oder neu freigegebene Fertigungsaufträge.

Tab. 9.1 Zuweisungen, die beim Zurückschreiben eines Planungsszenarios an die IoT-Plattform übergeben werden

Element	Beschreibung
operationId	UUID des geplanten Vorgangs
workplaceId	UUID des belegten Arbeitsplatzes
startDate	Beginn der Durchführungszeit
endDate	Ende der Durchführungszeit
setupStartDate	Beginn der internen Rüstzeit, der, wenn keine externe Rüstzeit geplant ist, mit dem Beginn der Durchführungszeit zusammenfällt und, wenn keine interne Rüstzeit geplant ist, mit dem Ende der Rüstzeit identisch ist oder auch leer sein kann
setupEndDate	Ende der internen Rüstzeit, das, wenn keine interne Rüstzeit geplant ist, mit dem Beginn der internen Rüstzeit zusammenfällt oder auch leer sein kann
processingStartDate	Beginn der Bearbeitungszeit, der, wenn keine Rüstzeit geplant ist, mit dem Beginn der Durchführungszeit zusammenfällt
processingEndDate	Ende der Bearbeitungszeit, das, wenn kein Abrüsten geplant ist, mit dem Ende der Durchführungszeit zusammen fällt
fixed	Kennzeichen, welches angibt, ob ein Vorgang fixiert ist. Der Planungsalgorithmus hat für dieses Kennzeichen immer den ursprünglichen Wert zu übernehmen. Ist das Kennzeichen gesetzt, dürfen auch die übrigen Felder, mit Ausnahme der im Text beschriebenen Terminkorrekturen, nicht geändert werden

9.3   Realistischere Auftragsfeinplanung

Die einfache Fertigungsplanung, der als Rüst- und Bearbeitungszeiten die Vorgabewerte aus dem Arbeitsplan zugrunde gelegt werden, suggeriert, dass Prozessverfügbarkeit, Leistungsgrad und Qualitätsrate auf allen Arbeitsplätzen 100 Prozent betragen. So wenig dies in der Realität jemals der Fall ist, so unrealistisch sind auch die damit generierten Planungsszenarien. Auch die Annahme, dass jeder Vorgang auf allen Arbeitsplätzen innerhalb einer Kapazitätsgruppe in derselben Zeit durchzuführen ist, entspricht selten der Realität. Je nach Arbeitsplatz dürfen die Rüstphasen der nachfolgenden Vorgänge gegebenenfalls bereits während der Bearbeitung eines Vorgängers auf dem Arbeitsplatz eingeplant werden (vgl. Abb. 3.5). Bisweilen können einzelne Materialien überhaupt nur auf einer kleineren Teilmenge der Arbeitsplätze einer Kapazitätsgruppe hergestellt werden. Nicht zuletzt entspricht der Ansatz, Rüstzeiten unabhängig von dem zuvor auf dem Arbeitsplatz hergestellten Material festzulegen, bei vielen Fertigungsverfahren nicht den Gegebenheiten (vgl. Abschn. 2.6).

Eine elaboriertere Auftragsfeinplanung wird zunächst nicht davon ausgehen, dass jedes Material grundsätzlich auf jedem Arbeitsplatz innerhalb einer Kapazitätsgruppe hergestellt werden kann, sondern stattdessen explizit die Arbeitsplatzalternativen (*alternativeWork-places*) jedes Vorgangs abfragen. Der Vorgabewert für die Bearbeitungszeit wird mit einem Verzögerungsfaktor multipliziert (vgl. Abschn. 2.6). Gegebenenfalls unterscheidet sich dieser auf den verschiedenen Arbeitsplätzen oder in Abhängigkeit von dem eingesetzten Werkzeug. Um diesem Sachverhalt bei der Planung Rechnung zu tragen, müssen die verschiedenen Fertigungsvarianten (*manufacturingVariants*) eines Vorgangs abgerufen werden:

```
GET /operations?isPlannable=true
    &embed=specification
    &embed=scheduledDates
    &embed=alternativeWorkplaces
    &embed=manufacturingVariants
```

Beim Einbetten der Fertigungsvarianten ist zu überprüfen, dass deren Anzahl nicht die maximale Seitengröße überschreitet, weil jede Liste nur bis zu dieser Anzahl an Elementen in die Repräsentation einer anderen Ressource eingebunden werden kann. Im Falle einer Überschreitung der Seitengröße sind die fehlenden Fertigungsvarianten nachzuladen.

Jede Fertigungsvariante gilt ausschließlich für die darin genannten Arbeitsplätze. Sind auch ein oder mehrere Werkzeuge in der Fertigungsvariante aufgelistet, dann gilt die Fertigungsvariante nur für die betreffenden Arbeitsplätze in Kombination mit einem der aufgelisteten Werkzeuge. Die Fertigungsvariante beschreibt, von welcher Bearbeitungszeit (*processingTime*) und welchem Rüstzeitzuschlag (*additionalSetupTime*) bei der Planung des Vorgangs auf die jeweilige Ressourcenkombination auszugehen ist (vgl. Tab. 9.2). Verzögerungsfaktor (*delayFactor*) und die Zwischenrüstzeit (*intermediateSetupTime*) sind in der für die Fertigungsvariante prognostizierten Bearbeitungszeit bereits verrechnet. Der Verzögerungsfaktor des Vorgängervorgangs wirkt sich aber auf die Mindestvorlaufzeit aus, sofern eine solche in den Anordnungsbeziehungen hinterlegt ist.

Das Kennzeichen (*externalSetup*), ob externes Rüsten in der jeweiligen Fertigungsvariante möglich ist, sollte von dem Planungsalgorithmus ausgelesen und die Möglichkeit gegebenenfalls in der vorgeschlagenen Arbeitsplatzbelegung zugunsten einer maximalen Rüstzeitreduzierung ausgenutzt werden.

Während in der einen Kapazitätsgruppe die Rüstzeiten unabhängig vom Vorgänger-material ermittelt werden können, entstehen in der anderen Kapazitätsgruppe überhaupt nur dann Rüstzeiten, wenn sich das zu produzierende Material ändert (vgl. Abschn. 2.6). Beispielsweise sind die Rüstzeiten bei Spritzgießmaschinen davon abhängig, welches Kunststoffgranulat in welcher Farbe und welches Werkzeug jeweils vor und nach dem Rüstwechsel auf der Maschine verwendet werden. All diese Rahmenbedingungen hängen von dem zu produzierenden Material ab. Die für den Rüstübergang von einem zum nächsten Material benötigte Zeit (*setupTime*) ist in den betreffenden Kapazitätsgruppen entweder für alle dazugehörenden Arbeitsplätze oder differenziert für einzelne Arbeitsplät-ze hinterlegt (vgl. Tab. 9.3).

Tab. 9.2 Die Properties der Fertigungsvarianten eines Vorgangs

Element	Beschreibung
delayFactor	Der Verzögerungsfaktor, der sich aus dem Kehrwert des Produktes aus Prozessverfügbarkeit, Leistungsgrad und Qualitätsrate ergibt. Der Verzögerungsfaktor des Vorgängervorgangs muss mit der Mindestvorlaufzeit multipliziert werden, der eigene Verzögerungsfaktor hat nur informativen Charakter, da er in der Bearbeitungszeit der Fertigungsvariante schon verrechnet ist
processAvailability	Die Prozessverfügbarkeit, die für die Fertigungsvariante angenommen wird (hat nur informativen Charakter)
performance	Der Leistungsgrad, der für die Fertigungsvariante angenommen wird (hat nur informativen Charakter)
qualityRate	Die Qualitätsrate, die für die Fertigungsvariante angenommen wird (hat nur informativen Charakter)
processingTime	Die Bearbeitungszeit, in welcher der Verzögerungsfaktor und die Zwischenrüstzeit schon verrechnet sind
additionalSetupTime	Ein zusätzliches Rüstzeitinkrement, welches zu der in der Spezifikation des Vorgangs hinterlegten Sollrüstzeit hinzuaddiert werden muss. Das Rüstzeitinkrement darf auch negativ sein, wenn in dieser Fertigungsvariante die Rüstzeit kürzer ist als die vorgegebene Sollrüstzeit
externalSetup	Kennzeichen, ob die in der Spezifikation des Vorgangs hinterlegte Sollrüstzeit zusammen mit dem Rüstzeitinkrement und die Sollabrüstzeit parallel zur Bearbeitung eines Vorgängervorgangs bzw. Nachfolgevorgangs erfolgen können. Die Zwischenrüstzeit ist dagegen stets als interne Rüstzeit zu betrachten und ohnehin bereits in der Bearbeitungszeit verrechnet
intermediateSetupTime	Die kumulierte Zwischenrüstzeit (hat nur informativen Charakter)
staffCapacityFactor	Erlaubt es, den Personalbedarf auf Kosten einer längeren Bearbeitungszeit unvollständig zu decken, siehe Text!
skillFactor	Gibt an, wie die Zuteilung geringer qualifizierter Mitarbeiter die Bearbeitungszeit verzögert, siehe Text!

Tab. 9.3 Die Properties der innerhalb der einzelnen Kapazitätsgruppen hinterlegten Rüstübergänge

Element	Beschreibung
predecessorMaterial	Das vom Vorgängervorgang auf dem Arbeitsplatz produzierte Material
successorMaterial	Das vom Nachfolgevorgang auf dem Arbeitsplatz produzierte Material
setupTime	Die Rüstzeit in Millisekunden, welche die Sollrüstzeit des nachfolgenden Vorgangs vollständig ersetzt
workplaces	Ein oder mehrere Arbeitsplätze, für welche die angegebene Rüstzeit gilt

Die Rüstzeiten verschiedener Rüstübergänge werden für die einzelnen Kapazitätsgruppen, in denen solche hinterlegt sind, folgendermaßen abgerufen:

GET /workplaceGroups/{id}/setupTransitions

Eine Bridge-kompatible API gibt immer nur die Rüstzeiten für solche Rüst-übergänge zurück, bei denen Vorgängermaterial und Nachfolgematerial von mindestens einem planbaren, bereits eingeplanten oder aktuell laufenden Vorgang tatsächlich ausgebracht werden, sodass die Anzahl der zurückgegebenen Elemente stets überschaubar bleibt. Diese Rüstzeiten werden nicht zur Sollrüstzeit des Arbeitsplans hinzuaddiert, sondern ersetzen diese vollständig. Die in den Fertigungsvarianten hinterlegte zusätzliche Rüstzeit und die Zeit für das Zwischenrüsten behalten durch die Einträge in der Rüstmatrix ihre Gültigkeit.

Wenn schließlich auch die Verfügbarkeit von Werkzeugen und qualifiziertem Personal bei der Auftragsfeineinplanung geprüft werden soll, müssen zudem die Personal- und Werkzeugbedarfe des Vorgangs abgerufen werden:

GET /operations?isPlannable=true
    &embed=specification
    &embed=scheduledDates
    &embed=alternativeWorkplaces
    &embed=manufacturingVariants
    &requiredSkills
    &requiredTools

Sofern ein Vorgang ein konkretes Werkzeug erfordert, darf der Planungsalgorithmus nicht zur gleichen Zeit einen Vorgang einplanen, der ebenfalls und ausschließlich dieses Werkzeug benötigt, weil für ihn keine alternativen Fertigungsvarianten existieren. Um den Werkzeugwechsel zwischen den einzelnen Arbeitsplätzen zu minimieren, sollten alle Vorgänge, die ein bestimmtes Werkzeug benötigen, im Idealfall auch auf denselben Arbeitsplatz geplant werden. An welchen Arbeitsplätzen sich die einzelnen Werkzeuge befinden, ist wie folgt abzurufen:

GET /tools/{id}?embed=location

Im Gegensatz zum Werkzeugbedarf bezieht sich der Personalbedarf nicht auf eine konkrete Person, sondern stets auf deren Qualifikationen oder Fähigkeiten, die bei verschiedenen Mitarbeitern mehr oder weniger stark ausgeprägt sein können. Damit ein Mitarbeiter überhaupt einen Beitrag zur Deckung des Personalbedarfs eines Vorgangs leisten kann, muss dessen Qualifikationsniveau der im Personalbedarf hinterlegten Mindestanforderung (*minimumSkill*) genügen. Ferner ist der Personalbedarf erst dann vollständig gedeckt, wenn hinsichtlich aller erforderlichen Qualifikationen auch die benötigte Mitarbeiterkapazität (*capacity*), d. h. die vorgegebene Anzahl an Mitarbeitern zur Verfügung steht, wobei Mitarbeiter innerhalb einer Schicht anteilig auf mehrere Arbeitsplätze eingeplant werden können.

Demnach muss der Planungsalgorithmus abfragen, über welche Fähigkeiten die Mitarbeiter verfügen und auf welchen Arbeitsplätzen sie überhaupt eingesetzt werden können:

GET /staffMembers?embed=assignedWorkplaces&embed=skills

Wenn in einer Fertigungsvariante ein Verrechnungsfaktor für die Mitarbeiterkapazität (*staffCapacityFactor*) größer als 0 hinterlegt ist, muss der Personalbedarf nicht vollständig gedeckt werden. Dafür verlängert sich bei einer Unterdeckung die Bearbeitungszeit jedoch um den folgenden zusätzlichen Faktor:

$$Verzögerungsfaktor = staffCapacityFactor \cdot \frac{benötigte\, Mitarbeiter}{verfügbare\, Mitarbeiter} \tag{9.1}$$

Wenn in einer Fertigungsvariante ein Verrechnungsfaktor für das Qualifikationsniveau der Mitarbeiter (*skillFactor*) größer als 0 hinterlegt ist, verlängert sich die Bearbeitungszeit durch die Einplanung von Mitarbeitern, die in Hinblick auf die benötigte Qualifikation ein Qualifikationsniveau (*skillLevel*) kleiner als 1 haben, nochmals um den folgenden zusätzlichen Faktor:

$$Verzögerungsfaktor = \frac{skillFactor}{durchschnittliches\, Qualifikationsniveau} \tag{9.2}$$

Schließlich ist zu ermitteln, wann jeder einzelne Mitarbeiter innerhalb des Planungszeitraumes überhaupt verfügbar ist:

GET /staffMembers/{id}/scheduledWorkingTimes?startDate={}&endDate={}

Um dem Personalbedarf im Rahmen der Auftragsfeinplanung Rechnung zu tragen, muss offenbar zugleich eine implizite Personaleinsatzplanung durchgeführt werden. Der wesentliche Unterschied zur Personaleinsatzplanung besteht darin, dass diese nicht den Personalbedarf der Vorgänge, sondern den der Arbeitsplätze decken muss und daher erst nach der Auftragsfeinplanung vorgenommen wird (vgl. Abschn. 9.4). Denn es ist möglich, dass der Personalbedarf einzelner oder mehrerer Arbeitsplätze vom Ergebnis der Auftragsfeinplanung abhängt. Während an einer bestimmten Maschine zumeist dieselbe Qualifikation benötigt wird, sind an Montagearbeitsplätzen sowohl die benötigten Qualifikationen als auch die Anzahl der benötigten Mitarbeiter oft von dem zu produzierenden Material abhängig.

9.4   Personaleinsatzplanung

Bei der Personaleinsatzplanung werden, wie in Abschn. 6.3 kurz umrissen, die Personalbedarfe der Arbeitsplätze durch die Zuordnung von entsprechend qualifiziertem Personal auf die einzelnen Arbeitsplatzschichten gedeckt. In seltenen Fällen wird der Personalbedarf nicht über eine Arbeitsplatzschicht gemittelt, sondern ist explizit mit einem Starttermin und einem Endtermin angegeben, welche beide innerhalb der jeweiligen Arbeitsplatzschicht liegen. Auf jedem Arbeitsplatz werden für das Rüsten, die Bearbeitung und die verschiedenen Instandhaltungsmaßnahmen unterschiedliche Qualifikationen benötigt. Während die für das Rüsten und die Bearbeitung benötigten Qualifikationen an konkreten Maschinen stets dieselben sind, hängen die an Montage- oder sonstigen Handarbeitsplätzen benötigten Qualifikationen bisweilen von dem zu produzierenden Material und damit von dem Ergebnis der Auftragsfeinplanung ab. Auch die in einer bestimmten Arbeitsplatzschicht pro Qualifikation erforderliche Anzahl von Mitarbeitern variiert in Abhängigkeit von der Auftragsfeinplanung. Dies ist insofern plausibel, als in Zeiträumen, in denen ein Arbeitsplatz nicht belegt ist, dort auch keine Mitarbeiter benötigt werden.

Eine für den Einsatz in der Produktion konzipierte IoT-Plattform erlaubt für jeden Arbeitsplatz zu konfigurieren, ob und in welcher Weise der Personalbedarf pro Schicht in Abhängigkeit von den darauf eingeplanten Vorgängen bzw. dem zu produzierenden Material ermittelt werden muss. Für Anwendungsentwickler ist die Berechnungsvorschrift, nach welcher der Personalbedarf pro Schicht von der IoT-Plattform bestimmt wird, jedoch vollkommen irrelevant, weil ihnen das Ergebnis der Bedarfsermittlung durch die IoT-Plattform bereitgestellt wird. Anwendungsentwickler müssen lediglich wissen, dass der Personalbedarf auf dem einen oder anderen Arbeitsplatz von dessen Belegung abhängig ist und daher jedes Planungsszenario der Auftragsfeinplanung andere Personalbedarfe impliziert. In gleicher Weise ergeben sich für das Planungsergebnis und das Prognoseergebnis jeweils individuelle Anforderungen in Hinsicht auf die benötigten Qualifikationen und Anzahl der Mitarbeiter.

Der Personalbedarf, der aus einem konkreten Planungsszenario der Auftragsfeinplanung folgt, wird unter Angabe eines Betrachtungszeitraumes und der ID des betreffenden Planungsszenarios folgendermaßen abgerufen:

```
GET /workplaces/{id}/requiredSkills?startDate={}&endDate={}
    &basisOfDetermination=PLANNING_SCENARIO
    &planningScenarioId={planningScenarioId}
```

Alternativ zu einem konkreten Planungsszenario stehen das Planungsergebnis und das Prognoseergebnis als Grundlage der Bedarfsermittlung zur Auswahl (vgl. Tab. 9.4).

Der Personalbedarf wird für jede Arbeitsplatzschicht (*workplaceShiftId*) und jede benötigte Qualifikation (*skillId*) durch die Angabe der erforderlichen Mitarbeiterkapazität (*capacity*) beschrieben (vgl. Tab. 9.5). Weil ein Mitarbeiter zuweilen zwei Maschinen gleichzeitig bedienen kann, besteht die Möglichkeit, dass an zwei Arbeitsplätzen jeweils

Tab. 9.4 Verschiedene Grundlagen der Bedarfsermittlung

Basis of Determination	Beschreibung
CURRENT_PLANNING	Der Personalbedarf des Arbeitsplatzes wird anhand des Planungsergebnisses der Auftragsfeinplanung ermittelt
CURRENT_FORECAST	Der Personalbedarf des Arbeitsplatzes wird anhand des Prognoseergebnisses für die Auftragsfeinplanung ermittelt
PLANNING_SCENARIO	Der Personalbedarf des Arbeitsplatzes wird anhand eines konkreten Planungsszenarios der Auftragsfeinplanung ermittelt, dessen UUID in einem weiteren Aufrufparameter *planningScenarioId* angegeben werden muss

Tab. 9.5 Der Personalbedarf eines Arbeitsplatzes

Element	Beschreibung
workplaceShiftId	UUID der Arbeitsplatzschicht
skillId	UUID der erforderlichen Qualifikation
capacity	Anzahl der Mitarbeiter, die während der entsprechenden Arbeitsschicht oder des angegebenen Zeitraums innerhalb dieser Schicht benötigt werden. Sie ist in der Regel nicht ganzzahlig
minimumSkill	Ein Wert zwischen 0 und 1, welcher das minimale Qualifikationsniveau beschreibt, das zur Ausübung der Tätigkeit erforderlich ist
startDate	Werden die erforderlichen Qualifikationen nicht schichtbezogen, sondern zeitgenau (basierend auf einer detaillierten Auftragsfeinplanung) ermittelt, wird hier der Starttermin innerhalb der Arbeitsplatzschicht angegeben, ab dem der Personalbedarf vorliegt
endDate	Werden die erforderlichen Qualifikationen zeitgenau ermittelt, wird hier der Endtermin innerhalb der Arbeitsplatzschicht angegeben, bis zu dem der Personalbedarf besteht

eine Anzahl von einem halben Maschinenbediener benötigt wird. Die erforderliche Mitarbeiterkapazität muss daher nicht ganzzahlig sein. Ebenso wird nicht immer verlangt, dass ein Mitarbeiter hundertprozentig über eine Qualifikation verfügt. Stattdessen genügt zumeist ein minimales Qualifikationsniveau (*minimumSkill*) mit einem Wert zwischen 0 und 1. In sehr seltenen Fällen werden die erforderlichen Qualifikationen nicht schichtbezogen, sondern zeitgenau den geplanten Start- und Endterminen der einzelnen Vorgangsphasen entsprechend auf Basis der Auftragsfeinplanung festgelegt. Dann ist zusätzlich ein Starttermin (*startDate*) innerhalb der Arbeitsplatzschicht angegeben, ab dem der Personalbedarf vorliegt, und ein Endtermin (*endDate*) innerhalb der Arbeitsplatzschicht, bis zu dem der Personalbedarf besteht.

9.4.1 Relevante Daten

Ein Planungsalgorithmus zur Personaleinsatzplanung muss zunächst anfragen, welche Arbeitsplätze überhaupt existieren:

Tab. 9.6 Die Qualifikationen eines Mitarbeiters

Element	Beschreibung
skillId	UUID der Qualifikation
description	Beschreibung der Qualifikation als mehrsprachiges Literal
code	Der der Qualifikation zugeordnete numerische Code
skillLevel	Das Qualifikationsniveau mit einem Wert zwischen 0 und 1
startDate	Der Starttermin, ab dem die Qualifikation gültig ist
endDate	Der Endtermin, zu dem die Qualifikation ausläuft

GET /workplaces

Im Anschluss daran können, wie zuvor beschrieben, für jeden Arbeitsplatz die im Planungszeitraum liegenden Personalbedarfe abgerufen werden. Nachdem diese bekannt sind, gilt es, sie so vollständig wie möglich durch die Zuteilung geeigneter Mitarbeiter zu decken. Dazu wird zunächst ermittelt, welche Mitarbeiter mit welchen Qualifikationen (*skills*) existieren und auf welchen Arbeitsplätzen diese eingesetzt werden können (*assignedWorkplaces*):

GET /staffMembers?embed=assignedWorkplaces&embed=skills

Was die Qualifikationen der Mitarbeiter betrifft, ist zu beachten, dass diese zeitlich befristet sein können (vgl. Tab. 9.6).

Schließlich müssen die Zeiträume bekannt sein, in denen die einzelnen Mitarbeiter auf die Arbeitsplätze eingeteilt werden können. Dazu werden die geplanten Arbeitszeiten der Mitarbeiter innerhalb des Planungszeitraumes abgerufen:

GET /staffMembers/scheduledWorkingTimes?startDate={}&endDate={}

Auch bei der Personaleinsatzplanung gibt es einen in unmittelbarer Zukunft liegenden Zeitbereich (Fixierungshorizont oder Frozen Zone), in dem alle Mitarbeiter fix eingeplant sind. Aus diesem Grunde ist noch die aktuelle Planung der Mitarbeiter zu berücksichtigen, aus der hervorgeht, welche Mitarbeiter zu welchen Zeiten bereits fix einem Arbeitsplatz zugeteilt sind:

GET /staffMembers/planningResults?startDate={}&endDate={}

9.4.2 Eine einfache Planungsheuristik

Die Planung erfolgt separat und unabhängig für jede einzelne Schicht. Das Ziel der Planung besteht darin, innerhalb jeder Schicht alle Personalbedarfe vollständig zu decken und im Zuge dessen idealerweise alle Mitarbeiter vollständig einzuplanen. Dazu kann beispielsweise die im Folgenden skizzierte Heuristik verwendet werden, welche den

Rang der einzelnen Qualifikationen benötigt, der in den Stammdaten der Qualifikationen hinterlegt ist:

GET /masterData/skills

Mitarbeiter, die eine sehr seltene, aber häufig benötigte Qualifikation besitzen, sollten nicht auf eine Tätigkeit eingeplant werden, welche ebenso jeder andere Mitarbeiter übernehmen kann. Wenn ein Mitarbeiter umgekehrt nur noch auf eine einzige Tätigkeit eingeplant werden kann, sollten keine Mitarbeiter, für die es eine Vielzahl von Planungsoptionen gibt, ausgerechnet für diese Tätigkeit abgestellt werden. Aus diesen Überlegungen resultieren die folgenden 5 Planungsschritte:

Schritt 1: Der Algorithmus prüft zunächst, ob Qualifikationen benötigt werden, über die nur einer der noch nicht eingeplanten Mitarbeiter verfügt. Diese Bedarfe werden als Erstes durch die Zuteilung von Mitarbeitern gedeckt.

Schritt 2: Der Algorithmus prüft dann, ob es Mitarbeiter gibt, die nur einen einzigen der verbleibenden Bedarfe decken können. Auch diese Mitarbeiter werden sofort darauf eingeplant. Da sich die Situation mit jeder Einplanung eines Mitarbeiters ändert, muss danach erneut geprüft werden, ob es Arbeitsplätze oder Mitarbeiter gibt, für die nur eine einzige Planungsoption möglich ist. Daher beginnt der Algorithmus nach jeder Einplanung wieder mit Schritt 1.

Schritt 3: Was den verbleibenden Personalbedarf betrifft, so wird zuerst derjenige abgedeckt, der sich auf die Qualifikation mit dem höchsten Rang bezieht. Wenn mehrere gleichrangige Bedarfe an verschiedenen Arbeitsplätzen existieren, deckt der Algorithmus wahllos den Bedarf irgendeines dieser Arbeitsplätze, beispielsweise desjenigen mit der alphanumerisch kleinsten UUID.

Schritt 4: Unter den Mitarbeitern, die über die erforderliche Qualifikation verfügen, wird derjenige mit dem höchsten Qualifikationsniveau ausgewählt und dem Arbeitsplatz zugeteilt.

Schritt 5: Wenn mehrere dieser Mitarbeiter das gleiche Qualifikationsniveau haben, werden zunächst diejenigen mit geringerer Flexibilität selektiert. Dazu muss die Flexibilität, d. h. die Anzahl der möglichen Planungsoptionen, für jeden Mitarbeiter ermittelt werden. Derjenige mit der geringsten Flexibilität wird zuerst zugeteilt. Nach jeder Zuteilung werden sich die Planungsoptionen einiger der verbleibenden Mitarbeiter verringern, weshalb auch die Flexibilität der Mitarbeiter in jedem Durchgang erneut zu bestimmen ist.

9.4.3 Zurückschreiben der Planungsszenarien

Damit Planer und Anwendungen auf den generierten Planungsvorschlag zugreifen können, muss dieser als ein neues Planungsszenario in der IoT-Plattform zur Verfügung gestellt werden:

POST /staffMembers/planningScenarios

Tab. 9.7 Zuweisungen, die beim Zurückschreiben eines Planungsszenarios an die IoT-Plattform übergeben werden

Element	Beschreibung
staffMemberId	UUID des geplanten Mitarbeiters
staffMemberShiftId	UUID der geplanten Personalschicht
workplaceId	UUID des Arbeitsplatzes, auf den der Mitarbeiter eingeplant ist
skillId	UUID der benötigten Qualifikation, für die der Mitarbeiter eingeplant ist
workplaceShiftId	UUID der Arbeitsplatzschicht, auf die der Mitarbeiter eingeplant ist
startDate	Der Starttermin, zu dem der Mitarbeiter innerhalb der Arbeitsplatzschicht eingeplant ist. Fehlt diese Angabe, bezieht sich die Einplanung auf die gesamte Schicht
endDate	Der Endtermin, bis zu dem der Mitarbeiter innerhalb der Arbeitsplatzschicht eingeplant ist. Fehlt diese Angabe, bezieht sich die Einplanung auf die gesamte Schicht
capacity	Ein Wert zwischen 0 und 1, der angibt, zu welchem kapazitiven Anteil der Mitarbeiter auf den Arbeitsplatz eingeplant ist. Ein Mitarbeiter kann gleichzeitig auf mehrere Arbeitsplätze anteilig eingeplant werden, jedoch darf die Summe der kapazitiven Anteile nicht größer als 1 sein
fixed	Kennzeichen, welches angibt, ob der Mitarbeiter fixiert eingeplant ist. Der Planungsalgorithmus hat hierfür die ursprünglichen Werte zu übernehmen

In den Kopfdaten des Nachrichtenrumpfes ist unbedingt die ID des Planungsszenarios der Auftragsfeinplanung anzugeben, auf welches die Personaleinsatzplanung Bezug nimmt (*operationsPlanningScenarioId*). Ferner sind Start- und Endtermin des Planungszeitraumes zu hinterlegen und welche Anwendung das Planungsszenario erstellt hat (*creator*). Das durch die einzelnen Zuteilungen beschriebene Planungsszenario wird als ein Array mit der in Tab. 9.7 beschriebenen Datenstruktur an die Plattform übertragen.

Für den Personaleinsatz ist ein neues Planungsszenario immer dann zu generieren, wenn ein solches im Rahmen der Auftragsfeinplanung erstellt wurde, d. h. nach Eintritt des folgenden Ereignisses:

OPERATION_PLANNING_SCENARIO_CREATED

Beim Ablegen des Planungsszenarios in der IoT-Plattform wird dieses automatisch von der Plattform anhand von zwei Kennzahlen bewertet. Diese sind die Deckungsquote des Personalbedarfs (*coverageOfPersonnelRequirements*) und der Belegungsgrad der Mitarbeiter (*occupancyRate*). Aus verschiedenen Planungsszenarien kann der Planer das nach seinem Dafürhalten beste auswählen und als Planungsergebnis in der IoT-Plattform ablegen. Ein Planungsergebnis wird in der Regel nicht automatisch in die IoT-Plattform geschrieben, sondern – wie auch im Falle der Auftragsfeinplanung – durch den Planer initiiert in der

Plattform abgelegt, indem dieser in der graphischen Plantafel ein Planungsszenario als Planungsergebnis übernimmt.

9.5   Graphische Plantafeln

Zur Veranschaulichung der Planungsszenarien, die aus der automatischen Auftrags-feinplanung hervorgehen, werden diese in einer graphischen Plantafel illustriert (vgl. Abb. 2.19). Es besteht die Möglichkeit, die Liste aller Planungsszenarien innerhalb eines vorgegebenen Zeitraumes abzurufen, um diese dem Anwender einschließlich der sie charakterisierenden Kennzahlen in einer Auswahlliste darzustellen:

GET /operations/planningScenarios?startDate={}&endDate={}

Die einzelnen Planungsszenarien selbst, welche die konkreten Arbeitsplatzzuordnungen der Vorgänge beinhalten, sind wie folgt abzurufen:

GET /operations/planningScenarios/{planningScenarioId}

Graphische Plantafeln dienen zum einen dazu, verschiedene Planungsszenarien dar-zustellen und miteinander zu vergleichen. Interaktive Plantafeln erlauben dem Planer darüber hinaus, selbst Vorgänge einzuplanen, einen Planungsvorschlag nach den eigenen Vorstellungen zu modifizieren und diesen schließlich als Planungsergebnis in der IoT-Plattform zu übernehmen:

POST /operations/planningResults/update

Nach Ablage des Planungsergebnisses in der IoT-Plattform ist dieses sofort im Arbeits-vorrat der Shop Floor Terminals sichtbar (vgl. Abb. 2.8) und steht zugleich auch allen Anwendungen der IoT-Plattform zur Verfügung. Um das gesamte Planungsergebnis für einen bestimmten Zeitraum mit einem einzigen Methodenaufruf auszulesen, steht die folgende Zugriffsmethode zur Verfügung:

GET /operations/planningResults?startDate={}&endDate={}

Zur interaktiven Planung der Vorgänge benötigt eine graphische Plantafel dieselben Daten wie ein Planungsalgorithmus. Anstelle der geplanten Betriebszeiten wird eine graphische Plantafel die einzelnen Schichten und die darin geplanten Instandhaltungsmaßnahmen separat abrufen, um diese in einer farblich unterscheidbaren Weise zu visualisieren. Für die Darstellung in der Plantafel können darüber hinaus bestimmte Stammdaten von Interesse sein, etwa um Vorgangsbalken, bestehend aus Rüstsegmenten und Be-arbeitungssegmenten, in den Farben der entsprechenden Vorgangsphasen abzubilden.

Gegebenenfalls ist vorgesehen, auch die Betriebszustände der Arbeitsplätze farblich zu illustrieren. Auf die Stammdaten mit den Vorgangsphasen und Betriebszuständen wird wie folgt zugegriffen:

```
GET /masterData/operationPhases
GET /masterData/operatingStates
```

Über Änderungen der Betriebszustände informiert das folgende Ereignis:

```
WORKPLACE_OPERATING_STATE_CHANGED
```

Neben der farblichen Darstellung der einzelnen Vorgangssegmente werden die zu einem Vorgang gehörenden Balken in der Regel mit der Auftragsnummer und der Vorgangs-nummer beschriftet. Ergänzend oder alternativ dazu kann auch die Angabe der Material-nummer unter Umständen von Interesse sein, insbesondere dann, wenn eine hinsichtlich der Rüstzeiten optimierte Anordnung der Vorgänge auf Grundlage der materialabhängigen Rüstübergangszeiten ein wesentliches Planungsziel darstellt.

Je größer der in der Plantafel angezeigte Ausschnitt des gesamten Planungszeitraumes ist, umso kürzer erscheinen die einzelnen Vorgangsbalken, wodurch weniger textuelle Informationen darin dargestellt werden können. Passt die vollständige Angabe der Auf-tragsnummer in der vorgesehenen Schriftgröße nicht mehr in einen Balken oder ein Balkensegment, können diese nur abgeschnitten dargestellt werden.

Von besonderem Interesse ist die Planung für den unmittelbar anstehenden Zeitraum. Seitens der Anwender besteht zumeist die Anforderung, diesen Zeitraum in einem Andon-Board fixiert anzuzeigen. Das bedeutet, dass sich die JETZT-Linie nicht mit der Zeit innerhalb des angezeigten Zeitbereichs von links nach rechts bewegt, bis sie schließlich dessen rechten Rand überschritten hat, sondern statisch am linken Rand des sichtbaren Zeitbereichs haften bleibt. Stattdessen ziehen die Vorgangsbalken zusammen mit der Zeitleiste von rechts nach links an der unbeweglichen JETZT-Linie vorüber. Im Falle des Planungsergebnisses handelt es sich dabei um eine gleichmäßige und gleichförmige Bewegung. Anders verhält es sich im Falle des Prognoseergebnisses, wo die Fortbewegung der Balken zuweilen stagniert und zwar immer dann, wenn sich die Auftragsabwicklung in der Fertigung verzögert. Deren Echtzeitdarstellung verlangt darum, die regelmäßigen Aktualisierungen des Prognoseergebnisses zu übernehmen. Das Ereignis

```
OPERATION_FORECAST_RESULTS_UPDATED
```

unterrichtet darüber. Nach dessen Eintritt muss das aktualisierte Prognoseergebnis abge-rufen werden:

```
GET /operations/forecastResults?startDate={}&endDate={}
    &useOriginalValues=true
```

Insbesondere dann, wenn die letzte Aktualisierung des Prognoseergebnisses bereits eine Weile her ist, sollte die oben stehenden Abfrage um den Aufrufparameter *useOriginal-Values=true* erweitert werden. Dieser bewirkt, dass für die gegenwärtig durchgeführten Vorgänge statt der online ermittelten Prognosetermine der IoT-Plattform die zuletzt von dem Prognosealgorithmus abgelegten Termine zurückgegeben werden. Damit ist sichergestellt, dass auch eine gewisse Zeit nach Bereitstellung des letzten Prognoseergebnisses die nachfolgend eingeplanten Vorgänge unmittelbar an die laufenden Vorgänge anschließen. Denn nach Eintritt von Verzögerungen wird die Online-Prognose der IoT-Plattform ein späteres Ende der laufenden Vorgänge zurückgeben, sodass diese mit ihren Nachfolgern überlappen.[2]

Zur Veranschaulichung der im Rahmen der Personaleinsatzplanung erstellten Planungsszenarien werden diese wie in Abb. 2.25 illustriert ebenfalls in einer graphischen Plantafel angezeigt. Auch hierfür besteht die Möglichkeit, die Liste aller Planungsszenarien innerhalb eines vorgegebenen Zeitraumes abzurufen, um diese dem Anwender einschließlich der sie charakterisierenden Kennzahlen in einer Auswahlliste darzustellen:

GET /staffMembers/planningScenarios?startDate={}&endDate={}

Die Kennzahlen für ein Planungsszenario der Personaleinsatzplanung sind die Deckungsquote des Personalbedarfs (*coverageOfPersonnelRequirements*) und der Belegungsgrad der Mitarbeiter (*occupancyRate*). Auf die einzelnen Planungsszenarien selbst, welche die Arbeitsplatzzuordnungen der Mitarbeiter beinhalten, wird unter Angabe deren konkreten ID zugegriffen:

GET /staffMembers/planningScenarios/{planningScenarioId}

Interaktive Plantafeln erlauben die manuelle Zuordnung der Mitarbeiter auf die an den Arbeitsplätzen benötigten Qualifikationen. Das manuelle Planungsergebnis wird der IoT-Plattform anschließend folgendermaßen übergeben:

POST /staffMembers/planningResults/update

Zur interaktiven Planung der Vorgänge benötigt eine graphische Plantafel dieselben Daten wie ein Planungsalgorithmus, jedoch wird nicht auf der Grundlage eines Planungsszenarios der Auftragsfeinplanung, sondern basierend auf dem Planungsergebnis oder der Planungsprognose geplant, sodass die im unteren Teil der Plantafel von Abb. 2.25 dargestellten Personalbedarfe wie folgt abzurufen sind:

GET /workplaces/{id}/requiredSkills?startDate={}&endDate={}
    &basisOfDetermination=CURRENT_PLANNING[CURRENT_FORECAST]

---

[2]In operations/{id}/forecastResult wird für laufende Vorgänge stets die Online-Prognose der IoT-Plattform zurückgegeben.

9.6   Prognose der Auftragsabwicklung

Die Prognose der Auftragsabwicklung geht davon aus, dass alle Vorgänge hinsichtlich ihrer Zuteilung zu den Arbeitsplätzen und ihrer zeitlichen Reihenfolge wie im Planungsergebnis vorgesehen, jedoch mit gewissen Termin-abweichungen durchgeführt werden. Unter Bezugnahme auf die aktuell vorliegenden Informationen werden die ursprünglichen Plantermine durch prognostizierte Termine ersetzt.

Ein Prognosealgorithmus arbeitet weitgehend in derselben Weise wie der zur Auftragsfeinplanung eingesetzte Planungsalgorithmus. Die Prognose der Auftragsabwicklung weicht lediglich in folgenden beiden Punkten von der Auftragsfeinplanung ab:

1. Es werden keine ungeplanten Vorgänge eingeplant, sondern nur die bereits geplanten Vorgänge terminlich korrigiert.
2. Die Zuordnung der eingeplanten Vorgänge zu einem Arbeitsplatz und deren zeitliche Reihenfolge auf den Arbeitsplätzen wird nicht verändert.

Das bedeutet, dass der Prognosealgorithmus so arbeitet, als seien alle Vorgänge fixiert und er lediglich deren Termine korrigiert, wie auch der Planungsalgorithmus die Termine der laufenden und der fixiert eingeplanten Vorgänge zunächst korrigiert (vgl. Abschn. 9.2).

Anstelle aller planbaren Vorgänge plant der Prognosealgorithmus demnach nur die bereits eingeplanten Vorgänge, welche wie folgt abgefragt werden:

```
GET /operations?isDispatched=true
    &embed=specification
    &embed=scheduledDates
    &embed=alternativeWorkplaces
    &embed=manufacturingVariants
    &requiredSkills
    &requiredTools
```

Nach Berechnung des aktuellen Prognoseergebnisses wird dieses in der IoT-Plattform abgelegt:

```
GET /operations/forecastResults/update
```

Die dabei übergebene Datenstruktur besteht ausschließlich aus einer Menge von Zuweisungen, die mit den in Tab. 9.1 beschriebenen Elementen identisch sind. Ein geeigneter Zeitpunkt zur Erstellung eines Prognoseergebnisses ist das Ende der Arbeitsplatzschichten, weil zu diesem Zeitpunkt alle bis dahin noch unbestätigten Mengen vom Fertigungspersonal klassifiziert und bestätigt werden. Jede Prognose, die auf diesen zeitnahen Angaben zu den bereits ausgebrachten Gutmengen beruht, zeichnet sich durch eine höhere Zuverlässigkeit aus. Eine Aktualisierung des Prognoseergebnisses sollte auch dann vorgenommen werden, wenn das folgende Ereignis eintritt:

```
OBSOLETE_OPERATION_FORECAST_RESULTS
```

Der Entwickler des Planungsalgorithmus muss die fachlichen Hintergründe, die zu dem Ereignis geführt haben, nicht kennen, sondern kann sich darauf verlassen, dass eine Bridge-kompatible Plattform dieses verdichtete Ereignis immer generiert, wenn beliebige Umstände dazu geführt haben, dass das vorangegangene Prognoseergebnis veraltet ist.

9.7   Dynamic Scheduling

Ein Algorithmus zur automatischen Auftragsfeinplanung hat die Aufgabe, dem Fertigungsplaner regelmäßig aktuelle Planungsszenarien unter Berücksichtigung der jeweils gegebenen Situation in der Produktion als Alternative zur prognostizierten Auftragsabwicklung bereitzustellen. Verzögerungen bei der Auftragsabwicklung führen dazu, dass das Prognoseergebnis mit der Zeit zunehmend von dem ursprünglichen Planungsergebnis abweicht und sich die Kennzahlen des Prognoseergebnisses dadurch gegenüber denen des ursprünglichen Planungsergebnisses immer weiter verschlechtern.

Sind die Kennzahlen eines neu generierten Planungsszenarios schließlich besser zu bewerten als die des aktuellen Prognoseergebnisses, steht dem Fertigungsplaner die Möglichkeit offen, das ursprüngliche Planungsergebnis durch das Planungsszenario mit den besser bewerteten Kennzahlen zu ersetzen. Die fortwährende Ausrichtung des Planungsergebnisses an dem tatsächlichen Fortschritt bei der Auftragsabwicklung und der jeweils aktuellen Situation in der Produktion wird als Dynamic Scheduling bezeichnet.[3]

Zwar erfolgt der regelmäßige Vergleich der Planungsprognose mit alternativen Planungsszenarien automatisch, das Planungsergebnis wird aber nicht automatisch ersetzt, weil sich damit die Planung vollständig der Kontrolle des Planers entziehen würde. Stattdessen wird der Planer, wie in Abschn. 6.5 dargelegt, über das besser bewertete Planungsszenario unterrichtet und kann selbst entscheiden, ob er dieses übernehmen oder verwerfen möchte. Auch die Spezifikation des Bewertungskriteriums obliegt dem Planer, der zuvor konfiguriert hat, wie die einzelnen der vier Kennzahlen bei der Bewertung der Planungsszenarien zu gewichten sind.

9.7.1   Relevante Daten

Ein bewertender Vergleich zwischen Prognoseergebnis und alternativen Planungsszenarien ist immer dann vorzunehmen, wenn entweder das Prognoseergebnis aktualisiert wurde oder ein neues Planungsszenario bereitgestellt wird. Darüber informieren die beiden folgenden Ereignisse:

```
OPERATION_PLANNING_SCENARIO_CREATED
OPERATION_FORECAST_RESULTS_UPDATED
```

---

[3]Unter https://docs.forcebridge.io/usecases/03.html wird ein einführendes Video zu dem Thema Dynamic Scheduling mit FORCE Bridge API angeboten.

Um den Vergleich vornehmen zu können, muss zunächst die Liste der Prognoseergebnisse, die sich auf einen zukünftigen Zeitraum beziehen, ausgelesen werden:

GET /operations/planningScenarios?startDate={}&endDate={}

Darin sind jeweils die vier Kennzahlen der Planungsszenarien, Starttermin (*startDate*) und Endtermin (*endDate*) des Planungszeitraums und die Anzahl der geplanten Fertigungsaufträge (*numberOfPlannedProductionOrders*) aufgeführt. Für einen Kennzahlenvergleich mit dem aktuellen Prognoseergebnis muss dieses mit den entsprechenden Start- und Endterminen aufgerufen werden:

GET /operations/forecastResults?startDate={}&endDate={}

Der Aufruf mit den Start- und Endterminen desjenigen Planungsszenarios, das mit dem Prognoseergebnis verglichen werden soll, ist allerdings noch kein Garant für deren Vergleichbarkeit. Diese ist nur gegeben, wenn auch die Anzahl der geplanten Fertigungsaufträge (*numberOfPlannedProductionOrders*) im Planungsszenario und im Prognoseergebnis identisch sind. Ist diese Voraussetzung erfüllt, können die vier Kennzahlen mit der vom Anwender konfigurierten Gewichtung multipliziert werden und das Planungsszenario mit dem Prognoseergebnis bezüglich der per Gewichtung der Kennzahlen ermittelten Güte miteinander verglichen werden. Ist mindestens ein Planungsszenario diesbezüglich besser zu bewerten als das aktuelle Prognoseergebnis, erhält der Anwender eine Benachrichtigung, beispielsweise per Notification wie in Abschn. 6.5.

9.7.2 Aktualisierung des Planungsergebnisses

Wenn der Planer sich dazu entscheidet, das Planungsszenario zu übernehmen, dann werden dessen Plandaten mit dem folgenden Aufruf als Planungsergebnis abgelegt:

POST /operations/planningResults/update

Zuvor ist allerdings zu prüfen, ob eine zu dem Planungsszenario gehörende Personaleinsatzplanung existiert:

GET /staffMembers/planningScenarios?startDate={}&endDate={}

Alle dazugehörenden Planungsszenarien haben einen Verweis auf die UUID des entsprechenden Planungsszenarios der Auftragsfeinplanung (*operationsPlanningScenarioId*). Existieren mehrere, muss das aktuellste (*creationDate*) abgefragt werden, um dieses anschließend als Planungsergebnis wie folgt abzulegen:

POST /staffMembers/planningResults/update

9.8 Optimierung der Auftragsfeinplanung

Eine Optimierung der Auftragsfeinplanung erfolgt, wie in Abschn. 6.6 dargelegt, durch die Bereitstellung einer realistischen Datengrundlage in Form von Fertigungsvarianten. Für das Anlegen neuer Fertigungsvarianten in der IoT-Plattform steht in Bridge API die folgende Methode zur Verfügung:

GET /workplaceGroups/{workplaceGroupId}/manufacturingVariantRules

Wie in Abschn. 9.3 erläutert, ist eine Fertigungsvariante durch eine Menge von Ressourcenkombinationen aus Arbeitsplätzen und Werkzeugen definiert, die zur Herstellung eines Materials geeignet sind und in Hinsicht auf Kennzahlen und Rüstzeiten dieselben Erwartungswerte haben. Zunächst ist festzulegen, für welche Materialien die Fertigungsvariante überhaupt existieren soll und welche Ressourcenkombinationen sie beschreibt. Letzteres wird in den Arrays der Arbeitsplätze (*workplaceIds*) und der Werkzeuge (*toolIds*) durch die explizite Angabe der entsprechenden UUIDs festgelegt. Für welche Materialien die Fertigungsvariante existiert, kann wahlweise anhand zweier verschiedener Kriterien (*criterion*) spezifiziert werden, entweder durch explizite Angabe der Materialnummern (MATERIAL_NUMBER) oder durch Bedingungen (*conditions*) hinsichtlich deren Sachmerkmale (MATERIAL_CHARACTERISTICS). In beiden Fällen sind die in Tab. 9.8 beschriebenen RSQL-Operatoren zu verwenden, wobei zur expliziten Auflistung von Materialnummern nur 3 der Operatoren verwendet werden dürfen.

Beispielsweise kann mit folgender Bedingung festgelegt werden, dass die Fertigungsvariante für die Materialien mit den Nummern 4711, 4712 und 4713 existieren soll:

"criterion" = "materialNumber
== 4711, materialNumber == 4712, materialNumber == 4713"

Tab. 9.8 RSQL-Operatoren, die in Bridge API zur Formulierung von Bedingungen verwendet werden

RSQL-Operator	Beschreibung	In expliziter Auflistung
==	Gleich	erlaubt
!=	Ungleich	nicht erlaubt
=gt=	Größer als	nicht erlaubt
=ge=	Größer oder gleich	nicht erlaubt
=lt=	Kleiner als	nicht erlaubt
=le=	Kleiner oder gleich	nicht erlaubt
=in=	Enthalten in	erlaubt
=out=	Nicht enthalten in	nicht erlaubt
;	Logisches UND	nicht erlaubt
,	Logisches ODER	erlaubt

oder kompakter

"criterion" = "materialNumber =in= (4711, 4712, 4713)"

Fertigungsvarianten können sowohl im Rahmen manueller Datenpflege in einer Benutze-roberfläche vom Fertigungspersonal hinterlegt als auch mit Methoden des maschinellen Lernens durch Analyse der aufgezeichneten Betriebsdaten automatisch generiert werden (vgl. Abschn. 6.6). Dementsprechend können beim Anlegen einer Fertigungsvariante auch zwei verschiedene Urheber (*origin*) angegeben werden:

MANUAL_DATA_MAINTENANCE

oder

AUTOMATIC_EVALUATION_SYSTEM

Bei einer manuellen Datenpflege ist zu erwägen, die Materialien nicht explizit aufzulisten, sondern basierend auf den Materialsachmerkmalen Regeln zu definieren. Die Sach-merkmale eines Materials sind an den Vorgängen hinterlegt, die das jeweilige Material produzieren. Sie werden wie folgt angefragt:

GET /operations?embed=materialCharacteristics&materialNumber={}&limit=1

Sachmerkmale verfügen über einen Namen, eine Kennung, einen Wert und eine Einheit. Beispielsweise könnte ein Material die beiden in Abb. 9.5 dargestellten Sachmerkmale haben.

Bedingungen werden immer an den Namen der Sachmerkmale geknüpft. Eine Ferti-gungsvariante für alle Materialien, deren Farbe schwarz und deren Breite kleiner als 40 ist, entspricht in RSQL der folgenden Bedingung:

Abb. 9.5 Beispiel für Materialsachmerkmale

```
"elements": [
    {
        "name": "color",
        "identifier": "SZT6567JHKJH78979",
        "value": "black",
        "unit": ""
    },
    {
        "name": "width",
        "identifier": "LKF67898KJGH5KJHG",
        "value": "30",
        "unit": "inch"
    }
]
```

"criterion" = "color
== black; width =lt= 40"

Auf ein Material mit den in Abb. 9.5 dargestellten Sachmerkmalen trifft diese Bedingung zu.

Nachdem die Fertigungsvariante durch die eine oder andere Art der Bedingungen an die Materialien und die Angabe der Ressourcenkombinationen definiert ist, müssen die zu erwartenden Werte für Kennzahlen und Rüstzeiten hinterlegt werden. Dazu sind die in Tab. 9.9 beschriebenen Elemente anzugeben.

Prozessverfügbarkeit (*processAvailability*), Leistungsgrad (*performance*) und Qualitätsrate (*qualityRate*) sind die zu erwartenden Kennzahlen, wenn die Herstellung eines Materials, für das die Fertigungsvariante existiert, mit der zuvor spezifizierten Ressourcenkombination erfolgt. Der Kehrwert ihres Produktes ergibt den zu erwartenden Verzögerungsfaktor der Bearbeitungszeit. Hängt die Bearbeitungszeit von der Qualifikation der Mitarbeiter ab, müssen zudem die in Abschn. 9.3 erläuterten Elemente *staffCapacityFactor* und *skillFactor* angegeben werden. Alle anderen Elemente beziehen sich auf die zu erwartenden Verluste infolge von Rüstzeiten.

Tab. 9.9 Die Properties der Fertigungsvarianten eines Vorgangs

Element	Beschreibung
processAvailability	Die Prozessverfügbarkeit, die für die Fertigungsvariante angenommen wird
performance	Der Leistungsgrad, die für die Fertigungsvariante angenommen wird
qualityRate	Die Qualitätsrate, der für die Fertigungsvariante angenommen wird
qualityRate	Die Qualitätsrate, die für die Fertigungsvariante angenommen wird
additionalSetupTime	Ein zusätzliches Rüstzeitinkrement, welches zur Rüstzeit hinzuaddiert werden muss. Das Rüstzeitinkrement darf auch negativ sein, wenn in dieser Fertigungsvariante die Rüstzeit kürzer ist als die vorgegebene Sollrüstzeit
externalSetup	Ein Kennzeichen, das aussagt, ob während des Rüstens vor Beginn der Bearbeitung und nach Ende der Bearbeitung ein anderer Vorgang auf dem Arbeitsplatz bearbeitet werden kann
intermediateSetupInterval	Die Zeitspanne, in der seit dem letzten Zwischenrüsten eine ununterbrochene Bearbeitung stattfinden kann, bevor ein nächstes Zwischenrüsten erforderlich ist
intermediateSetupTime	Die Zwischenrüstzeit
staffCapacityFactor	Erlaubt es, den Personalbedarf auf Kosten einer längeren Bearbeitungszeit unvollständig zu decken, siehe Abschn. 9.3!
skillFactor	Gibt an, wie die Zuteilung geringer qualifizierter Mitarbeiter die Bearbeitungszeit verzögert, siehe Abschn. 9.3!

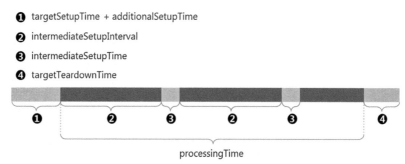

Abb. 9.6 Rüstzeiten der Fertigungsvarianten

Abb. 9.6 illustriert die Zwischenrüstzeiten (*intermediateSetupTime*), die wiederkehrend in regelmäßigen Zeitintervallen (*intermediateSetupInterval*) auftreten und die Bearbeitungsphase verzögern.

Aus den einzelnen Zwischenrüstzeiten und den intermediären Zeitintervallen errechnet die IoT-Plattform die kumulierte Zwischenrüstzeit, wie sie in den Fertigungsvarianten der einzelnen Vorgänge angegeben ist (vgl. Tab. 9.2). Die Berechnungsvorschrift lautet:

$$intermediateSetupTime_{accumulated} = intermediateSetupTime$$
$$\cdot \left(\frac{targetProcessingTime}{qualityRate}\right.$$
$$\left. : intermediateSetupInterval\right)$$

Die wegen möglicher Qualitätsverluste verzögerte Sollbearbeitungszeit wird ganzzahlig mit Rest durch die Dauer der intermediären Zeitintervalle geteilt und das Ergebnis mit der Dauer eines einzelnen Zwischenrüstens multipliziert. Weil die Notwendigkeit des wiederkehrenden Rüstens nicht infolge der vergangenen Zeit, sondern in Abhängigkeit von der ausgebrachten Menge eintritt, werden Verfügbarkeitsverluste und Leistungsverluste nicht verrechnet, sehr wohl aber Qualitätsverluste, bei denen Ausschuss- oder Nacharbeitsmengen ausgebracht werden. Die für die Fertigungsvariante prognostizierte Bearbeitungszeit beträgt demnach

$$processingTime = targetProcessingTime \cdot delayFactor$$
$$+ intermediateSetupTime_{accumulated}$$

Sollen die Fertigungsvarianten unter Zuhilfenahme von Methoden des maschinellen Lernens automatisch ermittelt werden, bedeutet dies, dass eine parametrisierte Funktion erlernt werden muss, welche die drei Kennzahlen und die Rüstzeit in Abhängigkeit von den sie beeinflussenden Faktoren für die in der Vergangenheit aufgezeichneten Werte korrekt berechnet. Die Kennzahlen und die Rüstzeiten der Vorgänge sind den aufgezeichneten Betriebsdaten zu entnehmen:

```
GET /operations/{operationId}/recordedOperationPhases
GET /operations/{operationId}/operatingStateSummary
GET /operations/{operationId}/quantitySummary
```

Die wesentlichen Einflussfaktoren sind der in den aufgezeichneten Vorgangsphasen enthaltene Arbeitsplatz und die an den Vorgängen hinterlegten Sachmerkmale des produzierten Materials. Als ein weiterer potentieller Einflussfaktor können die zur Bearbeitung eines Vorgangs eingesetzten Werkzeuge betrachtet werden:

```
GET /operations/{operationId}/requiredTools
```

Schließlich wird auch die Qualifikation der an der Durchführung beteiligten Mitarbeiter einen Einfluss auf Bearbeitungs- und Rüstzeiten haben:

```
GET /staffMembers/{staffMemberId}/recordedActivities?
   ?startDate={}&endDate={}
   &workplaceId={workplaceId}
GET /staffMembers/{staffMemberId}/skills
```

9.9 Alarmierungen

In Abschn. 9.7 wurde bereits ein Beispiel für eine Alarmierung geschildert, durch die der Fertigungsplaner über eine bessere Planungsalternative informiert wird. Wie das Beispiel zeigt, sind zur Implementierung der Alarmierung regelmäßige Anfragen an die IoT-Plattform zu richten und bei Übernahme einer Planungsalternative als Planungsergebnis größere Mengen von Plandaten zu laden und wieder abzulegen. Bei vielen der in Abschn. 6.7 aufgeführten Beispiele für Alarmierungen ist der Sachverhalt ähnlich gelagert.

Grundsätzlich besteht die Vorgehensweise stets darin, dass sich eine Anwendung auf ein oder mehrere der einfachen Ereignisse, die in Abschn. 7.2 in einer Übersicht beschrieben sind, bei der IoT-Plattform registriert und bei deren Eintritt verschiedene Anfragen stellt, Bedingungen prüft und wenn diese zutreffen, einen sehr spezifischen Alarm erzeugt. Für eine Web-App oder die Apps eines Smartphones ist dies ein erheblicher Kommunikations- und Rechenaufwand, der zumeist nicht clientseitig, sondern durch einen serverseitigen Alert Provider implementiert wird. Bridge API unterstützt die Implementierung eines solchen Alert Providers dadurch, dass Anwendungen zum Versenden von Benachrichtigungen und Alarmen den MQTT-Broker oder auch den HTTP-Server der IoT-Plattform verwenden können.

Um Benachrichtigungen und Alarme zu versenden, stellt Bridge API die folgende Methode zur Verfügung:

```
POST /events
```

```
{
    "eventType": "EXTERNAL",
    "eventName": "BB6D9B29B1F64CC1877919D8E80645AB",
    "data": {
        "info1": "1111",
        "info2": "2222",
        ...
        "infoN": "nnnn"
    },
    "timestamp": "2019-01-30T13:38:16.324Z"
}
```

Abb. 9.7 JSON-Struktur zum Versenden von Alarmierungen

Tab. 9.10 Elemente der JSON-Struktur einer Alarmierung

Element	Beschreibung
eventType	Immer EXTERNAL
eventName	Eindeutiger Bezeichner für den individuell seitens des Anwenders konfigurierten Alarm (z. B. UUID des Alarms)
data	Beliebig viele Informationen, die zusammen mit dem Alarm an den Subscriber übertragen werden (optional)
timestamp	Ein Zeitstempel zu dem Ereignis, über das alarmiert werden soll (optional)

Wie in Abb. 9.7 exemplifiziert, werden im Nachrichtenrumpf der Bezeichner der Benachrichtigung oder Alarmierung (*eventName*) und beliebig viele weitere Informationen (*data*) für den Empfänger der Benachrichtigung angegeben.

Der Bezeichner der Alarmierung kann im Prinzip beliebig gewählt werden. Um jedoch auszuschließen, dass eine andere Anwendung zufälligerweise denselben Bezeichner verwendet, sollte als *eventName* eine UUID generiert werden. Bezüglich der mit der Alarmierung übertragenen Daten bestehen keinerlei Einschränkungen. Im Beispiel der Alarmierung für den Fertigungsplaner würden hier unter anderem die Kennzahlen des Prognoseergebnisses und die der besseren Planungsalternativen mit der Alarmierung übertragen werden. Bei jeder Alarmierung muss ein Ereignistyp EXTERNAL angegeben sein, welcher der IoT-Plattform erlaubt, die von Anwendungen generierten Benachrichtigungen von den intern verwendeten zu unterscheiden (vgl. Tab. 9.10). Benachrichtigungen mit dem Ereignistyp EXTERNAL werden grundsätzlich nicht von der IoT-Plattform verarbeitet, sondern lediglich weitergeleitet.

9.10 Vorbeugende Instandhaltung

Eine in vielen Betrieben gängige Praxis ist die periodisch vorbeugende Instandhaltung. Um die zu Funktionsstörungen der Maschinen führenden Verschleißprozesse zu verlangsamen, wird die vorbeugende Instandhaltung durch regelmäßiges Reinigen, Schmieren, Kalibrieren, Prüfen und Überholen der Bauteile und Geräte in wiederkehrenden

Zeitintervallen durchgeführt. Ausgangspunkt ist die Annahme, dass das Ausfallverhalten der Anlagen durch die mittlere Betriebsdauer zwischen Funktionsausfällen (Mean Time Between Failures, MTBF) ausreichend beschrieben und diese für einzelne Bauteile und Geräte der Anlagen statistisch oder erfahrungsgemäß bekannt ist.

Die vorbeugenden Maßnahmen implizieren selbst kleinere oder größere geplante Stillstände zur Überholung der noch funktionierenden Maschinen und Anlagen. Diese *geplanten Instandhaltungszeiten* werden allerdings von der geplanten Betriebszeit abgezogen und darum nicht als Verfügbarkeitsverluste ausgewiesen.

Die Mean Time Between Failures ist der Erwartungswert der Betriebsdauer zwischen zwei aufeinanderfolgenden Ausfällen und kann für einen einzelnen Störgrund vereinfacht als der Quotient aus der geplanten Betriebszeit und der Häufigkeit des Störgrundes (*Frequency*) innerhalb des Betrachtungszeitraumes ermittelt werden:

$$MTBF = \frac{Scheduled\,Operating\,Time}{Frequency} \tag{9.3}$$

Beide Informationen stellt Bridge API in der Betriebszustandsübersicht der Arbeitsplätze zur Verfügung:

GET /workplaces/{id}/operatingStateSummary?startDate={}&endDate={}
    &timeBase=MALFUNCTION

Die Filterparameter *startDate* und *endDate* bestimmen den Zeitraum der Analyse. Durch den Filterparameter für die Zeitbasis wird die Response auf technische Störungen beschränkt. Unter Umständen liefert die Ressource mit der über den Betrachtungszeitraum kumulierten Stillstandsdauer (*Duration*) auch die Datengrundlage zur Berechnung der mittleren Zeit zur Fehlerbehebung (Mean Time To Repair, MTTR):

$$MTTR = \frac{Duration}{Frequency} \tag{9.4}$$

Wenn für den Zeitraum, in dem auf die Instandsetzung des Arbeitsplatzes gewartet wurde, und den Zeitraum der Instandsetzung selbst jedoch zwei verschiedene Betriebszustände definiert sind, muss die Mean Time To Repair durch eine detailliertere Analyse der aufgezeichneten Betriebszustände abgeleitet werden. Sie errechnet sich dann als die mittlere Dauer zwischen dem Zeitpunkt des Eintritts einer Störung bis zum Ende der Instandsetzung. Je größer die Mean Time To Repair ist, um so schwerwiegender sind auch die mit jeder einzelnen Störung einhergehenden Verfügbarkeitsverluste.

Anhand der Mean Time Between Failures kann eine Prognose für das nächste Auftreten (*criticalDate*) einer bestimmten technischen Störung dadurch getroffen werden, dass diese zum Zeitpunkt des letzten Eintritts des jeweiligen Störgrundes hinzuaddiert wird, der den aufgezeichneten Betriebszuständen zu entnehmen ist:

GET /workplaces/{id}/recordedOperatingStates?timeBase=MALFUNCTION

Indem der Störgrund mit dem frühesten kritischen Termin ermittelt wird, ergibt sich ein Störungsszenario für den einzelnen Arbeitsplatz. Der kritische Termin kann in dieser Weise für alle Arbeitsplätze festgestellt, um einen zeitlich vorgelagerten Vorwarntermin (*prewarningDate*) ergänzt und mit der folgenden Methode in der IoT-Plattform hinterlegt werden:

POST /workplaces/predictedMalfunctionScenarios

Die im Nachrichtenrumpf des Aufrufs übergebene Struktur besteht aus einem Array mit den in Tab. 9.11 beschriebenen Elementen. Zusätzlich wird in der POST-Methode neben dem Beginn und Ende des betrachteten Prognosezeitraumes angegeben, welche Anwendung das Störungsszenario erstellt hat (*creator*).

Eine Alternative stellt die *nutzungsbasierte Instandhaltung* dar. Dieser zufolge muss im Zähler von (9.3) anstelle der geplanten Betriebszeit die tatsächliche Nutzungsdauer zugrunde gelegt werden, die sich bei einer Anlage aus der Multiplikation der geplanten Betriebszeit mit der Verfügbarkeit ergibt. Bei der Instandhaltung von Werkzeugen ist es üblich, statt der Mean Time Between Failures die maximale Standzeit des Werkzeugs zu betrachten und durch Abziehen der aktuellen Standzeit die verbleibende Standzeit zu ermitteln. In Tab. 9.12 sind die in den Ressourcen */tools* und */tools/{id}/edges* hinterlegten Properties zur Standzeit beschrieben. Im Falle von CNC-Maschinen werden die aktuelle und die maximale Standzeit direkt aus deren Steuerung ausgelesen. Spätestens beim Erreichen der Warngrenze, die stets unterhalb der maximalen Standzeit liegt, sollte eine vorbeugende Instandhaltung oder der Austausch des Verschleißteils eingeplant werden.

Unter Bezugnahme auf die Auftragsfeinplanung kann auch bei einer nutzungsbasierten Instandhaltung im Vorfeld ermittelt werden, wann die Warngrenze voraussichtlich erreicht sein wird. Sofern die Werkzeuge in den Fertigungshilfsmitteln der geplanten Vorgänge hinterlegt und als Werkzeug gekennzeichnet sind, erlaubt der folgende Aufruf die Abfrage der eingesetzten Werkzeuge:

GET /operations?isDispatched=true&requiredTools

Tab. 9.11 Elemente, die beim Hinterlegen eines Störungsszenarios der IoT-Plattform übergeben werden

Element	Beschreibung
workplaceId	UUID des Arbeitsplatzes
operatingStateId	Die UUID des detaillierten Betriebszustandes, der die Maschinenstörung beschreibt
prewarningDate	Das Datum, ab dem die Wahrscheinlichkeit einer Maschinenstörung signifikant steigt
criticalDate	Das Datum, ab dem die Maschinenstörung mit hoher Wahrscheinlichkeit eintritt

Tab. 9.12 Angaben zur Standzeit von Werkzeugen und Schneiden

Element	Beschreibung
current	Die aktuelle Einsatzzeit des Werkzeugs in Millisekunden
warningLimit	Warngrenze für die Einsatzzeit des Werkzeugs in Millisekunden
maximum	Die maximale Einsatzzeit des Werkzeugs. In der Praxis ist dies nicht die maximale Einsatzzeit, die für ein Werkzeug jemals gemessen wurde, sondern ein Erwartungswert. Das Adjektiv „maximal" kann hier missverstanden werden, weil es sich auf den Maximalwert der „verbleibenden Nutzungsdauer" bezieht, der vor der ersten Verwendung vorliegt und daraufhin sukzessive abnimmt.

Handelt es sich dabei um ein einziges Werkzeug, dann ist die Bearbeitungszeit des Vorgangs von der verbleibenden Standzeit abzuziehen. Gerade bei der Bearbeitung mit CNC-Maschinen kommt jedoch in den seltensten Fällen nur ein einziges Werkzeug bzw. eine einzige Schneide zum Einsatz. Die geplanten Einsatzzeiten der einzelnen Werkzeuge müssen dann unter Rückgriff auf die NC-Programme ermittelt werden, was umfassendere technische Kenntnisse voraussetzt. Die NC-Programme sind in den Fertigungsmappen der jeweiligen Vorgänge abgelegt:

GET /fileRepository/folders?materialNumber={}&workplaceNumber={}

Um die richtige Fertigungsmappe zu selektieren, müssen im Filter der Collection das durch den Vorgang ausgebrachte Material und der Arbeitsplatz angegeben werden.

Die eigentliche Problematik bei der nutzungsbasierten Instandhaltung besteht darin, dass der Verschleiß eines Bauteils, Gerätes oder Werkzeugs nicht allein von der Nutzungsdauer, sondern von zahlreichen weiteren Prozessparametern oder auch dem zu bearbeitenden Material abhängt. Standzeiten und Mean Times Between Failures sind daher nur unzuverlässige Richtwerte. Um technisch bedingte Stillstände unbedingt zu vermeiden, werden in der Praxis Instandhaltungsmaßnahmen häufig vorzeitig durchgeführt, wodurch die Aufwände für die vorbeugende Instandhaltung höher als theoretisch nötig sind.

9.11 Predictive Maintenance und Quality Assurance

Die mit einer vorausschauenden Instandhaltung verfolgte Zielsetzung ist eine höhere technische Verfügbarkeit der Maschinen und Anlagen bei gleichzeitig verringertem Wartungsaufwand. Mit einer proaktiven Qualitätssicherung sollen Unregelmäßigkeiten in den Prozessparametern identifiziert werden, um im Vorfeld vor drohenden Qualitätsverlusten zu warnen, sodass mangelhafte Produkte und Ausschuss erst gar nicht entstehen können. In beiden Fällen besteht die Vorgehensweise darin, auf Basis der in der Vergangenheit aufgezeichneten Sensordaten und Prozessparameter drohende Fehlfunktionen oder Störungen zu prognostizieren. Die Voraussetzung dazu ist eine umfangreiche sensorische Ausstattung der Maschinen und Anlagen sowie die Analyse der sensorisch erfassten Daten mit Methoden des maschinellen Lernens. Zum Einsatz kommen dabei überwiegend rekurrente neuronale Netze, wie sie in den Bereichen der Handschrifterkennung, Spracherkennung oder Maschinenübersetzung in den vergangenen Jahrzehnten hinreichend erprobt und optimiert wurden.

9.11.1 Relevante Daten

Zunächst sind alle Arbeitsplätze und die dort betriebenen Geräte zu ermitteln:

GET /workplaces?embed=devices

Daraufhin müssen die Zeitreihen der aufgezeichneten Sensor- und Prozessdaten der betreffenden Geräte im Analysezeitraum abgerufen werden:

GET /devices/{id}/recordedTimeSeries?startDate={}&endDate={}

Um Unregelmäßigkeiten innerhalb der aufgezeichneten Zeitreihen mit den aufgetretenen Maschinenstörungen in einen Zusammenhang setzen zu können, sind auch die im Analysezeitraum aufgezeichneten technisch bedingten Stillstände der jeweiligen Arbeitsplätze von Relevanz:

GET /workplaces/{id}/recordedOperatingStates?startDate={}&endDate={}
    &timeBase=MALFUNCTION

Bei einer proaktiven Qualitätssicherung werden Unregelmäßigkeiten innerhalb der Zeitreihen aufgezeichneter Sensor- und Prozesswerte mit den aufgetretenen Ausschuss- und Nacharbeitsgründen in Beziehung gesetzt. Dazu müssen die aufgezeichneten ausgebrachten Mengen der jeweiligen Arbeitsplätze innerhalb des Analysezeitraums abgerufen werden:

GET /workplaces/{id}/recordedOutputQuantities?startDate={}&endDate={}

Oft stehen Qualitätsmängel und Ausschussgründe in kausalem Zusammenhang mit dem jeweils ausgebrachten Material und dessen Sachmerkmalen. Ein solcher Zusammenhang ist auch bei technisch bedingten Stillständen denkbar. Weil das ausgebrachte Material einschließlich seiner Sachmerkmale an den einzelnen Vorgängen hinterlegt ist, müssen die an den Arbeitsplätzen im Analysezeitraum angemeldeten Vorgänge zunächst ermittelt werden:

GET /workplaces/{id}/recordedOperationPhases?startDate={}&endDate={}

In den am Arbeitsplatz aufgezeichneten Vorgangsphasen sind nur die Zeiträume hinterlegt, in denen ein Vorgang tatsächlich am betrachteten Arbeitsplatz angemeldet war. Denn ein Vorgang kann an einem Arbeitsplatz begonnen, dann unterbrochen und an einem anderen Arbeitsplatz weiter durchgeführt worden sein (vgl. Abb. 3.3). Mit der Kenntnis, wann die einzelnen Vorgänge in welchem Zeitraum und in welcher Phase an dem jeweiligen Arbeitsplatz angemeldet waren, werden die Vorgänge selbst einschließlich der Sachmerkmale des durch sie ausgebrachten Materials abgerufen:

```
GET /operations?startDate={}&endDate={}
    &embed=materialCharacteristics
```

Eine alternative Vorgehensweise besteht darin, erst an dieser Stelle die Zeitreihen der aufgezeichneten Sensor- und Prozessdaten mit den Vorgangsnummern oder der Material-nummer als Filterparameter aufzurufen:

```
GET /devices/{id}/recordedTimeSeries?startDate={}&endDate={}
    &materialNumber={materialNumber}
    &operationNumber={operationNumber}
```

Einem prognostizierten Störungsszenario sollten stets auch die geplanten Vorgänge zu-grunde gelegt werden, da ohne die Durchführung eines Vorgangs das Eintreten einer Störung signifikant unwahrscheinlicher wird:

```
GET /operations?isDispatched=true&embed=planningResult
```

Basierend auf den in der Vergangenheit aufgezeichneten Informationen und den geplanten Vorgängen können Prognosen erstellt und wie im vorangegangenen Abschnitt erläutert als Störungsszenario in der Plattform hinterlegt werden.

Über das Zurückschreiben der Störungsszenarien in die IoT-Plattform hinaus ist es bei drohenden Stillständen, die in der aktuellen oder unmittelbar folgenden Schicht zu erwar-ten sind, zweckmäßig, ein Ereignis bzw. einen Alarm zu generieren (vgl. Abschn. 9.9). Treten bei der proaktiven Qualitätssicherung Warnzeichen auf, wird ohnehin immer ein Alarm generiert, wenn der betroffene Vorgang nicht sogar automatisiert unterbrochen wird.

9.11.2 Online-Monitoring und alternative Vorgehensweisen

Wo in der Repräsentation der Geräte eine Online-Zeitreihe (*onlineTimeSeries*) per Hy-perlink referenziert ist (vgl. Abschn. 3.7), besteht die Möglichkeit, solche Geräte online zu überwachen. Allerdings ist diese Möglichkeit nicht immer gegeben. Oft ist es nötig, die aufgezeichneten Produktionsdaten in regelmäßigen Zeitintervallen abzurufen. Darüber hinaus gibt es Ereignisse, mit deren Eintritt alle vergangenen Prognosen obsolet werden. Hierzu zählen in erster Linie die ergriffenen Maßnahmen zur vorbeugenden Instandhaltung. Für Anwendungen zur vorausschauenden Instandhaltung ist es jedoch irrelevant, welche Ereignisse dies im Einzelnen sind, falls sich diese Anwendungen ausschließlich auf das folgende komplexe Ereignis registrieren:

OBSOLETE_PREDICTED_MALFUNCTION_SCENARIO

Das Ereignis tritt unter anderem nach verrichteten Wartungsarbeiten ein. Da zur Planung der Instandhaltung jeweils das aktuellste Störungsszenario herangezogen wird, muss beim Eintritt dieses komplexen Ereignisses lediglich ein neues Szenario generiert werden. Die älteren Störungsszenarien werden nicht überschrieben, sondern dienen der Transparenz. Sie zeigen auf, wie auf drohende Störungen reagiert wurde und warum Instandhaltungsmaßnahmen vorgenommen wurden.

9.12   Weitere Informationen

Eine Reihe von Fragen und Antworten zur Anwendungsprogrammierung mit Bridge API findet man in dem Frage/Antwort-Portal der FORCE Bridge Community, deren Website unter https://forcebridge.io/ zu erreichen ist. Dort besteht auch die Möglichkeit, eigene Fragen zu stellen – mittlerweile ist dies allerdings nur noch mit Anmeldung unter Angabe einer E-Mail-Adresse möglich. Ebenfalls auf deren Website gibt es ein Tutorial für Anwendungsentwickler, das sukzessive erweitert wird und gegenwärtig zweifellos ausbaufähig ist. Weitere Dokumente mit ergänzenden Informationen sind als Begleitmaterial zu diesem Buch hinterlegt:
   (https://www.springer.com/de/book/9783662597606).

Literatur

[Coma] FORCE Bridge Community. *Swagger Specification and Download.* Letzter Zugriff: 14.12.2019. URL: https://docs.forcebridge.io/api/
[Sin11] Alexander Sinsel. *Organic Computing.* Optimedien Verlag e.K, 2011

Anhang A: Formale Definitionen

A.1 Allgemeine Konzepte

A.1.1 Phasen, Betriebszustände und Zeitbasen

Phase

Die Phase ist der jeweilige Zustand eines Vorgangs im Verlaufe der Auftragsabwicklung in der Produktion. Zum Zeitpunkt der Freigabe eines Fertigungsauftrags sind all dessen Vorgänge in der Phase *Freigegeben*. Nach Abschluss eines Fertigungsauftrags sind alle Vorgänge in der Phase *Abgeschlossen*.

Durch die Einplanung eines freigegebenen Vorgangs auf einen Arbeitsplatz im Rahmen der Auftragsfeinplanung wird der Vorgang in die Phase *Eingeplant* überführt. Während der Durchführung eines Vorgangs an einem Arbeitsplatz ist dieser entweder in der Phase *Rüsten* oder in der Phase *Bearbeitung*. Wenn ein Vorgang einen Arbeitsplatz außerhalb dessen geplanter Betriebszeit belegt, ist der Vorgang immer in der Phase *Unterbrochen*. Die Dauer der Unterbrechung wird weder der Durchführungszeit eines Vorgangs zugerechnet noch verlängert sie die Dauer der Rüst- oder Bearbeitungsphase. Auch die Phasen *Warten vor Bearbeitung* und *Warten nach Bearbeitung*, in denen ein Vorgang an einem Arbeitsplatz angemeldet ist, werden nicht der Durchführungszeit eines Vorgangs zugerechnet. Daraus folgt, dass der Zeitraum, in dem ein Vorgang an einem Arbeitsplatz angemeldet ist, größer als dessen Durchführungszeit sein kann.

Wird ein Vorgang während der Durchführung auf einem Arbeitsplatz manuell vom Fertigungspersonal unterbrochen, beispielsweise um auf einem anderen Arbeitsplatz fortgeführt zu werden, ist der Vorgang an keinem Arbeitsplatz angemeldet und in der Phase *Unterbrochen*.

Ein Vorgang ist in der Phase *Beendet*, wenn der Vorgang beendet wurde, jedoch noch keine abschließende Rückmeldung an das ERP-System gesendet wurde, weil

© Springer-Verlag GmbH Deutschland, ein Teil von Springer Nature 2020
A. Sinsel, *Das Internet der Dinge in der Produktion*,
https://doi.org/10.1007/978-3-662-59761-3

beispielsweise andere Vorgänge des Fertigungsauftrags noch nicht beendet sind. Nach einer abschließenden Rückmeldung ist jeder Vorgang eines Fertigungsauftrags in der Phase *Abgeschlossen*.

Betriebszustand

Der Betriebszustand ist der Zustand eines Arbeitsplatzes. Betriebszustände sind *Rüsten, Produktion, freie Kapazität innerhalb der Schicht, freie Kapazität außerhalb der Schicht, Pause, unbegründeter Stillstand* und eine Reihe spezifisch begründeter Stillstände, die für jeden Arbeitsplatz individuell konfiguriert werden können. In besonderen Fällen treten die Betriebszustände *Produktion in Pause* und *Produktion ohne Auftrag* auf.

Die auf den Arbeitsplatz projizierte Phase

Die auf den Arbeitsplatz projizierte Phase fungiert als Hilfskonstrukt zur Ermittlung des Betriebszustandes sowie der Belegungszeit eines Arbeitsplatzes und findet ausschließlich interne Verwendung in der Erfassungs- und Verbuchungslogik. Sie entspricht entweder der Rüstphase oder der Bearbeitungsphase eines auf dem Arbeitsplatz angemeldeten Vorgangs. Auf einem Arbeitsplatz gibt es auch bei gleichzeitiger Anmeldung mehrerer Vorgänge zu jedem Zeitpunkt höchstens eine eindeutig definierte projizierte Phase, die sich aus den Phasen der angemeldeten Vorgänge wie in Tab. 3.2 beschrieben ableitet.

Der auf den Vorgang projizierte Betriebszustand

Der auf einen Vorgang projizierte Betriebszustand dient als Hilfskonstrukt zur Ermittlung von vorgangs- und materialbezogenen Auswertungen im Zusammenhang mit der Betriebsdatenerfassung. Dabei handelt es sich um den Betriebszustand des Arbeitsplatzes während der internen Rüstphase und der Bearbeitungsphase des Vorgangs auf dem jeweiligen Arbeitsplatz. Über die gesamte externe Rüstphase hinweg ist der auf den Vorgang projizierte Betriebszustand immer *Rüsten*, auch dann, wenn der Arbeitsplatz einen anderen Betriebszustand hat. Während der Phasen *Warten vor Bearbeitung* und *Warten nach Bearbeitung* ist der auf den Vorgang projizierte Betriebszustand mit dessen Phase identisch.

Zeitbasen

Eine Zeitbasis ist eine Menge von Betriebszuständen, deren Dauer als Zeitbasis zur Berechnung von arbeitsplatzbezogenen Leistungskennzahlen verwendet wird. Die Zeitbasis RÜSTEN dient der Berechnung der Rüstzeit, die Zeitbasis PRODUKTION der Berechnung der Produktionszeit und die Zeitbasis GEPLANTE BETRIEBSZEIT (GBZ) der Berechnung der geplanten Betriebszeit. Zeitbasen werden teilweise auch zur Berechnung von vorgangs- und auftragsbezogenen Kennzahlen verwendet, wenn diese einen impliziten Bezug zu einem Arbeitsplatz haben.

A.2   Mengen

A.2.1 Ausgebrachte Mengen

Nicht klassifizierte Menge
Die nicht klassifizierte Menge ist die unbestätigte Menge eines *ausgebrachten Materials*, die noch nicht als Gutmenge, Nacharbeitsmenge oder Ausschussmenge klassifiziert wurde.

Unbestätigte Mengen
Unbestätigte Mengen sind die Mengen eines *ausgebrachten Materials*, die gegebenenfalls bereits von der Maschine oder Produktionsanlage als Gutmenge, Nacharbeitsmenge oder Ausschussmenge klassifiziert wurden oder auch nicht, in jedem Fall aber noch nicht vom Fertigungspersonal als solche bestätigt und demzufolge auch noch nicht auf einen Vorgang verbucht wurden.

Klassifizierte und bestätigte Mengen
Klassifizierte und bestätigte Mengen sind die in der Mengeneinheit des jeweiligen Vorgangs angegebenen Mengen eines *ausgebrachten Materials*, die als Gutmenge, Nacharbeitsmenge oder Ausschussmenge klassifiziert und als solche vom Fertigungspersonal bestätigt wurden. Die klassifizierten und bestätigten Mengen sind am jeweiligen Vorgang hinterlegt.

Gesamtmenge
Die Gesamtmenge ist die Summe aus Gutmenge, Nacharbeitsmenge und Ausschussmenge eines *ausgebrachten Materials*. Unbestätigte Mengen werden nicht verrechnet.

A.2.2 Vorgegebene Mengen

Sollmenge
Die Sollmenge ist die nach Vorgabe eines Fertigungsauftrags oder Vorgangs in einer bestimmten Mengeneinheit zu produzierende Menge eines Materials oder Produktes. Die Sollmenge des Fertigungsauftrags ist von der Sollmenge der einzelnen Vorgänge zu unterscheiden, wobei das Material, die Mengeneinheit und die Sollmenge des letzten Vorgangs innerhalb eines Fertigungsauftrags und die des Fertigungsauftrags selbst stets identisch sind. Wenn zwei Fertigungsaufträge dasselbe Produkt herstellen und die Sollmenge des einen Auftrags doppelt so groß ist wie die des anderen Auftrags, dann sind die Sollmengen jedes einzelnen Vorgangs des einen Auftrags ebenfalls doppelt so groß wie die Sollmengen jedes einzelnen Vorgangs des anderen Auftrags.

A.3   Arbeitsplatzbezogene Dauern

Fast alle arbeitsplatzbezogene Leistungskennzahlen sind der Quotient zweier kumulierter Zeitdauern, die entweder einen ausschließlichen Bezug zum Arbeitsplatz oder auch einen Bezug zu den darauf durchgeführten Vorgängen haben. Ausschließlich arbeitsplatzbezogene Zeitdauern, wie die *geplante Betriebszeit*, die *Produktionszeit* und die *Rüstzeit*, ermitteln sich einfach als Summe über die Dauern der am Arbeitsplatz vorliegenden Betriebszustände, die der entsprechenden Zeitbasis zugeordnet sind. Die *Belegungszeit* ist dagegen nicht ganz so trivial zu ermitteln, weil sie zusätzlich auf die am Arbeitsplatz durchgeführten Vorgänge Bezug nimmt. Dabei sind Sonderfälle – wie die gleichzeitige Anmeldung mehrerer Vorgänge am selben Arbeitsplatz oder die Durchführung eines Vorgangs auf mehreren Arbeitsplätzen – mit in Betracht zu ziehen.

A.3.1   Geplante Betriebszeit

Die geplante Betriebszeit eines Arbeitsplatzes ist die Summe der Dauern aller Betriebszustände, die der Zeitbasis *GBZ* (geplante Betriebszeit) zugeordnet sind. Die Summierung erfolgt innerhalb des jeweiligen Betrachtungszeitraumes:

$$Geplante\ Betriebszeit = \sum_{Betriebszustand \in GBZ} Dauer$$

Prinzipiell könnte jede Zeitbasis im Erfassungssystem beliebig konfiguriert werden. Entsprechend der üblichen Definition der geplanten Betriebszeit zählen hierzu alle Arbeitsschichten abzüglich der geplanten Schichtpausen und der geplanten Instandhaltung.

Hinweis: Der geplanten Betriebszeit kommt eine besondere Bedeutung bei der Ermittlung vorgangsbezogener Dauern zu. Bei keiner der in Abschn. A.5 beschriebenen Dauern werden Zeitbereiche verrechnet, die außerhalb der geplanten Betriebszeit liegen.

A.3.2   Produktionszeit

Die Produktionszeit eines Arbeitsplatzes ist die Summe der Dauern aller Betriebszustände, die der Zeitbasis *PRODUKTION* zugeordnet sind. Die Summierung erfolgt innerhalb des jeweiligen Betrachtungszeitraumes:

$$Produktionszeit = \sum_{Betriebszustand \in PRODUKTION} Dauer$$

Auch die Zeitbasis PRODUKTION kann im Erfassungssystem beliebig konfiguriert werden. Gewöhnlich wird unter der Produktionszeit eines Arbeitsplatzes die Zeit verstanden, in der auf einem Arbeitsplatz wertschöpfende Prozesse durch den Einsatz der dem Arbeitsplatz zugeordneten Betriebsmittel stattfinden.

Hinweis: In den Zeitintervallen, in denen ein Vorgang an einem Arbeitsplatz in der Bearbeitungsphase angemeldet ist, ist dessen Produktionszeit immer identisch mit der Produktionszeit des betreffenden Arbeitsplatzes innerhalb desselben Zeitraumes.

A.3.3   Rüstzeit

Die Rüstzeit eines Arbeitsplatzes ist die Summe der Dauern aller Betriebszustände, die der Zeitbasis *RÜSTEN* zugeordnet sind. Die Summierung erfolgt innerhalb des jeweiligen Betrachtungszeitraumes:

$$Rüstzeit = \sum_{Betriebszustand \in RÜSTEN} Dauer$$

Auch die Zeitbasis RÜSTEN kann im Erfassungssystem beliebig konfiguriert werden. Entsprechend der üblichen Definition der Rüstzeit ist dies die Zeit, die für Tätigkeiten aufgewandt wird, die an sich nicht wertschöpfend sind, jedoch zur Einrichtung eines Arbeitsplatzes für die Bearbeitung eines Vorgangs planmäßig erforderlich sind. Ebenfalls zur Rüstzeit zählt die Zeit, die nach Beendigung eines Vorgangs benötigt wird, um einen Arbeitsplatz in seinen ursprünglichen Zustand zurückzuversetzen. Bei der Rüstzeit eines Arbeitsplatzes handelt es sich ausschließlich um interne Rüstzeiten, d. h. dass während der Rüstzeit niemals eine Bearbeitung stattfindet.

Hinweis: Die Rüstzeit kann von der kumulierten Dauer der auf den Arbeitsplatz projizierten Rüstphasen abweichen, wenn der Arbeitsplatz während einer Bearbeitungsphase gerüstet wurde (vgl. Abschn. 3.2). In diesem Fall ist die kumulierte Dauer der auf den Arbeitsplatz projizierten Rüstphasen geringer als die tatsächliche Rüstzeit.

A.3.4   Belegungszeit

Die Belegungszeit eines Arbeitsplatzes ist die Zeit, in der ein Arbeitsplatz für die Durchführung eines oder mehrerer Fertigungsaufträge mit deren Vorgängen belegt ist. Sie ermittelt sich als die Summe der Dauern aller auf den Arbeitsplatz projizierten Rüst- und Bearbeitungsphasen (vgl. Abschn. 3.2). Die Summierung erfolgt innerhalb des jeweiligen Betrachtungszeitraumes:

$$Belegungszeit = \sum_{projizierte\,Phasen} Dauer$$

Dabei werden erstens nur die Zeitbereiche der Vorgangsphasen auf den Arbeitsplatz projiziert, in denen ein Vorgang tatsächlich auf dem jeweilig betrachteten Arbeitsplatz während dessen geplanter Betriebszeit angemeldet ist (vgl. Abb. 3.3). Zweitens gibt es auf einem Arbeitsplatz auch bei gleichzeitiger Anmeldung mehrerer Vorgänge zu jedem Zeitpunkt höchstens eine eindeutig definierte projizierte Phase, die sich aus den Phasen der angemeldeten Vorgänge wie in Tab. 3.2 beschrieben ableitet.

A.3.5   Bearbeitungszeit

Die Bearbeitungszeit eines Arbeitsplatzes ist dessen Belegungszeit abzüglich der Rüstzeit:

$$Bearbeitungszeit = Belegungszeit - Rüstzeit$$

Die Bearbeitungszeit kann von der kumulierten Dauer der auf den Arbeitsplatz projizierten Bearbeitungsphasen abweichen, wenn der Arbeitsplatz während einer Bearbeitungsphase gerüstet wurde (vgl. Abschn. 3.2).

A.4   Arbeitsplatzbezogene Kennzahlen

A.4.1   Belegungsgrad eines Arbeitsplatzes

Die Leistungskennzahl beschreibt die Auslastung eines Arbeitsplatzes innerhalb eines bestimmten Betrachtungszeitraumes als Quotient aus der Belegungszeit und der geplanten Betriebszeit:

$$Belegungsgrad = \frac{Belegungszeit}{geplante\ Betriebszeit}$$

Anmerkung: Der Belegungsgrad einer Gruppe von Arbeitsplätzen wird ermittelt, indem im Zähler und im Nenner jeweils über die der Gruppe zugehörigen Arbeitsplätze summiert wird.

Die Dauer des Zeitraumes, in dem ein Arbeitsplatz während seiner geplanten Betriebszeit nicht belegt ist, setzt sich zusammen aus Zeiten störungsfreier Stillstände, in denen es für einen Arbeitsplatz schlicht keine Verwendung gibt, und Zeiten störungsbedingter Stillstände. Keine Verwendung gibt es für einen Arbeitsplatz im Falle von bedarfsbedingten oder planungsbedingten Belegungslücken. Belegungslücken sind bedarfsbedingt, wenn infolge geringer Nachfrage keine durchführbaren Fertigungsaufträge im Arbeitsvorrat vorliegen. Sie sind planungsbedingt, wenn Vorgänge im Arbeitsvorrat existieren, die bereits ihren frühesten Starttermin, noch nicht jedoch ihren geplanten Starttermin erreicht haben. Störungsbedingte Stillstände haben entweder logistische oder technische Gründe.

Der Belegungsgrad kann demzufolge als Produkt von vier Komponenten aufgefasst werden:

$$bedarfsbed.\ Komp. = \frac{geplante\ Betriebszeit - Zeiten\ bedarfsbedingter\ Belegungslücken}{geplante\ Betriebszeit}$$

$$planungsbed.\ Komp. = \underbrace{\frac{geplante\ Betriebszeit - Zeiten\ störungsfreier\ Belegungslücken}{geplante\ Betriebszeit - Zeiten\ bedarfsbedingter\ Belegungslücken}}_{Belegung\ durch\ Bedarf\ gewährleistet}$$

$$logistische\ Komponente = \underbrace{\frac{Belegungszeit + Zeiten\ technischer\ Störungen}{geplante\ Betriebszeit - Zeiten\ störungsfreier\ Belegungslücken}}_{Belegung\ planerisch\ gewährleistet}$$

$$technische\ Komponente = \underbrace{\frac{Belegungszeit}{Belegungszeit + Zeiten\ technischer\ Störungen}}_{Belegung\ organisatorisch\ gewährleistet}$$

A.4.2 Rüstzeitreduzierung eines Arbeitsplatzes

Die Leistungskennzahl beschreibt die Reduzierung von Rüstzeiten auf einem Arbeitsplatzes innerhalb eines bestimmten Betrachtungszeitraumes als Quotient aus der Bearbeitungszeit und der Belegungszeit:

$$Rüstzeitreduzierung = \frac{Bearbeitungszeit}{Belegungszeit}$$

Die Rüstzeitreduzierung eines Arbeitsplatzes kann sich von der Sache her nur auf interne Rüstzeiten beziehen.

Anmerkung: Die Rüstzeitreduzierung einer Gruppe von Arbeitsplätzen wird ermittelt, indem im Zähler und im Nenner jeweils über die der Gruppe zugehörigen Arbeitsplätze summiert wird.

A.4.3 Prozessverfügbarkeit eines Arbeitsplatzes

Die Leistungskennzahl beschreibt die Verfügbarkeit eines Arbeitsplatzes während der Vorgangsbearbeitung innerhalb eines bestimmten Betrachtungszeitraumes als Quotient aus der Produktionszeit und der Bearbeitungszeit:

$$Prozessverfügbarkeit = \frac{Produktionszeit}{Bearbeitungszeit}$$

Anmerkung: Die Prozessverfügbarkeit einer Gruppe von Arbeitsplätzen wird ermittelt, indem im Zähler und im Nenner jeweils über die der Gruppe zugehörigen Arbeitsplätze summiert wird.

Störungsbedingte Unterbrechungen reduzieren die Prozessverfügbarkeit. Diese können organisatorische (logistische) und technische Ursachen haben. Die organisatorisch gewährleistete Produktionszeit, in der Werkzeug, Material und Personal zur Verfügung stehen, ist die Bearbeitungszeit abzüglich der organisatorisch bedingten Unterbrechungen. Jeder Stillstand innerhalb dieser Zeit muss ein technisch bedingter Stillstand sein. Daraus folgt:

$$logistische\ Prozessverfügbarkeit = \frac{Bearbeitungszeit - organisatorische\ Störungen}{Bearbeitungszeit}$$

$$technische\ Prozessverfügbarkeit = \frac{Produktionszeit}{\underbrace{Bearbeitungszeit - organisatorische\ Störungen}_{organisatorisch\ gewährleistete\ Produktionszeit}}$$

A.4.4 Verfügbarkeit

Die Verfügbarkeit eines Arbeitsplatzes innerhalb eines bestimmten Betrachtungszeitraumes ist der Quotient aus Produktionszeit und geplanter Betriebszeit:

$$Verfügbarkeit = \frac{Produktionszeit}{geplante\ Betriebszeit}$$

Anmerkung: Die Verfügbarkeit einer Gruppe von Arbeitsplätzen wird ermittelt, indem im Zähler und im Nenner jeweils über die der Gruppe zugehörigen Arbeitsplätze summiert wird.

Die Verfügbarkeit kann alternativ zu dieser Definition auch als Produkt aus Belegungsgrad, Rüstzeitreduzierung und Prozessverfügbarkeit ermittelt werden:

$$Verfügbarkeit = Belegungsgrad \cdot Rüstzeitreduzierung \cdot Prozessverfügbarkeit$$

A.4.5 Leistungsgrad

Der Leistungsgrad eines oder mehrerer Arbeitsplätze innerhalb eines bestimmten Betrachtungszeitraumes ermittelt sich als Quotient der nach Vorgabe des Arbeitsplans benötigten Zeit zur Ausbringung der Gesamtmenge und der dazu tatsächlich aufgewandten Produktionszeit:

$$Leistungsgrad = \frac{\sum_{Vorgänge*}(Sollzeit\,pro\,Einheit \cdot Gesamtmenge)}{\sum_{Vorgänge*}(Produktionszeit)}$$

Die Gesamtmenge ist die auf den jeweiligen Vorgang verbuchte Menge innerhalb des Zeitraumes, in dem dieser den betreffenden Arbeitsplatz *während des Betrachtungszeitraumes* belegt hat. Die Produktionszeit ist die kumulierte Produktionszeit des Vorgangs innerhalb des Zeitraumes, in dem dieser den betreffenden Arbeitsplatz *während des Betrachtungszeitraumes* belegt hat. Das Sternchen deutet an, dass im Zähler und im Nenner jeweils nur über diese Zeitbereiche summiert wird. Beispielsweise werden externe Rüstzeiten nicht verrechnet.

Hinweise: Die Gesamtmenge, die ein einzelner Vorgang zum Leistungsgrad eines Arbeitsplatzes beiträgt, ist nicht notwendigerweise mit der ausgebrachten Gesamtmenge des Vorgangs selbst identisch, denn ein Vorgang muss nicht ausschließlich an einem einzigen Arbeitsplatz durchgeführt werden (vgl. Abb. 3.3). Aus demselben Grunde muss auch die Produktionszeit, die ein einzelner Vorgang zum Leistungsgrad eines Arbeitsplatzes beiträgt, nicht zwingend mit der Produktionszeit des Vorgangs selbst übereinstimmen. Die Einschränkung „während des Betrachtungszeitraumes" ist zu beachten, weil ein Vorgang über den betrachteten Zeitraum hinaus an dem Arbeitsplatz angemeldet sein kann.

Anmerkung: Der Leistungsgrad einer Gruppe von Arbeitsplätzen wird ermittelt, indem im Zähler und im Nenner in einer weiteren äußeren Summe jeweils über die der Gruppe zugehörigen Arbeitsplätze summiert wird.

A.4.6 Qualitätsrate

Die auf Basis von Mengen ermittelte Qualitätsrate eines oder mehrerer Arbeitsplätze innerhalb eines bestimmten Betrachtungszeitraumes ist der Quotient aus der an den betreffenden Arbeitsplätzen in diesem Zeitraum ausgebrachten Gutmenge und der dort ausgebrachten Gesamtmenge:

$$Qualitätsrate_{(mengenbasiert)} = \frac{Gutmenge}{Gesamtmenge}$$

Für die auf Basis von Zeiten ermittelte Qualitätsrate eines oder mehrerer Arbeitsplätze innerhalb eines bestimmten Betrachtungszeitraumes gilt:

$$Qualitätsrate_{(zeitbasiert)} = \frac{\sum_{Vorgänge*}(Sollzeit\,pro\,Einheit \cdot Gutmenge)}{\sum_{Vorgänge*}(Sollzeit\,pro\,Einheit \cdot Gesamtmenge)}$$

Gutmenge und Gesamtmenge sind die auf den jeweiligen Vorgang verbuchte Menge innerhalb des Zeitraumes, in dem dieser den betreffenden Arbeitsplatz *während des*

Betrachtungszeitraumes belegt hat. Das Sternchen deutet an, dass im Zähler und im Nenner jeweils nur über diese Zeitbereiche summiert wird.

Hinweis: Die Gutmenge und die Gesamtmenge, die ein einzelner Vorgang zur Qualitätsrate eines Arbeitsplatzes beiträgt, sind nicht notwendigerweise mit der Gutmenge und die Gesamtmenge des Vorgangs selbst identisch, denn ein Vorgang muss nicht ausschließlich an einem einzigen Arbeitsplatz durchgeführt werden (vgl. Abb. 3.3). Die Einschränkung „während des Betrachtungszeitraumes" ist zu beachten, weil ein Vorgang über den betrachteten Zeitraum hinaus an dem Arbeitsplatz angemeldet sein kann. Im Falle einer Kuppelproduktion muss unbedingt über alle gleichzeitig angemeldeten Vorgänge summiert werden, weil jedes Kuppelprodukt einen eigenen Ausschussanteil und somit eine eigene Qualitätsrate aufweisen kann.

Anmerkung: Die Qualitätsrate einer Gruppe von Arbeitsplätzen wird ermittelt, indem im Zähler und im Nenner jeweils über die der Gruppe zugehörigen Arbeitsplätze summiert wird.

A.4.7 OEE

Die Gesamtanlageneffektivität eines oder mehrerer Arbeitsplätze innerhalb eines bestimmten Betrachtungszeitraumes wird durch das Produkt folgender drei Kennzahlen beschrieben:

$$OEE = Verfügbarkeit \cdot Leistungsgrad \cdot Qualitätsrate$$

Das OEE-Kennzahlensystem illustriert den Zusammenhang zwischen der Gesamtanlageneffektivität und deren einzelnen Komponenten (vgl. Abb. A.1)

A.5   Vorgangs- und auftragsbezogene Dauern

A.5.1   Dauer der Rüstphase

Die Dauer der Rüstphase eines Vorgangs ist die kumulierte Dauer aller der geplanten Betriebszeit zugeordneten Betriebszustände eines oder mehrerer Arbeitsplätze, während sich ein Vorgang auf diesen Arbeitsplätzen in der Phase *Rüsten* befindet.

A.5.2   Dauer der Bearbeitungsphase

Die Dauer der Bearbeitungsphase eines Vorgangs ist die kumulierte Dauer aller der geplanten Betriebszeit zugeordneten Betriebszustände eines oder mehrerer Arbeitsplätze,

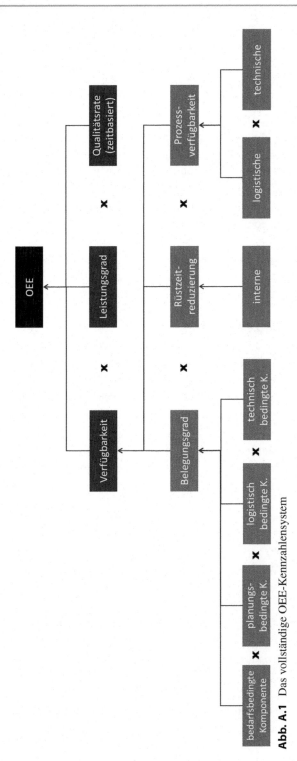

Abb. A.1 Das vollständige OEE-Kennzahlensystem

während sich ein Vorgang auf diesen Arbeitsplätzen in der aufgezeichneten Phase *Bearbeitung* befindet.

A.5.3 Interne Rüstzeit

Als interne Rüstzeiten kommen nur Zeiträume in Betracht, in denen die Vorgangsphase mit der auf den jeweiligen Arbeitsplatz projizierten Phase identisch ist. Diese Zeiten können als die Belegungszeit eines Arbeitsplatzes *durch den Vorgang* interpretiert werden. Die interne Rüstzeit eines Vorgangs ist die Summe der Dauern aller auf einem Arbeitsplatz während dessen Belegungszeit *durch den Vorgang* auftretenden Betriebszustände, die der Zeitbasis *RÜSTEN* zugeordnet sind:

$$interne\ Rüstzeit = \sum_{Betriebszustand \in RÜSTEN} Dauer$$

A.5.4 Externe Rüstzeit

Als externe Rüstzeiten zählen alle Zeiträume, in denen die Vorgangsphase eine Rüstphase und die auf den Arbeitsplatz projizierte Phase eine Bearbeitungsphase ist. Die externe Rüstzeit eines Vorgangs ist darum die *über den Zeitraum seiner Rüstphase* kumulierte Dauer der auf den Arbeitsplatz projizierten Bearbeitungsphasen (vgl. Abschn. 3.2):

$$externe\ Rüstzeit = \sum_{projizierte\ Bearbeitungsphasen} Dauer$$

A.5.5 Rüstzeit

Die Rüstzeit eines Vorgangs ist die Summe aus seiner internen und seiner externen Rüstzeit:

$$Rüstzeit = interne\ Rüstzeit + externe\ Rüstzeit$$

Die Rüstzeit eines Fertigungsauftrags ist die Summe der Rüstzeiten seiner Vorgänge.

Hinweis: Externe Rüstzeiten eines Vorgangs sind dadurch gekennzeichnet, dass auf dem Arbeitsplatz, der für den betreffenden Vorgang gerüstet wird, zur gleichen Zeit die Bearbeitung eines anderen Vorgangs stattfindet. Die technische Möglichkeit, einen Arbeitsplatz extern zu rüsten, muss durch die Auftragsfeinplanung insofern unterstützt

werden, als während des Rüstens des einen Vorgangs auch tatsächlich ein anderer
bearbeitet wird (vgl. Abschn. 4.4).

A.5.6 Produktionszeit

Die Produktionszeit eines Vorgangs ist die Summe der Dauern aller während der Bearbeitungsphase und der *internen* Rüstphase eines Vorgangs auf einem Arbeitsplatz
auftretenden Betriebszustände, die der Zeitbasis *PRODUKTION* zugeordnet sind:

$$Produktionszeit = \sum_{Betriebszustand \in PRODUKTION} Dauer$$

Die Produktionszeit eines Fertigungsauftrags ist die Summe der Produktionszeiten seiner
Vorgänge.

Hinweis: In den Zeitintervallen, in denen ein Vorgang an einem Arbeitsplatz in der
Bearbeitungsphase angemeldet ist, ist dessen Produktionszeit immer identisch mit der
Produktionszeit des betreffenden Arbeitsplatzes innerhalb desselben Zeitraumes. Die
Einschränkung auf die interne Rüstphase ist erforderlich, weil ein Arbeitsplatz während
der externen Rüstphase eines Vorgangs durchaus in Produktion sein kann und sein sollte
(vgl. Abb. 3.5).

A.5.7 Durchführungszeit

Die Durchführungszeit eines Vorgangs ist die Summe aus der kumulierten Dauer seiner
Rüstphase und seiner Bearbeitungsphase auf einem oder mehreren Arbeitsplätzen:

$$Durchführungszeit = Dauer\, der\, Rüstphase + Dauer\, der\, Bearbeitungsphase$$

Die Durchführungszeit eines Fertigungsauftrags ist die Summe der Durchführungszeiten
seiner Vorgänge.

Hinweis: Zeitabschnitte außerhalb der geplanten Betriebszeit eines Arbeitsplatzes tragen weder zur Dauer der Rüstphase noch zur Dauer der Bearbeitungsphase eines Vorgangs
auf diesem Arbeitsplatz bei. Sie verlängern zwar die Durchlaufzeit des betreffenden
Fertigungsauftrags, nicht jedoch dessen Durchführungszeit. Dasselbe gilt für die Phasen
Warten vor Bearbeitung und *Warten nach Bearbeitung*, welche ebenfalls die Durchlaufzeit
eines Fertigungsauftrags, nicht jedoch dessen Durchführungszeit verlängern.

A.5.8   Bearbeitungszeit

Die Bearbeitungszeit eines Vorgangs ist dessen Durchführungszeit abzüglich seiner Rüstzeit:

$$Bearbeitungszeit = Durchführungszeit - Rüstzeit$$

Die Bearbeitungszeit eines Fertigungsauftrags ist die Summe der Bearbeitungszeiten seiner Vorgänge.

A.5.9   Durchlaufzeit eines Fertigungsauftrags

Die Durchlaufzeit eines Fertigungsauftrags beschreibt die zwischen dem Startzeitpunkt des frühesten Vorgangs und dem Endzeitpunkt des spätesten Vorgangs eines Fertigungsauftrags vergangene Zeitspanne:

$$Durchlaufzeit = Endzeitpunkt_{spätester\ Vorgang} - Startzeitpunkt_{frühester\ Vorgang}$$

Im Gegensatz zu allen anderen vorgangs- oder auftragsbezogenen Dauern verlängert sich die Durchlaufzeit eines Fertigungsauftrags durch:

- Zeiträume, die außerhalb der geplanten Betriebszeit liegen (Freischichten, Schichtpausen)
- Zeiträume, in denen kein Vorgang des Fertigungsauftrags an einem Arbeitsplatz angemeldet ist
- Die Betriebszustände *Warten vor Bearbeitung* und *Warten nach Bearbeitung*

A.6   Vorgangsbezogene Kennzahlen

A.6.1   Rüstzeitreduzierung eines Vorgangs

Die Leistungskennzahl beschreibt die Reduzierung der Rüstzeit bei der Durchführung eines Vorgangs als Quotient aus dessen Bearbeitungszeit und dessen Durchführungszeit:

$$Rüstzeitreduzierung = \frac{Bearbeitungszeit}{Durchführungszeit}$$

Definiert man die Zeit, in welcher die Vorgangsphase mit der auf den jeweiligen Arbeitsplatz projizierten Phase identisch ist, als die Belegungszeit des Arbeitsplatzes *durch den Vorgang*, dann ist die Differenz zur Durchführungszeit die *externe Rüstzeit*:

$$externe\,R\ddot{u}stzeit = Durchf\ddot{u}hrungszeit - Belegungszeit$$

Mit dieser Definition der Belegungszeit des Arbeitsplatzes durch einen Vorgang kann die Rüstzeitreduzierung als Produkt der beiden folgenden Komponenten formuliert werden:

$$interne\,R\ddot{u}stzeitreduzierung = \frac{Bearbeitungszeit}{Belegungszeit}$$

$$externe\,R\ddot{u}stzeitreduzierung = \frac{Belegungszeit}{Durchf\ddot{u}hrungszeit}$$

A.6.2 Prozessverfügbarkeit eines Vorgangs

Die Prozessverfügbarkeit eines Vorgangs beschreibt die Verfügbarkeit der Arbeitsplätze während der Bearbeitungsphase des Vorgangs auf diesen Arbeitsplätzen als Quotient aus dessen Produktionszeit und dessen Bearbeitungszeit:

$$Prozessverf\ddot{u}gbarkeit = \frac{Produktionszeit}{Bearbeitungszeit}$$

Logistische und technische Prozessverfügbarkeit lassen sich genauso ermitteln wie bei der arbeitsplatzbezogenen Prozessverfügbarkeit.

A.6.3 Leistungsgrad eines Vorgangs

Der Leistungsgrad eines Vorgangs ist der Quotient aus der nach Vorgabe des Arbeitsplans benötigten Zeit zur Ausbringung der Gesamtmenge des Vorgangs und dessen Produktionszeit:

$$Leistungsgrad = \frac{Sollzeit\,pro\,Einheit \cdot Gesamtmenge}{Produktionszeit}$$

A.6.4 Qualitätsrate eines Vorgangs

Die Qualitätsrate eines Vorgangs ist der Quotient aus dessen Gutmenge und dessen Gesamtmenge:

$$Qualit\ddot{a}tsrate = \frac{Gutmenge}{Gesamtmenge}$$

A.7   Auftrags- und materialbezogene Kennzahlen

Rüstzeitreduzierung, Prozessverfügbarkeit, Leistungsgrad und Qualitätsrate eines Fertigungsauftrags berechnen sich aus den entsprechenden Kennzahlen der Vorgänge, indem
im Zähler und Nenner jeweils über alle Vorgänge des Fertigungsauftrags summiert wird.

A.7.1   Rüstzeitreduzierung

Die Rüstzeitreduzierung kann wie folgt für einen Fertigungsauftrag, ein Material oder ein
Planungsszenario ermittelt werden:

$$Rüstzeitreduzierung = \frac{\sum_{Vorgänge} Bearbeitungszeit}{\sum_{Vorgänge} Durchführungszeit}$$

Dabei wird innerhalb eines beliebigen Betrachtungszeitraumes jeweils über alle Vorgänge
eines Fertigungsauftrags oder nur über solche, die ein bestimmtes Material ausbringen,
summiert. Des Weiteren kann über alle Vorgänge eines Planungsszenarios, eines Planungsergebnisses oder einer Prognose der Auftragsabwicklung innerhalb eines bestimmten
Planungshorizontes summiert werden. Dabei sind Planzeiten und Sollmengen anstelle der
erfassten Dauern und Mengen einzusetzen.

A.7.2   Prozessverfügbarkeit

Die Prozessverfügbarkeit kann wie folgt für einen Fertigungsauftrag oder ein Material
ermittelt werden:

$$Prozessverfügbarkeit = \frac{\sum_{Vorgänge} Produktionszeit}{\sum_{Vorgänge} Bearbeitungszeit}$$

Dabei wird jeweils über alle Vorgänge eines Fertigungsauftrags oder über alle Vorgänge,
die ein bestimmtes Material ausbringen, innerhalb eines beliebigen Betrachtungszeitraumes summiert.

A.7.3   Leistungsgrad

Der Leistungsgrad kann wie folgt für einen Fertigungsauftrag oder ein Material ermittelt
werden:

$$Leistungsgrad = \frac{\sum_{Vorgänge}(Sollzeit\ pro\ Einheit \cdot Gesamtmenge)}{\sum_{Vorgänge}(Produktionszeit)}$$

Dabei wird jeweils über alle Vorgänge eines Fertigungsauftrags oder über alle Vorgänge, die ein bestimmtes Material ausbringen, innerhalb eines beliebigen Betrachtungszeitraumes summiert.

A.7.4 Qualitätsrate

Die Qualitätsrate kann wie folgt für einen Fertigungsauftrag oder ein Material berechnet werden:

$$Qualitätsrate = \frac{\sum_{Vorgänge}(Sollzeit\ pro\ Einheit \cdot Gutmenge)}{\sum_{Vorgänge}(Sollzeit\ pro\ Einheit \cdot Gesamtmenge)}$$

Dabei wird jeweils über alle Vorgänge eines Fertigungsauftrags oder über alle Vorgänge, die ein bestimmtes Material ausbringen, innerhalb eines beliebigen Betrachtungszeitraumes summiert. Es ist offensichtlich, dass eine alternative Ermittlung der Qualitätsrate auf Basis von Mengen bei den je nach Material beliebig variierenden Sollzeiten pro Einheit keine Aussagekraft besitzt.

A.7.5 Terminierungseffizienz

Für die Terminierungseffizienz eines Fertigungsauftrags gilt folgende Definition:

$$Terminierungseffizienz = \frac{Durchführungszeit}{Durchlaufzeit} \cdot \frac{1}{Parallelisierungsgrad}$$

Die Leistungskennzahl wird zum einen durch Liegezeiten und Transportzeiten zwischen den Vorgängen verringert, zum anderen durch Wartezeiten zwischen den Vorgängen sowie durch die sequentielle Durchführung parallel durchführbarer Vorgänge. Liegezeiten, sofern solche überhaupt auftreten, können als eine dem Fertigungsverfahren inhärente und damit prinzipiell unvermeidbare Gegebenheit aufgefasst werden. Auch der transportbedingte Beitrag zur Terminierungseffizienz ist planerisch kaum – allenfalls durch die Arbeitssystemplanung – zu beeinflussen. Werden diese beiden Komponenten herausgerechnet, bleibt der planerische Einfluss auf die Terminierungseffizienz:

$$planungsbedingte\ Komponente = \frac{Durchführungszeit}{DLZ - Liegezeit - Transportzeit} \cdot \frac{1}{PG}$$

$$transportbedingte\ Komponente = \frac{DLZ - Liegezeit - Transportzeit}{DLZ - Liegezeit}$$

$$uneigentliche\ Komponente = \frac{DLZ - Liegezeit}{DLZ}$$

Die planungsbedingte Komponente ist die eigentliche Stellschraube der Produktions- und Auftragsfeinplanung zur Verringerung von Durchlaufzeiten (DLZ). In ihr wird auch der Parallelisierungsgrad (PG) berücksichtigt.

Hinweis: Weil sich Durchlaufzeiten innerhalb von geplanten Freischichten und Schichtpausen ebenfalls verlängern, hat auch die Schichtplanung einen Einfluss auf die Durchlaufzeiten und damit auf die Terminierungseffizienz, welcher in der Regel dazu führt, dass eine hundertprozentige Terminierungseffizienz nicht zu erreichen ist.

Die Terminierungseffizienz kann wie folgt für mehrere Fertigungsaufträge, ein Produkt oder ein Planungsszenario ermittelt werden:

$$Terminierungseffizienz = \frac{\sum_{Aufträge} \frac{Durchführungszeit}{Parallelisierungsgrad}}{\sum_{Aufträge} Durchlaufzeit}$$

Dabei wird innerhalb eines beliebigen vergangenen Betrachtungszeitraumes jeweils über alle Fertigungsaufträge oder nur über solche, die ein bestimmtes Produkt ausbringen, summiert. Ferner kann auch über alle Vorgänge eines Planungsszenarios, eines Planungsergebnisses oder einer Prognose der Auftragsabwicklung innerhalb eines bestimmten Planungshorizontes summiert werden. In diesem Zusammenhang sind Planzeiten und Sollmengen anstelle der erfassten Dauern und Mengen einzusetzen.

Im Zähler steht die kumulierte Mindestdurchlaufzeit, die unter Berücksichtigung aller Verfügbarkeits-, Leistungs- und Qualitätsverluste bei einer maximal effizienten Terminierung der Fertigungsaufträge zu erreichen ist. Im Nenner steht die kumulierte Durchlaufzeit, die tatsächlich erreicht wurde:

$$Durchlaufzeit = \sum_{Aufträge} \left[Endzeitpunkt_{spätester\ Vorgang} - Startzeitpunkt_{frühester\ Vorgang} \right]$$

A.7.6 Prozessgrad

Der Prozessgrad eines oder mehrerer Fertigungsaufträge ist das Produkt aus deren Terminierungseffizienz, Rüstzeitreduzierung und Prozessverfügbarkeit:

$$Prozessgrad = Terminierungseff. \cdot Rüstzeitreduzierung \cdot Prozessverfügbarkeit$$

A.7.7   Gesamtprozesseffizienz

Die Gesamtprozesseffizienz eines oder mehrerer Fertigungsaufträge ist das Produkt aus deren Prozessgrad, Leistungsgrad und Qualitätsrate:

$$OPE = Prozessgrad \cdot Leistungsgrad \cdot Qualitätsrate$$

Das OPE-Kennzahlensystem illustriert den Zusammenhang zwischen der Gesamtprozesseffizienz und deren einzelnen Komponenten (vgl. Abb. A.2)

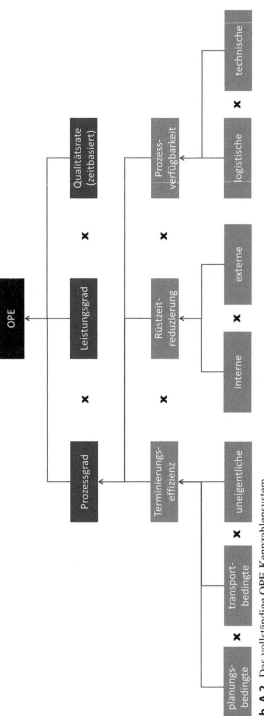

Abb. A.2 Das vollständige OPE-Kennzahlensystem

Anhang B: FORCE Bridge API

B.1   Offener Industriestandard für Smart Manufacturing

Vorweg: Jeder IoT-Plattformanbieter und jeder MES-Anbieter, der einer werden möchte, darf und möge FORCE Bridge API uneingeschränkt verwenden, aber nicht abändern. In den Nutzungsbedingungen wird nicht verlangt, alle 154 Methoden und alle Ressourcen in der API einer IoT-Plattform vollständig zu implementieren. Es müssen lediglich jene Ressourcen, die implementiert und veröffentlicht sind, dieselben Bezeichner und dieselben Properties wie in der Swagger-Spezifikation der FORCE Bridge API haben. Denn nur unter dieser Bedingung kann sich ein offener Industriestandard für Smart Manufacturing etablieren, von dem Anwender und Lösungsanbieter gleichermaßen profitieren.

Das Konzept der Smart Factory existiert mindestens so lange wie die von Mark Weiser in „The Computer for the 21st Century" 1991 veröffentlichte Idee eines Internets der Dinge. Wie Begriffe gelegentlich ihre Bedeutung ändern, so ändern sich umgekehrt bisweilen auch die Begriffe, mit denen Konzepte und Ideen bezeichnet werden. Die Ideen bleiben trotzdem dieselben. Mit der Verbreitung von Web Services um die Jahrtausendwende erschien die Smart Factory zum Greifen nahe. Aber diejenigen, welche die Kluft zwischen den auf der Automatisierungsebene verwendeten Protokollen und gängigen Internetstandards zu überbrücken vermochten, verfolgten mit dem MES strikt das Marketingkonzept eines weitgehend geschlossenen Systems. Dies geschah zum Nachteil vieler, vor allem aber zum Ärger von Forschern und Wissenschaftlern, die ihre innovativen Lösungsansätze für die Smart Factory in keinem realen Produktionsumfeld testen und zur Anwendung bringen konnten.

Mit der Initiative Industrie 4.0 kamen neue Hoffnung und große Erwartungen auf. Doch diese wurden enttäuscht, als mit dem Paradigma einer serviceorientierten Architektur und der Entscheidung zugunsten OPC-UA für die Produktion schon wieder eine von

© Springer-Verlag GmbH Deutschland, ein Teil von Springer Nature 2020
A. Sinsel, *Das Internet der Dinge in der Produktion*,
https://doi.org/10.1007/978-3-662-59761-3

den Standards im Internet abweichende und zudem unnötig komplizierte Sonderlösung propagiert wurde.

Wenn man einen offenen Industriestandard für Smart Manufacturing möchte, dann muss man ihn selbst spezifizieren und ein Unternehmen finden, das innovativ und kundenorientiert genug ist, diesen zu implementieren und all seinen Kunden in der Produktion kostenlos zur Verfügung zu stellen. Auf diese Weise sind mittlerweile über 100.000 Maschinen weltweit über Bridge API mit dem Internet der Dinge verbunden. Die Unternehmen, in deren Produktionsbetrieben Bridge API im Einsatz ist, haben ein Interesse an deren weiterer Verbreitung und an weiteren innovativen Anwendungen zur Steigerung der Ressourceneffektivität und Prozesseffizienz ihrer Produktion.

Vor diesem Hintergrund sollte jedes Missverständnis bezüglich der am 14. Dezember 2018 zusammen mit der zweiten Version von FORCE Bridge API im Internet veröffentlichten Nutzungsbedingungen beseitigt sein.

B.2 Nutzungsbedingungen (Terms of Use)

FORCE Bridge API ist der offene Industriestandard für das Internet der Dinge (IoT) in der Produktion. Die aktuelle Version 2.0 kann unter den Bedingungen der Creative Commons Attribution-NoDerivs 3.0 Unported-Lizenz von jedem IoT-Anbieter, auch kommerziell, verwendet werden.

In Übereinstimmung mit diesen Lizenzbedingungen muss insbesondere „FORCE Bridge API" als Titel der API angegeben und ein Urheberrechtshinweis, ein Lizenzhinweis und ein Link zu https://docs.forcebridge.io/api/ bereitgestellt werden.

Mit der Freigabe von FORCE Bridge API sollte die organisatorische Interoperabilität aller Anwendungen, IT-Systeme und Mitarbeiter in einer Produktionsumgebung durch einen offenen Standard sichergestellt werden. Um die Interoperabilität zu gewährleisten, darf die API nur vollständig und unverändert in der Form verwendet werden, in der sie unter https://docs.forcebridge.io/api/ zum Herunterladen bereitgestellt wird.

Die Weiterentwicklung von Bridge API erfolgt in der FORCE Bridge Community unter Beteiligung zahlreicher Partner und Stakeholder. Im Interesse von Endanwendern und Lösungsanbietern ist die Abwärtskompatibilität zur Erstversion 1.0 eine besondere Rahmenbedingung für die Weiterentwicklung von Bridge API.

Für funktionale und technische Fragen zur FORCE Bridge API steht unter https://forcebridge.io ein Frage-Antwort-Portal zur Verfügung.[1]

B.3 Contract First versus Code First

Bridge API wurde ursprünglich in einem 350-seitigen Word-Dokument spezifiziert, weil Swagger keine hypermedialen Repräsentationsformate und keine dynamischen Referen-

---

[1]Letzter Zugriff auf die genannten Webseiten am 29.06.2019.

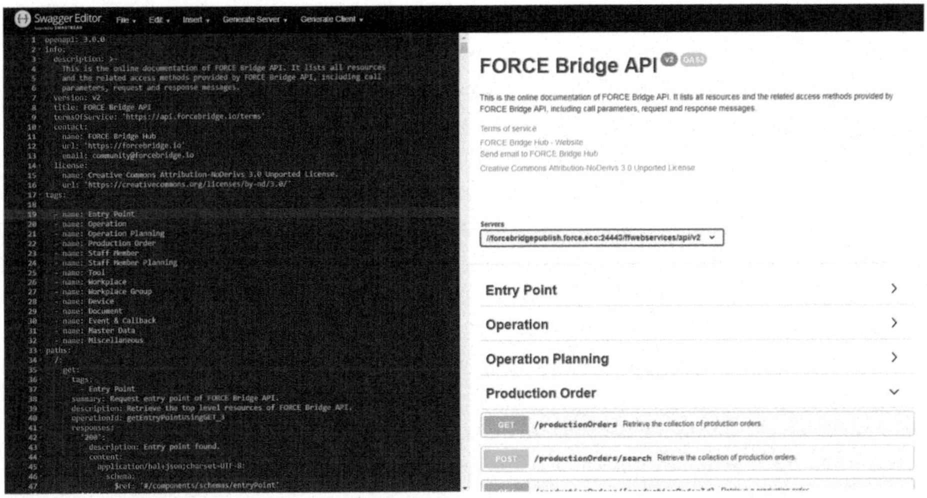

Abb. B.1 FORCE Bridge API Version 2 im Swagger Editor

zen unterstützt. Mit Swagger ist es schlicht unmöglich, die Abhängigkeit dynamischer Hyperlinks vom jeweiligen Systemzustand zu spezifizieren. Diese Einschränkung ist nicht zuletzt der Grund dafür, dass die Referenzen der einzelnen Ressourcen im dritten Teil dieses Kompendiums so detailliert dargelegt sind.

Die Swagger-Spezifikation auf https://docs.forcebridge.io/api/ wird aus dem Source Code der Referenzimplementierung generiert. Um Bridge API in der eigenen IoT-Plattform zu implementieren, sei dagegen der Contract-First-Ansatz mit dem Swagger Codegen oder online im Swagger Editor empfohlen, der unter https://editor.swagger.io/ zu finden ist (vgl. Abb. B.1). Hyperlinks und die dynamische Aggregation von Ressourcen müssen dabei jedoch eigenständig implementiert werden.

Die fehlerfrei generierbare Originalversion der Swagger-Spezifikation finden Leser als Begleitmaterial zu diesem Buch.[2] Es wird empfohlen, zur Codegenerierung diese Originalversion vom 14. Dezember 2018 zu verwenden, weil die von der FORCE Bridge Community veröffentlichte Version zu unbestimmten Zeitpunkten aus dem Source Code der Referenzimplementierung generiert wird und regelmäßig Fehler darin auftreten oder Ressourcen fehlen. Es ist aktuell nicht absehbar, wann dieses grundsätzliche organisatorische Problem innerhalb der Community behoben sein wird, deren gesamte Internetpräsenz sich aktuell in einer Umbauphase befindet.

B.4   Weiterentwicklung und Ausblick

In der Version 2 wurde Bridge API um die regelbasierten Fertigungsvarianten sowie die ebenfalls regelbasierte Rüstmatrix erweitert. Die Regeln werden in Subressourcen

---

[2]https://www.springer.com/de/book/9783662597606.

der Arbeitsplatzgruppen hinterlegt, wo auch die dynamisch aus den Regeln erzeugte Rüstmatrix eingeordnet ist. Die Fertigungsvarianten selbst sind als Subressourcen der einzelnen Vorgänge abgebildet. Im Zuge dieser Erweiterungen wurden die ausschließlich zur Fertigungsplanung und -steuerung verwendeten Subressourcen der Vorgänge und Mitarbeiter innerhalb der Swagger-Spezifikation in eine eigene Kategorie verschoben, ohne dass sich diese Umstrukturierung in einer analogen Änderung des Ressourcendesigns widerspiegelt. Version 2 ist daher vollkommen abwärtskompatibel zu der 2016 freigegebenen ersten Version.

In der Referenzimplementierung existieren eine Reihe von schreibenden Zugriffsmethoden, welche die Daten betreffen, die im Idealfall über die verschiedenen ERP-Adapter in die Plattform gelangen. Sie wurden auch mit der Veröffentlichung der zweiten Version nicht in Bridge API aufgenommen, d. h., sie müssen in der IoT-Plattform selbst gepflegt werden, wenn sie aus dem ERP-System nicht ausgelesen werden können. Hierzu zählen in erster Linie die Fertigungsaufträge einschließlich ihrer Vorgänge, der Personalstamm und weitere personalbezogene Daten, wie die Qualifikationsmatrix, die Arbeitsplatzschichten und die auf den Arbeitsplätzen geplanten Instandhaltungsmaßnahmen. Es steht jedem Plattformanbieter frei, zu den betreffenden Ressourcen entsprechende POST-, PUT- und DELETE-Methoden zu ergänzen. In Bridge API wurden diese aus zweierlei Gründen nicht aufgenommen. Zum einen sollte das ERP-System per Konvention die Datenhoheit über jene Daten haben, d. h. Single Source of Truth sein, und Anwendungen nicht erlaubt sein, diese Daten zu überschreiben. Zum anderen ist die Aufnahme neuer Methoden in Bridge API grundsätzlich restriktiv. Denn eine einmal offiziell aufgenommene Methode kann in nachfolgenden Versionen nicht mehr verworfen werden, ohne die Abwärtskompatibilität damit zu zerstören.

Ein berechtigter Kritikpunkt besteht darin, dass zwar die Zeiträume der geplanten Instandhaltungsmaßnahmen abgerufen werden können, darin aber keine detaillierteren Angaben zu den einzelnen Maßnahmen enthalten sind. Diese Angaben sollten mit der nächsten Version nachgetragen werden. Zudem sollten die Fertigungsvarianten um einen Kostenfaktor erweitert werden, sodass unter anderem auch energetische Gesichtspunkte zur Berücksichtigung bei der Planung hinterlegt werden können. Was die Schnittstelle für die Produktrückverfolgung (Supply-Chain-Traceability) betrifft, kann ein allgemein akzeptierter Standard nur in einem breiteren Rahmen und nicht innerhalb der FORCE Bridge Community vereinbart werden.

Stichwortverzeichnis

© Springer-Verlag GmbH Deutschland, ein Teil von Springer Nature 2020
A. Sinsel, *Das Internet der Dinge in der Produktion*,
https://doi.org/10.1007/978-3-662-59761-3

Ihr Bonus als Käufer dieses Buches

Als Käufer dieses Buches können Sie kostenlos das eBook zum Buch nutzen.
Sie können es dauerhaft in Ihrem persönlichen, digitalen Bücherregal
auf **springer.com** speichern oder auf Ihren PC/Tablet/eReader downloaden.

Gehen Sie bitte wie folgt vor:

1. Gehen Sie zu **springer.com/shop** und suchen Sie das vorliegende Buch
   (am schnellsten über die Eingabe der eISBN).
2. Legen Sie es in den Warenkorb und klicken Sie dann auf:
   zum Einkaufswagen/zur Kasse.
3. Geben Sie den untenstehenden Coupon ein. In der Bestellübersicht wird
   damit das eBook mit 0 Euro ausgewiesen, ist also kostenlos für Sie.
4. Gehen Sie weiter **zur Kasse** und schließen den Vorgang ab.
5. Sie können das eBook nun downloaden und auf einem Gerät Ihrer Wahl lesen.
   Das eBook bleibt dauerhaft in Ihrem digitalen Bücherregal gespeichert.

EBOOK INSIDE

eISBN	978-3-662-59761-3
Ihr persönlicher Coupon	26ZA7n9d4dJgjQM

Sollte der Coupon fehlen oder nicht funktionieren, senden Sie uns bitte
eine E-Mail mit dem Betreff: **eBook inside** an **customerservice@springer.com**.

Printed by Printforce, the Netherlands